渡辺利夫精選著作集
第4巻

中国経済研究

渡辺利夫

勁草書房

渡辺利夫精選著作集第4巻　中国経済研究──まえがき

私は長い間、韓国をはじめ多くのアジア諸国を足繁く巡り、各国の経済発展の態様を観察・分析し、さらにはこれら諸国の経済発展の過程で生まれた東アジア全域に渦巻くダイナミズムについての考察を重ねてきた（このテーマは本著作集第5巻『アジアのダイナミズム』で扱う）。

中国という巨大な大陸国家の発展については、これを分析対象の中に組み入れなければ私のアジア研究が完成しないことはわかってはいたが、しかし、それにしても巨大で複雑なこの国の研究に入っていけば、そこから抜けでることは難しいのではないかという思いが強く、なかなか本気でここに関心を向けることはできないでいた。

しかし、１９８０年代の初め、中国の改革・開放が開始されて間もない頃、当時の経済企画庁の研究会の専門委員の一員として初めて中国を訪れる機会を得て、まだ残る人民公社、廃墟のような東北地域の国営重工業群をみて回り、さらに往時の中国第一級のエコノミストと数日にわたり議論する貴重な経験を得て、私の中国への関心はにわかに高まった。

私の研究のポイントは一つ、当時（今でもなおそうだが）最も重要なテーマであった、計画経済から市場経済への転換とはどういうことか、にあった。市場経済から計画経済への転換であれば、旧ソ連圏においてあまたの経験があるものの、その逆の、つまり計画経済から市場経済へ転換というのはどういうことか、トライアルの真意は何か。どんなメカニズムで中国はそれを行おうとしているのか、この一点を抑えることに努力の大半が割かれた。1990年代初期の3、4年の追究の結果、次のようなロジックが次第に明らかになってきた。研究成果は、一般書として一つには『中国経済は成功するか』(ちくま新書、1998年)、二つには『アジア新潮流―西太平洋のダイナミズムと社会主義』(中公新書、1990年〔『本著作集』第5巻所収〕)としてまとめた。本巻にはこの2つのうち前者を再録した。

中国は建国以来、長きにわたって国営重工業と人民公社を根幹とする集権的社会主義経済を営んできた。国営重工業と人民公社は、2つの独立した存在ではない。後者は前者の拡大のための蓄積源として位置づけられた。人民公社とは、工業化のための資源を確保すべく農業余剰を国家に吸引するための制度的機構に他ならなかった。農業余剰の吸引は国家が農民から購入する農産物の価格を定位におく一方、国家が農民に販売する工業品価格を高位に据えおくという、「鋏状価格差」(シェーレ)を固定化することによって実現された。

国家が低価格で買い上げた農産物は、やはり低価格で国営軽工業部門に原材料として販売され、ここで製品化された消費財、肥料、農業機械などの農業投入財が国営商業を経て今度は高価格で農民と都市労働者に販売された。それゆえ国営商業部門の利潤率は大きく、この利潤は工商税とともに国庫に上納され、これが国家財政収入の中核を形成した。国営工商業の高利潤に寄与したもう一つの要因は、都市労働者の低賃金であった。この低賃金を可能にしたものが、再び低価格で農民から買い上げられた食糧であった。蓄積された豊富な財政収入の多くは国営重工業に投入された。中国が低所得水準にありながらも、他の開発途上国に比較して一段と高い重工業化率を達成せし得たのも、こうした蓄積機構があってのことである。中国の「強蓄積メカニズム」と呼ばれてきたものの内実がこれである。

強蓄積メカニズムの欠陥はほとんど自明であった。国営重工業は蓄積源泉を自部門にではなく他部門の農業に求め、しかも統制経済下にあって競争的市場圧力を回避しながら拡大をつづけることができた。国営重工業が効率性向上への誘引を欠いた安易な拡大過程に堕していったのにも無理からぬものがあった。

強蓄積メカニズムは、農業においてより深刻な問題をつくり出した。中国農民はシェーレのもと、国家による収奪を余儀なくされた。価格体系がいかにみずからに不利なものであれ、人民公社から下達された生産目標は至上命令であり、農民はその達成に向けて無理やり増産に駆り立てられた。1970年代、農業生産は拡大しながらコスト割れによる欠損農家が全国に広範に観察されるようになり、この事態の深刻さは「増産不増収」という表現に象徴された。

強蓄積は、こうして一方に、拡大再生産への自律的メカニズムをもたない国営重工業と、他方には、人民公社制度により余剰を収奪され増産不増収に呻吟する低生産性農業という2つの部門が並立する「偏奇的」な二重構造を築いてしまった。

1978年の体制改革が画期的であるのは、実はこの改革が中国の農工両部門の間に初めて有機的な関連を創成し、旧来の二重構造にかわる新しい蓄積と循環のメカニズムを創成したからに他ならない。そのメカニズムの要に位置するのが「郷鎮企業」であり、私はこの企業を中国の体制改革が生んだ最も重要な経済主体だとみなした。

新農業政策により国家農産物買い上げ価格が引き上げられ、人民公社が解体されて農業生産の主役は個人農にかわった。これにともない農民の増産意欲は一挙に高まり、農業生産性と農民所得は急角度の上昇をみせた。意欲ある農民には非農業部門に投下可能な貨幣余剰が建国以来初めて生まれたのである。

また農業生産性の上昇は、余剰労働力をはっきりと顕在化させた。個人農システムの採用によって農村労働力の30%以上が余剰化したといわれる。加えて、都市・農村間の人口移動を制限していたかつての厳しい戸籍管理が次第に緩められ、１９８４年には「農民が集鎮（農村内都市）に入り、戸籍を移す問題に関する国務院の通知」が出された。配給食糧に依存しないという条件つきながらも、農民およびその家族の集鎮への移住が許可された。

新農業政策の採用によって農村に発生した貨幣余剰と労働力余剰がその吐け口を郷鎮企業に求めた。郷鎮企業とは、農村における郷（村）鎮（町）政府が経営する事業体であり、さらには農民が連合してその経営にあたる、企業や個人企業も含まれる。中核は工業企業である。経営形態は多様であり、農民が資金、労働力、技術をもち寄って経営にあたり、その収益を「股分」と呼ばれる一種の持ち株に応じて配分する企業形態さえ少なくない。郷鎮企業が体制改革下の中国に生まれた初めての本格的な「第三セクター」であるといわれる所以である。

郷鎮企業は食糧生産第一主義のもとで工業品の恒常的な不足に悩まされていた農村に、人民公社の制度的拘束を離れて自由にものを生産し販売する主体として生成した新事業単位である。郷鎮企業の生産性と収益率は農業より格段に高い。それがゆえに郷鎮企業は農業部門の貨幣余剰と労働力余剰を吸引して爆発的な拡大をみせた。対照的に、農業（播種農業）の生産拡大の速度は緩慢であった。農村における発展の主勢力はもはや農業部門ではなくなっている。中国農村で発生した郷鎮企業の強い労働力吸収は、土地に対する人口圧力を緩和し、農業生産性を上昇させ、農業部門の貨幣余剰と労働力余剰を郷鎮企業に向けて吐き出すという累積的経緯を創出している。

もちろん郷鎮企業の生産物は、農村の最終需要と直接的な結びつきをもつ。こうして郷鎮企業は自由な要素市場（資本・労働市場）と商品市場（財市場）を介在して、農業部門と工業部門との間に有機的なリンケージを作り出す新単位として生成したということができる。人民公社制度のもとで農業余剰を権力的に絞り取り、これを重工業投資に振り向けることによって形成されてきた旧来の歪んだ二重構造を是正する契機が、ここに生まれた。こうして農業部門は、かつてのような重工業部門拡充のための蓄積源としての役割を大きく減殺されざるを得ない。

もう一つ、改革・開放政策の開始以来の中国経済の活性化は素材産業、エネルギー運輸等のインフラ部門のボトルネックを深刻なものとした。このボトルネックが中国経済の成長を阻む由々しい問題要因となっていくのは間違いない。郷鎮企業の拡大とインフラ部門のボトルネック解消という、いずれも大きな蓄積基金を要する2つの課題を、しかも旧来の強蓄積メカニズムが崩壊したという現状の中で、同時に解決しなければならないという重大な局面にいたった。

新たな活路を求めて登場したのが王建氏の論文「正しい長期発展戦略を選択せよ—国際大循環経済発展戦略構想について」（『経済日報』1988年1月5日付）である。中国経済が直面する最大の課題に立ち向かう新しい方向性を示唆した、中国における初の本格的な開発戦略として、私はこれに高い評価を今でも惜しまない。改革・開放の必要性を論じた諸論文の中で異彩の論文である。

王建論文は、一つには農村人口の工業部門への移動、二つにはインフラの拡充という2つの要請の間で国内資源の「争奪」が深刻化している。このことを中国の当面の経済発展過程における主要矛盾として認識している。

この認識は、すでに私が述べてきた論理からすれば、疑いもなく正しい。主要矛盾の解決を図るべく氏が導いたのは「農村労働力の移動を国際大循環の中に組み入れる」という構想である。労働集約的製品の輸出志向工業化を展開し、それがもたらす強い雇用吸収力を通じて農村の労働力余剰を解消し、次の段階として輸出により入手した外貨資源を素材産業・インフラ部門に振り向けて、その成長を促すという解決法である。

この論文をベースにして、趙紫陽氏は「沿海地域経済発展戦略」を表明し、王建氏の戦略の起点に位置する労働集約的製品輸出の担い手として沿海部の郷鎮企業に照準を合わせた（『人民日報』１９８８年1月23日付）。ここで趙氏は、郷鎮企業を中核とする沿海地域の労働集約的加工業は内陸経済との開発資源の「争奪」を回避するために、国際市場から原材料を輸入し、付加価値を高めた後に再びこれを国際市場に輸出するという「進料加工」（輸入原材料加工）を大々的に展開すべきだと主張した。すなわち沿海部加工工業は原材料入手と製品輸出の両端を「外」におく「両頭在外」を基本とし、「大いに入れて大いに出すべきだ」というのである。

同時に沿海地域郷鎮企業の競争力強化のために外国資本の積極的導入を図るべきであり、全額外資企業、合弁企業、合作企業の「三資企業」をその品質向上、技術の更新、企業管理技術の改善、製品販路の開拓に寄与させようとも唱えた。

王建・趙紫陽両氏の提唱する新戦略は、開発資源の制約状況を前提としたうえで膨大な農業人口の工業部門への移動を図るという、中国の経済発展において決定的な重要性をもつ傾向を持続させ、なおかつもう一つの基礎的な条件である基礎素材、インフラ部門投資の拡充という課題を同時に解決するためのほとんど唯一の可能性あるシナリオを示したのである。

そして実はこの新戦略は、中国を取り巻く東アジア地域に今日激しくも生起している構造調整と貿易・投資の新動向によく見合ったものである。再びいえば東アジア地域の構造調整と貿易投資の新しい動向についての記述が、本著作集第5巻の『アジアのダイナミズム』の課題となる。

毛沢東が死去し狂気と凄絶のプロレタリア文化大革命が収束して政治的安定性をようやくにして回復した1970年代の末年、気がつけば人民の胃の腑はなお満たされていなかった。建国以来、国の総力を上げて取り組んできた社会主義経済建設とはいったい何であったのか。社会主義建設はそれに投じられた努力に報いる成果をまるで残していないではないか。中国は周辺の資本主義国、日本は無論のこと、韓国、台湾、香港にはるかなる遅れを取ってしまった。東南アジアの国々に比較しても貧困は一段と厳しい。

社会主義経済建設のあまりのみすぼらしい成果への痛恨の思い、激しい危機意識が改革・開放への原動力となった。改革・開放を代表する指導者が鄧小平であり、彼の徹底した「生産力主義」であった。この生産力主義は、天安門事件という劇的状況に遭いながらも揺らぐことはなかった。むしろ天安門事件後の政治的危機を克服するには、思想上の工作だけでは不十分であり、実は成長加速によって生産力の発展、国力の増強、人民生活の向上を図ることが第一義であることを見抜いていたのが鄧小平であった。鄧小平は政治路線闘争に身を削ってきた毛沢東とはこの点において決定的に異なる。二人の政治思想、人間観を明らかにすることが本巻Ⅱのもう一つの目的であるが、これは渡辺利夫・小島朋之・杜進・高原明生著『毛沢東、鄧小平そして江沢民』（東洋経済新報社、1999年）のうちの私の執筆分である。

ところで、大陸中国を「海の中国」と呼ぶならば、台湾、香港、東南アジアの華人社会は「海の中国」である。

中国が改革・開放の時代に入ってすでに相当の時間が経過した。この間、「海の中国」は「陸の中国」を塗り変えるほどの力量を発揮してきた。

中国が改革・開放政策を開始したのはプロレタリア文化大革命が収束して間もない1979年のことであった。この時期、中国の統治機構は機能不全に陥り、農業は疲弊し、国営企業はとてつもない非効率に呻吟していた。門戸を開いて海外の進んだ技術、経営ノウハウを導入しなければとは考えるものの、門戸を開けば入ってくる西側からの新しい「風」に脆弱な中国は耐えることはできない。さりとて、対外開放の挙に出なければ発展への端緒をつかむことができない。この身を切るような苦悩の中で、鄧小平のなした選択が特定地域の部分的開放であった。在外華人の出身地域である華南、広東省、福建省の窓を開き、ここに「海の中国」で鍛えられ蓄えられてきた中国資本主義のエッセンスの導入を図ろうとしたのである。華南に適用される政策措置は社会主義原則から離れた実に柔軟で大胆なものであった。「香港効果」を懐に招き入れて発展したのは華南であり、華南は中国の成長を牽引する最も重要な地域となった。

中華経済世界の図柄がこのようなものであるのは、その形成史を顧みて当然のことであった。国共内戦に勝利した共産党軍は往時の中国資本主義の精髄・上海企業―浙江財閥ならびにそれに淵源をもつ官僚資本系列企業の資産を没収し、身の危険を察知した企業家、管理者、技術者は大挙して香港に逃避した。無数の私営工商業者も「三反」「五反」運動などの残忍で暴力的な「社会主義的改造」によってその息の根を止められた。要するに共産党一党支配体制下の中国において、資本主義発展を担う主体は全土から姿を消したのである。中国資本主義の精髄がまず蝟集したのは香港であった。

香港ばかりではない。共産革命に先立つ50年ほど前、清国期の華南から植民地支配下の東南アジアに移り住んだ南洋華僑がいる。彼らは列強が経営するプランテーションや鉱山の労働者として雇用され、植民地経営が発生させた仲介商人（買弁）的機能を担う「東洋外国人」として刻苦精励した。南洋華僑はその過程で華南の商業主義の伝統を練磨し、これを東南アジアの地に蓄積していった。

南洋華僑社会の成立に、さらに200年先立つ17世紀後半期から18世紀にかけて台湾に移住し、この島の開発に挑んだのがやはり華南の貧農であった。台湾に流入した華南住民を待っていたのは、統治システムのまったく及ばない「化外の地」（中華の皇帝による教化の及ばない未開の地）であった。移住者は国家に頼ることのないベンチャーにより、台湾を東アジア有数の水稲耕作と砂糖黍栽培の地に変えていった。豊かさを求める激しくも厳しい労働が華南住民の起業家的才覚をこの島で練りあげた。

市場経済を担う主体が大陸中国には薄くしか存在しない一方、大陸の外縁に広がる東アジア海域世界にこれが厚く蓄積されていたというのが改革・開放政策が開始された時点における中華経済世界の構図であった。そうして「海の中国」から「陸の中国」へと向かうベクトルを戦略化したものが鄧小平の対外開放路線に他ならない。

この歴史的な図柄を記したのが、本巻に収録された、渡辺利夫・岩崎育夫『海の中国』（弘文堂、2001年）の私の執筆分である。

渡辺利夫精選著作集第４巻　中国経済研究

目次

まえがき

I　中国経済は成功するか

Ⅱ　社会主義市場経済の中国

IV　海の中国

【『渡辺利夫精選著作集』の編集に際して】

一　『著作集』に掲載する際に用いた著書の底本は、以下のとおりである。

Ⅰ　中国経済は成功するか
ちくま新書、１９９８年

Ⅱ　社会主義市場経済の中国
講談社現代新書、１９９４年

Ⅲ　毛沢東、鄧小平そして江沢民　第一章、第三章
東洋経済新報社、１９９９年

Ⅳ　海の中国　第Ⅲ章、第Ⅳ章
弘文堂、２００１年

一　底本において、明らかに誤記・誤植と思われる表現、あるいは不統一の用字・用語等については、編集の際に適宜改めたところがある。

一　本文あるいは注の中で自著に言及している部分は、底本のままとした。ただし、『著作集』に収録した論考には、当該箇所に〔『本著作集』第○巻所収〕という付記を挿入した。

一　底本に付されている年表・参考文献・索引は、割愛した。

Ⅰ　中国経済は成功するか

第一章　不透明な過渡期を漂う中国

一九九七年秋の中国共産党第一五回全国代表大会において国有企業の株式会社化の本格的展開が決議された。現在の中国は「社会主義市場経済」と称される鄧小平路線、すなわち共産党一党支配体制下での市場経済化の道をひた走っている。そしてこの「鄧小平なき鄧小平路線」の過程で、社会主義市場経済の「社会主義」はその意味をますます薄いものとしている

実際、現在の中国において社会主義はいかんともし難く不鮮明である。鄧小平自身、一九九二年の「南巡講話」において、呆れるほど率直に「われわれは長い間社会主義とは何かについてはっきりとはわからなかった」と述べた。その上で、中国が追い求める「社会主義の原則は、第一に、生産力を発展させることにあり、第二に、ともに富裕になる」ことだと発言した。しかしこの二つはすべての資本主義国がとうの昔に達成し、多くの東アジアの開発途上国ですら掌中にしてしまったものである。中国の社会主義とは一体何ものなのか、いよいよもって解し難い。

社会主義市場経済とは改めて何であろうか。中国の公式文献によれば、中国は社会主義国家であるとはいえ後れた技術と未熟な生産力の下にある「初級段階」の社会主義国である。初級段階における社会主義の主要任務は、市場メカニズムを存分に作動させ、そうして生産力の発展、国力の増強、人民生活の向上を手にすることである。市場メカニズムの展開を通じて高度の生産力を達成し、そうして中国は真の社会主義の理想を実現することができる、というのである。

かくして、現下の中国の最重要課題は市場経済の確立であって、社会主義はさしあたりは問う必要のないテーマとなった。共産党が強力な一党支配体制をもって、中国の社会主義を固守しようという意思を鮮明にしているのであるから、社会主義とは何かといった「神学的」議論に拘泥して、市場経済化の道程に水をさしてはならない、ということであろう。

つまりは社会主義の「棚上げ論」が社会主義市場経済論であって、社会主義市場経済の社会主義には、少なくとも経済的にはさしたる意味はない。社会主義市場経済といった場合に、西側の人びとが抱くであろう「木に竹をついだような」という実感は、確かに当たっているのである。

そうであれば、社会主義市場経済は整合性をもった論理体系において薄く、率直にいって論理蒙昧をもってその特徴としている。しかし、論理蒙昧こそが現代中国のプラグマティズムの内実なのである。そしてこの蒙昧なコンセプトの淵源は鄧小平の「南巡講話」にある。鄧小平はこの重要講話において次のように発言していた。「大切なのは〝資〟か〝社〟かという問題である。この問題の判断基準は、路線改革が社会主義社会の生産力の発展に有利かどうか、社会主義国家の総合国力の増強に有利かどうか、人民の生活水準の向上に有利かどうかにあるのです」。「姓社姓資を問うな」として人口に広く膾炙《かいしゃ》したメッセージがこれである。

「姓社姓資」を問わない社会主義市場経済というのは、なんとも奇妙である。最重要課題は市場経済そのものであり、それが社会主義であるか否かなどどうでもいい問題ではないか、ということになる。論理的整合性ではなくて現実をみつめよ、豊かな現実を創出しようではないかという、そのしたたかなプラグマティズムこそが鄧小平の鄧小平たるゆえんなのである。

中国はなお「鄧小平なき鄧小平路線」の中にある。いや、むしろますますその路線を強化している。中国が掌中にした誇るべき成果もおぞましき問題もそのすべての淵源はここにある。現代中国の到達点とその帰結を考えてみたいという本章が、まずは鄧小平の思想とは何ものであったのかを問うことから始めようというのもそれゆえである。

鄧小平とは何ものであったか

鄧小平思想を特徴づける第一は、その生産力重視への著しい傾斜である。

社会主義の優位性は、その生産力が資本主義に比べてより高く、より速く発展することにあります。もしも建国後、われわれに欠陥があったとすれば、生産力の発展に対し、ある種の軽視をしてきたことでありましょう。社会主義は貧困を根絶します。貧困は社会主義ではなく、ましてや共産主義ではありません。社会主義の優位性は、生産力を次第に発展させ、人民の物質・文化面の生活を次第に改善することにあります。社会中国のいまの立ち後れた状態の下で、いかに生産力を発展させ、いかに人民の生活を改善するのか、この問題がいまわれわれの前に提起されているのです。

（「中国の特色をもった社会主義を建設する」『現代中国の基本問題について』外文出版社、一九八七年）

彼の文献のほとんどのページを彩っているものが、この発言に端的に示されるような生産力主義である。鄧小平の生産力主義は、天安門事件という劇的事態にあっても揺らぐことはなかった。むしろ天安門事件後の政治的危機を乗り切るには思想工作だけでは不十分であり、実は成長加速により人民生活の向上を図って初めてそれが可能となることを見抜いていたのが鄧小平であった。鄧小平は、政治路線闘争に身を削ってきた毛沢東とこの点において決定的に異なる。天安門事件の翌一九九〇年、中国に対する国際社会の逆風が吹き荒れる中で鄧小平はこう発言していたのである。

思想政治工作を強化し、刻苦奮闘を提唱することはいずれもきわめて必要であります。しかし、これらに頼るだけでは足りません。最も根本的な要因はやはり経済成長速度であり、しかもそれを人民生活の安定的な向上に反映させることです。人民が安定した局面のもたらす真の利益を受け、現行制度や政策のもたらす利益を見届ける。それによって初めて真の安定がもたらされるのです。国際的大気候がどう変化しようと、われわれがこれを勝ち取りさえすれば、中国は泰山のように安定するのです。

（「国際情勢と経済問題」『鄧小平文選』第三巻、人民出版社、一九九四年）

一九八八年以来三年にわたってつづいた経済低迷と天安門事件を乗り切り、改革・開放が再び正常軌道に復して、海外諸企業の対中投資ブームが生まれたのは、この発言のわずか二年後の一九九二年であった。このことを顧みれば、鄧小平という指導者の慧眼は推して知るべしであろう。

現在につらなる超高成長の帳《とばり》を開いたのが一九九二年の有名な「南巡講話」であった。鄧小平の思想が粉飾のない形で表明されたものが、この南巡講話に他ならない。ここで鄧小平は、社会主義の優位性は生産力の発展を促進することにあるといった主張をさらに「前進」させて、生産力の発展を促すものはすべて社会主義だといわんばかりの、つまりは社会主義からの「逸脱」を平然とうたったのである。

鄧小平の社会主義像は経験主義的であり、したがって多義的であり、それゆえに矛盾をたっぷりと含んだものである。生産力の増強が第一義的な目標であってみれば、これは当然のことであろう。生産力の増強は、複数で多様な市場経済の現実に身をゆだねて初めて可能な事業であり、イデオロギーで経済を御することはできないからである。鄧小平の社会主義像は、現実を顧みぬ純粋で観念的でユートピア的であった毛沢東のそれとはきわめて対照的である。鄧小平は、毛沢東のような鋳型にはまった社会主義像をもってはいないのである。

生産力主義者鄧小平は、同時に即物的な人間観の持ち主である。これが鄧小平思想の第二の特徴に他ならない。鄧小平の革命は、これを革命というのであれば経済革命である。生産力の発展、国力の増強、人民生活の向上こそが鄧小平の求める革命であった。鄧小平は、この革命を毛沢東のように大衆の「主観的能動性」を発揚することによって成就し得るとは考えない。大衆は「物質的刺激」に応じて向上を求める存在だとみなす即物的人間観が鄧小平には拭い難い。毛沢東の革命主体観が道徳的あるいは理念的であったのとこれもまことに対照的である。

毛沢東の思想を語るキーワードに「一窮二白」がある。一に貧しく、二に汚されていない貧農こそが、毛沢東の求める革命の主力であった。毛沢東研究家スチュワート・シュラムの叙述をもってすれば、農民は「中国人全体よりは後れている限りにおいて、物質的充足によって腐敗しておらず、近代世界の手管にも無知である。それゆえ彼らは明らかに道徳と革命的資質において優越している」（北村稔訳『毛沢東の思想』蒼々社、一九八八年）と毛沢東は考えてきた。後れた生産力を引き継ぎ、被抑圧の歴史を背負ってきた中国の貧農はその本来の性格において革命的な存在であり、それゆえ毛沢東の理想を現実化するための道徳的存在でもあった。貧農という革命的大衆の「主観的能動性」こそが、毛沢東のユートピア社会主義革命の主体であった。

鄧小平は大衆の革命精神に依拠しようなどとは考えない。大衆は自己の利益に即して動く存在以外の何ものでもないというのが鄧小平の人間観なのである。鄧小平の即物的人間観を政策化したものが物質的刺激策である。この刺激策が「請負制」であり、農家経営請負制、国有企業経営請負制、省政府財政請負制などとなって、現在にいたる経済体制改革の道を開いた政策理念となった。

鄧小平の物質的刺激策は、その当然の帰結として、生産力発展への潜在的な能力と意欲をもった農民、企業、地方を利し、能力と意欲において薄い農民、企業、地方を不利化させるはずであるが、これをも鄧小平はよしとしている。鄧小平は、平等は所詮は貧困の平等でしかないと考える。格差を公然と容認する社会主義者が鄧小平である。格差の容認というだけではまだ足りない。むしろ格差の積極的な利用をさえ彼は考えていた。先に豊かになった経済主体が後にその力を後れた経済主体に及ぼし、そうして初めて一国全体としての生産力の増強が図られるのだと鄧小平はみなすのである。ある種の不均衡発展論であり、これが鄧小平のいわゆる「先富論」に他ならない。

鄧小平の思想は、毛沢東の思想を急進主義だとすれば「漸進主義」であり、これが第三の特徴である。鄧小平は人民公社化運動、大躍進政策、プロレタリア文化大革命などの「冒進」、とりわけ「十年動乱」と称された最後者の苛烈な実情をつぶさに体験した。その過程で有能なテクノクラートの多くを失い、みずからも暴力的な大衆運動により辛酸を嘗め尽くした。鄧小平は、急進主義によって建国を進めることは不可能であることをつくづく身をもって知らされていたのであろう。鄧小平の漸進主義は、毛沢東のそれへのアンチテーゼである。

鄧小平の漸進主義の、そのまたエッセンスともいうべきものが「実験主義」である。先に触れた一連の請負制の採用、さらに華南への特殊政策・弾力措置の援用や経済特別区・開放区の設置、不動産市場の認知、国有企業への経営自主権の付与や株式会社化の容認、そうしたすべての試図は実験主義の成果である。ある単位・地方で初歩的な試みを開始させ、これが別のある単位・地方でも有効であることが確認され、有効性が誰の眼にも明らかになった時点で、この実験を制度的に追認し、全土に普及・拡大していくという実験主義が鄧小平の方式であった。

漸進主義を可能ならしめたのは、鄧小平の時代が、米ソというスーパー・パワーに挟撃され国防上の危機意識に衝き動かされてきた毛沢東の時代とは異なり、西側との共存の時代であったという事実も大いに関係があった。資本主義と社会主義とが対峙する両極体制の下にあって、一方が他方を圧して併呑しようとしているといった、毛沢東が抱いていたような危機意識を鄧小平はもっていない。資本主義と社会主義とのむしろ並存の時期を現在と捉え、それがゆえに漸進的に中国の国力を増強しようとする余裕をもっていたのである。それゆえ南巡講話において鄧小平はこういう。

社会主義が資本主義より優勢になるには、人類社会が創造したすべての文明的な成果を大胆に吸収し、参考にし、資本主義の先進国を含め、現代社会の先進的な生産の経営方式を吸収し、参考にしなくてはなりません。

社会主義が資本主義を乗り越えるには資本主義の文明的成果のすべてを吸収しなければならないというのは、以上のようにその特徴を追ってきた鄧小平の思想からすれば当然の発言であろう。しかし、それによって形成される社会主義がいかなるイメージをもって描かれるものなのか、鄧小平は肝心のここのところを不問に付している。鄧小平の社会主義は実験主義的であり経験主義的であり、そしてその分だけ論理不整合が拭えない。

生産力論にもとづく現実の市場経済化の追認につぐ追認が中国経済の現実であり、それがゆえの経済発展である。第一五回共産党大会を無事乗り切り、国有企業への株式制の導入も是認された。生産力主義の旗幟をいよいよ鮮明にする中国の社会主義は、一体どこへ向かって走っていくのだろうか。

流動化・分散化・多元化

鄧小平戦略の帰結は、中国経済社会の著しい流動化であり分散化であり多元化である。集権的な統制下でその動きが緩慢であった諸資源が、自由な市場システムへの移行にともなって一挙に流動と分散を開始し、多元的な経済社会を現出したのである。

資源の流動化は農村から始まった。毛沢東の時代に全土の農村を組み込んだ人民公社は、農村改革が開始されて数年を経ずに解体され、それに代わって農家経営の主体は個別農家となった。毛沢東の時代とは打って変わり、農民はみずから投じた労働に応じた収入を得ることができるようになった。増産意欲の強い農家には少なからぬ余剰が形成されたのであるが、このことは建国後初めてのことであった。いな、中国の長い農村史の中で初めてのことであったのかも知れない。

この余剰は一段と高い収益性を求めて需要の大きい非農産物の生産部門へと流動していった。かくして農村を舞台にして生まれた工業部門が「郷鎮企業」であった。郷鎮企業は、農村構造多元化の一大勢力となった。農村において農業生産比率が急減する一方、農村工業生産比率がめざましい伸びをみせた。農村工業に商業、建築、交通運輸部門も加わって、食糧農業に圧倒的な重点をおいてきた農村が、短期間に驚くべき速さで分散化・多元化していったのである。

郷鎮企業の生成は農村の労働市場を激しい速度で流動させた。実際のところ、今日、中国の農村労働力のうち郷鎮企業は実に三割近くを雇用している。個人農化が農民の増産意欲を促し、そうして実現された生産性向上が農村の人口過剰度を一段と強め、農業から排出された労働力が向かっていった先が郷鎮企業であった。

この労働移動の抗《あらが》い難い力学に促されて、政府は旧来の労働力移動制限を緩和させるという方向を新たに選択した。一九八四年にだされた「農民が集鎮に入り、戸籍を移すことに関する国務院規定」がその出発点であった。農村内の小都市である鎮への農民の移住を許可するという政策変更であった。これが現在の中国の人口流動化の出発点となり、その後いよいよ激しさをましていった農村・都市間の人口流動の嚆矢《こうし》となった。

分散化・多元化は工業部門においても同様に大規模に展開された。毛沢東の時代において有力な工業部門はまぎれもなく国有工業部門であり、これ以外には「社隊企業」と呼ばれる農村工業が人民公社内に若干存在していたに過ぎない。しかし鄧小平の時代に入るや、図1－1にみられるように、その起点において八割近くを占めていた国有企業の生産比率は一方的に減少して、一九九六年時点にいたるとわずか三割程度にまでなってしまった。つまり非国有企業の生産シェアが現在七割となっているのであるが、それらは集団企業、外資系企業、個人・私営企業である。集団企業の中心が郷鎮企業である。

図1-1　所有形態別にみた工業生産額比率の推移

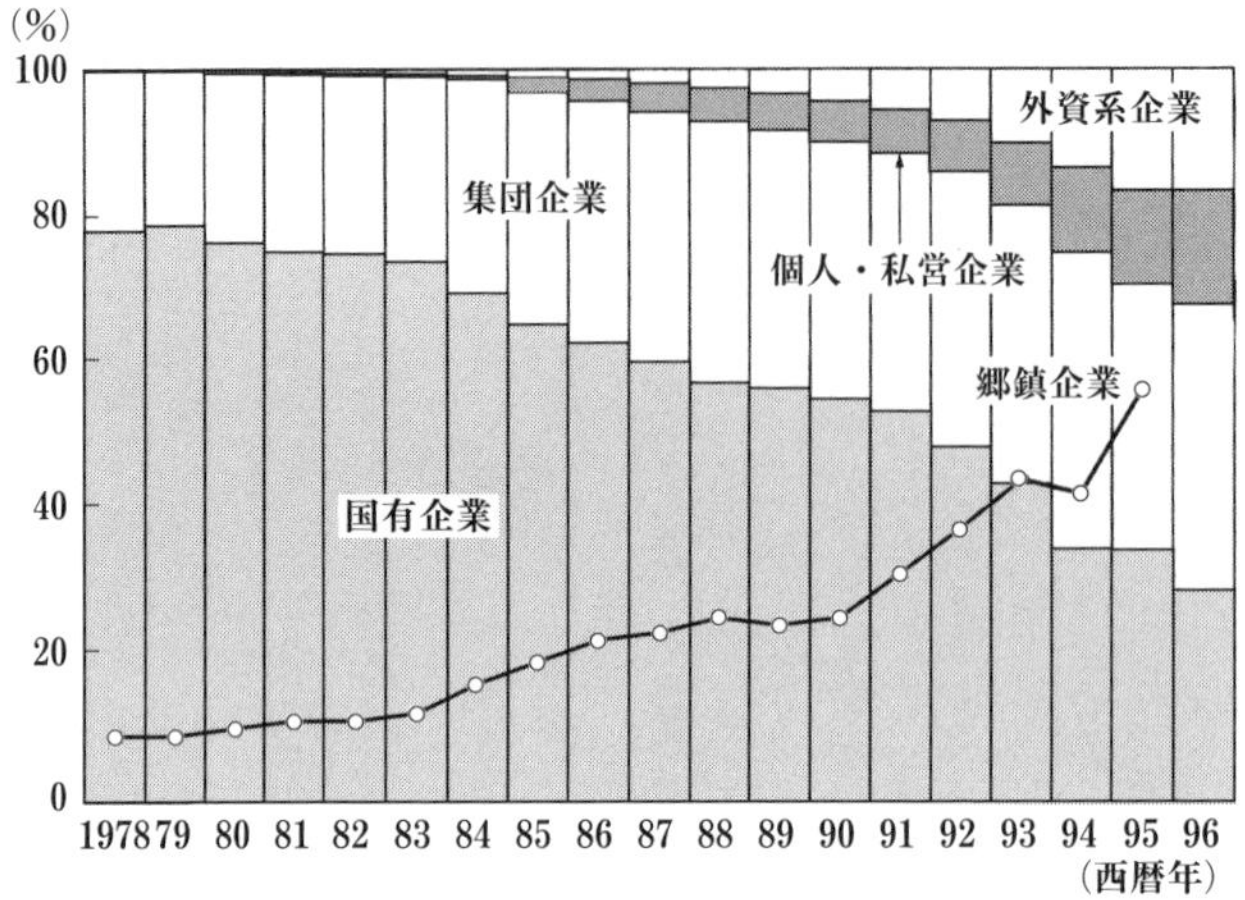

(国家統計局『中国統計年鑑』各年版より)

郷鎮企業は集団企業であるとはいえ、政府の保護や規制から放たれた存在である。農村市場の自由化にともなって流動化した資源をもってつくりだされた市場経済の「申し子」に他ならない。個人・私営企業はもちろん市場経済が生んだ自由なる経済主体である。外資系企業が資本主義的行動様式をもって振る舞う企業群であることはいうまでもない。国有企業改革が難渋していることはつとに知られているが、中国の工業部門は全体として活況を呈している。これらの非国有企業群がアクティブな存在となっているからである。

こうして、国有企業もまた市場経済の波に飲み込まれようとしている。冒頭で指摘したように、昨秋の共産党大会で国有企業改革の最後の切り札として国有企業株式会社化の本格的展開が決議された。株式会社とは、出資者によって構成される法人財産権をもった企業であり、国家所有からは独立した存在である。株式会社化を通じて中国工業部門のこの心臓部が集権的計画の枠を離れ、市場の動向に応じて流動化・分散化・多元化の方向を歩んでいくことになろう。

集権的統制の紐を解き、各種経済主体に最大限の実利を求

口が、高収益を求めて他地域へと流動を持続しているのである。

鄧小平の中国においては、こうして農業、工業、地方のいずれの観点からみても激しい流動化・分散化・多元化がみられた。これらをもたらしたものが、集権的な統制経済から自由な市場経済への移行にあることはいうまでもない。しかし中国経済社会の流動化・分散化・多元化を促進したもう一つの要因は対外開放であった。対外開放にともない、香港、台湾、東南アジアに広がっている在外華人経済が中国を東アジアに引き込み、中国を外に向けて流動化・分散化・多元化させていく「遠心的」な力学を生んだのである。

中国の対外開放は、実際、野放図に進んできた。経済発展論の碩学サイモン・クズネッツの検証した統計的命題の一つに、小国であればあるほど「対外経済接触度」が大きく、大国になればなるほどこの接触度は小さくなるというものがある。対外経済接触度とは、例えば貿易依存度すなわち国内総生産額に占める貿易額の比率、あるいは海外直接投資依存度すなわち固定資産投資額に占める海外直接投資額の比率などの、要するに一国経済の国際経済との接触面の広さをあらわす指標だと考えればいい。

中国は他に類例のない巨大国であるにもかかわらず、NIES（新興工業国経済群）として知られる台湾、韓国などのような「小国」に比較しても一段と高い貿易依存度と海外直接投資依存度をもっている。後者においてその特徴はきわだっている。実際、中国の固定資産投資額に占める海外直接投資額（実行額）の比率を、中国が海外直接投資の本格的な導入を開始した一九九二年から一九九六年までの累計額で計算すると、実に一五・三パーセントに上る。図1－2にみられるように福建省、海南省、広東省を含む華南においてこの比率は圧倒的な高さにある。

対中投資の主勢力はもちろん日米ではない。ほかならぬ在外華人である。同じく一九九二年から一九九六年ま

図 1-2　固定資産投資額に占める海外直接投資額の比率

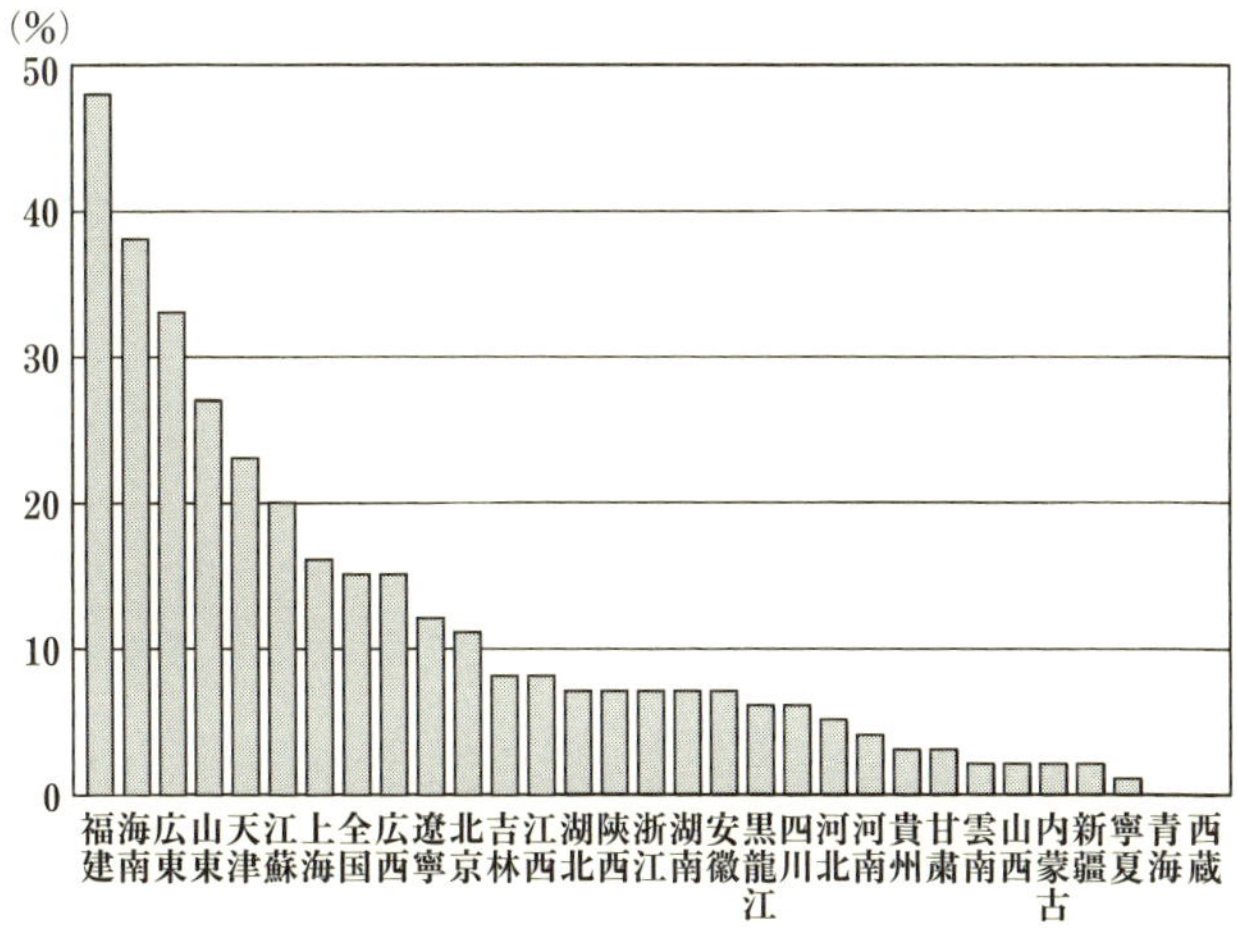

（実行額，1992-96 年平均。国家統計局『中国統計年鑑』各年版より）

での累計値でみると、中国が受け入れた海外直接投資額のうち香港の占める比率は五六・二パーセント、台湾が九・三パーセント、シンガポールが三・九パーセントであり、以上の合計が約七割である。これに東南アジアの在外華人系企業の対中投資額を含めると、中国が受け入れている海外直接投資の八割近くが「海」の中国人によって占められているということになろう。

中国の全体が国際経済の中に組み込まれ、とくに成長地域である華南は「陸」に向かって国内市場統合を進めるよりも前に、「海」に向かって中国から離脱する遠心力を強めているとみなければならない。

国有企業改革の道

中国経済はこうして激しい流動化・分散化・多元化の方向にある。しかしこの方向を決定的に左右するものは国有企業改革の成否である。国有企業はすでに示したごとくに、工業総生産額に占めるその比率は改革・開放の開始以来一貫して下降線をたどり、今日わずか三割程度になってしまった。しかし中国の国有企業は、工業部門の固定資産においてなお過半を占め、また同部門労働者の七四パーセントを雇用している。優秀な技術者や熟練労働者を擁しているのも国有企業である。

かつての中国においては、国有企業経営に関わるありとあらゆる行為が、国有企業の主管部門の支配下におかれ、国有企業は後者の付属物であった。鉄鋼工場、電子工場、機械工場、紡績工場などは、国務院の冶金工業部、電子工業部、機械工業部、紡績工業部、さらには各省のそれぞれに対応する主管部局に所有権を握られ、経営もまたそれら主管部門の意のままであった。

国有企業が達成すべき品目と数量が主管部門から一方的に指令され、企業はその目標を忠実にまっとうすることが期待されるだけであった。指令された生産計画に要する原材料やエネルギー、機械・設備、さらには労働者の賃金にいたるまで、それらすべてが主管部門の指令により無償で配分された。国有企業の生産物は主管部門がこれを全量引き取って販売するという手順がとられた。労働者は主管部門から割り当てられ、人事管理権も国有企業にはなかった。企業内に利潤を留保することは許されない。企業の長である工場長は党委員会の強い監督下におかれ、主管部門の代行者に過ぎなかった。集権的計画経済システムの一典型であり、事実、この体制は一九二〇年を前後する揺籃期ソ連の「戦時共産主義的供給モデル」に強く影響されて形成されたシステムに他ならない。

基本的なことをいえば、中国の国有企業改革とは、かかるシステムの打破である。国有企業改革の動きが鈍いのも、この事業の困難さからして当然であろう。改革が容易に進展しないのは、長い集権的計画経済の運営過程で国有企業の主管部門、企業党幹部、経営者、職員、労働者の中に十重二十重に蓄積されてきた既得権益のゆえである。改革が既得権益の核心に触れようとするや、彼らの強い抵抗によってこれが跳ね返されてしまっている、というのが実態なのである。

改革の中心的課題は、「両権分離」と称されるところの所有と経営の分離である。この課題に立ち向かうべく一九八七年以来、実際に試行されてきたものが「経営請負責任制」であった。この制度の下では、国有企業の経営者が国務院や各地方政府の主管部門との間で、所得税や上納利潤の所定額を一定期間にわたり請け負い、その請け負いを果たした残りの部分をみずからが留保する。そして国有企業はこの留保分を、技術革新、設備更新、従業員のための福利・ボーナス基金のために自主裁量をもって利用できる、というものである。企業の増産インセンティブの効果をもった制度変更であったことはいうまでもない。

しかしこうした試みも、国有企業の活力を引きだすという点では大きな限界があった。請負制はあくまで請負制であって、所有権は依然として主管部門に掌握されている。そのために主管部門は国有企業の経営に直接介入する余地をつねにもっている。国有企業に経営請負制を許容したとはいえ、実際の請負人たる企業幹部の選任に強い力を振るっているのは主管部門である。請負額の多寡も主管部門と国有企業との個別の交渉にゆだねられており、その交渉力は集権的統制の長い歴史を引きずってきたこの国においては主管部門がどうしても優位たらざるを得ない。請負達成に関する評価もまた主管部門の多分に強い恣意にまかされる。

請負の具体的内容を規範化し、これを厳格に守るという慣習が中国ではまだ確立していないのである。所有権を経営権から截然と分離し、前者が後者の権域に直接入ってこれないようなシステムが求められているのであるが、既得権益を固守しようという主管部門の意思と力はなお強力である。

国有企業経営請負制にはもう一つの側面がある。すでに記したように改革・開放の重要な試みは地方分権化であった。分権化にともない、各省内の国有企業の管理権限の多くが省政府に下放された。しかしこの権限下放も国有企業の改革にはプラスのインパクトをもつことは少なかった。地方分権化は国有企業の支配権限が国家から省政府に委譲されたにとどまり、各省政府は国家から手にした権限を国有企業にわたすことを潔しとしなかったからである。地方分権化により、省政府はみずからの財政収入を自省内の国有企業の上納利潤に依存する度合いをいっそう強めた。それがゆえに省政府は以前にもまして国有企業の経営に介入していく傾向を強めてしまったのである。

このように述べてくると、主管部門が長年の既得権益を固守すべく国有企業支配を継続して、国有企業はこの主管部門にひたすら隷従してきたかのごとくに受け取られるかも知れない。もちろん、そうである。しかし同時に国有企業もまた、長期にわたって築き上げてきた企業内の既得権益を手放そうとせず、みずからも改革を阻止してきたのである。

中国の国有企業は、高い収益を求めて高い効率性を追求する「生産共同体」ではない。住宅、託児所、幼稚園、学校、病院、食堂など、従業員がその内部で生存を維持していくためのほとんどすべての諸施設を擁した巨大な「生活共同体」である。直接生産活動以外のこのような福祉関連支出はしばしば賃金総額にも匹敵する。ひとたびこの国有企業に就業の場を得るや、人びとはその永久在職制のために生涯喰いはぐれることはない。

分配制度は、等級別に分けられているとはいえ、その等級内部では平均的な賃金分配がなされている。一生懸命働いてものんびり働いても結局は同額の賃金を手にできる。企業幹部の身分は固定的で、その地位を追われることなど滅多にない。資本主義社会の眼からこれを眺めるならば、なんとも風雅な共同体である。従業員は、退職後も死亡にいたるまで賃金や住宅などの厚生施設の利用・便宜にあずかることができる。中国の国有企業は「貧者の天国」のごときものであり、貧しいとはいえこれを壊すにはあまりに住みごこちのよい安住の地なのである。

中国には、集権的計画経済の下で長らく「労働市場」は存在しなかった。大学卒業者のようなエリート層はもちろんのこと、一般の労働者もまた国家もしくは地方の人事主管部門がその就業の機会を用意し、これを国有と集団所有の企業に統一的に配分してきた。しかもできるだけ多くの労働者に就業の場を与えることがめざされ、企業の適正規模を超えてもなお就業それ自体が最優先の課題とされた。「三人の仕事を五人でやる」という、われわれの言葉でいえばワーク・シェアリングによって余剰な労働力が国有企業に押し込まれてきたのである。

国有企業は、都市住民に雇用と所得と福祉を提供して、われわれの社会であれば国家がもつべきはずの機能を担わされてきたということもできる。その意味で中国の国有企業は生産共同体であるよりも前に生活共同体であり、社会安定の基盤であった。国有企業の主管部門と企業の中にこうして蓄積された山のような既得権益、これこそが国有企業改革を阻む最大の要因である。

中国の国有企業は、これを生活共同体としてではなく生産共同体としてみるならば、能力をはるかに超える過大な労働力を擁していることになる。国有企業を効率的で自律的な単位にするには、企業内の余剰人員を整理することが不可避の要請である。政府もこのことを強く認識している。事実、一九八六年には国有企業の雇用制度についての思い切った政策措置が採用された。職員・労働者の公募制、労働契約制、契約違反者解雇権の企業への付与、失業保険制度の四点セットの導入である。

これにより、国有企業労働者の就業は、国家または地方の主管部門の割当から企業自身の公募に代わり、かつ雇用の期間、賃金、職種などを労働者と企業の両者で契約し、契約を遵守しないものを解雇する権限が企業に与えられ、かつ解雇されたものには失業保険の支給をもって社会的安定を守る、というものであった。趣旨はまことに明快である。

しかし、国有企業労働者が長期にわたってそこに身をおいてきた安住の場を、そう簡単に捨て去るはずもない。失業者に対するセイフティー・ネットつまり失業保険、医療保険、養老保険などを容易に提供できない財政状況の下では、主管部門もまた治安上の配慮から「企業内失業者」を「社会的失業者」とすることにはどうしても慎重たらざるを得ないのである。

株式会社化は何を帰結するか

経営請負制を超えて、国有企業の経営メカニズム自体が改革されなければならないという問題意識が浮上してきたのは当然である。一九九二年七月、国務院によってだされたものが「国有工業企業経営メカニズム転換条例」であった。この条例の目的は「企業を市場の要請に即応させ、企業を法にもとづいて自主経営、損益自己負担、自己発展、自己規制する商品生産・経営単位」へと転換させることにある。逆にいえば、こうした「自律化」ができず経営効率の向上を図ることもできないような国有企業は「転業、合併、分離、解散、破産などの方式によって製品構成および組織構成の調整を図り、資源の合理的配置と企業の優勝劣敗を実現する」というものである。

この条例において、第一章総則に次ぐ第二章は「企業経営権」であり、これは第六条から第二二条までの一七条からなる。

念のために指摘しておけば、第六条　企業経営権とは企業が国からゆだねられた財産について有する占有、使用および法にもとづく処分の権利をいう。第七条　企業は国が定めた資産経営形態にしたがい、法にもとづいて経営権を行使する。第八条　企業は生産、経営の意思決定権を有する。第九条　企業は製品、役務の価格決定権を有する。第一〇条　企業は製品販売権を有する。第一一条　企業は物資購入権を有する。第一二条　企業は輸出入権限を有する。第一三条　企業は投資意思決定権を有する。第一四条　企業は留保資金処分権を有する。第一五条　企業は資産処分権を有する。第一六条　企業は提携、吸収合併権を有する。第一七条　企業は労働雇用権を有する。第一八条　企業は人事管理権を有する。第一九条　企業は賃金・賞与分配権を有する。第二〇条　企業は内部機構設置権を有する。第二一条　企業は割当拒否権を有する。第二二条　企業の経営権は法律で保護され、いかなる官庁、単位および個人も関与、侵害してはならない。

この条文を一瞥するだけでも、中国指導部が国有企業をいずこへと転換させようとしているのか、意図は明瞭である。つまり国家は企業財産の経営権を国有企業に与え、企業財産の占有、私有、処分の権限をも認める。国有企業財産は文字通り国有であるが、その経営権は国家から国有企業に委譲され、それゆえ以降、中国では国営企業は国有企業と称されるようになった。経営請負制の下で請負契約によって定められていた国家と企業との関係が、さらに所有と経営の権限の明確な分離という形へと前進したことになる。

一九九三年一一月の第一四期第三回中央委員会総会のいわゆる「五〇条決議」は、国有企業の経営メカニズムの転換によりこの企業群を「現代企業制度」に組み変えようという意図を鮮明にしたものであった。国有企業の財産所有権は国家に属するものの、企業はその経営管理権はもちろんのこと、国家、法人、個人の出資によって形づくられた法人財産権をもつ存在となった。所有と経営の分離からさらに進んで、所有権が国家を含む出資者へと転換されたのである。国有企業の株式会社化への道が公然と開かれたことになる。

中国の国有企業は「全民所有制企業」と呼ばれ、その資産のすべては人民のものだという建前が採られてきた。

しかし全人民のものだということは「誰のものでもない」という資産所有の空白を生み、したがってこれを効率的に運営して経営を自律化していく欲求が企業内部からはでてきにくい。

国有企業の株式会社化が順調に進んでいくとなれば、国有企業資産の所有者が国家から多様な株主へと代わり、したがって配当収入に強い関心をもつ株主は国有企業の効率化と収益性に高い関心を寄せるはずである。企業もまたその関心と要請に応えて、みずからの行動を「企業家的」に律していかなければならなくなろう。株主のそうした関心と要請は、株主総会や取締役会を通じて、これまでとは異質の企業効率向上への実質的な圧力となっていくにちがいない。その意味で、国有企業の株式会社化は、「国有工業企業経営メカニズム転換条例」がうたうところの、国有企業に「自主経営、損益自己負担、自己発展、自己規制」を促す最適の方途であると評価することができる。

株式会社化は、国有企業改革の「切り札」であろう。そしてこれは、中国社会主義「脱色」の最後の「踏み絵」でもあろう。株式会社制度をいかに規範化し、国民大衆に株式保有への道を安定的に開いていくのか、国有企業改革の正念場がここにある。そして実は、一九九七年九月の共産党第一五回大会における江沢民報告は「鄧小平理論の偉大な旗印を高く掲げて中国の特色をもつ社会主義を建設する事業を全面的に二一世紀に推し進めよう」と題し、国有企業の株式会社化への方途に最終的な「お墨つき」を与えた画期的なものとなった。そこでは次のようにうたわれた。

公有性の実現形態は多様化することができ、社会化生産の法則を反映する経営方式と組織形態はすべて大胆に利用してよい。生産力の発展をこの上なく促進できる公有制の実現形態を探すよう努めねばならない。

株式制は現代企業の資本組織形態の一種で、所有権と経営権の分離に役立ち、企業と資本の運行効率の向上に役立ち、資本主義はこれを利用することができ、社会主義もこれを利用することができる。株式制は公有であるか、それとも私有であるかと大ざっぱにいうことはできない。カギは持株権が誰の手にあるかである。国と集団が株主であれば、顕著な公有制をもち、公有資本の支配範囲の拡大および公有制の主体的役割の増強に役立つ。

（『北京週報』一九九七年一〇月七日号）

中国社会主義の原則はいうまでもなく公有制主体である。それゆえ株式会社化が公有制主体原則を傷つけてはならないが、株主の中心が国家と法人であれば公有制主体は守られるというのである。実際のところ、一九九六年現在、国有企業のうち新設・改組された株式会社はいまだ九二〇〇社にとどまっている。しかも、その株式資本総額のうち国家所有が四三パーセント、法人所有が二五パーセントであり、かつ国家株ならびに法人株の流通はいまのところ認められていない。国有企業の株式会社化が民有化に突き進むことへの理論的ならびに思想的な抵抗があってのことである。

しかしこの党大会決定によって公有制主体原則が揺らぎ、国有企業の民有化への道が大きく開かれたことは確実である。国家株とは、地方政府、政府主管部門の持株会社、国有商業銀行などの保有株であり、法人株とは、法人格を有する企業の保有株である。個人株とは、いうまでもなく国民一般投資者、従業員などの保有株のことである。国家株ならびに法人株が中心であれば公有制は揺るがないとはいうものの、かかる形で定義される無数の「国家」と「法人」が個人に向けて株式の流動化を図らないという保証はない。

現在の中国において家計部門に蓄積されている金融資産は膨大なものであり、中国の家計貯蓄率は世界的にみてもいささか異常ともみえる高水準にある。国家財政も国有企業財政も「火の車」である一方で、家計のみが突出して豊かなのである。株式が国家・法人から家計に向かって流れていくのは市場の争い難い力であり、しかもこの力に依拠せずに株式会社化を通じての国有企業改革が進展するとは考えられない。先の江沢民報告は、株式会社化を社会主義公有制の枠内で承認するための便宜的な主張であって、いずれは崩れていくものと思われる。要するに中国国有企業の資産は民有化を通じて市場の中に流動化していくにちがいないのである。

国有企業の流動化を促すのは株式会社化ばかりではない。現在の中国で展開されている国有企業の改革は「抓大放小」を原則としている。大企業についてはこれを少数のグループに集約し、小企業は見放し切り捨てて国有企業の全体を再編していこうというものである。

この原則にもとづき、電力、石油化学、鉄鋼、家電、ハイテク産業などの、すでに高い市場シェアをもつ約一〇〇〇社の戦略的な国有企業を選定し、ここに改革努力を集中している。戦略的企業の債務を国家投資に転換したり、技術改造投資には低利融資を提供したり、合弁を促進するための資金的支援を与えたり、メインバンク制を実施するなどの手厚い優遇条件が集中的になされる。その一方、戦略的企業以外の中小規模の国有企業のうち改革困難なものは、破産、資産売却、吸収合併などの手段による大胆な改組を要求している。

要するに戦略的企業以外のものは、市場の荒波に身をゆだねさせてその淘汰に任せるという弱小部門の切り捨て政策だということができよう。国有企業の株式会社化は戦略的国有企業の改革の切り札である。

「抓大放小」と称される国有企業群の大胆な再編、ならびに戦略的大企業の株式会社化の方針決定により、国有企業改革の「賽は投げられた」のである。改革を進める過程で生じる運営上ならびに技術上の困難は大きいであろう。イデオロギーや思想上の反発も繰り返しおこるにちがいない。改革の過程で一段と深刻化することが避けられない、既得権益を奪われた者の社会的抵抗、失業者の怨嗟《えんさ》を封じ込めることも容易ではない。とはいえ、ここまできた以上、もう後もどりはできない。

そして私は、中国の国有企業改革は結局のところは成功するのではないかと考える。これは次のような条件と論理が現在の中国には存在しているからである。中国工業化のめざましい牽引車は、郷鎮企業であり、外資系企業であり、個人・私営企業であり、そうした非国有企業部門が今後ともいよいよ大きな力を発揮して、中国を市場経済化の大波で被っていくであろう。国有企業はこれら非国有企業を主勢力とする市場経済の争い難い「浸食作用」により、民営化の地上に向けてソフト・ランディングしていくのではないか、そしてこのソフト・ランディングを「抓大放小」戦略と株式会社化が助長するのではないか、というのが私の見通しである。

すなわち国有企業改革の原動力は、国有企業それ自体からではなく、それを取り巻く非国有企業の活力から生まれてこよう。実はそのような方式こそが中国の改革・開放のプラグマティズムなのではなかったか。非国有企業の活力を大きく発揚させ、市場経済化を推進させていく過程で、国有企業を市場経済の中に飲み込み、そうして国有企業のソフト・ランディングを図っていこうという方向である。そうした方向への選択に中国の指導部はもう臍《ほぞ》を固めているのであろう。

非国有企業部門の発展は、どのような道筋で国有企業を市場経済の中に飲み込んでいくのであろうか。国有企業改革における最大の問題は、機構改革とそれにともなう人員整理をいかに順調に進展させるかにある。主管部門と国有企業の従業員がもつ既得権益のうち最大のものは、固定賃金制と永久在職制、幹部の身分保障であった。彼らがこの既得権益を手放しても、より安定的でより高所得の就業機会が他に存在するのであれば、旧来の既得権益を固守することの「機会費用」は減殺されよう。

国有企業のみが突出していた過去の中国においては、国有企業に代わる有利な就業の場はあり得なかった。しかし郷鎮企業や外資系企業の発展は、国有企業や主管部門に従事する人びとをここに大量に迎え入れる社会的「容器」をつくりだしている。現に「下海」と呼ばれる、国有部門から民間部門への就業移転現象は中国のいたるところでみられる。

養老保険、失業保険、医療保険などの社会保障制度の整備は、国有企業改革をスムーズに展開させるための重要な政策的努力でなければならない。しかし厳しい財政制約の下で、しかもそうした社会保障制度に馴致していない中国人社会にあって、法整備にいくら精出してみても、それを弱者救済の社会的容器として完成させることは容易ではない。国有企業改革をそうしたセイフティー・ネットの完成まで待たせるわけにもいかない。

現在の中国は、雇用吸収力の大きい第三次産業に大量の個人・私営企業を群生させつつある。これらを含めて非国有企業部門が一段と拡大していけば、国有企業就業者の流動化は必ずや進展していくものと思われる。非国有企業の中国経済におけるポジションとステイタスが上昇し、郷鎮企業や外資系企業は重化学工業部門やハイテク部門にも次第に大きなシェアをもつようになっている。輸出企業としての非国有企業の力量はいよいよ強い。非国有企業の「軍門」に下る国有企業も増加していくにちがいない。職員・労働者ばかりではない。国有企業資産それ自体も、株式会社化が順調に進展していけば民間部門へと転換されていくであろう。そうして国有企業の中国経済におけるポジションは確実に低下していくのであろう。

国有企業活性化の努力は、それ自体では成功しない。非国有企業群をいっそう発展させ、そうして活性の市場経済があやなす「融通無礙」な世界に身をゆだねさせることが、まわりまわって、しかし結局のところはもっとも速やかに、国有企業を市場経済の地上にソフト・ランディングさせる方途なのである。

そして間もなく中国共産党は、公有制主体は目的ではなく手段だ、というところにまで踏み込んだ今一押しの脱イデオロギー化を推進するようになるのではないか。実は公有制主体は目的ではなく手段であるという主張は、鄧小平の南巡講話を受けて活況の直中《ただなか》にあった一九九三年頃にはかなりの広がりをみせていたのである。中国の有力紙『経済日報』の次の主張がその代表例であった。

われわれは問題の実質をみきわめるべきである。公有制主体は目的ではなく手段であるという点に目を向けなければならない。中国が公有制を選択したのは、多方面で積極性を発揮し、生産力の発展をいっそう加速させ、人民大衆がともに豊かになるという目的を達成するためであった。……市場経済の発展にともなって、わが国固有の経済形態は変化しつつあり、株式などを通じて公有制経済と非公有制経済との有機的な融合がすでに必然の傾向になっている。社会主義市場経済の遂行にあたっては、所有制改革とその構造変化はこれを避けて通ることはできない。また多様な経済形態の発展を排除、制限してもならない。「公有制を主体とする」方針に影響するとか、社会主義の性質を変えたりするのではないか、という懸念は無用である。

（一九九三年一一月二日付）

このような「公有制手段論」は、これが共産党一党支配体制を揺るがすことにつながると懸念した江沢民により抑制され、その後国有企業改革論の中心は経営メカニズム論へとシフトしていった。しかし、第一五回共産党大会の決定により国有企業株式会社化に踏み込んだ以上、公有制手段論が再浮上することは必至だと私は思う。

めさせ、かくして市場経済化を推進しようというのが鄧小平のプラグマティズムであった。そのプラグマティズムの内実は、国家の権限を下方に委譲し、利益を下方に受け渡していくというものであった。中国の経済体制改革のエッセンスは、かくして「放権譲利」という用語法に象徴される。先に述べた農村における個人農化、各種経済主体の形成、国有企業株式会社化などの容認は、放権譲利の明らかな事例である。

放権譲利は中国経済をかつてないスケールで流動化させた。最大の要因は、放権譲利が地方分権化をその中枢的要素としていることにある。国家権限の地方への大幅な下放である。放権譲利の下で自主裁量権を確保した地方が、強化された財政力、対外貿易権、外資導入力をもって中国経済全体の改革・開放を先導してきた。

鄧小平は「〝条〟と〝塊〟の二つを結合させ、後者を主とする」という戦略をもって経済改革にのぞんできた。「条」とは、国家を頂点とし地方を底辺とする線の行政指令系列のことである。「塊」とは、各省内部において横に広がる面での行政指令系統である。要するに地方の管理権限が一段と強化されたのである。

これが典型的にあらわれているのが、広東省を中心とする華南である。華南は経済計画の立案・施行における自主裁量権を中央から認められ、また華南が中央に上納する財政資金と外貨については、その額を一定期間据え置くという定額請負制度を他地域に先駆けて導入することを許された。金融政策、賃金・物価政策における華南への権限委譲も大胆であった。この結果、改革・開放以降の中国にあって市場経済化が顕著に展開したのが華南であった。

華南は中国経済社会の流動化・分散化・多元化の中枢的な地域である。労働力の流動がその端的な事例である。中国の人口は、近年にいたればいたるほどますます激しく貧困な内陸部から豊かな沿海部へ、沿海部の中でもとくに高成長の華南へと流入をつづけてきた。厳しい戸籍制度の下で出生・居住地を離れることのできなかった人

論理蒙昧の社会主義市場経済論

かくして中国経済社会の流動化・分散化・多元化はいよいよ争い難い潮流である。この潮流の中にあって「社会主義」市場経済は保たれるであろうか。中国経済の実態から眺めるならば、社会主義はすでに空洞化の域にいたらんとしている。それにもかかわらず、いな、皮肉なことに、それゆえにこそというべきであろう、中国の現在の国是は社会主義市場経済なのである。

巨大な人口と広大で多様な国土を擁する中国が、毛沢東時代の極度に集権的な統制経済から一転して市場経済に踏み込んでいこうというのである。分散的意思決定を特徴とする市場経済化を巨大にして多様な中国の全土で試みようというのであれば、生産力の発展のためにはそれ以外に方途はないにしても、この試図が中国の統合をそこなうことになりはしまいか。中国が流砂の中に巻き込まれてみずからの行き着く先がどこになるのか。市場経済化を選択したがゆえに、恐怖にも似たそうした危機意識を指導部がもったとして不思議ではない。

集権的統制経済を市場経済へ転化させようという中国の試みは、成功的先例のない歴史的な実験である。グラスノスチとペレストロイカを標榜して改革に乗りだしたソ連邦のあの無惨な経済的失墜と国家分裂、果ては共産党の悲劇的解体を目のあたりにして、中国の実験は社会主義を死守しながら進められねばならないという党指導部の決意を固めさせたとして、これも当然であった。

もう一度いえば、市場経済化を試みなければ生産力の発展、国力の増強、人民生活の向上を手にすることができないという認識に到達した以上、それがもたらす社会的、政治的な分散と混乱はこれをなんとしてでも抑え込み、市場経済化を混乱なく展開したいというのが指導部の考え方にちがいない。そうであれば、社会主義市場経済の「社会主義」とは、政治的意味合いのきわだって強いものであることが想像できるのである。つまりは社会主義市場経済とは、政治制度としての社会主義を堅持し、その下における市場経済化を意味するものだということができよう。

ここに、編集主幹が馬洪、副主幹が孫尚清、劉国光、呉敬璉など当代の中国を代表する錚々《そうそう》たる経済学者が名をつらね、国務院発展研究中心ならびに社会科学院という改革・開放期中国の最重要のシンクタンクからだされた文献がある（小島麗逸・高橋満・叢小榕訳『中国経済』上・下、総合法令、一九九三年）。その編纂者の権威からみて、最近年の社会主義市場経済論に関する最重要の文献であろう。この文献は、冒頭で「市場経済が社会体制上の属性をもたないというのであれば、社会主義市場経済の意味はどう理解すればいいのか」と問うて、次のように答えている。

> われわれが確立しようとするのは社会主義市場経済であり、それはわれわれが市場経済を「社会主義に属する」と「資本主義に属する」とにわけることを意味せず、「社会主義の下での市場経済」の略語である。われわれは、社会主義の下での市場経済とは、あくまでも市場経済であって、これまでの計画経済ではないことを明確にすべきである。それは市場経済の共通性をもち、資本主義の下での市場経済と運営の法則において似通ったものであり、両者の間に大差はない。鄧小平同志がいったように、「社会主義市場経済は方法の上で基本的には資本主義と似ている」。だから、われわれは今日の世界の市場経済国家のすべての有用な知識と経験を参考にすべきである。

ここのところを何度読み返してみても「社会主義の下での市場経済」の意味は不分明である。おそらくは執筆者自身もそのあたりのところはよくわからず、要するに社会主義市場経済とは市場経済のことだと、高《たか》を括《くく》って書いているかのごとくである。そうにちがいない。市場経済とは概念的に異質のものである政治制度としての社会主義を、たんなる形容詞として市場経済の上に乗せたものに過ぎないからである。

社会主義は、市場経済という概念との関係でいえば、意味をなさない形容詞ではあろう。しかし鄧小平の想定する社会主義は、市場経済化に内在する分散化傾向が社会と政治に混乱を招き、ましてやこの傾向が政治制度としての社会主義を固守する共産党一党支配体制に刃向かうのであれば、これは徹底的に叩き潰さねばならない、という強い意思をその内に漲《みなぎ》らせている。そうであれば、社会主義は強力な実効性をもった概念であって、ただの形容詞などではあり得ない。

政治制度としての中国社会主義とは何か。要するに共産党一党支配体制のことである。共産党権力が国家の政治はもちろんのこと、経済、軍事、文化、イデオロギーのすべてを支配するシステムである。ここでは党がすなわち国家であり、司法・行政・立法という三権の方位、中央・地方関係のあり方、そのいずれもが共産党の一元的意思決定にゆだねられる。中国は現在なお共産党一党支配体制下にあり、しかもその堅持と強化を求めてやまない。現実を眺めても、共産党に代わり得る整備された支配機構と人脈、一言でいって政治的力量をもった組織など中国には存在しない。

社会主義市場経済における社会主義とは、中国が今後とも共産党一党支配体制の下で国家を運営するという強力な意思の表明に他ならない。経済の著しい多元化を求めてその内実はすでに資本主義といってもそう遠くない域に踏み込んでいるのが現在の中国である。そしてこの方向へと中国を導いているのが共産党なのである。ここのところをもう少しみておこう。

中国の改革・開放は、一九七八年一二月の第一一期第三回中央委員会総会（三中総）の決議によって開始された。その直後の一九七九年三月一日に鄧小平の「四つの基本原則を堅持しよう」が発表されたことの意味はきわだって大きい。四つの基本原則とは、⑴社会主義の道、⑵人民民主独裁、⑶共産党の指導、⑷マルクス＝レーニン主義・毛沢東思想、この四つである。旧来の硬直的な社会主義イメージを一新した新農政への転換、国有企業改革、多種経済成分の容認、こうした経済の多元化が社会的・政治的な混乱へとつながっては改革・開放の基盤自体が崩壊しかねないと鄧小平は考えたのであり、ことがそうなってはならないと彼は強い警告を社会に発したのである。

鄧小平の言葉でいえばこうである。

われわれにもしも強力な集中的指導と厳しい組織性、規律性がないなら、もしも党風の断固たる整頓を行わず、実事求是、大衆路線、刻苦奮闘といった党の優れた伝統をいっそう回復するのでないなら、もともと避けることができた大小さまざまな騒動がおこって、われわれの現代化建設は第一歩で重大な障害に直面することになろう。

（『鄧小平文選――一九七五～八二年』）

思想と経済の多元化を求めながらも、これが超えてはならない政治的域値を明示したものが四つの基本原則であった。その意味で、第一一期三中総決議と四つの基本原則とは、鄧小平にあっては確かに一対であって、両者は不可分のものなのである。

四つの基本原則におけるポイントは⑶の共産党の指導、つまりは共産党一党支配体制の堅持であった。これについて鄧小平は、同文献において次のようにいう。

中国共産党の指導を離れて、果たして誰が社会主義の経済、政治、軍事、文化を推進していくのか。果たして誰が中国の四つの現代化を推進するのか。今日の中国では、党の指導を離れて大衆の自然発生性を賛美するようなことは絶対にしてはならない。

中国の現代化を推進する中枢がすなわち共産党だというのである。四つの基本原則は共産党一党支配体制の堅持をその中核におき、それにより改革・開放をできるだけ混乱なく進めていこうという、脱イデオロギーの「権威主義的開発体制」確保への意思を表明したものに他ならない。経済的多元化を強い政治的一元化の下で進めようという鄧小平の「二点論」がこれである。

この二点論が最もドラスティックな形で表出したものが一九八九年の天安門事件であり、さらにはこの事件にもかかわらず一九九二年以降に再開された改革・開放の全面加速であった。

再度確認しておこう。社会主義市場経済とは市場経済そのものであって、経済的にいえば社会主義には実効上の意味はない。しかしその一方で、中国は政治制度としての社会主義つまりは共産党一党支配体制は堅持し、かつこれをいよいよ強化しようとしている。市場経済の上に社会主義を冠することの意味はまさにここにある。社会主義市場経済は、社会主義と市場経済の概念的整合性を問われるべき概念ではなく、現代中国のいわば「国是」を反映した概念として受け取られるべきものであろう。

しかし、それでもなおわれわれは、社会主義と市場経済が長期にわたり無矛盾であろうかと問わざるを得ない。

社会主義は守れない

無矛盾などではあり得ない。現在の中国は、社会主義と市場経済との、政治的一元化と経済的多元化との、共産党一党支配体制と流動的・分散的経済社会との激しい相克の渦中におかれ、その相克に身を焼かれているのである。現在の中国は、しばしばそう表現されるように確かに「不安定な過渡期」の中にある。しかし過渡期という表現は、将来に設定されているある目的に向けて歩む移行局面といった響きがある。しかし中国にはみずからの行き着く先がデザインされているようには思われない。これもよく用いられる表現であるが「海図なき航海」といった方が、中国のありようをうまくいい当てているように思われる。

鄧小平の時代においても、改革・開放と四つの基本原則という二つの間には、時に激しい相克が存在した。しかし、極度の貧困から出発した鄧小平の時代にあっては、ともかくも改革・開放を通じて生産力の発展と人民生活の向上を実現することに最大の目的がおかれ、この目的を果たさずして共産党一党支配体制の正統性を守ることなど不可能であった。ソ連邦と東欧の社会主義が崩壊し、社会主義を固守してきた共産党がいちどきに解体してしまったこの脱冷戦期に、中国共産党が辛くも生き残っていくためには、生産力の発展のみが唯一の課題であり、この課題に応えられなければ、共産党一党支配のシステム自体を守ることが不可能だったのである。

そしてこの課題に経済の高成長をもって応えたのが鄧小平であり、その意味で鄧小平はまさに「時代の子」であった。改革・開放以前の長い間、胃の腑を一度たりとも満たすことのできなかった国民は、改革・開放期においてみずからの生活水準が昨日より今日、今日より明日と着実に上昇していくという状況を身据えて、共産党一党支配をとくに強い桎梏《しっこく》だと認識することもなかった。

鄧小平の時代にあって改革・開放と四つの基本原則との矛盾は確かに存在していたものの、それは潜在的な矛盾であり、これが顕在化することは少なかった。天安門事件はこの矛盾の部分的な顕在化であったが、一党支配の強い力をもってこれをねじ伏せることができたのであり、他面からいえば一党支配体制を覆すには「民主派」勢力は余りに弱体だったのである。

しかし江沢民の時代にいたり、この矛盾ははっきりと顕在化してきた。すでに二〇年になんなんとする改革・開放の時代を経て国民の胃の腑は満たされ、一党支配体制を次第に重い圧力だとみなす国民意識が広範な広がりをみせつつある。

自分たちは確かに豊かになったが、この豊穣は自分たち個々人の努力の結果であって、国家や党の保護の賜物ではまったくない。農村においては人民公社は全土から完全に姿を消し、すべての農民は個人農化している。農民所得の向上を保障したのは個々の農民の増産意欲以外の何ものでもない。

工業部門であれば、急速に進んだ市場経済化の過程で経済主体は無数の郷鎮企業、外資系企業、個人・私営企業へとまとめどもなく分散化の傾向にある。これら企業群は市場経済が生みだした自由な存在であって、国家・党の一元的管理のはるか枠外にある。その活性化は、国家・党が与えてくれたなんらかの保護や恩恵によってではなく、みずからの発意と努力の成果に他ならない。この心理が国家・党の権力と権威を日に日に侵している。そして党員の眼も政治から経済へ、そして中央から地方へと向かうようになっている。

国有企業の株式会社化が党の権力基盤を掘り崩すのも間もないことであろう。かつては全国に無数に存在する国有企業のすべてに党委員会が設けられ、党中央の方針が企業内で実行されるよう厳しい監視の眼を光らせてきた。共産党支配の最重要の基層組織が国有企業党委員会であった。

国有企業の株式会社化とは、国有企業が出資者によって構成される法人財産権をもつ主体となることであるから、その資産の所有者は帰するところ出資者だということになる。党委員会は出資者の意向を超えた存在ではもはやあり得ない。出資者の意向が配当金の極大化、つまりは国有企業の利潤極大化にある以上、党委員会がその存続を保障されるには、結局のところみずからも利潤極大化原則に沿い、経営者と共働せざるを得なくなろう。事実、株式会社化を進める多くの国有企業において経営者と党委員会とのそのような共働行動が一般化しつつある。

そしてこのことは、企業内党委員会が共産党一党支配の「政治的核心」でありつづけることを不可能としよう。基層組織が市場経済の中に溶解し、党員の眼を政治から経済へと向かわしめる傾向を助長することになろう。経済発展を求めて猛々しいばかりの勢いで進められてきた中国経済の流動化・分散化・多元化は、かくして共産党一党支配の基盤そのものを揺り動かしている。

経済を流動化・分散化・多元化させ、生産力の発展を通じて人民生活の向上を図ることは、脱冷戦期における共産党一党支配の不可避の課題であり、この課題に応えられなければ一党支配の正統性は喪失してしまう。生産力の増強は中国共産党の生き残り戦略である。共産党は他に選択肢のないこの課題に高い成長をもって応えてきたのであり、このこと自体には高い評価が与えられねばならない。しかし、皮肉なことに、この生き残り戦略の成功が生き残りの条件を厳しく制約したとみられるのである。

流動化・分散化・多元化する経済社会と共産党一党支配との矛盾、経済的多元化と政治的一元化との矛盾、鄧小平の時代にあっては潜在していたこの矛盾が、現在の中国においては巨大なスケールで顕在化しつつある。江沢民体制はこの矛盾にどう対応するのであろうか。おそらくは現在の中国の抱える最大の問題がここにあると私は考える。事実、江沢民体制もその危機意識に衝き動かされて政治行動を展開し始めた。

一九九四年の秋に江沢民は鄧小平から権力を継承したのだが、この時以降、江沢民は江沢民色を表にだそうと努めてきた。鄧小平なき鄧小平路線を歩む江沢民体制においては、生産力の増強はむろんのことであるが、これと並んで、いな、これよりも強く社会・政治的な安定性を強調するようになっている。共産党一党支配の揺らぎがいかに深刻なものか、江沢民はつくづく思い知らされているのであろう。

一九九四年九月には「党建設の強化についての若干の重要問題に関する中国共産党中央委員会の決定」がだされた。ここでは全身全霊をもって人民に奉仕し、「思想面、政治面、組織面で完全に打ち固められ、さまざまな風波、危険に耐えぬき、終始、時代の先頭を行くマルクス主義政党を建設するよう努めなければならない」ことが強調された。

一九九五年九月二八日の第一四期第五回中央委員会総会の閉幕式で行なった江沢民の講話は「一二大関係論」と称されている。この一二大関係の第一項目で取り上げられたのが「改革、発展、安定の関係」であった。そこで江沢民は「改革、発展、安定の三者には不可分の内在的な関係がある」として次のように語った。


安定は発展と改革の前提であり、発展と改革は安定した政治、社会環境を必要とする。これはわれわれが代価を払ってやっと勝ち取った共通の認識である。現在はまさに経済体制の転換期にあり、人びとの思想と観念の転換にはひとつの過程が必要であり、各方面の利益関係の変動がかなり大きく、各種の矛盾がかなり激しくなる可能性があり、安定の維持はいっそう重大な意義をもっている。安定した政治、社会環境がなければ、すべて話にならないし、どんな立派な計画、構想も実現しがたい。

（『北京週報』一九九五年一〇月三一日号）

しかし、それでは安定した政治、社会環境をどのようにして創るか、肝心のここのところは著しく不透明である。「一二大関係」の第一二項が「物質文明建設と精神文明建設の関係」であり、そこでは次のように述べられている。

物質文明建設と精神文明建設を統一した奮闘目標として、いつも両手でつかみ、両手にしっかり力を入れることを堅持しなければならない。いかなる状況の下でも、精神文明を犠牲にして経済の一時的発展と交換してはならない……社会主義精神文明建設はマルクス＝レーニン主義、毛沢東思想、および鄧小平同志の中国の特色をもつ社会主義建設の理論を導き手とし、党のすぐれた伝統を大いに発揚し、中華民族の優秀な思想文化を広め、愛国主義、集団主義、社会主義の思想教育を強化し、理想があり、道徳があり、教養があり、規律のある社会主義公民を育成し、世界文明のあらゆるすぐれた成果を吸収し、全民族の思想モラルの水準と科学技術の水準を向上させなければならない。

（同）

安定強調を繰り返す江沢民の具体的方向は、どうやらこうしたある種の思想的引き締めという旧来の手段のようにみえる。確かにそうなのであろう。一九九六年一〇月一〇日の第一四期中央委員会第六回総会で採択されたものが「社会主義精神文明建設強化の若干の重要問題に関する党中央の決議」である。精神文明をおろそかにすれば、改革・開放期に中国が手にした物質文明は破壊されかねないという危機意識を率直に表出した決議であった。「党ならびに政府の機関と幹部の間に存在している消極的腐敗現象を断固として排除し、大衆との連携を密接にし、政務と実務に励み、廉潔に奉仕するという優れた党風と政風」を確立しなければならないという党員への叱咤激励が決議の全文を被っている。さらに引用してみよう。

全人民への奉仕と集団主義を提唱し、人を尊重し、人に関心を寄せ、集団を熱愛し、公益に熱心で、貧しい者と困難を抱えた者を助け、人民と社会のためによいことを多くやり、拝金主義、享楽主義、個人主義への反対・抵抗を提唱しなければならない。経済活動においては、国は企業と集団の利益を保護し、人びとが合法的な経営と誠実な労働を通じて正当な経済的利益を獲得するよう奨励し、同時に人びとが社会と人民に対し責任を負い、国、集団、個人の関係を正しく処理し、小集団主義、セクショナリズムに抵抗し、公の利益を損なって自分の利益を図ることに反対する。経済活動の商品交換原則を党の政治生活と国家機関の政務活動に導入することを厳格に防止しなければならない。

（『北京週報』一九九七年一〇月二九日号）

裏を返していえば、現在の党員の中に拝金主義、享楽主義、個人主義がいかに広範に蔓延し、党活動の中に「商品交換原則」がいかに深く浸透しつつあるかの実態を、この決議は立証しているのであろう。

しかし、社会主義精神文明の建設強化といったところで、今日の中国においては社会主義そのものがどうしようもないほどに不透明になっているのであり、この引用文で強調されているのも所詮は「もっとまじめにやれ」ということ以上ではない。社会主義市場経済がもはや意味をもたないのと同様、「社会主義」精神文明にも中国共産党員の、ましてや国民を鼓舞する何がしかの内実が含まれているとは思われないのである。在米のある中国人女性ジャーナリストは、今日の中国を次のように巧みに表現している。

中国で起きているのは、東欧やロシアで起きたような人の心を高揚させる劇的な旧体制崩壊ではなく、緩慢でなだらかで支離滅裂な旧体制の炉心融解である。

（ジエンイン・チャ著『新北京物語』服部健司訳、時事通信社、一九九七年）

鄧小平の思想と路線の帰結は、確かに社会主義の「炉心融解」なのであろう。社会主義に代わるアイデンティティーを模索する以外にこの巨大社会の統一を維持することはいよいよ難しい。とすれば、今後の中国には「熱愛祖国」「振興中華」、つまりは一九世紀的なナショナリズムに身をゆだねるという危険性がつねにつきまとうのではないか。

一九九四年の建国四五周年を前にだされた「愛国主義教育実施要綱」、一九九五年の「抗日戦争勝利五〇周年」キャンペーン、一九九六年の台湾総統選挙時の台湾近海でのミサイル発射演習、一九九七年の香港返還時の祖国統一大中華キャンペーン、同年の「日米防衛協力の指針」に対する執拗な反対表明など、こういった近年の一連の事実の背後に透けてみえてくるものは、確かにナショナリスティックな政治行動であろう。

本来が長期を要するはずの中台統一に軍事力を用い、「台湾有事」をつくりだすといったことが愚策であることは火をみるより明らかである。しかし、これが政治外交的にみていかに愚策であっても、社会主義に代わるアイデンティティーを中国が探しあぐねている以上、時にこういう行動に打ってでることにより、「愛国主義」をもって国家統一を強化したいという衝動が指導者の胸を揺るがすことがないとはいえない。不透明な過渡期の危険性がここにもある。

第二章　虚妄の中国経済大国論

中国が経済大国だというのは誤れる通説である。一世代も後の誰も保証できないような将来についての大雑把な見通しをいうのであればともかく、現在の中国経済がすでにしてスーパーパワーであるかのごとき主張にはまともな根拠はない。

大国だというのであれば、統一的な国内市場をもち、その隠然たる経済力によって周辺諸国に良きにつけ悪しきにつけ甚大な影響力を及ぼす存在のはずである。しかし現在の中国がそのような存在であるとは考えられない。中国の国内市場は、いまなお広大な国土に分散する無数の、多分に自給的な小規模市場の集計なのである。購買力平価を用いてこの集計値をいかに大きくみせようと、それが統一的市場の規模を示すものではない以上、さしたる意味はない。

今日の中国は周辺諸国に影響力を及ぼす存在ではなく、逆に東アジア諸国の経済力の波及を受けて高成長を実現している国なのである。さもありなんである。市場経済化を担う主体としての企業家は中国には薄くしか存在しない。「中国資本主義の精神」は大陸にではなく、在外華人の中に宿っているのである。

私有財産の一切を否定した毛沢東時代の苛烈な弾圧により、中国の企業家は潮が引くごとく香港へと「外流」してしまった。清末期に南洋に移り住んだ華南住民ともども、長い歴史的時間をかけて香港や東南アジアの「海の中国」で錬磨され蓄積された「中国資本主義の精神」の大陸回帰なくして、この国の市場経済化はあり得ない。在外華人の中国回帰戦略を過《あやま》たず用いたのが鄧小平であった。鄧戦略の成功的帰結が在外華人の出身地域である華南の高成長であり、この地域が改革・開放期中国の成長牽引車であった。

二一世紀がアジアの世紀だという主張の多くは中国経済大国論と不可分のようであるが、危うい見方である。予見し得る将来まで、アジア経済発展の最重要主体はＮＩＥＳ、ＡＳＥＡＮ諸国であろう。彼らがつくりだす発展メカニズムに中国沿海の成長地域が組み込まれて、前者の発展波及力が後者に及ぶというのが現実的な図柄であろう。経済的波及力が向かうのはＮＩＥＳ、ＡＳＥＡＮ諸国から中国への方向であって、その逆ではない。

未熟で低開発の市場を「超大国」として主張することは、中国のセルフ・イメージに歪みを与えると同時に、豊富なビジネス・チャンスここにありと誤認して蝟《い》集《しゅう》する海外企業を苦境におとしめる危険性がある。超大国としてのセルフ・イメージは中国を覇権主義的行動に傾かせ、対中進出企業の苦境は反中的センチメントの温床となりやすい。実態にそぐわない超大国論からは建設的な未来は開けない。

中国資本主義の「外流」

毛沢東の時代、共産党一党支配の中国は、国内企業家を圧搾し、彼らを国外に締めだした。中国全土の工業、商業、運輸業の中枢を掌握していた官僚資本系列企業の没収を強力に進めた。私営工商業者の行動にも強い制約を加え、彼らを統制的計画経済の中に引き込んだ。私営工商業の「社会主義的改造」と称されたものがそれである。官僚資本の没収や私営工商業者に対する規制強化は、彼らの社会的抵抗を生み、それがゆえに社会主義的改造は「三反」「五反」運動という大衆路線の中で行なわれた。この運動は中華人民共和国史を特徴づける残忍な暴力主義的政治の原形となった。

官僚資本の没収、私営工商業の社会主義的改造の過程で、中国の企業家的能力は締め上げられ、前途を断たれた実業家は活路を求めて海外へ脱出した。その劇的なあらわれが上海資本の香港逃避であった。大陸中国が経済的低迷を恒常化させる一方で、香港が有数の繁栄拠点となったのは、上海で蓄積された資本主義的諸要素が大挙してここに流入したからであった。

上海経済の心臓部は浙江財閥によって掌握されていた。浙江財閥の中枢にいたのは蒋介石、宋子文、陳果夫、陳立夫の四大家族官僚資本であった。これら官僚資本やその系列企業は欧米列強資本と協働して上海を東アジア最大の産業都市へと変貌させた。香港に流入したのは、この上海企業という中国資本主義のエッセンスであった。香港社会の住民基盤は同じ時期にここに難民としてやってきた広東人によって形成され、彼らはこの自由放任の地で実利を徹底的に追求した。

およそ政治というものに信をおかない華人の伝統的体質に加えて、動乱と混迷の中国を逃れてこの地に移った上海の実業家や広東人にとっては、自治や民主主義といった「贅沢品」よりも、みずからの安寧を確かに保障してくれる英国支配のシステムのほうがはるかに望ましいものであった。政治は政庁にまかせ、みずからは初期資本主義的な「レッセフェール」のもとでのびやかな経済活動に専心したのである。

経済的諸行動に対して干渉と規制を用いないことに積極的な価値を見出す政庁の「積極的不介入主義」(positive non-interventionalism）は、そうした香港住民の志向性に見合うものであり、彼らの活力を引きだす適合的な原則であった。自治と民主主義を欠落させながらも、英国支配の香港に対する住民の「信心」は揺らぐことなく、彼らは現世的な欲望をこの地で貪欲にも追求した。

とはいえ、香港住民がそれほど恵まれた存在であったわけではない。むしろその逆であろう。大陸中国と西側世界の中継点に位置する都市の宿命として、東西冷戦と中国政治変動の二つの波に洗われながら、辛くも崩落からまぬがれてきたのが香港であった。一九五一年五月に国連が中国への戦略物資禁輸措置を採り、これにより対中中継貿易を旨とする香港経済は打撃を受けた。しかし、禁輸をものともせぬ密輸活動を活発に展開し、密輸である分だけ収益は大きく、これを価格が低下した土地、建物に投下して巨万の資産を築いた人びとが生まれた。対中禁輸措置は、中継貿易を脱して低賃金労働力に依拠した製造業に香港の新しい活路を開かせる契機ともなった。

プロレタリア文化大革命を背景にして反英・反政庁の香港暴動が発生し、中国内部からも熱烈な左派支援が送られて、もはや香港もこれまでかという強い危機感が漂ったのが一九六七年であった。しかし、この時期に暴落した不動産や株を買い占めた人びとが今日香港を代表する有力な資産家となった。

香港に流入してきた上海人の帰国の夢を最終的に打ち砕いたのも文革であった。彼らは以前にもまして香港に強く根を張り、香港で財をなすより他に方途はないと臍《ほぞ》を固め、この新しい故郷の発展に貢献するようになった。香港の企業家はいくたの崩落の危機をその俊敏な行動によって乗り切り、そうした経験の蓄積によって強靭で鋭利な企業家的能力を磨いていった。

中国人の企業家的能力が大陸の外で蓄積されたのには、もう一つの歴史的経緯がある。清末期に、広東省や福建省などの華南地域の住民が大量に周辺の東南アジアに「外流」し、彼らの商業主義の伝統が流出先の苛酷な生活・勤労条件下で錬磨され、そこに蓄積されていったという経緯である。彼ら華僑の企業家的能力はいずれ故郷に「内流」して中国のものになるはずであった。しかし、祖国中国が私有財産の一切を否定する共産党一党支配の中華人民共和国として成立したために彼らは帰るべき故郷を失い、かかる経緯を経て華僑の企業家的能力は東南アジアのものとなった。

裸一貫の華僑が、異郷の南洋に居を定め、そこを就業の場にし得たのは、彼らに固有な互助共同の組織のゆえである。この組織をもって彼らは苛酷な環境に堪え忍び、逆境の中でその才覚を磨くことができた。この組織が「幇《ぱん》」である。祖先信仰において強い漢民族としての彼らが求めたのは、祖先の墳墓の地を同じうする同郷集団によって構成された「郷幇」であった。福建幇、潮州幇、広東幇、海南幇、客家幇などがそれである。

国家権力の裏づけをもたない幇組織を支える唯一の力が、密度の濃い人間関係に発するところの「信用」であった。この信用こそが「華僑商法」のエッセンスに他ならない。幇内部で信用を得たものは、幇のさまざまな組織を通じて無担保の金融に恵まれ、商売上必要なマーケティング・チャネル、ノウハウなどの便宜を供与された。社会的上昇に強い意欲をもち、幇内部で高い信用を得たものは、「先苦後甘」「節倹貯蓄」「克勤耐労」といった現世的な人生訓に則って仕事に励んだ。

華僑の経済活動は「買弁」を旨とした。買弁とは西欧列強と現地住民社会との中間にあって、前者の必要とする食糧や工業原材料などの一次産品を後者から集荷し、それと引き換えに繊維製品などの世界製品を後者に販売するという仲介者的機能のことである。さらに華僑は、現地住民社会に住みつき料理店、雑貨店、理髪店などにおいて、次いで貿易商、金融業などのサービス部門において、さらに第二次大戦後の一九七〇年代に入るころからは製造業においても力量を発揮するようになった。

華南にあってかつて農民であった人びとが異郷の南洋に移り住み、相互扶助的な幇組織に属して刻苦精励する過程で信用を蓄積し、その信用によって得られた原資をもとに、活況を呈する東南アジア植民地社会において買弁者的機能を発揮した。古くから擁していた華南住民の商業主義の伝統が、異郷の逆境の中で中国人独自の自衛自助の組織に支えられながら錬磨され、そうしてこれが東南アジアの企業家的能力として蓄えられていった。「中国資本主義の精神」はこうした歴史的経緯を通じて、大陸の内においてではなく、大陸の外に厚く形成・蓄積されたのである。

資本主義の大陸「回帰」

中国が市場経済化を通じての発展を志向する以上、そして市場経済化を担う企業家が国内に欠如していることが明らかな以上、これは海外に求めざるを得ない。中国経済の「改革」は「開放」を通じて実現するよりほかに方途はなかったのである。

もっとも、計画的統制と文革によって疲弊しきっていた当時の経済と社会を西側諸国に「全面開放」するならば、後者の圧力に中国が抗することはできない。さりとて、門戸を閉じつづけて産業技術や経営ノウハウの海外からの導入を拒否するならば、中国の市場経済化は不可能である。かくして選択されたのが「部分開放」であり、その場として設定されたのが広東省を中心とした華南地域であった。

部分開放の場として華南が選択されたのは、中華人民共和国の成立期に香港に逃れた上海の実業家や広東人の能力、ならびに清末期に東南アジアに移り住んだ華南住民が彼地で蓄積した企業家的能力の、故郷への回帰を期待してのことである。大陸の外に流出し、そこで錬磨された「中国資本主義の精神」を導入せずして発展はあり得ないことを確かに見据えていたのが鄧小平であった。

鄧小平の治世期は東西陣営対決の時代から共存の時代へと移行していた。この時代環境を反映してのことでもあろう、鄧小平は資本主義としての西側諸国と社会主義としての中国を比べてみれば後者は前者よりはるかに貧しく、この貧しさから抜けでるには前者の「資本主義的要素」をふんだんに導入しなければならないと考えていた。そして鄧小平はこの「資本主義的要素」の格好の提供者を在外華人とみたてて、その中国回帰を求めたのである。新指導者鄧小平のプラグマティズムの真骨頂であった。

在外華人の中国回帰のための手段として華南に与えられたものが「特殊政策・弾力措置」であった。この政策措置が改革・開放の起点一九七九年においてはやくも陽の目をみたという事実は、中国の改革・開放が何を狙って出発したものであったかを端的に示している。

特殊政策・弾力措置においては「〝条〟と〝塊〟の二つを結合させ、後者を主とする」という原則が用いられた。このことは前章でも述べた。改めていえば、「条」とは、国家を頂点とし地方を底辺とする縦の行政指令系統であり、「塊」とは、地方の内部で横に広がる面での行政指令系統のことである。特殊政策・弾力措置とは、つまり「塊」の強化であり、広東省や福建省などへの「放権譲利」を意味した。財政、外資、生産、物資、貿易などの計画のほとんどを、華南が北京の認可を要せずに独自に制定することができるようになった。要するに他地域とは異質の自由が華南に与えられたのである。

特殊政策・弾力措置を受けて、香港や東南アジアの在外華人のモノ・ヒト・カネ・テクノロジーは、当初は慎重に、しかし次第に加速力をもって華南へと進出した。特殊政策・弾力措置により中国の中で最も激しい流動化をみせた華南は、在外華人の経済活力を導入したことにより一段と激しく流動化し、改革・開放期の中国において最高の成長率をみせる地域へと変貌した。

特殊政策・弾力措置の劇的なあらわれが経済特別区の創設であった。在外華人の企業家的能力導入の具体的な「器」がこれであり、ここに参入する彼らの経済活動にはかつての中国であれば信じられないほどの豊かな自由が与えられた。一九八〇年八月の第五期全国人民代表大会で「広東省特別区条例」が公布され、広東省内の深圳、珠海、汕頭の三市に経済特別区が設置された。画期的な試図であった。

しかしこれが画期的である分、党内でその是非をめぐって激しく議論が戦わされたのは当然であった。特別区は植民地租界の現代版であるとみなすものも多く、資本主義の攻勢による社会主義の「腐食」を懸念する声は大きかった。この「理解不足」を苦々しく思っていたのは、もちろん鄧小平である。鄧小平は一九八四年二月に広東省、福建省、上海市などを視察し、北京で同月「経済特別区の問題と対外開放都市増加の問題について」と題する講話を行ない、これにより特別区に関わる党内の議論に決着をつけた。

> われわれが特別区を設置し、開放政策を実施するについては明確にしておかなければならぬ指導思想がある。「収」（引き締める）ではなく、「放」（緩める）である。……「時は金、効率は命」というのが深圳のスローガンである。深圳のビル建設では、数日で一フロアができ、いく日もかからぬうちにビルが一つ建つ。深圳の建設労働者は内陸部の労働者だ。効率が高いのは、請負制にして賞罰をはっきりさせたからである。特別区は技術の窓口、管理の窓口、知識の窓口であり、また対外貿易の窓口でもある。

そして鄧小平は、「全国的にそうする条件はないが、一部の地方を豊かにすることはできる。均等主義はよくないのだ」とその講話を結んだ。「先富論」をもって特別区論争にケリをつけたのである。

華南を開放してここに香港や東南アジアに蓄積されていた「中国資本主義の精神」を導入し、もって華南を改革・開放の先導地域としていこうという鄧小平の戦略は確かに有効であった。この戦略なくして改革・開放期中国の経済的高揚はあり得なかった。現在の中国に対する最大の投資者は在外華人であり、その中核が香港である。一九九二年から一九九六年までの間に中国が導入した海外直接投資額（実行額）の総計のうち実に五六パーセントを香港が占めたのである。ちなみに台湾が九パーセントである。日米は両国合計しても一五パーセントに過ぎない。東南アジア在外華人系企業の対中進出が少なからぬ規模で発生していることも注目される。

同期間に中国が受け入れた海外直接投資額の全社会固定資産投資額に占める比率は、全土の平均で一五パーセントである。韓国、台湾の同比率は三パーセント、二パーセント、タイ、インドネシア、フィリピンは五パーセント、二パーセント、五パーセントである。大国になればなるほど「対外経済接触度」が低いという経験則は「クズネッツ命題」として知られる。しかし、中国はこの命題のまったくの例外である。改革・開放期の中国において最高の成長率を示した華南の福建省、広東省の同比率は四八パーセント、三三パーセントと格段に高い。現在中国の外資依存度のこの驚くべき高さは、在外華人の対中進出によって初めて実現されたものなのである。

グレイター・ホンコン

中国の成長地域華南は、急速な「香港化」の過程にある。広東省を主要な舞台に大規模な展開をみせているのが香港企業の「委託加工生産」であり、これが広東省経済を塗り変える主勢力である。委託加工生産とは、原材料、部品、中間製品、機械、設備、さらにはデザインやサンプルなどを香港企業がもちこみ、広東省の安価な土地と労働力を用いて組立加工された製品のすべてを香港企業が受け取って、加工賃と土地リース代を広東省側に支払うという方式のことである。生産品目は、衣料、スポーツ用品、時計、カメラ、ラジオ、カラーテレビ、カセットテープレコーダー、冷蔵庫、扇風機、洗濯機などの典型的な労働集約的製品である。

委託加工工場の生産管理、財務管理、人事管理はそのすべてが香港企業によってなされている。香港と広東省は同一の言語・文化圏に属し、また地理的にも近接しているために、その管理は迅速かつ順調である。香港企業による広東省での委託加工は、有利な生産立地を求める「国内投資」のごときものであって、香港企業はこれを「海外生産」といった感覚では受けとめてはいない。委託加工の大規模な展開を通じて、香港企業は広東省という広大な後背地を擁することになった。かくして香港は港湾都市経済としての「限界的」ステイタスを脱し、華南をヒンターラントとしてもつ新しい「国民経済」へと変貌したといっていい。

「グレイター・ホンコン」の形成である。実際のところ、今日工業労働者数七五〇万人の広東省において、ここに進出した香港企業により雇用される労働力は少なく見積もっても三五〇万人を下回ることはない。香港企業によって広東省側に支払われる賃金と土地リース代は香港ドルによってなされ、これが蓄積して広東省を流通する通貨の五〇パーセント以上が香港ドルだという。広東省は香港の「植民地」のごとくである。中国企業の対香港・東南アジア進出例もないわけではないが、香港・東南アジアの対中進出に比べれば微々たるものである。中国が香港・東南アジアを変えているのではない。中国を変えているのは香港・東南アジアの在外華人なのである。

在外華人の対中進出は、在外華人経済と中国経済との連携の密度を濃くし、ここに「華人経済圏」ともいうべき巨大な有機的単位を形成しつつある、といったイメージがジャーナリズムにはある。しかし、よく見据えてみれば、華人経済圏として言及されているものの実体は、中国沿海部とりわけ華南の「東アジア化」であって、その逆ではない。

つまりは、在外華人系企業の生産・流通ネットワークの中に中国沿海部経済が組み込まれていく過程が、華人経済圏形成の内実である。中国の生産・流通のネットワークが周辺諸国を巻き込んでいるのではない。そうではなくて、中国の沿海部経済が、活況の東アジア経済の中に、さらにはそれを通じてアジア太平洋経済のネットワークの中にビルトインされていく過程が華人経済圏の現実なのである。中国から東アジアに向かうベクトルではなく、東アジアから中国に向かうベクトルがあくまで基本である。

このようにいうと、中国の巨大な市場の魅力に引き寄せられて在外華人の対中依存度が次第に高まり、華人経済圏の主導権を握るのはいずれ中国になろう、といった反論がでてきそうである。この点については次の二つのことを指摘しておこう。

一つには、香港は国共内戦の難を逃れてきた人びとや、中華人民共和国成立の前後に資産を奪われてここに避難した越境者によって構成される地域であり、共産党一党支配の中国に対する不信においてこの地上で最も強い人びとの住まう地域である。容易に手にしうるビジネス・チャンスがあって初めて大量の対中進出を試みているのであって、それが薄いものとなれば在外華人系企業の多くは中国から撤退していくにちがいない。仮に中国が香港に覇権主義的行動をもってのぞめば、その逃げ足は一層速まろう。香港の有力企業は日欧米の多国籍企業との合弁・資本提携を緊密に試みており、一旦緩急あらばの備えにおいて怠りない。

二つには、そうした事情を反映して香港の企業家はみずからのもてる資産の一部を対中投資に充てているのみであって、資産の大半は香港の中においている。現在の東南アジア華人系企業は立地国に定着した地場企業であることが忘れられてはならない。度を超えた対中進出は立地国のナショナリズムとの齟齬《そご》をきたさずにはおかない。現地住民との軋轢《あつれき》を経験しながら今日を築いてきた在外華人が、そのような愚をあえて冒してまで対中進出を本格化させることはあり得ないことだと考えるのが現実的である。

華人経済圏が形成されるにしても、それはかなり遠い将来のことであろう。しかし、仮にことがそうなってもなお華人経済圏の主導権を握るのは大陸中国というより、強い経済力を擁する在外華人系企業にちがいない。華人経済圏とは、再びいえば中国が東アジアの経済的ネットワークの中に引きずりだされて、そのルール・オブ・ゲームの構成員となっていくという構図であろう。

東アジアの「域内循環メカニズム」と中国

中国は東アジア経済発展の受益者であり、みずからが東アジア経済を動かす主体ではない。このことを東アジア経済の新動態との関連で論じてみよう。

NIES（韓国、台湾、香港、シンガポール）、ASEAN諸国（タイ、マレーシア、インドネシア、フィリピン）を含む東アジアは、その高い成長率にもかかわらず、「脆弱」で「従属的」な地域だとみなされてきた。東アジアの最重要のマーケットは長らくアメリカであり、一九八五年秋の円高期以降は日本の輸入市場がこれに加わった。東アジアの成長を需要面から牽引する「アブソーバー」は、アメリカと日本という域外国であった。

また、東アジアの旺盛な投資資金需要を満たしてきたのは日本企業の海外直接投資ならびにアメリカの多国籍企業の投資であり、東アジアの成長を供給面から引っ張り上げた「インベスター」もまたこの二つの域外大国であった。

成長の源泉が域内にあるのではなく域外にあるのであれば、東アジアが脆弱で従属的な地域だとみなされたのにも無理からぬものがある。「従属的発展論」は、しばらく前までの東アジア経済分析における有力な理論的仮説であった。しかし対外的な脆弱性や従属性といった用語法で現在の東アジアのことを語るのは明らかにアナクロニズムであろう。むしろ「強靭性」と「自立性」をもって語られるべきが今日の東アジアだと私は解釈する。

東アジアが全域的な規模で経済的高揚期を迎えたのは、一九八〇年代の中ごろからである。この高揚に果たした日本の役割は確かに大きいものであった。一九八五年九月のプラザ合意に始まる数年間、わが国の東アジアからの製造業品の輸入は激増し、日本はこの地域の成長を需要面から支える強力な「アブソーバー」機能を発揮した。加えて、円高によって海外生産の有利性が強まり、日本企業の東アジアへの生産拠点シフトは空前の規模に達した。この海外直接投資により、東アジアの供給力は一挙に強まった。一九八〇年代後半期の日本は、東アジアの成長を需給両面から牽引する強大な効果をもった。

この時期に東アジアが全域的な規模での経済的高揚期に入ったのは、要するにこの「日本効果」のゆえであった。しかし、一九九〇年代に入って久しくつづいた厳しい経済低迷の間に、日本は東アジア成長の牽引機能を大きく減衰させてしまった。この間、日本のＮＩＥＳ、ＡＳＥＡＮ諸国からの製造業品の輸入減速は明瞭であり、同地域への海外直接投資も減速した。

一九九〇年代における東アジアの高成長を説明するキーワードは「日本効果」でもなければ「アメリカ効果」でもない。新たなキーワードを私は東アジアの「域内循環メカニズム」と名づける。東アジアは、輸出財の需要先と投資資金の供給先を域内に求める新しい運動を開始したのである。モノとカネを域内で自己循環させることにより、「日本効果」や「アメリカ効果」が薄くなってもなお高成長を持続する条件を、東アジアは手にしたの

表 2-1　アジア太平洋諸国・国グループの相手先別貿易額（1996 年）

	日本	NIES	ASEAN	中国	アメリカ	ANZ	合計
日　本	—	1015	511	218	1132	91	2967（23.4%）
NIES	531	776	615	930	1142	105	3999（31.6%）
ASEAN	374	486	130	62	392	40	1484（11.7%）
中　国	309	470	51	—	267	19	1116（ 8.8%）
アメリカ	675	756	258	120	—	137	1946（15.4%）
ANZ	142	147	709	34	52	73	1157（ 9.1%）
合　計	2031（16.0%）	3650（28.8%）	2274（17.9%）	1264（10.0%）	2985（23.6%）	465（3.7%）	12669（100.0%）

（単位＝百万ドル，%。NIES は韓国・台湾・香港・シンガポール，ASEAN はタイ・マレーシア・インドネシア・フィリピン，ANZ はオーストラリア・ニュージランド。IMF, *Direction of Trade Statistics Yearbook* より）

である。

東アジアの「域内循環メカニズム」を語る場合、重要なアクターはNIESである。率直にいって一九九〇年代の東アジアの高成長は、「NIES効果」の所産である。NIESは現在、ASEAN諸国や中国に対して、日本を上回る輸入者として、さらには投資者としてたちあらわれている。

上掲の一九九六年におけるアジア太平洋地域の貿易マトリクス（表2-1）をみられたい。ASEAN諸国のアジア太平洋地域への総輸出のうち対NIES輸出は四八六億ドルと最大であり、対日輸出の三七四億ドルを凌駕した。中国の最大の輸出相手先もNIESである。同年の中国のアジア太平洋地域への総輸出額のうち、対NIES輸出額は四七〇億ドルであり、対日輸出の一・五倍の規模であった。

東アジアの「域内循環メカニズム」は投資資金の面でもあらわれた。一九九〇年以来、ASEAN諸国に対する最大の投資者は日米ではなく、NIESである。一九九〇年から一九九六年までの投資総額でみると、その額はNIES三九〇億ドル、日本四六八億ドル、アメリカ二〇四億ドルとなっており、統計的には日本が最大である。しかしNIES資本は、東南アジアに広がる在外華人資本ネットワークの重要なアクターであり、この資本の動きは公式統計では正確には捕捉できない。

ＮＩＥＳ資本は、既述した福建幇、潮州幇、広東幇、海南幇、客家幇などの広いネットワークを擁する在外華人の郷幇の中を実に融通無礙に動いており、右に述べたＮＩＥＳの対ＡＳＥＡＮ投資額はなお過小評価であろう。現在のＡＳＥＡＮ諸国に対する卓越した投資者がＮＩＥＳであることは疑いない。中国に対する最大の投資者が香港を中心としたＮＩＥＳであることはすでに指摘した。

東アジアにおけるモノとカネの「域内循環メカニズム」の中に中国が参入したために、このメカニズムの懐ろが一段と深くなり、東アジア成長の市場的ならびに資金的な潜在力が豊かになったことは確かである。しかし、このメカニズムの「プライムムーバー」はＮＩＥＳであって中国ではない。中国の貿易プレゼンスは統計からみる限り、シンガポールを除くＡＳＥＡＮ諸国の合計値よりも小さいというのが現実なのである。

先の表をもう一度みられたい。ＮＩＥＳ、ＡＳＥＡＮ諸国、中国を含む東アジアのアジア太平洋からの輸入総額に占める比率は五六・七パーセント、輸出総額に占める比率は五二・一パーセントである。そのうち中国はそれぞれ八・八パーセント、一〇・〇パーセントに過ぎない。東アジア域内循環の主体は中国以外の東アジアなのである。投資資金の「域内循環メカニズム」についてみれば、中国は在外華人資本の導入者であって投資者ではない。

中国の東アジアにおけるプレゼンスについてのイメージは、しばしば実態以上のものだといわねばならない。そうしたイメージは世界銀行、ＩＭＦ（国際通貨基金）、イギリス国際戦略研究所などが提起した中国経済大国論によって強化された。最も強い影響力を与えたのは、世界銀行が一九九三年に出した報告書 *Global Economic Prospects and the Developing Countries* である。

これによると「中華経済地域」(Chinese Economic Area、中国・香港・台湾を含む)の市場規模は、一九九一年の為替レートで測れば六〇〇〇億ドルであり、アメリカの五兆五〇〇〇億ドル、日本の三兆四〇〇〇億ドルに遠く及ばない。しかし、これを国内価格で再評価した購買力平価レートで計測すると、中華経済地域二兆五〇〇〇億ドル、アメリカ五兆七〇〇〇億ドル、日本二兆一〇〇〇億ドルとなり、中国と日米との差は大きく縮まるという。しかも、二〇〇二年には購買力平価レートで評価された中華経済地域の市場規模は九兆八〇〇〇億ドルとなって、アメリカの九兆七〇〇〇億ドルと肩を並べ、日本の四兆九〇〇〇億ドルの二倍になるというのである。

いかにも誇大な評価である。率直にいって、世界経済における一国の経済的プレゼンスの規模を示すのに購買力平価を用いるのは軽率のそしりをまぬがれない。為替レートではなく購買力平価レートで評価することが正当性をもつのは、当該国住民の生活水準を測る場合に限られよう。

一国の国内生活水準の実質値と国際経済場裡における経済的プレゼンスとはおのずと異なる。巨大な人口と国土を擁し、かつ市場経済の未発達な低所得の中国においては、すぐ後で述べるように、多分に自給的な無数の小規模市場が広大な国土に分散的に存在しているというのが現実なのである。小規模分散市場の集計値がいかに大きいものであったとしても、これが国際経済における中国の真のプレゼンスを示すものだというわけにはいかない。

国際経済における市場的パワーとはやはり為替レートで評価された市場規模にほかならないことを確認して改めて中国を眺めてみれば、なおこの国は経済大国とはいい難い。

経済発展の方位

中国は人口と国土の規模からみればまぎれもない巨大国家である。しかし、この中国が統一的な国民市場を形成するのにはまだかなりの時間を要しよう。

ウィリアム・スキナーによる清末期中国農村の研究によれば、一〇から二〇の村落の住民によって構成される定期市圏が往時の中国の最も代表的な市場圏であり、それゆえ彼はこれに「標準的市場圏」という名称を与えた。中国における財・サービスの交換範囲は二〇世紀初頭においてなおこの程度のものであった。要するにスキナーの解釈によれば、中国の市場とは自己完結的にして分散的な小規模「標準的市場圏」のセル（細胞）の集合に過ぎなかったのである。

「標準的市場圏」を横断するもう一つ上位の市場圏は容易に形成されず、実際、全国統一的な度量衡制度はこの時代の中国には存在しなかった。国民的統一市場が形成されるためには、農村社会の基層的な市場単位であるところの「標準的市場圏」の生産力が拡充して、その市場圏を突き破る拡大衝動が生まれ、さらにその衝動を現実化する商業・交通のインフラストラクチュアの整備が不可欠であった。

しかし、清末期以来の中国は辛亥革命とその挫折、軍閥割拠、国共内戦と打ちつづく混迷期にあり、最終的に中国がいきついたのは共産党一党支配の計画的統制経済であった。標準的市場圏は人民公社という非市場的組織におきかえられ、中国農村の生産力は時間の経過とともに衰微の道をたどった。

中国が国民的統一市場形成への動きを開始したのは、ようやくにして一九七九年の改革・開放政策の採用以来のことである。この時点から今日にいたる中国の生産力の拡充と市場経済化の動きには確かにみるべきものがあり、それを私は存分に評価してきた（渡辺利夫『社会主義市場経済の中国』講談社、一九九四年〔本巻Ⅱに所収〕）。

しかし、中国は市場経済化を開始していまだ二〇年に満たない歴史しかもっていないという事実を忘れてはならない。中国における各省間の、市場経済の長い歴史をもつ西側の国々からみれば驚くほどに大きな経済力・所得格差の存在は、財と生産要素が国内を自由に移転するという条件をこの国が欠いていること、つまりは中国が国民的統一市場へのいまだ初歩的な段階にとどまっていることを証している。

このようにみてくれば、中国の経済発展のありかたに一つのイメージを抱くことができよう。日本やヨーロッパの経済史に強く影響されてきたわれわれは、貿易や投資などの「対外経済接触」は一国の国内市場が成熟した後に、その生産力が海外にあふれだして開始されるという歴史的先後関係を想定しがちである。しかし、中国のような市場経済の未発達な巨大な開発途上国においては、日本やヨーロッパ諸国の歴史的先後関係とは逆に、国内の市場経済化は対外的インパクトによって開始されるとみなされるべきではないかと私は考える。

古来、国民的統一市場を擁したことのない中国が、内部市場の成熟を通じての経済発展を求めても「百年河清を待つ」に等しい。発展の潜在力において強い沿海の諸省がそれぞれNIESやASEAN諸国など東アジアとの経済的交流を図ることによって「局地経済圏」を成熟させ、次の段階でここから内陸部に扇状に広がる市場的ダイナミズムを創りだすことが重要である。

アジアにおける冷戦溶解を契機に、アジア社会主義国とそれを取り巻く東アジア諸国との間に潜在してきた補完的関係がにわかに顕在化し、これが東アジアにおけるアクティブな市場単位になろうとしている。この市場単位のことを私は「局地経済圏」と名づける（渡辺利夫編『局地経済圏の時代』サイマル出版会、一九九二年）。「華南経済圏」のみではない。福建省と台湾を結ぶ「海峡経済圏」、山東省と韓国から構成される「環黄海経済圏」、さらに韓国と吉林省などの「図們江経済圏」、その外縁を囲む「環日本海経済圏」などが注目されている。この局地経済圏が、東アジアのダイナミズムを中国に伝播させる重要な「媒体」であろう。

これらいくつかの極地経済圏のダイナミズムを内陸部において相互に結び合わせることによって国民的統一市場の形成をねらうというのが、想定し得る中国の最も速い経済近代化のシナリオであろう。局地経済圏のダイナミズムを内陸に向けて放射させるためのインフラストラクチュア建設計画、産業立地計画などを、整合性をもった政策体系として準備する必要があろう。

第三章　海の中国　陸の中国

香港は中華経済世界の中枢である。香港の中国返還問題を理解する鍵は、長い歴史を経て形成された中華経済世界の構図をどのようにみるか、その視角の中に潜んでいるといわねばならない。

中国が開放政策を開始したのは、狂気と凄絶のあのプロレタリア文化大革命が収束して間もない一九七九年のことであった。この時期、国家統治機構は機能不全に陥り、農業は疲弊し、国有企業はとてつもない非効率に呻吟していた。

門戸を開いて海外の進んだ産業技術、経営ノウハウを導入しなければとは考えるものの、門戸を開ければ入ってくる西側からの新しい風に脆弱な中国が耐えることはできそうにない。さりとて対外開放をしなければ発展への端緒を摑むこともできない。この身を切るような苦悩の中で鄧小平のなした選択が、特定地域の部分的開放であった。在外華人の出身地域である華南の窓を開き、ここに大陸の外縁で鍛えられ蓄えられてきた「中国資本主義のエッセンス」の導入を図ろうとしたのである。

華南に適用された政策措置は社会主義原則から離れた柔軟で大胆なものであった。「香港効果」を懐に招き入れて発展したのが華南であり、華南は改革・開放期中国の成長を牽引する最重要の地域となった。ベクトルは明らかに「海の中国」（在外華人社会）から「陸の中国」（大陸中国）へと向かっていったのであり、その逆ではない。

現在の中華経済世界の図柄がこのようなものであるのは、中華経済世界の形成史を顧みて当然のことである。国共内戦に勝利した共産党軍は、往時の中国資本主義の精髄である上海企業――浙江財閥ならびにそれに淵源をもつ官僚資本系列企業――の資産を没収し、身の危険を察知した企業家、管理者、技術者は大挙して香港に逃避した。無数の私営工商業者も「社会主義改造」によってその息の根をとめられてしまった。要するに、共産党一党支配体制下の中国において資本主義的発展を担う主体は全土から姿を消してしまったのである。中国資本主義の精髄が蝟集《いしゅう》したのが香港であった。

香港ばかりではない。共産革命に先立つ五〇年ほど前、清末期の華南から植民地支配下の東南アジアに移り住んだ「南洋華僑」がいる。彼らは列強が経営するプランテーションや鉱山での労働力として雇用され、次いで植民地経営が派生させた「買弁」的機能を担う「東洋外国人」として刻苦精励した。その努力の過程で華南の商業主義の伝統を錬磨し、これを東南アジアに蓄積していったのである。

南洋華僑社会の成立にさらに二〇〇年先立つ一七世紀の後半期から一八世紀にかけて台湾に移住し、この島の開発に挑んだのがやはり華南の貧農であった。台湾に流入した華南住民を待っていたのは、統治システムのまったくない未開の「化外の地」（中華の皇帝の教化の及ばない僻遠の地）であった。移住者は国家に頼ることのない徒手空拳のベンチャーにより、台湾を東アジア有数の水稲耕作と砂糖黍栽培の地に変えていった。豊かさを求める激しい情熱と厳しい労働が、華南住民の企業家的才覚をこの島で練り上げた。

かくして、市場経済を担う主体が大陸中国にはきわめて薄くしか存在しない一方、大陸の外縁に広がる東アジア海域世界にこれが厚く蓄積されていたというのが、開放政策の開始された時点における中華経済世界の構図であった。そうして「海の中国」から「陸の中国」へと向かうベクトルを戦略化したものが、鄧小平の対外開放路線に他ならない。

「海の中国」が形成されたこの歴史的経緯を簡略に叙述することがこの章の目的である。「海の中国」の形成史、つまり大陸の中国人の周辺アジアへの「外流」には、いま指摘したように大きくわけて三つの歴史的なストーリーがある。第一のストーリーが、共産革命成立時に香港へと向かった大陸の人びとの流れである。第二のストーリーが南洋華僑社会の成立であり、第三が台湾の形成である。本章では第一と第二のストーリーを追い、第三のストーリーは次章で論じる。返還後香港の将来がいかようなものになるかは、歴史的に形成された「海の中国」の存在のありようから説かれねばならないのである。

香港の形成

国共内戦期の混沌を経て成立したのが中華人民共和国であるが、共産党一党支配のこの中国は、企業家的能力を育むのではなく、これを圧搾《あっさく》し企業家を海外へと放出する力を強めた。封建地主から暴力的に没収した土地は貧農・雇農に再配分されたものの、ほどなくして土地の協同化を求める農業集団化運動が全土をおおった。最終的に農地と農民は人民公社という中国流の共産主義組織の中に組み込まれた。中国全土の工業、商業、運輸業の中枢を掌握していた官僚資本系列企業の没収も強力に進められた。地主や官僚資本の資産ばかりではない。無数の私営工商業者の行動にも「社会主義的改造」のスローガンの下で強い制約が加えられた。「社会主義的改造」は「三反」「五反」運動という狂おしい大衆運動をともなって展開された。三反運動とは、幹部の汚職、浪費、官僚主義という「三毒」に対する反対運動であったが、まもなくこれは「ブルジョア階級」の「五毒」すなわち贈賄、脱税、国家資産の窃取《せっしゅ》・詐取・仕事の手抜き、原材料のごまかし、国家経済情報の窃取などに対する「五反」運動へと発展していった。党が「五毒分子」を摘発し、これを労働者が糾弾、人民法廷で処罰した。人民公社化運動、官僚資本の没収、私営工商業の「社会主義的改造」の過程で中国資本主義の精髄はその根を絶やされてしまった。

上海の企業家たちは大挙して海外への脱出を図った。中華人民共和国成立以前の上海は、長江流域に沿う諸都市をヒンターランドとして擁する一大都市であった。また上海は東・南シナ海に沿う諸省を結ぶ沿海航路の拠点であり、南京条約後の中国侵略をねらう帝国主義列強にとっての最重要の都市であった。一八四二年の南京条約によって開港を余儀なくされて以来、上海は中国最大の貿易・金融センター、綿業を中心とした製造業の中心地へと発展した。この上海経済の心臓部を掌握したのが浙江財閥であり、この浙江財閥は後に「四大家族」官僚資本へと再編された。植民地香港は、この上海資本主義の精髄を受け入れることによって東アジアにおける最高の繁栄拠点へと転じたのである。

香港に流入したのは上海の企業家ばかりではない。数の上からいえば香港にやってきた人びとの圧倒的多数は広東省からやってきた。一八五〇年代には、洪秀全の指揮する農村大衆の反清組織太平天国の動乱が華南一帯を巻き込み、その難を逃れた広東人が香港に流入した。一九一一年以降は、辛亥革命、国共内戦、日中戦争の華南への拡大といった一連の政治変動から身を守ろうとする人びとが越境してきた。

広東省から香港への人口流入は中華人民共和国の成立後に加速した。共産中国の国政の失敗が流出の主因であった。「竹のカーテン」にさえぎられて実情の知られることのなかった当時の中国の内部で何がおこっているのかを西側に知らしめたのが、広東省から香港に向かう難民の大量発生であった。もう一つの難民の大量発生がプロレタリア文化大革命期に生じ、以降広東省からの激しい人口流入はやんだ。

商業主義の長い伝統をもち、蓄財の才において秀でた広東人が、血縁・地縁の幇組織をベースに「信用」を武器として一九世紀後半の東南アジアで懐ろの深い「クアンシ（関係）・ネットワーク」をつくり、その中で「白手起家」、すなわち無一物から出発して財をなしていった過程については後に指摘する。商才にたけた広東人が住民階層の地盤を形成し、実利を徹底的に追求しようという彼らの志向性が自由放任の香港の地で花開いたのである。香港が東アジア最大の繁栄拠点となったのには、往時の東アジア最大の商業都市上海において蓄積された資本主義的諸要素が共産革命の過程で香港に流入し、これが広東人の労働力と結びついたという事実が決定的な重要性をもつ。

共産中国にケシ粒《つぶ》のように小さく隣接する香港が、大陸の政治的混乱と経済的低迷を後目《しりめ》にきらびやかにも発展していったのは、そこが英領植民地として大陸中国とは異質の法体系に守られ、新たに流入した中国資本主義の精髄が「自由放任」のこの地でその能力を存分に発揮できたからである。イギリスは割譲・租借した香港を中国から完全に引き離し、ここを経済的自由放任の地としたのである。

香港は、政治的にはきわめて強い一元的支配の下におかれた。イギリスは、香港統治のための行政権、立法権、香港駐留軍総司令権のすべてを英国王の委任を受けた総督に集中するというシステムを採用した。立法については総督に対する諮問機関を、行政については同じく諮問機関として行政評議会をおいたのみであった。政党を含む政治集団の存立は許されなかった。司法権を除くあらゆる統治権を総督にゆだねたのであり、住民は香港の動向に影響を与える政治的権利をもつことはなかった。その意味で香港はまぎれもない植民地であった。

しかし自由放任主義を信奉する香港政庁は、産業に対する保護育成政策の一切を採らない代わりに、産業活動に対する規制をも行なわないという自由経済原則の立場を一貫して守ってきた。政庁が明示してきた方針によれば、政庁はすべての商工業活動に対し干渉はしないが、その代わり税金、金融面での支援もこれを行なわない。政府の任務と考えられている最低必要限度のサービスの提供においてもチープ・ガバメントとしての節度を守る。法人税を最低の水準にとどめる。輸出入には制約を設けない。外国為替に関する規制はしない。内外の商工業者は完全に平等に取り扱い、外資誘致にあたっても優遇や規制を行なわない。

こうした経済的自由の保障された香港こそが、ここに集まった上海の企業家と広東人の、政治に関心を寄せることなく現世的な経済利益の追求に人生を賭けようというその志向性に適合し、彼らの能力を存分に花開かせるうってつけの舞台となったのである。

上海の実業家の多くが繊維業者であり、かつまた第二次大戦直後の荒廃期にあった当時の東・東南アジアにおいて決定的に不足していたものが繊維製品などの消費物資であったがゆえに、工業化は繊維を主導産業として出発した。工業化の始発に先だって流入した難民からなる豊富な低賃金労働力は、この労働集約的産業にとってきわめて好都合な条件となり、香港の繊維産業の国際競争力は一挙に高められた。

第二次大戦後の香港の最大の危機は、大陸におけるプロレタリア文化大革命とともにやってきた。劉少奇、鄧小平らの「実験派」への執拗な政治的攻撃が開始されたのが一九六六年のことであり、その後一〇年にわたって中国を狂気と凄絶の淵に投げ込んだのがこの文革であった。

香港とマカオの左派勢力が大陸の大衆運動に呼応し、これに介入する軍・警察との間に紛争がおき、紛争は反英・反政庁闘争へと発展した。香港における反英・反政庁闘争は北京、上海、広州の反英・反政庁闘争を誘発、両者の相乗効果によりデモ、ストライキ、テロが頻発して、一九六七年の香港は革命前夜を思わせる物情騒然とした有様であった。株価と土地の値下がりは激しく、中産層や企業家はこれで香港も終わりかという強い危機感に襲われ、第三国に向けて出立《しゅったつ》する人口もいつにない数に上った。

しかし、その一方で、危機にあってこそ新しく生まれる商機に機敏に反応してみずからの活路を開こうというしたたかな一群の人びとが活発な行動に打ってでた。今日香港を代表する有力な資産家となったのは、この香港暴動により急落した不動産や株を買い占めた人びとに他ならない。危機を貪欲にも飲み込んでしぶとく生きつづける「火龍の町」が香港である。

清末期華南の貧困

華南住民が周辺東南アジア地域へ「外流」し、華南住民の擁する商業主義的伝統が流出先の苛酷な生活・勤労条件下で錬磨され、これが在外華人の企業家的能力として蓄積されていったというのが、ストーリーの第二である。

華南の中国人が大量に東南アジアに流出したのは、清末期のことである。この時期に華南地域の貧困住民を東南アジアに向けて押しだす「プッシュ要因」が強く作用し、他方、東南アジアからは、かくして押しだされた人びとを労働力として吸引する「プル要因」が働き、この二つの要因の相乗の帰結が「南洋華僑」の形成であった。

広東、福建の両省は省界を険しい山脈によってさえぎられ、両省と内陸との交流は制約を受けてきた。広東省は隣接する湖南省、江西省との北部省界を五嶺山脈と呼ばれる、いずれも南西方向に走る五つの山脈によって遮断されている。五嶺山脈は長江流域と広東省との分水嶺である。福建省も江西省との長い省界に武夷山脈が走り、これがやはり長江流域と福建省との分水嶺を形づくっている。

広東省、福建省にはそれぞれ五嶺山脈、武夷山脈に発するいくつかの河川があり、河口部にそれほど広くはない沖積土デルタが形成されている。両省の可耕地はこの河口部以外にはほとんどない。要するに両省において耕地はまことに希少なのであり、古来、広東省は「七山一水二分田」(七割が山地、一割が河川、二割が分散して存在する水田)、福建省は「八山一水一分田」だといわれてきた。

その一方、両省は湖南省、広西省、浙江省とならんで中国の中でも人口圧力の最も強い地域であった。一人当たりの耕地面積でみると、全国平均〇・五三ヘクタールに対して福建省は〇・四一ヘクタール、広東省にいたっては〇・二三ヘクタールに過ぎない。この数値は最近年のものであるが、華南が高い人口圧力を特徴としてきたことは明らかであり、この特徴はすでに宋朝時代以来のものだというのが通説である。広東省と福建省の耕作フロンティアは一九世紀の末葉までに完全に消滅していたものと推察されている。

耕地を外延的に拡大していくためのフロンティアが消滅してなお人口が増加するならば、農民一人当たりの耕地面積は持続的に減少せざるを得ない。のみならず一人当たり耕地面積の低下は下層農民の絶糧化を招き、絶糧農民の土地売却は農民層の下方分解を不可避とする。自作農の自小作化、自小作農の小作化、さらには小作経営権をもつことも許されない土地なし労働者への転落、つまりは農民の「プロレタリア化」が発生する。

清末期華南は、当時の中国の中で最も激しい農民層下方分解をみせた地域であった。一九三四年時点の一研究によれば、広東省の農民総数に占める自作農の比率は八パーセント、小作・自小作農比率は七〇パーセント、残りが農業労働者であった。福建省においては、自作農九パーセント、自小作農二二パーセント、小作農六九パーセントであったという（Wu, Yuan Li and Wu, Chun-hsi, *Economic Development in Southeast Asia: The Chinese Dimension*, Stanford: Hoover Institution Press, 1980）。農民層の下方分解は両省において当時すでに極に達していたのである。

華南住民の東南アジアへの流出は農民の零細化、絶糧化の帰結であり、貧困農民の「プッシュ・アウト」であったと表現してもいい。汕頭出身の九〇五家族の東南アジアへの流出要因を一九三四年時点で調査した同研究によれば、六三三家族すなわち全体の七〇パーセントという圧倒的多数の流出が農村地域における「経済的圧力」に由来したという。その具体的内容は「耕地に対する強い人口圧力」「耕地の著しく不平等な分配」「地主小作関係の広範な存在」といったものであった。平均して六年に一回の割合で発生する洪水・旱魃《かんばつ》なども、農民の流出を加速化させた要因であったことも同研究は伝えている。

植民地経営と労働需要

これらの要因を「プッシュ要因」とするとして、それでは「プル要因」は何か。一九世紀の後半期、東南アジアを舞台に展開された欧米帝国主義列強の植民地経営が生んだ膨大な低賃金労働力需要がそれである。この時期、タイを除くすべての東南アジア諸国が欧米諸国の植民地支配の下に組み込まれた。植民地とは植民地本国が需要する食糧・工業原材料の供給基地として、植民地本国の資本、技術をもって開発された「従属の地」にほかならない。

ペナン、マラッカ、シンガポールのマレー半島に位置する三つの港は海峡植民地と呼ばれ、一八六七年にイギリスの直轄植民地となった。海峡植民地は東南アジアにおける一次産品貿易の最有力の国際貿易港であったが、同時にゴムと錫《すず》の一大供給地となるマレー半島にイギリス支配のネットワークを拡張するための拠点でもあった。海峡植民地を拠点としたイギリスによるマレー半島の植民地支配が実質的にスタートしたのは、一八九六年のことであった。

「半無人」のマレー半島において爆発的に拡大したゴム・プランテーションの農業労働者、錫鉱山労働者などの低賃金労働力需要を満たした主勢力が華南住民であった。他の一部の労働者がインドのタミール地方からやってきた。「複合人種社会」形成の起点である。華南住民はプランテーションや鉱山での労働に従事すると同時に、植民地活動が派生させた商業、輸送、金融、精米などにも携わった。

インドネシアにおいても事情は同じであった。オランダの植民地支配下にあった同国の金鉱山、錫鉱山、プランテーションの労働者として当地に移り住んだ華人は、その後流通分野に進出し、インドネシア農民と欧米とを結ぶ仲介商人つまりは「買弁」的職能において抜群の才覚をみせた。彼らは茶、砂糖、ゴム、煙草、胡椒《こしょう》などの農産物を農民から集荷し、それと引き換えに綿糸布などを農民に販売して、その取引マージンを手にした。第二次大戦前までの間に、在外華人はあの広大なインドネシアの小売業、仲買人、卸商のほとんどを掌中にしてしまった。

フィリピンにおいても砂糖、マニラ麻、煙草などがプランテーション作物として開発され、これを担う労働力として在外華人が流入した。しかし華人の役割がとくに大きかったのは流通部門においてであった。フィリピンの小売業、卸業、精米業、金融業における在外華人のプレゼンスは圧倒的であった。

タイは、欧米列強の支配をまぬかれた東南アジアにおける唯一の独立国であった。豊かな水稲適地と希少な人口の下で自己充足的な米作経済を営んできたこの国が急速な経済拡大を始動させたのは、一九世紀後半期に始まった米に対する海外需要の急拡大であった。一八五五年にイギリスとの間に結ばれたボーリング条約による開国以来、タイの米輸出の拡大はめざましく、一九世紀末までにあの広大なメナム・チャオプラヤ・デルタの全体が米作地化した。米作地の外延的拡大と米作生産に力を注いだのはタイ農民であったが、しかし流通・精米分野はすべて華人にゆだねられた。

かくして在外華人はまずは欧米列強の植民地経営のための低賃金労働者群として、次いで流通・金融部門において大きな地歩を占めた。在外華人は植民地経済における「限界的」存在を脱し、次第にその不可欠の構成主体となっていった。

在外華人が植民地経済の中に「構造化」(ビルトイン)されていく過程は苛酷なものであり、この辛酸をきわめた構造化過程において華南住民の擁する商業主義的文化の伝統が錬磨され、それが華人の新しい企業家的能力として現代に浮上してくる遠因となったのである。いかにして華僑は酷薄の運命に耐え、その才覚を陶冶していったのであろうか。

華人苦力

清末期における華南住民の海外流出は、国禁を犯した死を賭しての行動であり、海外逃亡であった。清朝は明朝のそれを継いで厳しい鎖国主義を踏襲した。大清律令は「およそ官員、兵民で勝手に海へでて貿易をしたり、海島へ移住して居住、耕作する者は、ともに通賊行為として取扱い、斬首刑に処する」とうたっており、これが清国政府の中国人海外移住者に対する態度のエッセンスであった。海外移住者は清国政府からすれば棄民であった。

清朝は人口百数十万の満族が三億人の漢族を支配した征服王朝であり、統治困難な海外への漢族の移住を極度に恐れたことが、清国政府の厳格な鎖国主義の背後要因であったというのが、可児弘明教授の解釈である（可児弘明・游仲勲編『華僑 華人――ボーダーレスの世界へ』東方書店、一九九五年）。

棄民として東南アジアに渡っていった彼らを待ち受けた環境は厳しいものであった。一八三〇年ごろから奴隷制度廃止の動きが欧米諸国で高まったものの、しかし奴隷労働の廃止はこれに代わる大量の低賃金労働力に対する需要拡大と同義であり、かくして華南の労働力が注目された。

とはいえ清国政府は鎖国政策を固守しており、民衆の海外渡航は御法度《ごはっと》であった。この時期、東南アジアにおける欧米列強による植民地支配は「全開」状態にあり、低賃金労働力需要はいやがうえにも高まっていた。同時に、高い人口圧力とこれに由来する農民層の下方分解は華南地域において恒常化し、それゆえ貧困住民の「プッシュ要因」はいよいよ強く作用した。

かくして中国人労働力に対する密貿易の広範な発生は不可避であった。「苦力貿易《クーリー》」の開始である。須山卓教授の研究によれば、華南からの本格的な苦力輸送が始まったのは一八五二年のことであり、この年に英領ギアナに向けて、翌年には同じく英領海峡植民地ペナンのジョージタウンに向けて、福建省のアモイから大量の苦力が送りだされたという（須山卓・日比野丈夫・蔵居良造『華僑』日本放送出版協会、一九七四年）。

欧米列強の中国に対する移住自由化の要求は強く、また中国人労働力の密貿易に対して清国政府にも打つべき有効な手段はなかった。そしてついに清国は長い鎖国政策の転換を余儀なくされた。一八八〇年にイギリスとの間に結ばれた北京条約、一八六八年にアメリカとの間に締結されたバーリングゲーム条約がそれである。この条約はとめどなく発生する華南住民の海外流出の現状を追認したものでもあった。

苦力には二種類がある。一つが支払い移民、もう一つが契約移民（契約華工）である。前者は、渡航に際して旅費を事前にみずから支払う比較的自由な身の移住者である。後者は、密かになされる苦力募集に応じて手にした契約料を妻子に残し、多くは旅費をも前借りして、「バラクーン」（黒人奴隷収容所の意）と通称されていた出航前収容所におもむき、次いで徒手空拳で単身南洋に渡っていったのである。

契約華工の募集（ときに拉致）やその受け入れ、需要先への華工の供給の任にあたったのが、中国語で旅館を意味する「客桟《きゃくせん》」であり、それは「旧客」と呼ばれる、かつて華南から渡り住んだ中国人によって経営されていた。苦力貿易は「猪仔売買《ちょしばいばい》」と通称され、豚の子同然の取扱いであった。奴隷制度廃止の動向は向かうところ華人苦力にも及び、苦力労働に対する監視強化となってあらわれたものの、契約労働制度の全廃は一九一四年まで待たなければならなかった。

同郷組織としての幇《パン》

祖国の保護から放たれ、しばしば逃亡者的存在であり、棄民でさえあった華南出身の裸一貫の苦力が、いかにして異郷の南洋に居を定め、そこを就業の場にしていったのであろうか。語られるべきは、在外華人に固有な互助共同の人間関係組織であり、この組織をもって彼らは苛酷な環境に堪え忍び、逆境の中でその才覚を磨いていったのである。

この組織が、幇である。政治的不安定と経済的貧困を恒常化させてきた長い中国史において、住民はみずからを守る組織をみずから形成していかざるを得なかった。それが血縁を中心とした大家族制度であり、血縁と地縁が重なり合う村落共同体であり、故郷を離れて異郷で働く人びとの同郷組織であった。故郷から遠く隔てられた南洋に移り住んだ華人にとって、未知の社会で生をつむいでいくためには自助自衛のためのコミュニティーの形成は不可欠であった。

祖先信仰において強い中国人の幇は、まずは祖先の墳墓の地を同じうする同郷集団によって構成され、つまりは幇は第一義的には「郷幇」であった。通常五大幇といわれる福建幇、潮州幇、広東幇、海南幇、客家幇はまずは郷幇である。「海水いたるところ華僑あり」と人口に膾炙されるごとく、在外華人は世界大のスケールで分散している一方、その出身地は華南の驚くほど狭隘な地域に限定されている。

在外華人の代表的な出身地は、広東、福建の両省を流れる四つの河川の河口部にあり、そこでは特有の方言が用いられている。福建幇、潮州幇、広東幇とは、閩南語、潮州語、広東語という方言を話す人びとの集団のことだといっていい。海南幇は海南語の方言集団である。かつて中原にいた漢族の一部が四世紀から一九世紀までの長期にわたって南遷を繰り返し、他の漢族と融合することなく独自の文化と言語を守り、広東省の山間部を中心に華南一帯に住まう人びとが、客家《ハッカ》である。

在外華人が直接的な関わりをもつ互助組織は、幇であるよりも前に県単位の同郷会である。例えば潮州方言集団の場合であれば、汕頭地域に梅県、澄海、饒平、潮陽などを含めて七つの県の出身者が同郷会をつくり、七つの同郷会のそれぞれがきわめて強固な結合組織となって構成員の事業支援や福祉の提供につとめてきた。幇はむしろ同郷会のアソシエーションだと考えた方が現実に近い。

方言集団によって構成される郷幇は、その幇に属する人びとが得意とするいくつかの特定の職業に従事しているという意味で、「業幇」でもある。華南地域を後にした華人の多くは東南アジアにおいて同郷の人びとが形づくっている幇の中での就業をめざして流出していくわけであるから、郷幇が業幇と重なり合うのは自然であろう。業幇は公会とも呼ばれる。例えば「糖業公会」「旅業公会」「火襲公会」「火鋸公会」などというのは、それぞれ製糖、旅館、精米、製材の業幇のことである。

業幇の特徴を大きくいえば、福建幇はフィリピンの金融、貿易、精米、ジャワの製糖、シンガポールのゴム工業において、また潮州幇はとくにタイの米、輸送、金融において他を圧する力をもつ。広東幇は職人的な仕事に秀でてマレーシアやベトナムに多く居住し、客家幇はマレーシアやインドネシアでの錫鉱山、ゴムや茶のプランテーションの労働者に多い。海南幇は他の幇に比べて人数が少なく、未開の島の出身者であるために工場や農園の未熟練労働者が中心である。

出身県を同じうする同郷会を自助組織の中核とし、この同郷会が同一の方言集団として集まって幇を形成し、そこに同郷会館や共同墓地、学校、病院などを擁して、異郷にあっても郷里にいるのとほとんど変わらぬ、つまりは「疑似中国」の中で生活を維持することができたのである。幇は移住してきた華南住民が現地社会に適合していくに際しての「触媒」としての機能をもったのであり、これなくして中国人が異郷でその才覚を発揮していくことはできなかったにちがいない。幇は、中国人の企業家的才能を育む「羊水」にもたとえられようか。

「白手起家」

国家による保護から放たれた海外で、しかもしばしば敵対的な現地住民に取り囲まれて、同郷の人間が同業に従事して生活を送るのである。幇が結合度のきわめて強い自助自衛の内部組織をもつものとして形成されていったであろうことは、容易に想像される。国家権力と法制度の裏づけをもたない幇内部の経済組織を支えるほとんど唯一の力は、密度の濃い人間関係に発するところの「信用」であった。信用は華僑商法のエッセンスともいうべきものである。

幇の成員が幇の内部でひとたび信用を失うならば、そこでの商売はもはや不可能である。ビジネスにとどまらない。信用喪失は幇内部における社会的地位の剝奪にもつながる。信用は幇の組織的結合を強化する「凝固剤」であると同時に、信用をないがしろにするものに対して幇は強い社会的・道義的制裁をもってのぞんだ。

スターリング・シーグレーブは迫真のノンフィクションにおいて、次のように記している。

歴代王朝の専制支配とか永久追放の下で生きるには、家族と族長たちは信用の厳格きわまるルールを取り入れざるを得なかった。単に潮州語とか福州語をしゃべるからというだけで集団の仲間入りや同族経営企業の一員になれるわけではない。……第一の条件は、同郷人であること。同村でなくともよいが同県でなくてはならず、同じ一族のものか、近いものであることが必要だ。次に、自分が信用できる人間であること、つまり自らの信用性を証明しなければならない。生まれながらに信用を背負うものはいない。家族の一員でも同じこと。家業に就きたい若者は長い徒弟奉公を経験させられ、その間に能力と信用度をじっくり観察された。信用しても絶対大丈夫なところを繰り返し証明したものだけが、のれん分けを許された。

（スターリング・シーグレーブ『華僑王国――環太平洋時代の主役たち』山田耕介訳、サイマル出版会、一九九六年）

前章でも指摘したように、幇内部で信用を得たものは幇からさまざまな形の金融の供与にあずかり、商売上のマーケティング・チャネルやノウハウなどの便宜を供与された。そしてこの便宜の享受は、次の段階で同じ幇に属して信用のある他の成員に対する便宜供与の義務となってあらわれる。東南アジア零細農民の行動様式を理論化したジェームズ・スコットのいう、コミュニティー成員間の「互酬的関係」に他ならない（James C. Scott, *The Moral Economy of the Peasant: Rebellion and Subsistence in Southeast Asia*, New Haven and London, Yale University Press, 1976. ジェームズ・C・スコット著、高橋彰訳『モーラル・エコノミー—東南アジアの農民叛乱と生存維持』勁草書房、一九九九年）。

「白手起家」とは裸一貫から出発して一人前の財をなすという意味の華南地域でいいならわされてきた表現であるが、この「起家」を可能ならしめる社会的条件が信用であった。そして「白手起家」は、南洋に移り住んだ華南の人びとの商業的才覚を育む過程そのものであった。

買弁

在外華人は具体的にどのような経済活動に従事して「白手起家」を試みたのであろうか。在外華人の中心的な経済活動を一語でいえば、「買弁」であった。在外華人の買弁的機能とは、西欧列強と現地住民社会との中間にあって前者の必要とする食糧・工業原材料などの一次産品を後者から集荷し、それと引き換えに繊維製品などの世界製品を後者に販売するという仲介者的機能のことであった。さらに在外華人は巡回商人的なこうした機能を超えて、現地住民社会の中に住みつき料理店、雑貨店、理髪店などのサービス部門において圧倒的なシェアをもった。この過程で東南アジアの農村社会は著しい速度で貨幣経済化されていったのである。

在外華人の買弁者的機能を典型的に示す事例がタイのそれであった。豊かな水稲適地と希少な人口の下で自己充足的な米作経済を営んできたタイに経済拡大を始動させたものは、一九世紀後半期以降の米に対する海外需要の急激な拡大であった。一八五五年のボーリング条約は、タイをして伝統的な米輸出の禁を解かせ、米を輸出用換金作物とする一方、消費財の輸入を認めるという自由化を通じて、タイを国際経済の一部に組み込む急速な過程を開始させた。

タイ米作経済を国際経済に巻き込んでいくに際して、決定的に重要な役割を演じたのが在外華人であった。現地住民たるタイ人が関心をもったのは米作のみであり、流通分野を初めとするすべての経済的機能が在外華人にゆだねられた。実際のところ、流通分野における仲介者的機能において、現地住民は在外華人の才覚にとうてい太刀打ちできるものではなかった。

ウィリアム・スキナーは、タイ華僑研究の嚆矢となった研究において、次のように記している。

> タイ人は農耕のみに専念し、経済発展にともなう他の職種にまで手がまわらなかったし、またタイ人自身そのような意欲はもっていなかった。労働需要の主なものは南タイの錫鉱業、精米、製材、バンコク港のはしけ、造船、運河・鉄道建設、豚肉・野菜の生産、職人・小売業などの中間サービス、貿易商、買弁などで、それらの職業、労働の最適の提供者として中国人移民が登場してきた。彼らはまた海運業、卸売業にも新たな分野を開いた。
>
> （ウィリアム・スキナー『東南アジアの華僑社会――タイにおける進出・適応の歴史』山本一訳、東洋書店、一九八一年）

華南にあってかつて農民であった人びとが異郷の南洋に移り住み、相互扶助的な幇組織に属して刻苦精励する過程で信用を蓄積し、その信用によって得られた原資をもとに、植民地経営によって活況を呈する東南アジア社会において買弁者的機能を発揮していったのである。古くから擁していた華南住民の商業主義の伝統が、異郷の逆境の中で中国人独自の自衛自助の組織によって支えられながら錬磨され、そうしてこれが東アジアの企業者的能力として蓄えられていったとみることができる。

香港経済の将来

中華人民共和国の成立にいたるまで中国の資本主義的発展を担ってきたのは、浙江財閥に淵源をもつ上海企業であった。彼らは共産党一党支配の上海を逃れ香港に蝟集し、そこで企業家的能力を開花させた。加えて、清国の末期に同じく華南の人びとが帝国主義列強の植民地支配下にあった東南アジアに流出し、その異郷の逆境の中で商業的才覚を錬磨し、この能力が大陸の周辺の東アジア諸国に蓄積されていった。要するに、大陸中国には企業家は存在せず、その一方、大陸の周辺に市場経済を担う中国人が豊富に存在していたのである。

中国が改革・開放にみずからの新しい活路を見出そうとしていた鄧小平時代の出発時点において、市場経済化を担う主体は中国には薄くしか存在しなかった。香港や東南アジアで磨かれ発揚された「中国資本主義の精神」に依拠せずして中国が市場経済化を多少なりとも本格的に展開することは不可能であった。この事実を正しく見据えていたのが鄧小平であり、彼にとっての「開放」とは在外華人のエネルギーの大陸への導入のことであった。

香港を中心とする在外華人企業の導入の場として設定されたのが、広東省や福建省などの華南である。華南が対外開放の場として選択されたのは、ここが在外華人の代表的な出身地域だからに他ならない。そしてこの華南が改革・開放期の中国において最高の成長率をみせ、そうして中国の高成長を牽引したのである。いいかえれば華南の高成長は、みずからを「香港化」することによって実現されたものだということができる。

中国から香港に向かうベクトルではなく、香港から中国に向かうベクトルが基本である。上海がいずれ香港の地位を代替するであろうといった話をよく聞かされる。しかし、長い歴史的時間を要して練り上げられてきた香港の機能を、市場経済化の過程に入ってまだ間もない幼弱な上海が代替するというわけにはいかない。株式時価総額や外国為替取扱額において上海は香港のなお数十分の一に過ぎない。香港の中継貿易機能なくして中国の貿易は成立しない。対中投資の圧倒的に大きな出し手が香港に他ならない。香港の金融機能なくして中国の対外資本取入れは不可能である。

香港を中心とする在外華人の「中国資本主義の精神」の導入こそが、改革・開放期中国の高成長の真因なのである。この事情は、香港返還後も変わることはない。香港は一九九七年の七月一日をもって、長い英領直轄植民地としての役割を終え中国に返還された。香港における中国の主権回復により、香港の繁栄が侵害されるのではないかという危惧は返還後の今もなお少なくない。しかし経済的にみる限り、中国の近代化にとって香港のもつ役割はなお決定的に大きく、香港の現状を侵して中国の経済発展はあり得ない。この事実を知らないはずもない現在の中国の指導部が、香港への対応を誤るとは考えにくいのである。

第四章　自立に向かう台湾

上海を事業展開の舞台として往時の中国の金融・貿易・製造業の命脈を握っていた多くの企業家が、共産党軍による資産没収の危機を逃れて香港に蝟集し、これが香港を東アジア最大の繁栄拠点とする要因となった。また、清末期に華南から東南アジアに移り住み、逆境の彼の地で刻苦精励して華南の商業主義的伝統を錬磨した人びとの才覚が、東南アジアの発展を支える企業家的能力として開花した。清末期に東南アジアに外流して磨かれた在外華人の商業主義的な才能は、香港に流出した中国資本主義のエッセンスと結びついて、大陸の外縁部に広く深い華人資本ネットワークを形成し、これが中国と東アジアの今日の発展に大きく寄与した。このことは前章で論じた。

ところで、在外華人世界を論じる場合、もう一つ言及しなければならない東アジアの重要な地域があることに気づく。いうまでもなく台湾である。台湾住民の企業家的才能形成の歴史的経緯は、香港華人、東南アジア華僑のいずれとも異なる。とはいえ、漢族が外流して異郷の厳しい環境の中で蓄財に励み、その過程で商業主義の伝統を錬磨してきたという因果は同様である。

「化外の地・化外の民」

大陸中国が台湾をみずからの版図とし、ここを実効的に支配した歴史は短い。台湾は、大陸中国にとって長らく中華文明の教化の及ばない「化外の地」であり、先住民は「化外の民」とみなされ、大陸中国がその領有に関心を示すことは少なかった。

台湾を「発見」してここをイリヤ・フォルモサ「麗わしの島」と命名したのはポルトガルであった。その後オランダ、スペインが台湾を支配したことはあったが、支配は局地的かつ一時的なものに終わった。強大な軍勢をもつ明国ならびに清国が、局地的、一時的ではあれオランダ、スペインによる台湾支配を許容したこと自体、大陸中国が台湾にさしたる関心をもっていなかったという事実を証している。

大陸中国が台湾に関与するようになったのは、「反清復明」を図る鄭成功が台湾を支配するオランダに挑んでここを橋頭堡とした一六六一年以降のことであった。鄭成功は翌一六六二年に没したものの、長男・鄭経、腹臣・陳永華により台湾支配がつづけられた。しかし、一族の内紛と清国からの軍事的圧力によって一六八三年に鄭氏の台湾支配は崩壊し、この地は翌一六八四年より福建省台湾府となって清国の版図に正式に組み込まれることになった。

清国政府は台湾を正式に領有はしたものの、ここが反清勢力の拠点となることを防御するという政治・軍事的な関心にとどまり、台湾の経済開発に意欲をみせることはなかった。台湾は騒擾を繰り返す「化外の民」の住む野蛮な僻遠の地であり、風土病のはびこる「化外の地」だとみなされ、清国官僚も波高い台湾海峡を超えてここに出向くことを潔しとしなかった。

しかし、清国に組み入れられた一六八四年以来、台湾が人口に比して耕作可能な土地の豊富に存在する未開の地であることが大陸住民に次第に広く知られるようになった。この時点において、台湾の総人口はせいぜいのところ十数万人程度であり、一方、水稲耕作と砂糖黍栽培のために開墾すべく残された肥沃な土地が豊富にあった。華南沿海部、古来土地が希少で人口圧力の強かった福建省や広東省の貧農にとって台湾はきわめて魅力的なものとみなされ、彼らのここへの大量移住を誘ったのである。

広東省は「七山一水二分田」、福建省は「八山一水一分田」であり、両省の農家一戸当たりの耕地面積は、清国期の中国において最も狭小であった。一戸当たり耕地面積が小さかったばかりではない。農業経営の零細化は、下層農民に土地売却を余儀なくさせ、農民は小作農、さらには土地なし層へと転落していかざるを得なかった。清末期の中国において激しい農民層の下方分解を経験した典型的な地域が広東、福建の両省であった。

漢族の台湾移住

かくして、閩南《ミンナン》つまりアモイを中心とする泉州および漳州などの福建省南部、さらには広東省東部の沿海地域から大量の漢族が台湾に移住した。広東省東部からの移民は、長い歴史的時間をかけて原郷の黄河流域から南下し、華南一帯に分散居住する客家《ハッカ》が主流であった。今日、台湾に住まう住民の多くが閩南語と客家語を用いているのはかかる経緯があってのことである。ちなみに、一九二六年時点で総人口のうち閩南系が八〇・〇パーセント、客家系が一五・六パーセント、原住民系が四・四パーセントであった。

漢族の台湾移住は清国政府によって促進されたものではない。そのまったく逆である。移住した漢族が定住して台湾を再び謀反の拠点とすることを清国政府は恐れたのである。台湾を拠点とした鄭一族の「反清復明」の反乱を経験した清国政府は、移住者に対して出身地域の公官の同意を義務づけ、妻子の同行を禁じた。移住は許可してもその定住には強い制約を課したのである。広東省東部の客家は清朝への忠誠心の薄い「海盗の巣窟」とみなされ、渡航自体が禁止された。

しかし、狭小な可耕地に過大な人口の圧力を加えられて零細化と絶糧化に悩まされた福建省南部や広東省東部の農民の、人口希薄で肥沃な亜熱帯台湾への移住衝動はやみがたく強いものであった。渡航制限・禁止にもかかわらず移住者は増加の一途をたどった。水害、旱魃、蝗害、さらには軍閥の横暴、戦乱などはこの地の農民をしばしば極度の窮乏化へと導き、あたかも周期をもって来襲するかのごときそれら天災や人災のたびごとに住民の台湾への外流が繰り返された。

この移住への熱望を前に渡航制限・禁止は次第になし崩しとなっていった。広東省南部の客家の移住禁止も一七六〇年に解かれた。福建省、広東省からの移住はいよいよその激しさをました。既述したように台湾が清国の領土に正式に組み込まれた一六八四年の人口は十数万人程度であった。しかしその後、一八一一年には二〇〇万人を超え、日本による統治が開始されて間もない一九〇五年時点には三〇〇万に達した。そうして台湾はこれら移住民の刻苦精励により、水稲稲作と砂糖黍栽培を中心とした東アジア有数の農業地帯へと変貌していったのである。

大陸からの移住民を受け入れた台湾は、肥沃な土地を豊富に擁していたとはいえ入植は難業であった。激しい潮流によって知られる台湾海峡を小舟で渡っていくこと自体がすでに困難をきわめた。亜熱帯の台湾は、マラリヤ蚊が飛び交い、毒蛇が棲息する「化外の地」であった。

漢族は台湾原住民を「生蕃」とみなし、彼らを既住の地から追い払おうとするものの、当然ながらそれへの抵抗は強力であった。先行した泉州や漳州の閩南系の移住者は台湾島西部の平野部を占有し、後発の客家系の移住者はいきおい肥沃度の劣る土地や山地に向かわざるを得ず、その不満が武闘を含む両者の確執を生み、「五年一大乱三年一小乱」が往時の台湾の現実であった。

こうした苦難を経験しながら移住民は亜熱帯の樹木が限りもなくつづくジャングルを切り開き、手つかずのままにおかれていた荒蕪地を開墾するという労苦に勇敢に挑んでいった。移住してきた華南住民の資産はなきに等しく、開墾はまったくの裸一貫でのベンチャーであった。

台湾の主力農産物は、オランダ植民地時代以来一貫して自給作物としての米と商品作物としての砂糖黍であった。清国期の移住民の労働もこの二大作物のための開墾・生産にあてられた。水稲稲作は二期作から三期作が可能であった。移住民の開墾努力はまたたく間に米の生産余剰をつくりだし、清国期の台湾は華南部とくに福建省の食料不足を補って余りあった。商業主義の伝統を色濃く擁する華南住民の台湾における開拓のこの刻苦精励こそが、その伝統を錬磨していった最重要の要因にちがいない。

その伝統は農業において発揮されたばかりではない。米や砂糖の流通部門においても磨かれていった。伊藤潔教授によれば、すでに清国期の台湾において両作物の移出入を業務とする独自の商業的組織、「郊商」と呼ばれるある種のギルドが形成されたという（伊藤潔『台湾』中央公論社、一九九三年）。そしてこの台湾の各港湾を商圏とする「港郊」が、アモイ以北ならびに以南を商圏とするそれぞれ「北郊」「南郊」と結びつき、またそれらと競合しながら、台湾の商業資本家となっていった。

こうした来歴を背景に、台湾は日本統治の時代を迎える。

日本統治時代

一九世紀末葉に華南から外流した人びとを受け入れた東南アジアは、欧米列強の支配する植民地であった。華南住民は列強の経営するプランテーションや鉱山での労働力の需要に応じてここに吸収され、つまり往時の東南アジア華僑はすでに形成されていた植民地経営システムの中に組み込まれていったのである。しかし、一七世紀に清国の版図となった台湾に流入した華南農民を待っていたのは、統治のための行政や経営のシステムのない「化外の地」であった。

清国政府が台湾の経済開発に関心をもっていなかったことは既述した。清国政府がその経営に積極的な姿勢を示すようになったのは、台湾島南部の牡丹社に漂着した琉球宮古島の漁民が台湾住民によって殺害されるという事件に端を発した一八七四年の日本の台湾出兵以降のことであった。日本の出兵後の一八八四年にはフランスが澎湖島を占領するという事件がおこった。

外的勢力に台湾を脅かされて、清国政府はようやくにして積極的な台湾経営に乗りだすことになったのである。清国政府は一八八四年に洋務運動の推進者李鴻章の部下劉銘傳を初代の台湾巡撫《じゅんぶ》として派遣し、この地の統治の任にあたらせた。洋務派の劉銘傳は合理主義的な統治を求めて一八八五年に台湾を独立省とし、ここで台湾史上初の区画整理と人口調査を試みた。

台湾出兵の二〇年後に日清戦争が勃発、これに日本が勝利して一八九五年四月に下関で日清講話条約が締結され、台湾の日本への割譲がなされた。台湾の日本統治時代の開始である。

日本軍の進駐に抗する「土匪《どひ》」を力で鎮圧する武断の時期を経て、本格的な植民地経営が始まったのは、第四代台湾総督として陸軍中将児玉源太郎が一八九八年三月に着任して以降のことであった。この総督を補佐する民政部門の最高長官が後藤新平であった。台湾経営の基礎を築いた明治期日本の代表的な有能官僚がこの後藤であった。後藤は一九〇六年に満鉄総裁として転出するまでの一〇年近く、効率的な植民地経営を求めてその辣腕をふるった。

後藤の台湾経営の哲学は、しばしば「生物学的植民地論」として知られる。個々の生物の生育にはそれぞれ固有の生態的条件が必要であるから、一国の生物をそのまま他国に移植しようとしてもうまくいくはずはない。他国への移植のためには、その地の生態に見合うようこれに改良を加えなければならない。本国日本の慣行、組織、制度を台湾のそれに適応するよう工夫しながら植民地経営がなされるべきだ、概略そういう主旨である。武断型の植民地支配とは一線を画する経営思想であった。

植民地経営の基盤整備

この経営思想を実現するための第一の企図が、清国洋務派官僚劉銘傳によって試みられ未完に終わっていた土地・人口調査事業の完遂であり、後藤はこれをもって経営さるべき植民地台湾の現状を徹底的に調べ尽くした。土地調査事業への着手は一八九八年九月であり、後藤の着任わずか半年後のことであった。

調査を通じて台湾全土の耕地面積・地形が確定され、地租徴収の基盤が整えられた。この調査事業の過程で、土地との直接的関係の薄いある種の不在地主（大租戸）を消滅させ、現実の土地経営者（小租戸）を地主とする実効的な土地所有制度が確立された。一九一〇年には林野調査事業が始まり、台湾の広大な山林地帯の面積・地形が確定され、その所有関係の整備もなされた。一九〇三年には「戸籍調査令」が発令され、これにもとづき一九〇五年に大規模な人口調査が行なわれた。台湾住民戸籍の細大漏らさぬ近代的にして本格的な調査事業であった。

後藤の治世下、台湾の植民地経営の基礎は急速に整えられていった。土地、林野、人口などの基礎調査事業と並行して、多様な社会的間接資本が整備された。台湾銀行の設立は、後藤の着任の翌一八九九年のことであり、台湾銀行券の発行が開始されたのは一九〇四年であった。これにより台湾の貨幣が統一され、社会的間接資本の建設に要する大量の資金が同銀行の事業公債により調達された。

台湾の社会的間接資本は往時の他の植民地に類例をみない充実であったが、それらのほとんどは後藤の時代に着手されたものであった。日本統治時代の事業を列記すれば、基隆から高雄にいたる縦貫鉄道の建設、この鉄道の起点に位置する基隆港・高雄港の拡充、さらに縦貫鉄道に連結する道路の建設・拡充により陸上・海上運輸能力が強化され、飛行場の建設がこれに加わった。一九四四年時点の加入電話数は二万五〇〇〇を超え、その電話網密度は本国日本と遜色のないものであった（黄昭堂『台湾総督府』教育社、一九八一年）。

「米糖経済」台湾の農業発展基盤も日本統治時代に飛躍的な伸びをみせた。ハワイからの砂糖黍の導入を通じて幾多の品種改良が試みられ、搾糖機械の技術革新が図られて製糖業の近代化が進んだ。台湾製糖株式会社以下多くの大規模な製糖会社が一九〇〇年以来次々と設立され、在来の零細経営の「糖廍」はこれらによって取って代わられた。米についても精力的な品種改良努力が重ねられ、「蓬萊米」として知られた新品種は品質と収量の両面で当時の東アジアにおける画期的な水稲種であった。水利灌漑施設の拡充、これによる開田が相次ぎ、台湾の耕地面積が拡大した。

こうした基盤の上に、日本統治下の台湾は米糖経済を超えて工業化の時代を迎えた。日中戦争から太平洋戦争へと日本の戦線が拡大するとともに、台湾は日本の「南進基地」としての重要性をにわかに強めた。南進を効率的に展開すべく、台湾は日本軍の南方戦略の「兵站《へいたん》基地」となり、機械、金属、化学の重化学産業の建設が進められた。重化学工業を推進する母体会社として一九三六年には台湾拓殖株式会社が設立され、巨大な資本金をもつこの会社が投資主体となって傘下に多くの有力企業を擁することになった。

近代的な重化学産業が植民地で事業を展開したというのは、この台湾と同時期の日本統治下の朝鮮半島北部を別にすれば、他の帝国主義列強支配下の東アジアの植民地に例をみない。一九四〇年、日本が太平洋戦争に参戦する直前において、台湾の工業総生産額は農業のそれを上回り、この時点で台湾は米と糖のモノカルチュア経済を脱していたのである。

教育

日本統治下の台湾において刮目すべきは、教育制度の拡充努力である。

一八九五年の領有以来、一九一九年までの日本の台湾統治は前期武官総督時代と呼ばれ、この間の七代にわたる総督のすべてが軍人であった。台湾の抗日勢力を力で抑えながら、土地、林野、人口の調査事業と社会間接資本の建設を進める植民地経営基盤の整備期であった。

統治基盤の形成がひとまずなされたところで、本国日本において原敬内閣が成立して政党政治が開始された。大正デモクラシーの時代であった。台湾経営の基盤が整い、日本の政党政治が緒について台湾総督には文官が任命されることになり、統治のスタイルも台湾住民の教化を求める「同化政策」へと転じていった。同化政策の最重要の手段が教育であった。

台湾住民は、一八世紀の末葉に商業主義の伝統をもつ福建省、広東省から台湾のこの地に入植して徒手空拳で水稲耕作、砂糖黍栽培のための開墾に尽力し、そうして勤労の精神と蓄財の才能を鍛えてきた人びとであった。しかし、そうした精神と才能は農業社会のそれであって、産業社会に適応する知識と技術に裏づけられたものではなかった。台湾住民が新しい知識と技術に接近できる初めての機会が、日本統治下の教育によって提供されたのである。

それまでの台湾においては住民が教育を求めても、用意されていたのはわずかに私塾のみであり、そこでは旧守的な「四書五経」を訓詁として修得するというにとどまっていた。文官総督時代に整備された近代的な教育制度を通じて、台湾住民は理科や数学に接し産業社会に適合する精神と才能を身につける機会を得ることになった。日本統治下における教育制度拡充の成果を、統治の終了年一九四四年についてみれば、この年、国民学校（小学校）の就学率は七一・三パーセントの高さに到達しており、これは他の列強支配の植民地では想像もできない高率であった。同年の国民学校は一〇九九校、盲唖学校などの各種学校一一校、実業・師範学校一二二校、専門学校五校、高等学校一校、帝国大学予科一校、帝国大学一校であった。高等教育については、日本への留学も一般化しており、留学生数は一九二八年に四〇〇〇人台、一九三七年に六〇〇〇人台、一九四三年には八〇〇〇人台であった（黄昭堂、前掲書）。

日中戦争から太平洋戦争へと戦時体制に入って文官総督時代は終わりを告げ、再び武官総督時代となった。この時期、「聖戦完遂」を求めて同化政策は一段と急進化し、「皇民化」政策へと転じた。新聞漢字欄の廃止、国語（日本語）常用運動の強化、偶像・寺廟の撤去、神社参拝の強要、改姓名の推奨等々、要するに日本化、日本人化の徹底が図られた（伊藤潔、前掲書）。

急進的な皇民化政策は、台湾の文化的伝統を破壊する「暴力的」企図であった。しかし、「日本」という媒体を通じてであれ、それまではほとんど不可能であった社会科学や自然科学への接近が、しかも国民のグラスルートにいたるまで可能になったという事実は、統治意図のいかんを超えてこれを正当に評価することは必要であろう。

国民党政権下の台湾

太平洋戦争における敗北により、日本の台湾支配は一九四五年九月に終わり、以降、台湾は国民党政権の支配下に入った。台湾省行政長官には国民党の軍人・陳儀が任命され、その指揮下で日本統治時代の資産、つまり「敵産」の接収がなされた。国民党政権は日本統治の五〇年来にわたる膨大な蓄積資産を一夜にして掌中にしたのであり、これらすべてが国営もしくは省営の公企業となった。

敵産の公企業化が進んだものの、これによって日本統治下の台湾経済が国民党支配のそれへと順調に受け継がれていったわけではない。台湾経済が日本との連携を絶たれ、新たに大陸と結びついたことにより、とどまることを知らぬ大陸のインフレに直撃され、台湾経済は機能麻痺に陥った。

国民党支配に対する台湾人の不信は日増しに強まり、その怨嗟は残忍な暴力によって叩きつぶされた。二万八〇〇〇人が殺害された悲劇の二・二八事件により、本省人台湾住民の心は外省人から遠く離れてしまった。今日の台湾になお色濃く残る「省籍矛盾」の淵源がこれである。

この時点で国民党軍は大陸で共産党軍との内戦のさなかにあった。しかし、経済管理と住民統治の能力を欠き、軍律において弱く、腐敗においてすさまじい国民党政権に対するアメリカの不信は根強いものであった。実際、台湾に敗走した国民党軍を追う共産党軍の「台湾侵攻」を目前に、トルーマン大統領は「台湾海峡不介入宣言」を公にしたのである。この絶体絶命の危機を救ったのが、一九五〇年六月二五日に勃発した朝鮮戦争であった。東アジア共産化の現実的脅威に直面したアメリカは「台湾海峡不介入宣言」をひるがえして「台湾海峡中立化政策」に転じ、第七艦隊を台湾海峡に派遣した。国民党政権は辛くも生き残ることができた。

　大陸からの脅威に心胆を寒からしめ、二・二八事件によって民衆的基盤を喪失した国民党政権は、この台湾の地で生存を図るためには、アメリカの支持を受けつつみずからを再生して発展への手がかりを摑《つか》むよりほかなかった。強権的政治支配により反対勢力を封じ込め、そうして得た政治的安定の下で経済発展を求めるという選択にでたのである。政治的安定の法的基礎が「動員戡乱時期臨時条款」であり、これを現実化したものが一九四九年五月の戒厳令であった。さらにこの戒厳令を「党禁」（新党結成禁止）、「報禁」（新聞条例）が補強した。

　台湾の経済開発は緊急の課題であった。二・二八事件によって離反していた台湾本省人の支持を取りつけねばならない。何よりも国民党政権の台湾への敗走は、軍属を中心に二〇〇万人になんなんとする人びとを人口五六〇万人の台湾に一挙に運びこみ、扶養すべき人口を四〇パーセント近くも膨張させたのである。

　台湾の今日にいたる経済発展の過程は、日本統治時代を経て外来政権・国民党の支配下におかれたという経緯のしからしむるところとして、いささか錯綜したものであった。しかし、その底を一貫して支えてきたのは、清末期にこの地に移住して勤労の精神と蓄財の才能を錬磨し、日本統治下の教育と近代化過程でその精神と才能を産業社会に適合させた台湾本省人の努力であった。

　国民党政権が最初に着手したのは土地改革であった。小作料率を三七・五パーセント以下に引き下げる「三七五減租」に始まり、公有地での耕作農民に土地を払い下げる「公地放領」を経て、一九五三年には地主保有の公地面積の上限を設定、これを上回る公地のすべてを政府が買い上げて耕作農民に払い下げる「耕者有其田」の画期的な改革が実施された。

当時の台湾工業化の主力部門を担ったのは公営企業であった。日本統治下の主要な工業企業、例えば日本石油、帝国石油などは中国石油公司へ、日本アルミニウムなどは台湾鋁業公司に、台湾電化、台湾肥料などは台湾肥料公司へ、大日本製糖、台湾製糖などは台湾製糖公司へ、鐘淵曹達、旭電化工業などは台湾碱業公司へ、台湾電力は台湾電力公司へ、台湾鉄鋼所、東光興業高雄工場などは台湾機械公司へと統合されて、それぞれ大規模な公営企業となった（伊藤潔、前掲書）。

これらのほとんどは重化学工業部門であり、金融部門、運輸・通信部門などの「敵産」に加え、さらには一九六〇年代以降新しく建設された中国鋼鉄、中国造船、中国石油化学工業の三つの公営企業を含めて、台湾全土の産業の「アップストリーム」（川上部門）が公営企業によって独占された。公営企業は国民党政権の「聖域」であり、これらの内需部門への台湾本省人の参入機会は著しく限られた。金融機関自体が日本統治下の銀行を接収した公営企業であり、台湾本省人はフォーマルな銀行融資を手にすることもできなかった。

それにもかかわらず、いな、それゆえであろう、台湾本省人は旺盛な企業家精神と勤勉な労働力とをもって中小軽工業部門に進出し、内需を独占された国内市場ではなく輸出市場に活路を見出していった。

一九六〇年代初期から、第一次石油危機に襲われた一九七〇年代中期まで、先進国では高成長がつづき、その過程で成長産業が次々と生まれると同時に衰退化していく産業も多く、つまり激しい構造変動がつづいた。衰退していった産業は高賃金化によって優位性を失った繊維産業などの労働集約財産業であった。台湾の中小企業は、その機敏にして迅速な行動によりこの労働集約財産業において先進国市場の懐ろに深く食い込んでいったのである。

産業構造の高度化した現在でもなお、台湾の輸出部門の中枢を占めるのは中小企業である。すなわち台湾の工業化を担った主力部門は、民間企業に他ならない。公営企業を凌駕する成長率を持続し、その結果、台湾の工業総生産額に占める前者の比率増大、後者の減少がはっきりと観察される。

国民党政権の台湾化

国民党支配の間隙をぬって輸出中小工業部門に活路を求め、そこでの機敏な企業行動によって資産を形成し、そうして中産層化していった台湾本省人の立ち居振る舞いが、一九八〇年代の後半期以降の台湾において政治的民主化を現実化させた主勢力であった。またこの中産層台湾住民の、教育を通じての社会的上昇への熱意は強く、多くの中小企業主が子弟を国民党政権下の台湾においてではなく、蓄えた資産を用いてアメリカなどの海外で学ばせた。これが今日の台湾経済を支える「頭脳」ともなった。

東アジアにおいて冷戦構造が定着し、台湾の「大陸反攻」「光復大陸」も実効性のない建て前となるにともなって、国民党も敵産を原資とした土地改革、公営企業化にとどまらず、みずからも台湾のこの地に居を構えてその発展を本格化せざるを得なくなった。一九六六年に始まった大陸における文化大革命の狂気と凄絶は、国民党の大陸回帰の夢を打ち砕くものでもあった。

一九七〇年に開始された「十項目建設」は、国民党政権が積極的な台湾開発に転じたことを示す象徴的な事業となった。国際空港、縦断高速道路、原子力発電所の建設、鉄道・港湾の大規模改造、製鉄・石油化学・造船の三大重化学工業の拡充などを含む野心的な「エイシアン・ニューディール」であり、これによって台湾の社会的間接資本はその基盤を一段と充実させた。

現在の台湾の時に激しい政治変動は、国民党が「台湾化」していく過程で生じている「きしみ」にちがいない。清国時代の台湾で刻苦精励し、日本統治時代に合理主義にめざめた本省人が、外来政権国民党支配下のこの地で輸出工業化に新たな活路を見出し、その蓄財によって広範な企業家群と中産層を形成し、その彼らの活力が台湾経済の今日の繁栄を創りだしたのである。国民党政権はこの現実に、その一部は苦々しき思いを捨てきれずに、しかし他の一部はみずから積極的に適応しようとしている。適応過程のきしみが消えるのも、そう遠いことではあるまい。

返還後香港の政治と台湾

返還後香港の政治的自由が、中国によって侵害されることはないであろうか。判断は難しいが私はおそらくこれも守られるであろうと推察する。その最大の理由は、香港返還の後に中台統一という中国にとってより大きな外交的テーマが控えているからである。

中台統一には香港返還とは異質の難しさがある。一九九七年七月一日の香港返還の直後、台湾の李登輝総統が内外記者団との会見で「台湾は香港ではない」と明言して、中国の中台統一路線を牽制したことを伝えた。確かに「台湾は香港ではない」。

香港は植民地であるがゆえに住民の政治参加は限定され、香港には民意は存在しなかった。香港の中国返還が中英の合意で決定されたのはそのためであり、香港住民の意向が返還のありように直接の影響を及ぼすことはなかった。対照的に台湾には確たる民意がある。台湾は李登輝の時代に入って民主化を実現し、台湾の対中政策を決定する最大の要因が民意となった。しかも、台湾住民の大陸アイデンティティーは薄く、他方、民主化の過程で彼らは台湾アイデンティティーを強めているのである。この台湾住民の民意のなかに中台統一の本質的な難しさが伏在している。

台湾住民の大陸アイデンティティーが薄いのはなぜか。その理由はすでに指摘した台湾の歴史を振り返れば明らかであろう。大陸にとって台湾は長らく中華文明の教化の及ばない「化外の地」であり、その領有への関心は薄いものであった。

さきにも記したように、清国政府が台湾経営にようやくにして積極的な姿勢を示すようになったのは、大陸において洋務運動が起こった一九世紀も後半期のことであった。清国政府は洋務派の劉銘傳を初代の台湾巡撫として派遣し、この地の統治の任にあたらせた。劉銘傳は合理主義的な統治を求めてここで台湾史上初の区画整理と人口調査を試み、その近代化が緒についた。しかし間もなく勃発した日清戦争に清国が破れ、一八九五年に台湾は日本に割譲された。劉銘傳の台湾近代化努力を引き継いだのは日本であった。

つまりは、大陸中国が台湾を実効的に支配したのは劉銘傳の時代のわずか一〇年程度に過ぎなかったのである。台湾住民の大陸アイデンティティーが薄いのも、かかる経緯からして不思議なことではない。

李登輝時代の民主化の奔流の中で、住民は台湾の「台湾化」を求め、そしてついに大陸に淵源をもつ国民党の「台湾化」も開始されることになった。民主化の時代にいたり、台湾の対中政策を決定する主勢力は、みずからのアイデンティティーを台湾に求める住民の民意となったのである。

中国側の主張する中台統一の原則は、香港返還と同じく「一国両制」である。台湾はこれに賛成してはいない。先に指摘した記者会見で、李総統は台湾が中国の提言になる「一国両制」を受け入れる意思のないことを明言している。にもかかわらず、中国が香港において「一国両制」を維持することに失敗するならば、香港返還とは異質の難しさを抱える中台統一がはるか彼方の課題になってしまうことはまちがいない。

香港の現状維持がどの程度確実なものであるか、台湾住民はじっと見据えているのである。

第五章　危機の中の朝鮮半島

1　韓国経済危機

一九九七年の七月にタイを震源地として始まった東南アジア経済の揺らぎの本質は、通貨・金融危機である。その経緯を概略すれば、⑴過去二年余にわたるドル高局面においてドルペッグ制下の東南アジア通貨が割高となり、経常収支が大幅に赤字化したこと、⑵経常収支赤字の補塡を短期性の外国資金に求め、この資金が非生産的なバブル部門に集中したこと、⑶バブルの崩落により、この部門に資金をチャネリングしてきたノンバンクを含む金融機関に大量の不良債権が累積したこと、⑷金融・不動産株を中心に株式市場が暴落・低迷したこと、これらが東南アジア各国通貨の下落をもたらした要因であった。

経常収支が短期間に急速に赤字化したことは不幸であった。しかし、開発途上国の経常収支の赤字はむしろ常態であって、それ自体が問題とされるべきテーマではない。開発途上国が開発を求めて資本財や中間財の大規模な輸入を図る一方、開発が輸出生産力を生みだすまでには、どうしてもあるタイムラグが必要なのである。そうであれば、開発の初期段階において経常収支の赤字化は避けられない。戦後復興期のわが日本の「国際収支の天井」を顧みるだけでも、このことは十分に理解されよう。

問題は、経常収支の赤字を短期性の外国資金によって補塡し、しかもこの資金をリスク管理の能力や規律の薄い金融機関を通じてバブル部門に湯水のように流していった運営方式の野放図なありようであった。金融市場が未成熟であり、金融メカニズムが十全な機能を擁していない状況にありながら、なお自国の金融・資本市場を世界のそれと統合することによりふんだんにメリットを享受できると踏んだいささか安易な対応が、東南アジア諸国の金融機関のあっけない崩壊をもたらしたのである。

この通貨・金融危機が実物経済に傷を負わせることになった。事の起こりは通貨・金融危機であって、まず修復されねばならない部門が金融部門であることは明白である。逆にいえば東南アジアの場合、実物経済が修復不能なダメージを受けているわけではない。

ところで、韓国経済を動揺させているものが通貨・金融危機であることは紛れもない事実である。しかし、韓国の通貨・金融危機の起因は多分に実物経済の揺らぎにあって、おそらくは困難をきわめるであろう実物部門の構造調整に成功しない限り、韓国経済の動揺は収まることはない。その意味では傷は韓国において一段と深いようにみえる。韓国経済の問題点は何か。

経済危機の顕在化

経済危機の深因は、財閥の長らくつづいた拡張主義的でしばしば放漫な投資戦略の破綻にある。韓国の通貨・

金融危機はいかにも厳しいが、これは財閥経営の破綻に起因したものだとみなされねばならない。

財閥の経営危機は、一九九七年一月の韓寶財閥の中核企業である韓寶鉄鋼の倒産に始まった。韓寶財閥は、その資産規模において上位一四位にランクされる巨大企業グループである。倒産が明るみにしたのは、同社の担保能力をはるかに超える銀行融資がなされ、この不正融資に関与していた国会議員、官僚、銀行幹部、さらには大統領の次男までが一斉に逮捕されるという政財癒着の疑獄の構図であった。

この事件後、銀行がリスクの大きい融資先から資金の回収に乗りだし、これが中堅財閥の倒産を誘発した。不良企業に融資を行なっていた第一銀行、ソウル銀行が手に余る不良債権を抱えて身動きできない状態にあることが表面化した。さらには資産規模において六位の双龍、八位の起亜の経営危機が浮上した。かかる状況下にあって、三星、現代、LG、大宇、鮮京などの大財閥の経営もきわめて厳しい状況下におかれている。

財閥経営の誰の目にも明らかなこの危機的状況は、韓国経済の将来像を著しく不鮮明なものとし、株式市場の暴落・低迷を誘った。証券業界に暗雲がたれこめ、売上高上位企業のうち二つの証券会社の経営がいきづまった。通貨に対する国際金融界の信認は日に日に失われ、ウォンの急落が発生した。一ドル九〇〇ウォン台を推移してきたレートは、一九九七年末には実に二〇〇〇ウォンを上回るまでにいたった。急膨張していた短期外債の償還が外貨不足を一層深刻化させ、これがウォンの下落を加速させた。

累積化した短期債務とドル不足は韓国経済の破産（デフォールト）への懸念を顕在化させ、IMF（国際通貨基金）の融資史上最大規模の国際金融支援要請へとつながったのである。漢江の奇跡を称賛され、一九九六年秋にはOECD（経済協力開発機構）への加盟も決まって名実ともに先進国化したとみなされていた韓国が、いったいどうしてかくなってしまったのであろうか。

問題の核心は、韓国経済の中枢に位置する財閥の拡張主義的経営戦略にある。この拡張主義戦略の帰結が財閥の「フルセット構造」であり、韓国経済の「総花的産業構造」である。財閥の拡張主義を可能ならしめたものは、銀行ならびに銀行に強い影響力を行使する政府による、政策的金融支援を中心とした財閥保護であった。韓国経済危機とは、要するに財閥の拡張主義とそれが生んだフルセット構造が機能不全に陥ったこと、したがって韓国経済が復元していくための重要なポイントが財閥構造のラディカルな再編にあることを示している。

拡張主義とフルセット経営

韓国財閥のあくなき拡張主義は、最近年の半導体と自動車の二つの産業の事例をみても明らかである。ここしばらくの韓国の一六メガDRAMを中心とした半導体生産能力の拡張ぶりは、目を疑わしめるほどに激しいものであった。実際、一九九五年の韓国の全設備投資額に占める同部門の比率は二〇パーセントを超えた。当時の円高を奇貨とした顕著な設備拡張であった。

その結果、一六メガDRAMの市場シェアにおいて韓国は四〇パーセントを占めるようになり、日本の五〇パーセントに迫りアメリカの一〇パーセントを大きく超えて、世界の有力な半導体プライス・セッターとなった。三星半導体電子が設備拡張のリーダーであり、一九九五年の同社の収益は爆発的な増大をみせ、世界最有力の半導体メーカーの一つにまで成長した。三星の高収益に誘発されて、それまで半導体生産をわずかしか手がけてこなかった企業を含めて、多くの財閥がこの新市場に一斉に参入を図り、激甚な設備拡張競争を展開した。

自動車産業も同様である。既存のトップメーカーである現代、さらに起亜、大宇の設備拡張競争の中に、韓国最大の財閥三星が割って入った。三星は一九九五年から素材、エンジン、組立の巨大な一貫生産工場の建設を開始し、間もなくその第一号乗用車が出荷されようとしている。この結果、二〇〇万台であった五年前の韓国の自動車生産能力は、一九九七年には、一挙に四〇〇万台を凌駕するという著しさであった。

しかし、円高が円安へと反転するにともない、最有力の競合相手である日本との相対競争力が急速に弱まり、深刻な不況に由来する内需の低迷がこれに加わって、過剰生産能力はいかにも重い圧力となって韓国のこの二つの主導産業にのしかかっている。

こうした拡張主義はいまに始まったものではない。むしろ韓国財閥の伝統であり、拭いがたい体質である。経緯を簡単にみておこう。

財閥の拡張主義は、朝鮮戦争後のアメリカの大量の援助物資供与によって始まった。援助物資は「実需要者制」原則により企業の既存設備能力に応じて払い下げられ、しかもそれを市場為替レートよりもはるかに有利なレートで購入することを許された。援助物資の国内販売分は見返り資金として国家財政に組み込まれ、これが企業家への低利融資財源となった。恩典に浴しえたのは政治権力との太いパイプをもつ政商的な企業家であった。この時代にあっては企業家の政治的手腕が事業拡大の最大の要素であった。この時期に生成した財閥が「特恵財閥」と呼ばれたのもそのゆえである。

朴政権下での経済開発計画は、財閥に一層大きな拡張の機会を与えた。世界経済が同時的に拡大した一九六〇年代に韓国は輸出志向工業化を採用し、この戦略遂行のために海外から大規模な資金導入を図った。外国資金を導入してこれを輸出産業の育成に向けるという政策が採られたのである。輸出産業に対しては税制面、金融面での優遇条件が与えられると同時に、借入外資が銀行を通じて彼らに潤沢に供与された。そして繊維、電子工業などに設備拡張ラッシュがつづいた。これらが「借款財閥」である。

韓国経済は一九七〇年代に入ると重化学工業化への傾斜を強めた。財閥傘下企業は、政府の提示する計画のうちから自社に適切と思われるものを選定し、政府の計画に見合う事業計画案を作成、政府との協議の結果、認可の下りたプロジェクトについては政府によって資金的な裏づけがなされ、工場建設と増設を行なうという手順が採られた。各企業は事業経験のない産業分野であっても、それへの参入が有利とみるや政府支援を後ろ楯にただちに計画を実行に移すという機敏な行動を採り、拡張主義への強い志向性をみなぎらせて多角的なフルセット経営に乗りだしていった。

韓国財閥のこうした拡張主義的なフルセット経営への志向性は、弱まるどころかますます強いものとなり、その最近年の端的な事例が既述した半導体と自動車という二つの重要産業における立ち居振る舞いであった。この志向性はもちろん韓国財閥の強い活力をあらわしたものである。しかし、右に述べた財閥の簡単な生成史からもうかがい知ることができるように、政府の支援がそれを促したという側面を見落とすことはできない。

政策的金融支援

政府の財閥支援の中枢が政策的金融支援である。拡張主義経営のために財閥の投資金需要は一貫して強く、これに対応したものが銀行に強力な影響力をもつ政府の金融支援であった。韓国の財閥の自己資本比率は一貫して低く、金融機関融資、証券、外資、私債など外部資金への依存度が大きい。外部資金のうちでも証券発行などの直接金融は少なく、他方、金融機関融資への依存度がきわだって高いという特徴をもってきた。

財閥の金融機関融資への依存度が高いのは、韓国の金融機関が政府の強い支配下におかれ、これを通じて財閥に対して政策的な金融支援を行なってきたことに由来する。朴政権は発足後「不正蓄財処理」の名の下に旧政権下で蓄積された資産の強制的還収を試み、その一環として市中銀行の大株主所有株の還収をも同時に行なった。そのとき以来、韓国の金融機関は国有もしくは政府の強力な支配下におかれた。

韓国における財閥の力は圧倒的に大きいが、しかし銀行のみは大財閥といえども、現在なお所有を許されていない。個人、法人、外国人のいずれも銀行の発行株数の四パーセントを超える所有はできないことになっている。政府が財閥による銀行支配はこれを許さず、銀行を通じての政策的金融支援によって財閥の行動をコントロールしようとしてきたのである。

時期によって一様ではないが、おおむね市場実勢よりも低利の融資がなされてきた。低利融資が財閥の投資収益を増加させ、そのために投資資金需要が拡大し、金融機関がこの拡大需要にさらに応じるという拡張主義的対応関係が展開されてきた。金融貯蓄の乏しい金融機関に対して政府は中央銀行信用貸出を積極的に試みてきたのであるが、ここに韓国のインフレ的成長の原因がある。インフレ的成長は、財閥の金利負担を軽減し、これがまた財閥の拡張主義を促した。

韓国の銀行は商業銀行であるとはいえ、時の権力者の意向が融資対象に反映されることが多く、この場合には融資先の財務状況や担保能力の怜悧な判断はなされず、結果として財閥の放漫経営を許容してしまうという弊害がしばしばみられた。いわゆる「不実企業」の発生である。しかも政策的金融支援を受けた財閥は、傘下企業同士の間で相互出資や相互債務保証を緊密に行ない、財閥の内部でもある種の借金経営的な慣行が一般化していた。

韓国の財閥は政策的金融支援を受けて拡張主義的行動をとり、フルセット経営に邁進した。フルセット経営を助長した文化的な要因として、重要産業が他の財閥にあってみずからには存在しないことには耐えられないとする「面子」を重視する企業文化、儒教的伝統の色濃い韓国におけるこの倫理観も指摘されよう。

韓国の大財閥はかかる拡張主義を長らく継続し、そうして石油化学、産業機械、半導体、コンピュータ、通信機器、造船、建設、製薬、食品などの製造業はむろんのこと、証券、デパート、ホテル、ゴルフ場などのサービス業、さらには新聞、病院、旅行代理店にいたるまで、きわめて多くの業体をフルセット擁した一大コングロマリットとなった。韓国の財閥は、大財閥はもとより中堅財閥をも含めて、それぞれが多分に総花的な構造をもって相互に激しく競争を繰り広げてきたのである。

韓国経済の中枢を握る財閥がフルセット構造であるということは、これを集計した韓国経済がフルセット型であることを意味する。フルセット構造といえば、これはわが国の産業構造を特徴づけるキーワードにほかならない。第二次大戦後に形成された日本の工業構造は、ほとんどすべての産業にわたり広範な自給基盤を擁し、この自給基盤の上に機械を中心に多くの産業が輸出産業化するという特徴をもってきた。

とはいえ日本の場合であれば、フルセット構造といっても、当初はともかくそれほど強い政府の産業保護や金融支援があって形成されたものではない。しかも日本のフルセット構造は、所得水準と分配平等度において高い、懐ろの深い国内市場を擁して実現されたものである。

これと対照的に、韓国のフルセット構造は政府の強い財閥保護により、しかも日本に比べてはるかに狭い国内市場の中で形成されたものである。フルセット構造とは、資源を比較優位部門に集中的に配分するのではなく、比較劣位にいたるまでこれを分散的に配分するパターンに他ならない。それゆえ、小規模市場でこのような資源配分を維持することのコストは大きい。

このような構造が少なくとも過去一〇年にわたり韓国で維持されてきたのは、一九八五年秋に始まり長らくつづいてきた円高のゆえである。韓国の工業構造がフルセット型だということは、同構造を擁する日本との競合が強いことを意味する。それゆえこの二年間、円高が円安に局面移行するにともない、韓国は日本市場はもちろんのこと、第三国市場においても対日競争力をほとんど失ってしまったのである。「大競争」時代というこの現代にあって韓国経済が生き延びていくための最大のテーマは、資源を比較優位部門に集中して特定部門において国際的優位性を構築することである。

財閥経営の特質

問題は拡張主義的なフルセット構造ばかりではない。それを生んだ財閥の構造自体が問われなければならない。韓国の巨大企業グループがまさに財閥と呼ばれるのは、それが強い同族経営を旨としているからである。韓国のほとんどの財閥において同族経営支配は揺るぎなく成立しており、ここにおいては総帥の支配力がきわだって強い。総帥によるトップダウンの方式が少々手荒な拡張主義の根因となってきたのである。韓国は「経済の時代」から「経営の時代」へ、「量的拡大の時代」から「質的深化の時代」へと踏み込んでいかねばならないのであるが、そのためには総帥による同族経営支配のありように手が下されなければならない。

韓国においては、財閥経営に関わる重要な事項は総帥によって「専一的」に決定されており、トップダウンの意思決定は依然として強い。もっとも、傘下に多数の企業を擁する巨大化し複雑化した財閥経営のすべてを総帥個人の意思で行なうことには、当然限界がある。そのために財閥における意思決定のチャネルは近年ではより制度化されるようになった。これが会長室、企画調整室などと呼ばれる財閥の中枢組織である。事業計画、傘下企業間調整に広範な権限をもつ枢要の機関である。

ところが、こうした組織の出現は権限の下部への委譲を示すものではない。そうではなくて、むしろ巨大化し複雑化した財閥機構に適合した、総帥によるトップダウン意思決定の制度化にほかならない。これらの組織は「最後のよりどころ」である総帥の権力と威信に支えられて初めてその機能を発揮し得る存在なのである。

財閥経営の根幹に関わる新規事業計画、企業新設、外国企業との提携、傘下企業の幹部人事など最重要の意思決定は、そのほとんどが総帥自身によってなされる。財閥傘下企業の社長の権限は日本では信じられないくらいに小さい。彼らは総帥の意思の仲介者であり、忠実な執行者に過ぎない。企業内の合意が尊重され、下部の意思が積み重ねられていってこれが最終的に最高幹部によって承認されるという、日本企業のいわゆるボトムアップの意思決定とは対照的である。

韓国の財閥においては、株式支配を背景にした総帥による強力な一元的経営支配が貫かれており、閉鎖的な同族支配体制はなお強固である。同時に、傘下企業もまた財閥内に留まることによって少なからざるメリットを享受している。

個別の傘下企業はそれぞれを取り上げれば経営基盤は脆弱であり、金融的資産と技術的蓄積において薄い。したがって政府支援や外国借入資金、さらには外国企業との合弁を要請せざるを得ないのであるが、そのための信用は、それぞれの企業が財閥の傘下企業であるという事実によって与えられている。その意味で傘下企業の事業拡大は、財閥を離れては不可能である。傘下企業の要請からしても、総帥一族の経営支配下に留まることを選択せざるを得ないのである。

経済の時代から経営の時代へ

これまでの韓国は「経済の時代」であって「経営の時代」ではなかった。社会的間接資本への入札、重化学工業プロジェクトへの参入、中東への建設輸出、円高期における半導体や自動車の国際市場参入などを契機に経営規模を拡大してきた財閥の企業行動は、韓国の経済発展過程に確かにふさわしいものであった。

迅速にして機敏なトップダウンの意思決定なくして、こうしたビジネス・チャンスを掌中にしながら事業拡大を図ることは不可能であったにちがいない。下部から企業内合意を積み上げていく、堅実ではあるが悠長なボトムアップの意思決定は、量的拡大の時代にはそぐわなかったのであろう。しかし、このような財閥の経営体質は今後の韓国の経済発展過程においては、これまでそうであったようには適合的ではありえない。

韓国が今後ともその資源を集中していかなければならない部門は機械産業である。機械産業は広範な裾野をもった産業システムを要する。著しく多様な部品、中間製品が複雑な連関関係をもって結び合わされるこの産業においては、先進国から資本設備や標準化技術を導入すれば事足りるというわけにはいかない。生産技術と同時に、品質や工程を細密に管理するための技術や技能が重要性をもつ。韓国の生産技術や組立技術はすでに先進国のそれと肩を並べ、しばしばそれを凌駕しているが、その一方で、ソフトウエアを要する品質・工程管理技術やシステム設計技術は十分ではない。

品質・工程管理技術は企業経営のシステムの全体に関わるものであり、外国からの技術移転によって解決されるほど、事は簡単ではない。そこには、企業における生産現場での長い技術的蓄積が不可欠なのである。技術者、職長、工員を含む企業内集団の合意を得つつ、品質・工程管理技術を企業内における一つの体系としてまとめ上げていかなければならない。品質・工程管理技術が、企業経営のシステム全体に関わるといったのは、そういう意味である。財閥における強力なトップダウンの意思決定に貫かれた企業経営のあり方は、こうした新しい要請に適合的ではない。

「量的拡大の時代」から「質的深化の時代」への転換は、「経済の時代」から「経営の時代」への変化を要請している。権限の下部委譲を通じて専門的経営者を育成し、企業内の集団的結合を強化しつつ、よりシステマティックできめの細かい管理体系をつくりだしていくことは、現下の韓国の財閥に課せられた緊急の経営課題だといわねばならない。何よりもそのためには、拡張主義的なフルセット構造のラディカルな再編が不可欠なのである。

財閥再編への意思

韓国の未曾有の経済危機は、財閥再編へのまたとない好機だということができる。逆にいえば、この機を摑んで財閥の再編に成功することができなければ、韓国経済の再浮上は難しい。幸いなことに金大中新大統領は改革すべきテーマについて正確な認識をもっているかにみえる。

一九九八年一月中旬、大統領新任の前段階で金大中氏は四大財閥の総帥と会談し、採算性において見込みのない系列企業の整理・合理化、優位性部門への経営資源の集中・特化、財閥間重複投資の自律交換（いわゆるビッグディール）を要求した。要するに拡張主義的フルセット構造の再編要求であり、事態の本質に迫る最重要のポイントだということができる。

政府、経営者、労働者の三者構成による労使協議会で労組の政治活動合法化などを条件に、整理解雇制を成立させることにも成功した。そして金大中氏は整理解雇制と引き換えに財閥改革のさらに具体策をも提起した。既述の要求に加えて、財閥総帥の経営責任の明確化、会長室・企画調整室の廃止、相互債務保証の廃絶、企業財務構造の改善、財閥の情報開示の徹底化などであった。

すでに公表されている三星、現代、ＬＧなどのリストラ計画を一瞥すると、大統領の要求に沿う、かつてない大胆な再編がついに韓国で動きだしたかの感がある。経済危機にともなう内需の冷え込み、財閥系企業のリストラによる失業者の大量発生が社会不安を惹起し、これが反日・反米的なセンチメントを含ませた反政府運動につながってしまっては自滅である。伝統的な権威主義開発体制のよきエッセンスが有効に発揮されることを望んでやまない。

2　崩落する北朝鮮経済

北朝鮮のことに思いを馳せる時、必ずといっていいほど胸によみがえってくる一つの光景がある。

私が北朝鮮を訪れたのは一九九二年の春のことであった。平壌で開かれた「豆満江開発国際会議」に出席し、その後、豆満江開発の北朝鮮側の拠点都市である中朝ロ国境に近い咸鏡北道の羅津、先鋒、清津の三つの都市を視察して平壌にもどるという旅程であった。私にとって北朝鮮は初めてであった。北朝鮮のことである、自由にみたいところがみてまわれるはずもない。旅行者は案内人の厳しい監視の下におかれ、行動の自由はほとんどないと聞かされている。

それでもこの国の経済の苦境のありようを、少しでも身をもって知りたいではないか。敬愛する日本のある北朝鮮ウオッチャーに事情を話し、何かいい案はないものかと問うてみた。氏が与えてくれたのは次のようなヒントであった。

平壌をでて咸鏡北道に向かう列車はエネルギー不足もあってなんとも鈍い。車窓に広がる田圃や畑をじっとみつめていればいろんなことに気がつきますよ。農地には大小の石がごろごろ転がっていて、手入れの行き届いた日本の美しい田畑をみなれた君の目には信じられないくらいの荒れ地にみえるはずです。さらに北朝鮮では耕地が不足しているので田畑のまわりにトウモロコシが必ず植えられています。君がいくのは四月だから前年のトウモロコシの切り株がいっぱいみられます。それをよく観察してご覧なさい。切り株の太さは大人の親指ほどだと思いますよ。これではとうてい人間が食えるようなトウモロコシは採れない。トウモロコシというのは土地をものすごく荒らすので肥料がないと連作は無理です。北朝鮮の肥料不足がいかに厳しいかがわかりますよ。

清津に向かって平壌を発ったのは夕刻であったが、間もなく平壌の郊外にでたところで車窓に田圃がみえ始めた。砕かれた岩石の小片が夕暮れの太陽に照らされて春の田圃の中で無数に光っていた。車窓のすぐ下にみえるトウモロコシの切り株は、確かにこれがトウモロコシかと思えるほどに貧弱なものであった。視察の途上どこかで畑の中に入ってみたいと思ってはいたが、通訳と称する監視人がほとんどマンツーマンで私どもに密着していてそんなことはできそうにない。清津の港を遠望する丘でバスを降り、昼食の弁当を食う機会があった。車中で飲み過ぎて下痢がとまらずどうにも我慢ができないのでどこかで排便をやらせてくれないかと通訳に頼み込んで、近くの畑の中に入るという「芸当」を演じてみた。

そこでみたものは信じられないほどに荒れた小麦畑であった。私の目には畑というより砕かれた岩の小片が敷き詰められた平面のようにみえた。石と石の間を縫うようにして小麦の茎がひょろひょろと伸びている。遠目には美しい緑の丘陵のようにみえる小麦畑も近寄ればこうである。集団農業というものはかくも無惨なものか。畑の石を取り除いて小麦を蒔くという最も基本的な労働を促すだけのインセンティブも集団農業にはないということなのか。

「唯一領導制」の悲劇

北朝鮮政府は、穀物生産高について暦年の数値を一九七四年以来一九八〇年まで連続して発表してきた。一九七四年の七〇〇万トンに始まり、一九八〇年が九五〇万トンであった。しかし一九八〇年代に入ると一九八二年に九五〇万トン、一九八四年に一〇〇〇万トンという数値が掲げられただけで、以降まったく実績不明の時期がつづき、ようやく一九八八年になって再び一〇〇〇万トンという数字が発表されたにとどまる。まことに大雑把な数字である。一九八九年以降の実績は再び不明である。

一九九四年の四月に最高人民会議（国会）は近年中に一五〇〇万トンの穀物生産目標を達成するとうたい上げた。しかし一九九五年と一九九六年の夏季に未曾有の集中豪雨が発生して穀物の国際支援を要請せざるを得なくなった北朝鮮政府は、洪水発生前の一九九五／九六穀物年度の予想収穫高を五六六万五〇〇〇トンとして発表したのである。一九九四年の最高人民会議が近年中に達成すると公表した一五〇〇万トンの実に四割にも満たない。

同じ発表によれば洪水前の年間需要量は七六三万九〇〇〇トンである。すなわち洪水前にすでに一九七万四〇〇〇トン（七六三万九〇〇〇トンマイナス五六六万五〇〇〇トン）、つまり二五・八パーセントの不足率を北朝鮮はあらかじめ見込んでいたことになる。穀物の構造的な不足を北朝鮮政府は十分承知していたのである。

ちなみに、洪水によって失われた穀物量は一九〇万一〇〇〇トンであり、したがって洪水後の不足量は三八七万五〇〇〇トン（一九七万四〇〇〇トンプラス一九〇万一〇〇〇トン）だということになる。洪水の被害はいかにも厳しい。しかし仮に洪水がなかったとしても北朝鮮の食糧不足は明らかであった。しかもその不足を政府が知悉していたにもかかわらず、増産のプログラムをまったくといっていいほどに欠いていたのである。

北朝鮮経済は農業、工業のいずれにおいても、徹底したスターリン型の集権的運営方式を長らく採用してきた。社会主義社会においても、経済が拡大し多元化し管理が複雑になればなるほど、集権的システムよりは分権的システムを採用するようになるのが通例である。しかし北朝鮮は時の経過とともに中央集権的管理システムをいっそう強めてきた。

金日成の表現をもってすれば次のごとくである。

> 経済の管理が複雑になればなるほど国家が計画活動を統一的に掌握し、大衆路線と科学性の要求を正しく結びつけ、社会主義経済の管理運営において計画性の要求を徹底的に貫き、計画を綿密に仕組み、国民経済の発展を一層促し、生産の急速な増大を保障するために打ち出されたのが、計画の一元化と細分化の方針である。
>
> (『金日成著作集』第三巻)

要するに、北朝鮮経済を構成する一切の要素を強度の集権的統制の枠組みの中にはめ込むことが求められたのである。この精神とシステムが工業において採用されて「大安方式」と呼ばれ、農業における同様のシステムは「青山里方式」と称された。

北朝鮮では経済が苦境に陥った場合、これをシステムの欠陥のあらわれとみてその再編を図るといったことはまずない。首領による「唯一領導制」を国是とする北朝鮮では、システムを欠陥とみなすこと自体がタブーだからである。システムの欠陥が下部党員によって認識されても、これが党機構の上部、ましてや首領にまで伝えられることはない。逆に、経済的低迷はシステムの不徹底に由来するものとみなされるのが通例である。こうしてシステムがもつ欠陥はつねに潜在し温存されてしまうのである。

人民公社の集団農業システムを個人農システムへと転換することにより、記録的な増産を実現したのが中国の農業である。この中国農業の実績が北朝鮮にインパクトを与えた形跡はまったくないのであるが、以上のことを顧みれば不思議なことではない。

最近の北朝鮮においてはこの危機的状況の中にあって、協同農場の国営農場化を強化するというアナクロニズムが動きだしている。平安南道の粛川郡では郡内に二〇余りあった協同農場を一つの国営農場とし、また協同経営を行なってきた農業関連の各種作業所、管理所、事務所を改編してこれを統一的管理下におく方式を採用したという。また平壌市万景台区域内の協同農場と協同経営事業所が統合されて、一つの国営農場に集約されたと報じられている（鈴木典幸「一九九五～九六年の経済――「苦難の行軍」」渡辺利夫編著『北朝鮮の現状を読む』日本貿易振興会、一九九七年）。金日成の「遺訓」がこのアナクロニズムを強化する役割を演じているのであろう。

システムの欠陥をただすメカニズムをもたない「唯一領導制」の北朝鮮においては、欠陥への対応が首領の現地指導によってしばしばなされる。しかし現地指導はあくまで現地指導であって、システム全体を見据えた判断にもとづいたものではないから、しばしばこれは思いつきの域をでない。思いつきであっても首領の指導である以上、これに従わないわけにはいかない。

実際、現地指導によってなされる耕地不足への対応は、ほとんど決まって耕地の外延的拡大という安易なものであった。一九七六年には開墾二〇万ヘクタールの方針が打ちだされて、全国津々浦々の丘陵地に段々畑が造成された。貧しい農民による未熟な土木技術でつくられたこの段々畑は、大量降雨期には崩壊し、流出した土砂により下方の田畑を壊滅させるという何度も繰り返された悲劇の原因となった。

一九八〇年にはさらに干拓三〇万ヘクタールという途方もない目標がうたわれ、南浦閘門の建設がその中核的プロジェクトとされた。生態系に関する体系的知識に裏づけられた設計とはほど遠いこのプロジェクトは、北朝鮮農業をさらに深刻なものにしてしまった。閘門の建設により出口をふさがれた大同江の土砂が堆積して川底を浅くし、かつ崩壊した段々畑の土砂がこれに合わさって洪水を恒常化させてしまったのである。

国難ともいえる今日の食糧危機に対して、北朝鮮は「全党、全国、全人民が総動員態勢の下で穀物生産を決定的にふやすための画期的な措置」を打ちだした。しかしその内容をみると、必要度の低い田圃を潰廃し、畑の畦をなくすなどの「土地整理事業」のための「闘争」を力強く展開すべきだといった、所詮は安易な外延的拡大方式なのである。

確かに北朝鮮の地勢は峻険であり、米作に適した農耕地は不足している。水田面積は全耕地面積の三割以下、しかも寒冷な北限稲作地帯である。残りの七割を占める畑作地帯もその七割は一五度以上の傾斜地である。こうした生態的条件の農業においては、農民が希少な土地をいつくしみ、丹念な栽培管理により単収を極限にまで高めるという「精耕細作」が不可欠である。ここでは個別の農民に精耕細作を行なわしめるインセンティブを与えることが決定的な重要性をもっている。中国人民公社の無惨な失敗はこのインセンティブがまったく生じなかったことに由来し、改革後の記録的な増産はインセンティブ付与の帰結である。

北朝鮮農業の根本的欠陥は、(1)固有の生態的条件ならびにこの条件に見合う営農システムを顧慮しない画一的な協同農業システムの強化、(2)種苗の選択・改良を通じての農業の「内包的深化」ではなく、農地の「外延的拡大」という安易な方式の継続、この二つである。しかしかかる欠陥は、首領の唯一領導制の下での垂直指令的な運営方式に根ざすものである。農業生産の低迷が政治支配体制のありかたと分かち難く結びついているところに、北朝鮮の悲劇の真因があるといわねばならない。

肥料・農薬の不足、農機具作動エネルギーの不足といったことは、食糧危機のむしろ副次的要因である。これら不足要因を対外協力により補填したとしても、農業を救済することはできない。そうした支援は北朝鮮農業の欠陥を隠蔽し、欠陥農法をさらに持続させる要因となってしまうという皮肉な帰結に陥らざるを得ないのである。

「計画」の実態

北朝鮮の第三次七カ年計画は一九八七年に開始され一九九三年に終了したが、この計画の目標達成は完全に失敗に終わった。その何よりの証拠に、一九九四年以降の三年間が「緩衝期」と名づけられる調整期間とされた。そしてこの期間内に農業、軽工業、貿易の三部門を重視する方針を「徹底的に貫徹すべき」であることが、一九九四年の主席金日成の恒例の「新年の辞」にうたわれた。しかし一九九四年四月以降、最高人民会議は今日にいたるまで開かれておらず、一九九五年、一九九六年、一九九七年の国家予算は決まっていない。現在の緩衝期とは、要するに計画の空白期間なのである。

緩衝期の方針は、農業第一主義、軽工業第一主義、貿易第一主義の三つの目標貫徹であるが、そのための具体的な計画は明らかにされておらず、成果に関して『労働新聞』に散見される報道も表現はきわめて抽象的である。成果があったのであれば、「針小棒大」のこの新聞のつねとして大いなる宣伝につとめたはずである。

韓国統一院の試算によれば北朝鮮の経済成長率は一九九〇年以来一九九五年まで連続してマイナスである。すなわち三・七パーセント、五・二パーセント、七・六パーセント、四・三パーセント、一・七パーセント、四・五パーセント（いずれもマイナス）である。

計画目標の達成不能によりそれにつづく期間が緩衝期とされたという経験は、これが初めてではない。一九七八年から一九八四年までの第二次七カ年計画の後の二年間が同じく緩衝期とされ、その二年の後にようやくにして第三次七カ年計画期に移った。第二次計画後に緩衝期間がなぜ生れたのか、比較的明らかになっているその経緯を簡単にみておこう。北朝鮮の計画というものの実態がそこによくあらわれているからであり、しかも北朝鮮経済の崩壊が第二次計画の失敗によって開始されたからでもある。

今日の北朝鮮における経済的な低迷と混乱の直接的原因となったのは、金正日を主席後継者として最終的に認めた一九八〇年一〇月の朝鮮労働党第六回大会の決定であったというのが、北朝鮮ウオッチャーの通説である。これに先だって一九七八年より第二次七カ年計画が開始されていたのであるが、この計画の実施途上で開かれた第六回大会は第二次七カ年計画の繰り上げ達成を求め、一九八〇年代に達成すべき著しく野心的な「一〇大展望計画」を新たに設定した。

経済計画に想定されていたはずの資源の動員・配分のバランスを一挙につき崩すラディカルな政策変更であった。政策変更を敢えて試みた理由は、金正日後継体制を固めるべく一九七〇年代の中頃から展開されてきた新しい実権派による既成幹部への権力闘争のゆえであった。

第六回党大会における金正日後継体制を確実なものとするために、厳しい動員態勢を敷いてその成果が誰の目にも明らかな巨大プロジェクト群を完成させ、もって新しい実権派の威力を顕示することが必要だったのである。一九八三年の金日成の古希を祝うべく一九八一年から展開された「大記念碑的創造物建設」計画がそれであった。

人民大学習堂、主体思想塔、凱旋門、金日成競技場の建設がなされ、さらに干拓地造成、南浦閘門建設、泰川発電所建設などに総力投入がなされた。

しかも、これら諸建設を実現すべく用いられたのは、「千里馬《チョンリマ》運動」以来何度も試みられてきた「速度戦」といわれる開発資源の集権的動員計画であり、これは「一九八〇年代速度創造運動」と名づけられた。大衆路線に名を借りた開発資源の大規模徴用に他ならない。一〇大展望計画への資源集中の結果、それ以外の部門は資源を引きだされ稼働率は全体として大きく低下、勤労者の勤労意欲の減退と生産能率の低下も著しいものであった。

第二次七カ年計画の成果については一九八五年の金正日の誕生日に鳴り物入りで発表されたが、その信憑性は薄いものであった。理由はいろいろあるが、その最大のものが緩衝期の設定であった。第二次七カ年計画の目標が実現したのであれば、その実績の上にたって次の計画を直ちに実施に移したはずである。そうはせずに一九八五年と一九八六年が緩衝期という名の計画空白期間として残されたのである。

緩衝期を設定した理由についての説明は一切なかった。この間のマクロ経済指標についてはその後も何も報告されていない。第二次七カ年計画の報告は実績にもとづくことのない政治的報告であって、この数字に実態を合わせるために二年の緩衝期が必要であったということにちがいない。それでも第二次七カ年計画は、ともかくも二年の緩衝期を経て第三次七カ年計画につなげることはできた。しかし第三次七カ年計画の緩衝期の現在は、絶望的な食糧危機の直中《ただなか》にあって次の計画を拓く目途はまったくたっていない。

すべての人びとが白米に肉のスープを食し、絹の服を着て瓦ぶきの家に住むというわが人民の宿願を実現することは、社会主義建設の重要な目標であります。われわれは今年、社会主義建設を力強く促進し、経済の自立的土台をいっそう強固にして人民の物質文化的生活をはやく向上させなければなりません。

これは金日成の「新年の辞」で毎年のように繰り返してきた表現であった。「すべての人びとが白米に肉のスープを食し、絹の服を着て瓦ぶきの家に住む」などという、韓国などではとうの昔に達成されてしまったことを「わが人民の宿願」だと表現しているというのは、北朝鮮ではこの程度のことがいまなおはるかな課題であることを反映している。

儒教的伝統における家族主義を擬した北朝鮮の国家体制においては、天子が人民を飢えさせて天命をまっとうするわけにはいかない。食を以て天と為すのがこの社会の伝統だからである。しかし天命をまっとうできなければ天命を革《あらため》る、つまりは革命が正統性原理として登場してくることもまた東洋の伝統である。革命を抑圧する道は恐怖政治しかないのであるが、北朝鮮の現実とはつまりはそういうことなのであろう。

もう一つの体験

北朝鮮のことが話題になる時、冒頭に記したエピソードとは別に、私の脳裏に浮かぶもう一つの情景がある。同じく一九九二年に訪朝した時の経験である。北朝鮮での旅程のすべてを終えて帰国する前夜のことであった。「大金」を支払って訪問したわれわれ「有力者」のためにであろう、かなり豪勢なディナー・パーティーが副総理の主催により開かれた。宿舎の高麗ホテルを出発し、これが首都の夜なのかといぶからせる黒々とした闇の中を数台のバスに乗せられて会場に向かった。

暗闇を半時間ばかり走ったであろうか、高い塀で囲まれた監獄のような建物の門を入った。そこはわが目を疑うようなきらびやかさであった。玄関からパーティー会場まで廊下にはみごとな大理石が敷きつめられ、高い天井には日本でもめったに目にしないような巨大なシャンデリアがつり下げられ、華やかな光彩を放っていた。会場は六角形をしており、その六つの壁には北朝鮮の花鳥風月を綺麗に織り込んだ重厚な緞帳《どんちょう》が下がっている。夕食はいかにも贅を尽くしたものであった。アルコールも私など口にしたこともないような最高級品であった。一日二食運動が公然と展開されているこの国でこんな贅沢なものを供されていいものかと思いつつも、一週間の疲れが解けて私は酩酊に陥っていた。

その時である。六つの緞帳のうち一つがさっと上がり、何ごとかと思う間もなく耳をつんざくようなロックの音楽が始まった。みれば演者はヘビメタの革ジャン、テカテカの頭髪のいでたちである。この演奏が終わるや今度はその隣の緞帳がすっと上がり、ストリップまがいの美人のレビューみたいなものが始まった。北朝鮮イメージとはまるで無縁のあれやこれやのエンターテインメントがその後二時間ほど飽きもせず繰り返されたのである。こんなものをわれわれにみせる北朝鮮指導部の感覚を疑ったが、そんなことより私には、しばしば伝えられる北朝鮮最高指導部の夜な夜な繰り返される歓楽の原型をかいまみたような気がして、帰りのバスの中では奇妙な絶望感に苛まれていた。

第六章　アジア成長神話は終わっていない

アジアの経済的成功を奇跡とみなす羨望のまなざしが、いつの間にやら嫉妬の心情へと急変したのであろうか。誰もが「ダイナミック・アジア」のことを千篇一律のごとくに論じる饒舌に飽き飽きして、このあたりでバラ色のアジア論に冷や水でもかけてやりたくなったのであろうか。

タイに始まる通貨危機が他の東南アジアのそれに連動し、香港の株価暴落を誘発したというこの短期的な変動を目の当たりにして、アジア高成長の時代は終焉してしまったかのようなセンセーショナルな報道が相次いでいる。せんだってまでアジア謳歌の報道に熱心であった同じジャーナリズムが、である。

アジアは植民地からの政治的独立以来の半世紀にわたる先行条件期を経て、一九八〇年代後半期から一様に高成長過程に入り、その過程で特有な自立的発展のメカニズムを擁するにいたった、というのが私の見方である。

通貨危機は長期的な成長過程で生じた調整的困難であり、事態を怜悧に見据えた適切な政策の運用を図ることによりアジアはほどなくして修復期を終え、いまひとたびの高成長過程に入るものと私は信じている。本章はアジアの今日の繁栄を築いた発展のメカニズムについての私の解釈であり、通貨危機という短期的な困難によってこのメカニズムが崩れることはあり得ないとする私の信条を示したものでもある。

何がおこったのか

一九九七年の中ごろから東南アジアを悩ませてきた通貨危機の経緯を、タイの事例によりながら整理することから始めよう。ことのおこりはタイの経常収支の急速な赤字化であった。タイの経常収支赤字化の直接的要因はドルペッグ制にある。

ドルペッグ制とは、バーツの変動をドルのそれに連動させる為替レート制度である。タイはこの政策を一九八〇年代の中期以来採用してきた。タイがドルペッグ制を採用してきたのは、一九八五年九月にプラザ合意がなされてドル安局面が始まり、それゆえこのドルにバーツを連動させることによってバーツ安を実現し、そうして自国製品の輸出促進と外国企業の導入をねらってのことである。ねらい通りに事は進んだ。

タイはこの一〇年余、外国企業の手による輸出を通じて「輸出志向工業化」を順調に展開することができた。一九八七年から一九九六年までのタイの年平均実質経済成長率は実に八パーセントを凌駕したのである。しかし、一九九六年に入ってドル安からドル高へと局面が移行するにともない、右に述べたメカニズムが反転し、タイの実効的な為替レートは一転して割高となってしまった。

加えて、タイは後述するようにオフショア市場を通じて短期性の外国資本の大量導入を図ってきた。導入された外国資金を国内事業のために用いるためには、これをバーツに変換しなければならない。こうして外国資金の流入が国内に過剰流動性を生みだし、インフレ率が上昇した。バーツの割高を回避するためには、インフレ率にスライドしてバーツを切り下げねばならないが、ドルペッグ制の下ではこれがかなわない。バーツの実質レートも割高にならざるを得なかったのである。経常収支の赤字化は避けられない。

経常収支の赤字化には、さらに次のようないくつかの要因が加わった。タイの繊維製品など労働集約財の輸出競争力の優位性は、近年における中国、インド、ベトナムなどの低賃金国の国際市場参入により相対的に弱まっていた。競争力の弱化は一九九四年初の人民元大幅切り下げによって加速された。また折からの世界的な半導体不況がエレクトロニクス製品への輸出依存度の高いタイの市場環境を不利化した。これら諸要因が重層的に作用してタイの経常収支の赤字は急速に膨らみ、その対GNP比は一九九五年、一九九六年と連続して八パーセントを超える水準にまで拡大してしまった。

タイは、この経常収支赤字をオフショア市場からの大量の外資取り入れによってまかなってきた。オフショア市場への流入資金は各国間の金利差を求めて世界を自由に流動する短期性の資金である。タイは一九九三年にBIBF（Bangkok International Banking Facility）と称するオフショア市場を創設し、以来、この市場で調達される資金がタイに流入する外資の中枢的な地位を占めた。経常収支の赤字にもかかわらず、タイ経済が順調な拡大を最近年までつづけてきたメカニズムがこれである。オフショア市場から調達される外資は、いま指摘したように、金利差に応じて容易に流出入を繰り返す短期性資金である。海外直接投資のような安定的な長期資金ではないために、受入国の国際収支を不安定化させやすいという問題がある。

タイで現実のものとなったより厄介な問題は、この短期性資金の相当多くが住宅、乗用車などの購入ローン、株式、不動産などの「非生産的」部門への投資にまわされ、いわゆるバブル経済をタイにつくりだしてしまったことである。確かにここしばらくの不動産部門への資金流入はいささか過剰であった。バンコク市街地や郊外での豪華なオフィスビルや高級マンションの群生、沖積土デルタを蚕食して次々に造成されるゴルフ場など、この時期のタイは異常なバブル経済の渦中にあった。案に相違せずこの不動産バブルはほどなくして潰えた。

バーツ下落の背後にあった重要な要因の一つが、オフショア市場から大量に流入した外資が向けられて生じたこの不動産バブルの崩壊であった。バブルの崩壊はそれを支えてきた金融自由化のかけ声とともに、野放図に群生したノンバンクなど金融機関を直撃し、株価を暴落・低迷させてしまった。

実際、資金繰りに窮したノンバンク一六社が六月に営業停止命令を受けた。ちなみに、同年八月に発表された政府の経済再建計画により、この一六社に加えてさらに四二社、すなわち総数八七社のうち五八社が営業停止を余儀なくされるという事態にいたった。経済成長の鈍化は不可避であった。

経常収支の赤字化、バブル経済の崩壊、金融機関の不良債権累積、株式市場の低迷、成長率鈍化を見据えて、国際金融投機筋はバーツの先行きを下落と確信したのであろう。ドルペッグ制での割高のバーツを大量に売り浴びせてタイを変動相場制に追い込み、そうして安くなったバーツを買いもどすことにより為替差益を手にしようとしたのである。

タイの中央銀行はこれに抗してドルを放出してバーツを買い支えるための努力を試みたものの、外貨準備量の制約はいかんともし難い。ついにドルペッグ制を放棄して変動相場制への移行を決意した。事態は投機筋の目論見通りに進み、バーツは急落のやむなきにいたった。

タイの通貨危機はそれほどの時間をおかずに周辺の東南アジア諸国の通貨不安を誘発し、ペソ（フィリピン）、リンギ（マレーシア）、ルピア（インドネシア）の下落を引きおこした。これら東南アジア通貨の下落が同時発生したのには、次のようないくつかの理由が考えられる。

東南アジア諸国が、いずれも自国通貨をドルと連動させるドルペッグ制を採用していたこと、タイほどではないにしても一様に経常収支の赤字を抱えていたこと、さらにこの経常収支を補塡すべく流入した外資が資産ブームをつくりだしその崩壊の危険性があったこと、何よりもバーツ安が東南アジア三国の輸出競争力弱化への懸念を強めて自国通貨の切り下げへの期待が生まれたこと、である。

おそらくはこれらの事情を斟酌してであろう、国際投機筋は東南アジア諸国の通貨下落を高い確度をもって予想し、現地通貨売りの攻撃をしかけた。この投機筋の行動により各国通貨の同時下落が発生したのである。実際、インドネシア通貨当局は、この攻撃に抗することができずに八月中旬にドルペッグ制から変動相場制へと移行した。

問題は何か

タイを中心に東南アジア諸国で一九九七年に生じた事態をこう解釈するとして、そこからいったい何が問題点として浮かび上がってくるであろうか。「アジア成長神話の終焉」といったジャーナリズムが好んでいい募るような、なにかおどろおどろしいことがこの地域でおこっているというのであろうか。

私はそうは考えない。東南アジアで一九九七年の中ごろ以来生起してきたことが右に述べたような形で整理されるものであれば、それは十分合理的に解釈できる経済的変動であって、了解不能で不可思議なことが生じているわけではない。しかもそれらは、国によっては調整に若干の時間を要しようが、いずれも適切に政策を運用することにより修復可能なものだとみるべきである。現在の東南アジア経済の苦境を御し難い構造上の病弊のあらわれであるとか、成長潜在力の涸渇を意味するものだと捉えるのは謬見である。改めて何が問題なのか。

一つは、経常収支赤字を国際金利差に応じて機敏に動く短期性の外資で補塡することの危うさである。タイの場合には、一九九四年のメキシコの通貨危機時のような大量の資本逃避が発生しなかったことは幸いであったが、外資の中心は海外直接投資のごとき長期性の外資でなければなるまい。

より高い緊急性をもって対処されねばならないタイ経済の問題点は、短期性外資の不動産への野放図な流入、その流入を促したノンバンクの早熟的な群生、リスク管理能力をもつ自律的な金融機関の層の薄さであろう。早急な対策が望まれる。加えて華人経済においてとくに著しい、土地のとめどもない商品化にはなんらかの規制が不可欠であろう。

二つは、国際金融投機筋への対処のあり方である。通貨の価値増殖のみを目的とし、為替差益を狙って巨大規模で流動する現在の国際金融のこの「怪物」に照準を当てられたら、開発途上国などひとたまりもない。金融の自由化とグローバリゼーションがいずれの国でも多かれ少なかれ不可避の時代潮流であり、かつ金融資産を地球的な規模で自由に運用する投機筋の活動が著しい現代世界の文脈の中で、開発途上国は自国の開発を進めていかなければならないのである。

かつての日本、さらには韓国、台湾などＮＩＥＳの経済的離陸の時代にあっては、そうした煩わしい国際金融のことなど顧慮することなく自国の開発に邁進できたのであるが、現時点の開発途上国はそうはいかない。投機筋に狙われることのない細心の為替レート政策、マクロ経済管理、金融の自律性が求められている。

通貨危機とそれに由来する低成長局面への移行を目の当たりにして、アジア成長の将来への懐疑論が芽を吹きだしている。果たしてアジア成長の懐疑論は正しいであろうか。次節でこのことを考えてみよう。

その前にここではひとまず国内貯蓄という最も基礎的な指標に着目して、アジア経済の立ち居振る舞いを簡単にみておきたい。

国内貯蓄とは一国の年々の総所得のうち消費されざる部分であり、これが次期の生産拡大のために充てられて一国経済は拡大再生産の過程を歩む。東南アジア諸国の国内貯蓄率すなわち国内貯蓄額を国内総生産額で除した比率は、マレーシアが三七パーセント、タイ、インドネシアが三六パーセントであり、フィリピンのみが一五パーセントと例外的に低い。フィリピンを除く東南アジア三国の同比率は先進国をも含む世界の中で最高の水準である。韓国、香港の貯蓄率も三〇パーセントを超え、中国にいたっては四二パーセントである。開発途上国の圧倒的多数の貯蓄率は三〇パーセントに遠く及んでいない。先進国の中でも三〇パーセントを超えるのは日本のみである。図6－1を眺めればこのことは明瞭である。

しかも東南アジア諸国のこのきわめて高い貯蓄率は、いずれも過去十数年間の急上昇を通じて達成されたものである。実際、タイの一九八〇年の同比率は二三パーセントに過ぎなかった。問題は、東南アジア諸国が世界的にみてこの顕著に高い貯蓄率をさらに上回る投資率を持続してきたことであり、国内貯蓄と国内投資との差額を外資の流入により埋めながら超高成長過程を歩んできたことである。東南アジアに投資する外国企業の立場からすれば、この地域が他の代替的投資地域に比べて豊富なビジネス・チャンスを擁し、投資収益率も他地域より高いがためにここに大量の投資を試みてきたのである。

改めていえば、貯蓄とは現在の消費を犠牲にして生まれ、これを投資の原資として将来のより大きな消費を求める、その意味で長期的な「タイムホライズン」をもった動態的な人間行動であり、社会現象である。それゆえに一国の自助努力のありようを何よりも端的にあらわすものが貯蓄率に他ならない。東南アジア諸国のこの比率が過去十数年に急上昇して、現在、世界の最高水準にいたったという事実の意味をそう理解する必要がある。

図 6-1　世界各国の貯蓄率＝X 軸と投資率＝Y 軸の統合値（1995 年）

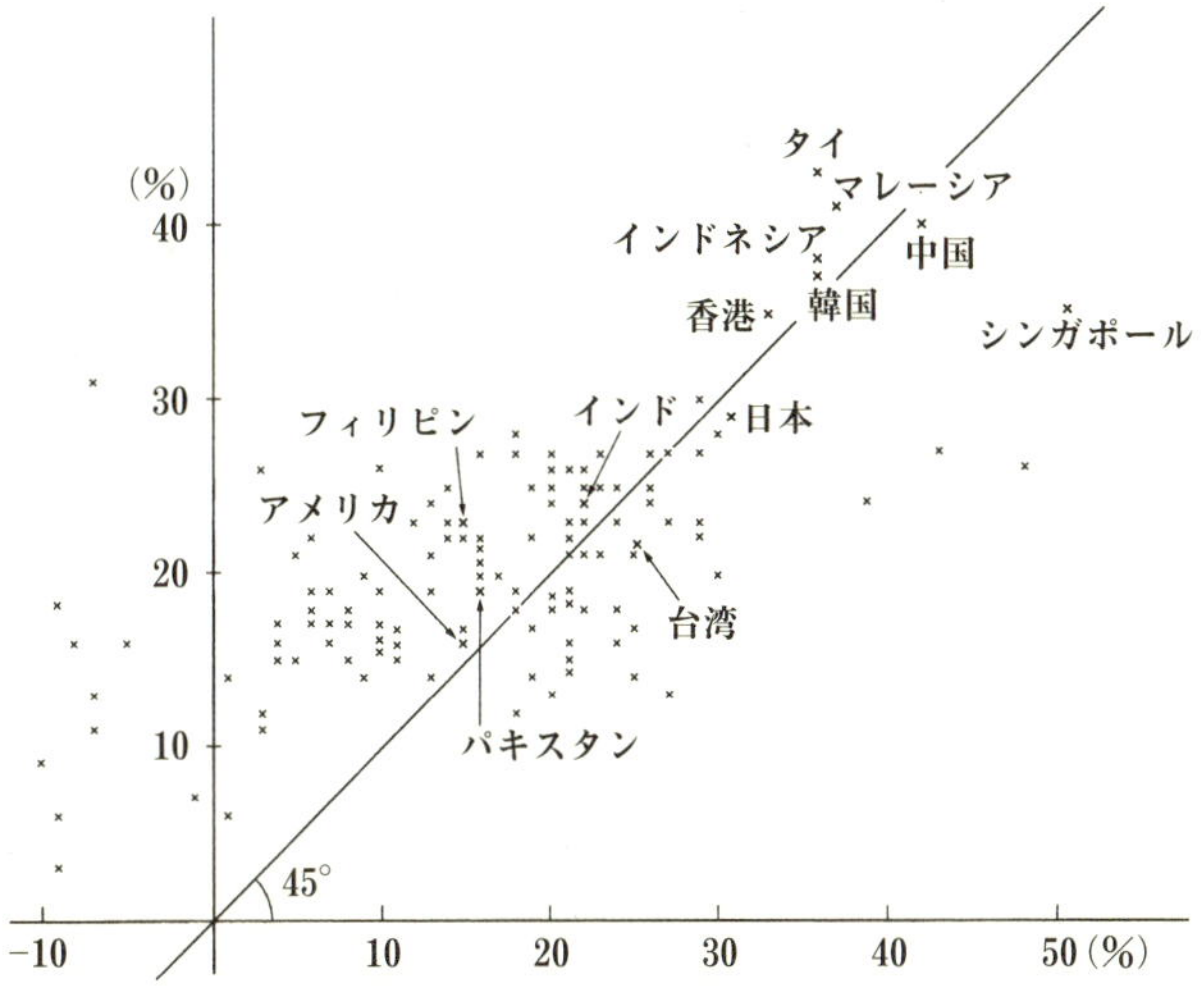

（World Bank, *World Development Report 1997* ならびに Asian Development Bank, *Key Indicators of Developing Asian and Pacific Countries*, 1997）

東南アジア通貨危機の背後にあるものは、高い国内貯蓄率をもって実現される投資率をさらに凌駕する投資率を求めて外国資本の流入を図ってきたその高成長戦略の成功と、しかしその成長戦略があまりに野心的であったがために生じた危うさの両面である。

今回の通貨危機はアジアの成長力についての世の評価を大きく反転させつつあるようである。アジア成長謳歌論が一挙にアジア成長懐疑論に転じてしまったかのような趣きなのである。しかしアジア成長懐疑論はいささか過剰であり、アジア経済の発展を支える広範なメカニズムと長期的な趨勢に思いをいたさない短絡である。私はアジアの経済成長はなお持続すると信じている。以下はアジア成長のメカニズムについての私の解釈である。

一国経済論の危うさ

アジアの過去十数年にわたる経済成長の態様を眺めて気がつくことは、この地域においては中心国の構造転換が周辺国の成長を誘発する要因となり、かくして実現された周辺国の構造転換がさらに後発の別の周辺国の構造転換を促すという、連鎖的継起が不断に持続してきたという事実である。しかも中心国より周辺国の成長率のほうが一段と高い。ある種の「周辺革命」である。

この事実を、私は「構造転換連鎖」と名づける。アジアにおいて中心国から周辺国へと向かう転換連鎖が持続してきたという事実は、中心国からの転換の波を自国の成長に有利な要因として内部化することのできる、つまりは「転換能力」が周辺国に備わっているということと同義である。アジアのこの能力を看過してはならない。

賃金や為替レートの上昇などは停滞経済にあっては発展の厳しい制約条件であるが、成長経済にあってはそれに応じて労働集約的産業を企業進出により後発の周辺国に委譲し、みずからは一層の高付加価値産業へと転換していく動因となる。周辺国は先発国から企業を導入してその供給力と輸出力を強化し、一段と高い産業・輸出構造へとシフトしていくことができる。かかる周辺国の比較優位構造の変化は、さらに後発の周辺国への企業進出を促し、こうして発展の波及力が中心国から周辺国に向けて拡大していくのである。

ある国が生産費の上昇により成長限界に突き当たるかにみえても、その国は周辺国との貿易・投資関係を強化することによりみずからの限界を打ち破るという行動様式を果敢に展開し、かかる行動様式が周辺国成長の源泉となっていくという経緯である。一国単位の成長限界論でアジアを語ることはできない。

中心国から周辺国に向かうこの「フロンティア拡大運動」の帰結が、アジアにおける経済統合である。転換連鎖の過程で中心国と周辺国、その周辺国とさらに外縁の周辺国との間に密度の濃い貿易・投資関係が重層的に生じ、この過程でアジアはかつてない統合的実体をつくりだしたのである。

通例にしたがってＮＩＥＳ（韓国、台湾、香港、シンガポール）、ＡＳＥＡＮ諸国（タイ、マレーシア、インドネシア、フィリピン）、中国の三つの国・国グループからなる地域を東アジアと総称しよう。後述することであるが、一九九〇年代も後半に入った現在、東アジアにとって最大の輸出・輸入相手地域はほかならぬ東アジアである。日米が東アジアに提供しているマーケットは今日でははっきりと低下している。東アジアの旺盛な海外直接投資需要を満たしているのも現在では日米ではなく、NIESを中心とした域内国である。貿易財と投資資金が域内を循環するという態様が東アジアには生まれているのであり、私はこれを「域内循環構造」と称する。

従属論がジャーナリズムや学会を風靡したのはしばらく前のことであった。そこでは、東アジアの高成長はアメリカや日本の多国籍企業の投資によって促され、また東アジアは輸出市場を同じくアメリカや日本に求めて成長する対外従属的な経済だと論じられた。したがってアメリカや日本の成長力が衰えれば東アジア経済の低迷は避けられない、というのが従属論のエッセンスであった。しかしそうした議論も、東アジア経済の現実から眺めるならば実に間尺に合わないものとなっている。東アジア経済の現実は、「従属」ではなく「自立」によって特徴づけられねばならないのである。その意味でアジアは確かに「アジア化」の過程にある。

東アジアを舞台に展開してきたこの二つのダイナミズム、「構造転換連鎖」と「域内循環構造」についての解釈をもう少し整合的に論じ、そのことによりアジアの成長はなお持続するという私の推量のありかを伝えてみたいと思う。

その前に一言述べておきたいことがある。三年前に発表され議論を呼んだポール・クルーグマン教授のアジア成長限界説が、今回のアジア通貨危機を契機に再び脚光を浴びているという事実に鑑みてのことである。クルーグマン説のおそらくは決定的な問題点は、その議論が一国成長論の域をでていないというところにあろう。アジアの成長が労働や資本などの生産要素の量的投入を旨とした「投入増大型」成長パターンであり、その成長パターンをつづける以上、一国の生産要素の供給には制約があるがゆえにアジアは遠からず低迷期に入るであろうというのが、教授の主張の核心である。

この主張には現実に照らしてやはり無理があると私は思うのだが、仮にアジアが投入増大型の成長パターンをたどってきたという教授の説を受け入れるにしても、問題はなお残る。すなわちアジアが投入増大型の成長パターンを採ってきたのは多分にこのパターンがみずからに有利なものであったがゆえであり、それが不利であることが判明するならば、投入増大型の産業をより後発の国ぐにに企業進出を通じて委譲し、自国は要素生産性のいっそう高い産業にシフトしたり、あるいはそのシフトを先発国企業の導入によって試みるにちがいない。その条件を統合度の強化されたアジアはすでに手にしているとみるべきであろう。いずれにせよ、成長会計式という一国論で現在のアジアを語ること自体に判断の誤りがあると思うのである。

周辺革命はつづく

日本の構造転換がＮＩＥＳの構造転換を誘発し、さらにＮＩＥＳの構造転換がＡＳＥＡＮ諸国や中国沿海部の成長を誘発するという連鎖がこの十数年の東アジアの発展過程の中に明らかに観察される。しかも東アジアにおけるこの転換連鎖は、今後、中国内陸部やベトナム、ミャンマーなどのいわゆるエマージング・マーケットをも巻き込んでいく可能性がある。

一九八五年秋のプラザ合意以降の円高期日本の内需拡大にともない、日本の東アジアからの工業製品輸入の増加率は急上昇した。一九八〇年代の後半期、日本は東アジア諸国の成長を需要面から牽引する「アブソーバー」(需要吸収者)としての機能を強化したのである。

さらに円高は日本企業の海外生産を有利化し、日本企業の東アジアへの生産拠点シフトを促した。長い来歴をもつ日本企業の東アジア進出において、この時期ほどのスケールで海外直接投資がなされたことはなかった。これが東アジアの供給力の強化に寄与した。円高期以降の日本は、東アジア諸国の成長を需給両面から牽引する大きな力をつくりだしたのである。これは確かに「日本効果」と呼ぶにふさわしい。

日本効果を奇貨として急成長をとげたのがＮＩＥＳであった。韓国、台湾の通貨は長らくドルにペッグしており、それゆえ円高は同時にウォン安、元安であった。円高を契機にＮＩＥＳの対日輸出が急増したのはそのためである。同時に、円高下のＮＩＥＳの輸出において注目すべきは対米輸出の拡大であった。円高により日本の対米輸出競争力が弱化する一方、ＮＩＥＳの対ドルレートが固定的であったがために、彼らの対米輸出競争力が日本に相対して強化されたのである。

しかし、ＮＩＥＳのサクセスストーリーは、次の段階でＮＩＥＳに厄介な要因をつくりだしてしまった。対ＮＩＥＳ貿易収支の赤字に耐えられなくなったアメリカは、ＮＩＥＳ通貨の対ドルレートの切り上げを強く求め、一九八七年二月のルーブル合意にもとづき香港ドルを除いてレートが大きく切り上げられた。ＮＩＥＳは同時に、賃金の急速な上昇というもう一つの厄介な問題に逢着した。一九八〇年代後半期すでに労働力供給の制約局面にあったＮＩＥＳの超高成長が賃金の急騰を避けられないものとしたのである。

通貨の切り上げと賃金急騰はＮＩＥＳの輸出競争力を削ぎ、輸出志向的な成長パターンの変更を迫った。そして一九九〇年代に入るとともにＮＩＥＳは輸出志向的な成長パターンから、日本が円高期にみせたのと同様の内需主導型の成長パターンへと転換することに成功した。この時期のＮＩＥＳは内需を支えるに足る所得水準と国内市場をすでに擁していた。

長期にわたる激しい輸出志向工業化によって現在を築いたＮＩＥＳにおいて、内需が成長を主導する新しいパターンを生みだしたという事実は画期的である。内需主導型成長パターンへの転換にともなって生じた注目すべき帰結は、日本と同じくここでも輸入の著しい増加であり、とくにＡＳＥＡＮ諸国、中国からの輸入拡大であった。

一九九六年の東アジア貿易の数値はすでに第二章に掲げておいた。ＡＳＥＡＮ諸国と中国にとっての最大の輸出相手地域は、今日まぎれもなくＮＩＥＳであり、日米ではない。ＮＩＥＳの輸入拡大の最大の受益者が、東アジアの後発国であるＡＳＥＡＮ諸国と中国となったことは重要である。ＮＩＥＳは、東アジアの後発国に対する需要吸収者としての地位において、日本を上回る力をついにもつにいたった。

もう一つのめざましい対応が、ＮＩＥＳ企業の海外進出である。ＮＩＥＳの通貨切り上げと賃金上昇は繊維製品を初めとする労働集約的製品の競争力を弱め、かくしてＡＳＥＡＮ諸国や中国への生産拠点シフトにより新たな活路を開くことになった。一九九〇年代に入ってからのＮＩＥＳ企業の海外進出には確かに顕著なものがあり、ＡＳＥＡＮ諸国と中国において日米を凌ぐ最大の投資者として浮上している。

こうしてＮＩＥＳは、通貨調節と賃金上昇に対応してみずからの構造を転換する過程で、ＡＳＥＡＮ諸国や中国の成長を需要面から牽引する機能を発揮し、同時に企業進出を通じて後発国の供給力を強化する機能を備えるにいたった。「ＮＩＥＳ効果」である。

日本効果とＮＩＥＳ効果の二つにより、東アジアには後発国の成長を誘発するまことに好都合な条件が生まれ、これがＡＳＥＡＮ諸国と中国の高成長を誘発した。ＡＳＥＡＮ諸国と中国の急成長は、彼らが東アジアに渦まくみずからに有利な貿易・投資環境に迅速に反応することによって実現されたものである。

ＡＳＥＡＮ諸国企業は、日本効果とＮＩＥＳ効果の一方的な受け手であるにとどまらない。次第にみずからも出し手になっていく可能性がある。事実、ＡＳＥＡＮ諸国の在外華人系企業の対香港投資、香港を通じての対中投資はすでに相当の規模に及んでいる。ベトナム、ミャンマーへの投資もめだつようになっている。すなわち東アジアの構造転換連鎖は、ＡＳＥＡＮ諸国や中国沿海部で終結してしまうわけではないのである。

一九九二年秋の中国共産党第一四回大会の決定以来、内陸主要都市が沿海開放都市と同格もしくはそれ以上のステイタスを与えられるようになった。重慶、武漢など長江に沿う内陸の巨大都市が動きだしている。中国だけではない。ベトナムの経済自由化政策も新軌道を探り当て、ミャンマーもまた胎動をみせている。

転換連鎖のメカニズムが東アジアのさらに周辺のフロンティア、いわゆるエマージング・マーケットにまで及んでいく可能性がみえ始めたのが現代の東アジアだということができよう。アジア周辺革命の本格化はむしろこれからだと私は想像している。

アジア化するアジア

中心から周辺へ、周辺からさらに後発の周辺へと向かう構造転換連鎖の過程で、東アジアには密度の濃い統合的実体が形成されたことが特記されなければならない。一国の構造転換を他国の構造転換へと伝播させるものは、貿易と投資である。貿易と投資を通じての各国の比較優位構造の不断の変化が、域内を行き交う財・サービスの幅を広げながら、アジアの統合を強化してきた。わずか十数年の間にこれほどまでの速度で経済統合を進捗させてきた地域を私は他に知らない。

簡単な貿易統計でこのことをみてみよう。表６－１は、貿易相手地域別にみた東アジアの輸出依存度ならびに輸入依存度の三時点の変化である。東アジアの輸出相手地域としてきわだって大きな伸びをみせたのはほかなら

表 6-1　東アジアの相手地別輸出・輸入依存度

（単位＝%）

		東アジア	日本	NAFTA	EU	世界
輸出依存度	1985 年	26.3	16.9	30.9	10.8	100.0
	1990 年	32.9	14.6	25.2	15.7	100.0
	1996 年	38.9	13.4	21.3	15.4	100.0
輸入依存度	1985 年	26.3	22.8	15.1	10.9	100.0
	1990 年	32.6	20.4	14.8	12.6	100.0
	1996 年	37.2	18.4	12.9	12.7	100.0

（IMF, *Direction of Trade Statistics Yearbook* より）

ぬ東アジアであり、域内輸出比率が顕著に増加したことが理解されよう。

一九八五年において二六・三パーセントであった東アジアの域内輸出比率は一九九六年には三八・九パーセントへと上昇した。東アジアの輸出相手としての日本ならびにＮＡＦＴＡ（北米自由貿易協定）諸国（アメリカ、カナダ、メキシコ）のポジションは同期間に一方的に低下している。ＥＵ（欧州連合）諸国の動きも緩慢である。最近年において日本とＮＡＦＴＡ諸国は東アジアに対してそれぞれ一三・四パーセント、二一・三パーセントの市場しか提供していない。輸入相手地域でみても東アジアにとって最大の比率をみせたのは東アジアであり、東アジアの先進国からの輸入比率は減少傾向にある。

東アジアの域内貿易依存度は今後とも上昇していくにちがいない。ちなみに、世界銀行はアジア通貨危機の事態に鑑み、前年に提供した世界の成長予測値を下方修正して新たな数値を発表している。それによると、一九九七〜二〇〇六年の一〇年に及ぶ東アジアの年平均実質経済成長率は七・九パーセントであり、先進国の二・九パーセントを三倍近く上回ると見込まれている（World Bank, *Global Economic Prospects and the Developing Countries*, Washington, D.C. 1997）。

東アジアの域内市場は先進国市場の三倍に近い速度をもって拡大するわけであり、東アジアの域内貿易依存度は一段と大きくなっていくことが予想される。

おそらく西暦二〇〇〇年に入ってそう遠くない時期に、東アジアの域内貿易依存度は現在のEUの六割程度の水準に近づくのではないか。東アジアにおいて域内循環構造が確かに形成されつつある。

東アジアの域内循環構造は投資資金の面でもみられる。一九九〇年以来、ASEAN諸国ならびに中国に対する最大の投資者はアメリカでも日本でもなく東アジアのNIESであるが、このことはすでに第二章で詳述した。

こうして東アジアは統合度を強化した自立的な経済単位となり、日米という域外大国の東アジアに対する影響力は次第に薄いものとなった。東アジアという地域を舞台に、従属的ではなく自立的な、脆弱ではなく強靭なメカニズムが生成している。このことは東アジアの長い歴史を顧みて画期的なことだといわねばならない。有機的な連関をもって相互に連なり合う、言葉の真の意味での東アジア経済がここに形成されたのである。

東アジア経済の成立過程でこの地域は世界経済におけるみずからのプレゼンスを急速に高め、世界の成長を牽引する最重要の地域となった。東アジアと世界の三極、日本、NAFTA諸国、EU諸国との貿易の流れをみてみると図6－2のようになる。

図6–2　上は1996年の世界四極間の貿易フロー。下は同じく1985–96年の貿易増加額フロー

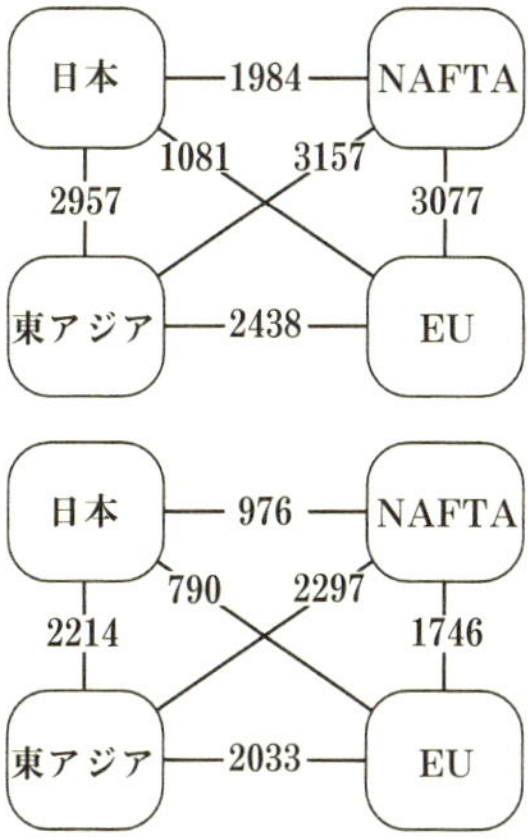

（IMF, *Direction of Trade Statistics Yearbook*, various years より）

一九九六年のプロフィールでみれば、日本にとっての最大の貿易相手地域は明らかに東アジアであり、NAFTA諸国の最大の相手地域も同様である。EU諸国にとっての最大の貿易相手地域はNAFTA諸国であり、第二の相手は東アジアである。しかしEU・東アジア貿易額はEU・日本のそれのゆうに二倍を超えている。

しかも東アジアのこのプレゼンスの拡大は、過去一〇年を少しこえる短期間に実現されたものである。事実、図6－2の一九八五～九六年の四極間貿易の増加額フローをみると、いずれの三極にとっても、最大値を示した相手地域が東アジアであったことが歴然としている。このように大きな存在となった東アジアが、世界の中で最も高い経済成長率と貿易増加率を顕示している。他地域ではなくまさにこの地域こそが世界の成長牽引域なのである。

東アジアの発展と日系企業

日系企業の東アジア進出は構造転換連鎖に身を添わせるように展開しており、そうした日系企業の行動様式がまた東アジアの構造転換連鎖を強化するという相乗的関係が観察される。

日系企業の東アジア進出はまずはＮＩＥＳに重点的になされ、一九八〇年代の後半にはＡＳＥＡＮ諸国向け投資が急拡大し、一九九〇年代に入ると一段と激しい対中投資が開始されるという経緯をもって展開してきた。この日系企業の投資対象地域の変動は、東アジアの構造転換連鎖にともなう成長地域の変動を反映すると同時に、成長地域の変動を促進する役割をも演じた。

域内循環構造にしても同様である。一九九〇年代に入って、日系企業は東アジアの域内循環構造に添う行動様式を強めている。すなわちこの時期の日系企業の行動様式のめだった特徴として、東アジア域内市場向けの販売が急増し、同時に日系企業の投入財の輸入先としても域内諸国のプレゼンスが一段と大きくなったことがあげられる。かくして東アジアの日系企業は、これまでのような進出先国の輸入代替政策に対応した現地生産化や低賃金労働力を求めての海外生産化、アウトソーシングをめざした生産拠点のリロケーションといった単線的な行動様式から脱皮している。

日系企業は販売と購入の両極点を東アジアの域内に求め、そうして東アジア・ネットワークの中で事業展開を自己完結させせようとしている。一九九〇年代の日系企業は、生産、部品調達、技術開発、販売などに携わる多様な傘下企業を東アジアの最適地に立地させ、みずからのもつ経営資源をこの地域を舞台にシステマティックに編成し、そうして極大利潤をねらうという、東アジアを舞台にしたネットワーク経営に乗りだしている。

日系企業のネットワーク経営が東アジアの域内循環構造を強化し、強化された域内循環構造が日系企業のネットワーク経営をさらに促すという相乗的運動が今後一段と活発に展開されていくことになろう。東アジアの通貨危機とそれに由来する経済調整にもかかわらずである。

消去法的な議論をすれば、日系企業が本格的な事業展開を図りうる東アジア以外の開発途上地域を、少なくとも今後一〇年ほどの期間において新たに見出しうるとは考えられない。ラテンアメリカ、インド、ロシアが東アジアのそれを上回る魅力的な投資対象地域になるのには、まだしばらくの時間を要しよう。

悲観論を超えて

次のことを指摘して本章を終えることにしたい。アジア成長の悲観論の群生は、今回が初めてではない。実際、しばらく前までアジアの研究者にとっては「アジアはなぜ発展しないのか」というのが、あらかじめ設定されたテーマであった。研究者はこのテーマの前提を疑うことなく問いへの答えをだすことに腐心していたのである。

アジア悲観論は、「構造のゆるやかな社会論」（エンブリー）、「農業インヴォリューション論」（ギアツ）、「ソフトステート論」（ミュルダール）、「小型家産制国家論」（矢野暢）、もう少し遡れば「東洋的専制論」（ウィットフォーゲル）、「儒教社会論」（面白いことにこの議論は当時とはまったく逆に現在では東アジアの発展を支えるエートス論に模様替えして再生している）等々、数え上げたらきりのないほどであった。

これら諸説のあやしさは、当の東アジアで現実に生起した高い成長パフォーマンスによって立証されてしまった。それでも悲観論の根は絶やされることなくつづいているようである。私は一九七〇年初以来、韓国の経済発展に強い関心を寄せて分析を試みてきたが、虚心に眺めればその経済的成功は疑いのないものであったはずの一九七〇年代の韓国を前にして、日本の韓国論は現状をひたすら暗黒に塗りつぶした陰々滅々たるものであった。この韓国が一九九六年秋にＯＥＣＤ（経済協力開発機構）に加盟して名実ともに先進国となったのだから、皮肉としかいいようがない。

韓国を初めとするＮＩＥＳ（こんな呼称はもちろん当時は存在していなかったが）の発展が誰の目にも明らかとなった時点でも、論者の多くはＮＩＥＳの成功は彼らを取り巻く有利な国際市場環境の僥倖によるものであって、そういう条件に恵まれないＡＳＥＡＮ諸国が発展することは至難であろうといっていた。中国の高成長を予想した研究者は、当時、渺《びょう》たるものであった。ＮＩＥＳ、ＡＳＥＡＮ諸国、中国の高成長は、そのときどきに提起された悲観論のすべてを裏切って実現されたものなのである。今回の通貨危機に由来するアジア悲観論も、過去の危うい議論の焼き直しなのではないか。

東アジアで通貨危機が発生すれば、合理的な政策選択を試みることによりいずれ修復可能な経済的事件とみるより前に、ただちに現状を構造的矛盾のあらわれであるとか、成長潜在力の涸渇であるとかいった悲観論的な結論と結びつけてしまう癖を、日本の知識人はいまなお拭えないでいる。ひそやかにも底を流れるアジア蔑視の思潮を私はそこにかいまみている。

東アジアの発展をもたらしたものは、それぞれの社会に非可逆的に蓄積された主体と能力であると私は考える。

第一に、東アジアにおける労働者の熟練形成（スキル・フォーメーション）の速度は他の開発途上地域に比較して一段とはやいものであり、その背後には勤労と貯蓄を重んじる文化的伝統ならびにこの地域に特有な「教育の爆発」がある。

第二に、在外華人を中心とした東アジアの企業家は、これも他の開発途上地域に比べてその層がはるかに厚い。家族・同族的な企業経営形態によりながらも、先進国企業に伍する力量を擁した企業家が東アジアには群生している。

第三に、東アジア諸国の官僚は人びとの社会的上昇の頂点に位置し、高い能力をもった人材がここに集中している。官僚制度もその伝統を反映して他の開発途上地域に相対して強固である。かつて脆弱だとみなされていた東南アジア諸国の官僚と官僚制度も、この半世紀にわたる開発過程で格段に鍛えられてきたようにみえる。東アジアは有能な官僚の主導による権威主義的開発体制の成功例だと私はみなしている（渡辺利夫『新世紀アジアの構想』筑摩書房、一九九五年）。

これら能力と主体の形成はいずれも非可逆的な現象であり、一時的な経済低迷期にあって消滅してしまうようなことはあり得ない。むしろ成長低迷は、無能なる主体をこそげ落とし、一段と能力の高い社会へと転換していく機会とさえなるのであろう。

あとがき

北京の人民大会堂で開かれていた全人代（全国人民代表大会）の第九期第一回大会が三月一九日（一九九八年）に閉幕した。この時期たまたま北京に滞在していた私は、閉幕の直後に開かれた新総理朱鎔基の記者会見の一部始終をテレビで観ることができた。

新総理の記者会見は、左右に李嵐清、銭其琛、呉邦国、温家宝など錚々たる新指導部を「並び大名」のごとくに控えさせての「ワンマンショウ」であった。強い意志を漲らせた端正な顔立ち、濃紺の背広でくるんだ堂々たる長軀、記者への論理明晰な対応、いずれをみても陰湿な権力闘争に勝ち抜いて位をきわめた人間とは一味も二味もちがった新時代の指導者の立ち居振る舞いを印象づけた。

香港の一記者が、あなたは「経済皇帝」といわれているがどうお感じか、と少々意地悪な質問を投げかけた。すかさず朱鎔基は経済皇帝などという言い方は実に不愉快であり、自分は困難な課題を抱えて人民の期待にそむくことになるのではないかといつも恨れているのだと応えた。

そして次のように発言した時には期せずして記者たちの間から大きな拍手が起った。「前方に地雷が敷設されていようが、底なしの淵が横たわっていようが、私はわが身を顧みず、生命ある限り献身的に力を尽くすつもりでいるのだ」。こう発言する朱鎔基の口許をみつめながら、私は中国経済体制改革の最後の「賽は投げられた」のだ、後もどりはできないところにきてしまったのだと強く感じていた。

昨秋（一九九七年）の第一五回共産党大会、今春の全人代の決議を通じて、中国指導部は経済体制改革の最大の難問である国有企業改革に対して最後の切り札を切った。株式制の容認である。株式会社とは、出資者から構成される法人財産権をもった経営主体であり、国家所有からは独立した存在である。保有株式の過半が国家・法人に握られ、しかも国家・法人株の流動を許さない以上、株式制は社会主義公有制と抵触するものではないというのが公式見解である。しかしこの見解はあくまで便宜にしか過ぎない。

今日の中国において膨大な規模で金融資産を擁しているのはほかならぬ家計である。この家計貯蓄を株式市場を通じて吸収せずして株式制が成立するはずもない。株式制が順調に進展するには、結局のところ個人株式に依拠せざるを得ないのである。要するに、株式制の導入により中国の国有企業は民有化の道に大きく踏みだしてしまったのである。

中国に残る社会主義の最後の、しかし最重要の砦である国有企業を民有化させて社会主義のアイデンティティーを保ちつづけることは不可能である。この危険を犯しても株式制導入に踏み切らなければ国有企業の浮上はない、指導部はそう臍を固めたのにちがいない。株式制が最後の切り札だというのはその意味においてである。

株式制の導入は国有企業の人員整理を必然化させる。改革にともなって一九九八年から向こう三年の間に八〇〇万人から一〇〇〇万人のレイオフ（「下崗」）が生じるであろうという予測がある。失業保険、医療保険、養老保険などのセイフティ・ネットが整備されていないこの国において、労働者のレイオフが社会的な不安定につながる危険性は大きい。このことを指導者が知らないはずもない。それにもかかわらず国有企業の改革は前進しかない。

朱鎔基は先の記者会見で「大多数の大中型赤字国有企業を三年前後の期間内に苦境から脱却させ、現代企業制度を確立させる。これはわれわれがすでに確定した事柄である」と述べた。三年以内にこの大事業が完成するとはにわかには想像し難い。

しかし、これが完成するとしよう。その後の中国に何が待ち受けているかといえば、まぎれもなく社会主義の「溶解」であり、共産党支配の正統性喪失である。正統性喪失というよりも前に、共産党支配の機構それ自体の瓦解が発生することさえあり得よう。長らく共産党支配の末端機構を形成し、共産党支配の「政治的核心」とされてきたものが、全土に無数に存在する国有企業の党委員会である。しかし、株式制の導入にともない企業内党委員会も利潤極大化原則に沿わなければならなくなり、そうでなければみずからの存立基盤を失うことになろう。株式制の導入は、共産党支配の政治的核心の喪失をもたらす可能性が大きい。

社会主義に代わるアイデンティティーがいまだみえず、共産党に代わる国家統治機構をもたない現状において、前者が溶解し後者が機能不全に陥って中国はどこに向かうのであろうか。指導部は恐怖の眼をもって国有企業の改革のありようを眺めているのにちがいない。国民的求心力を求めて一九世紀的なナショナリズムを発揚し、対外的な強硬路線に中国が傾くことがないとはいえないと私は惧れる。

中国は、安定的な高成長をつづける一方で、いかにも御し難い難題を地中に潜在させている。私が第一章の表題を「不透明な過渡期を漂う中国」としたのはそのゆえである。しかし考えてみれば、第五章は「不透明な過渡期を漂う朝鮮半島」、第六章は「不透明な過渡期を漂う東南アジア」として少しもおかしくない。不安定な過渡期を漂っているのはアジアの全体であり、中国の現状はそれをシンボリックに示しているということなのかも知れない。

本書は、この二年ばかりの間に『中央公論』(中央公論社)、『論争』(東洋経済新報社)、『アステイオン』(TBSブリタニカ)の三つの総合雑誌の編集部の求めに応じて執筆した論文を、加筆修正してできあがったものである。初出論文の編集を担当された宮一穂氏、福田恵介氏、伊藤譲氏に、この場を借りて御礼申し上げる。本書の出版のお誘いをいただいた筑摩書房の湯原法史さんのご懇篤、編集のご尽力に深く感謝している。

平成一〇年　花筵

渡辺利夫

Ⅱ　社会主義市場経済の中国

黒竜江
黒河
松花江
黒竜江省
綏芬河
ハルビン
内蒙古自治区
図們
吉林省
長春
琿春
図們江
瀋陽
日本海
遼寧省
鴨緑江
朝鮮民主主義
人民共和国
ホフホト
北京
大連
黄河
天津
渤海
銀川
石家荘
太原
大韓民国
河北省
寧夏回族
自治区
済南
青島
山西省
黄河
山東省
黄海
蘭州
陝西省
江蘇省
甘粛省
鄭州
西安
河南省
淮河
南京
合肥
上海
安徽省
湖北省
武漢
長江
杭州
成都
東シナ海
重慶
洞庭湖
南昌
浙江省
長沙
貴州省
江西省
長江
福州
湖南省
福建省
台北
貴陽
昆明
アモイ
台湾
広東省
広西壮族自治区
汕頭
広州
深圳
太平洋
珠江
珠海
香港
マカオ
南寧
ベトナム
ラオス
海口
南シナ海
トンキン湾
海南省
メコン川

中国
ロシア
カザフスタン共和国
モンゴル
ウズベキスタン共和国
ウルムチ
キルギスタン共和国
タリム川
タジキスタン共和国
新疆ウイグル自治区
甘粛省
アフガニスタン
パキスタン
西寧
青海省
西蔵（チベット）自治区
インド
ネパール
ラサ
シッキム
四川省
ブータン
バングラデシュ
雲南省
ミャンマー
ベンガル湾
タイ

香港のマクロ指標比較

			日本	中国	台湾	香港
エネルギー	1人当たり消費	(kg)	3,552	602	2,662	1,438
	消費増加率	(1980-91年，%)	2.2	5.3	6.3	3.1
	生産増加率	(1980-91年，%)	3.9	5.3	−5.1	不明
	輸入	(対輸出比，%)	17.0	3.0	7.2	7.0
農業	農業付加価値	(ドル)	73,671	99,429	不明	185
	穀物輸入	(1000トン)	27,474	13,431	6,627	785
	肥料投入	[kg/ha (=可耕地)]	400.1	277.7	5,500.0	不明
人口	総人口	(100万人)	123.9	1,149.5	20.6	5.8
	2000年人口推定値	(100万人)	127	1,290	22	6
	2050年人口推定値	(100万人)	126	1,569	25	7
	年平均人口増加率	(1980-91年，%)	0.5	1.5	1.4	1.2
	推定人口増加率	(1991-2000年，%)	0.3	1.3	0.9	0.8
	出生率	(対1000人)	10	22	16	13
	死亡率	(対1000人)	7	7	5	6
保健	出生時平均余命（歳）		79	69	74	78
	1人当たり医師数*（人）		610	不明	870	不明
	乳児（生後1年未満）死亡率	(対1000人)	5	38	5	7
教育*	小学校入学率	(対同年齢人口比，%)	101.0	135.0	98.7	106.0
	中学校入学率	(対同年齢人口比，%)	96.0	48.0	86.2	不明
	高等学校入学率	(対同年齢人口比，%)	31.0	2.0	21.0	不明
	成人非識字率	(%)	5.0	27.0	5.8	不明
	成人女性非識字率	(%)	5.0	38.0	8.8	不明

（注）＊1990年，他はすべて1991年値。
（資料）*Far Eastern Economic Review, Yearbook 1993* より抜粋。

			日本	中国	台湾	香港
生産		1人当たりGNP（ドル）	26,930	370	8,788	13,430
		GNP（100万ドル）	3,336,627	425,315	179,763	77,894
		GDP（100万ドル）	3,362,282	369,651	175,396	67,555
	GDP構成	農業（%）	3.0	27.0	3.7	0.0
		工業（%）	42.0	42.0	42.5	25.0
		（うち製造業）（%）	25.0	38.0	34.4	17.0
		サービス・その他（%）	56.0	32.0	53.8	75.0
年平均実質経済成長率		GDP（1980–91年，%）	4.2	9.4	7.6	6.9
		農業（1980–91年，%）	1.2	5.7	4.7	不明
		工業（1980–91年，%）	4.9	11.0	11.7	不明
		（うち製造業）（1980–91年，%）	5.6	11.1	11.8	不明
		サービス・その他（1980–91年，%）	3.7	11.2	13.7	不明
GDPの需要項目別構成		政府支出（%）	9.0	9.0	17.9	8.0
		民間消費（%）	57.0	52.0	54.3	60.0
		粗国内投資（%）	32.0	36.0	22.8	29.0
		粗国内貯蓄（%）	34.0	39.0	27.3	32.0
		輸出（%）	10.0	20.0	43.4	141.0
貨幣・価格		貨幣供給（GDP比，%）	183.1	84.6	不明	不明
		増加率（1980–91年，%）	8.9	25.4	20.8	不明
		インフレ率（1980–91年，%）	1.5	5.8	4.5	7.5
		名目金利（%）	7.5	11.2	8.6	不明
外国貿易		輸出総額（ドル）	314,395	72,875	76,178	29,738
		輸出増加率（1980–91，%）	3.9	11.5	14.3	4.4
	輸出構成	燃料・鉱産物・金属（%）	1.0	9.0	1.9	2.0
		その他1次産品（%）	1.0	15.0	0.3	3.0
		機械・輸送機器（%）	66.0	19.0	11.5	24.0
		繊維・衣料（%）	2.0	28.0	20.4	40.0
		その他製造業品（%）	31.0	57.0	65.9	72.0
		輸入総額（ドル）	234,103	63,791	62,855	100,255
		輸入増加率（1980–91年，%）	5.6	9.5	14.5	11.3
		食料（%）	15.0	6.0	3.5	6.0
		その他1次産品（%）	15.0	9.0	17.3	5.0
		機械・輸送機器（%）	16.0	41.0	16.1	27.0
		その他製造業品（%）	30.0	41.0	58.0	60.0

剣や鉄砲の戦争には勝っても、経済上の戦争に負けると、国は仕方なくなるよ。そして、この経済上の戦争にかけては、日本人は、とても支那人には及ばないだろうと、おれはひそかに心配するよ。

『勝海舟全集』（講談社）第二一巻

第一章　プラグマティズムに覚醒する中国

1　市場経済をやりなおそう――「社会主義初級段階」論の登場

国是としての社会主義市場経済

中国は、社会主義を立国の原理としている。しかしその一方で、伝統的社会主義の計画経済原理からぬけでて、市場経済の道をひたはしっている。かくして「社会主義市場経済」、これが現在の中国の「国是《こくぜ》」なのである。

社会主義といえば計画経済、資本主義といえば市場経済というのが大方の常識であった。だが、現在の中国の共産党や政府の指導部はそうは考えない。一九九二年一〇月に開かれた中国共産党第一四回大会において党総書記江沢民《こうたくみん》は、会議冒頭の党活動報告のなかで、同年の春節の前後に最高実力者鄧小平《とうしょうへい》の行った「南巡講話《なんじゅんこうわ》」(のちに詳述)の一節を取りあげて、つぎのように論じた。

「鄧小平同志は、今年はじめの重要談話でこう指摘《してき》した。計画経済すなわち社会主義ではなく、資本主義にも計画がある。市場経済すなわち資本主義ではなく、社会主義にも市場がある。計画と市場はともに経済の手段である。計画の要素が多いか、市場の要素が多いかは、社会主義と資本主義の本質的なちがいではない、と。この透徹した論断は、計画経済と市場経済を社会の基本制度の範疇《はんちゅう》に属するものとみなす思想の束縛を根本から取り除いて、計画と市場の関係についてのわれわれの認識に新しい大きな飛躍をもたらした。」

計画と市場はいずれも目的ではなく、手段にすぎない、というのである。市場がたんなる手段であってみれば、社会主義の名において、いなむしろ高度の社会主義を実現する手だてとして、これを臆《おく》することなく利用できるようになったのである。

市場経済化、これこそが今日の中国を語る場合のキーワードである。対極的に、計画経済は後退の一方である。実際のところ、新中国の建国以来、国の総力をもってきずきあげてきた計画経済の中枢・国有企業の工業総生産額に占める比率は、鄧小平の時代が始まった一九七九年には七八・五%であったが、一九九二年には四八・一%となり、つまりは半分をわりこんでしまった。

自由な市場経済化の過程で群生した個人・私営企業、郷鎮《ごうちん》企業（農村工業）、外資系企業などの非国有企業が、現在の中国経済の成長牽引車《けんいんしゃ》なのである。なによりも現在の中国は、国有企業を市場経済の波でおおい、その経営メカニズムを西側先進国の企業のそれに近づけようとやっきである。

それにもかかわらず、「社会主義」が立国の原理であり、これを変更する気配はまったくない。「社会主義市場経済」とは、いったいなにものなのか。

中国の社会主義はまだ初級である

図1-1　経済成長率の推移

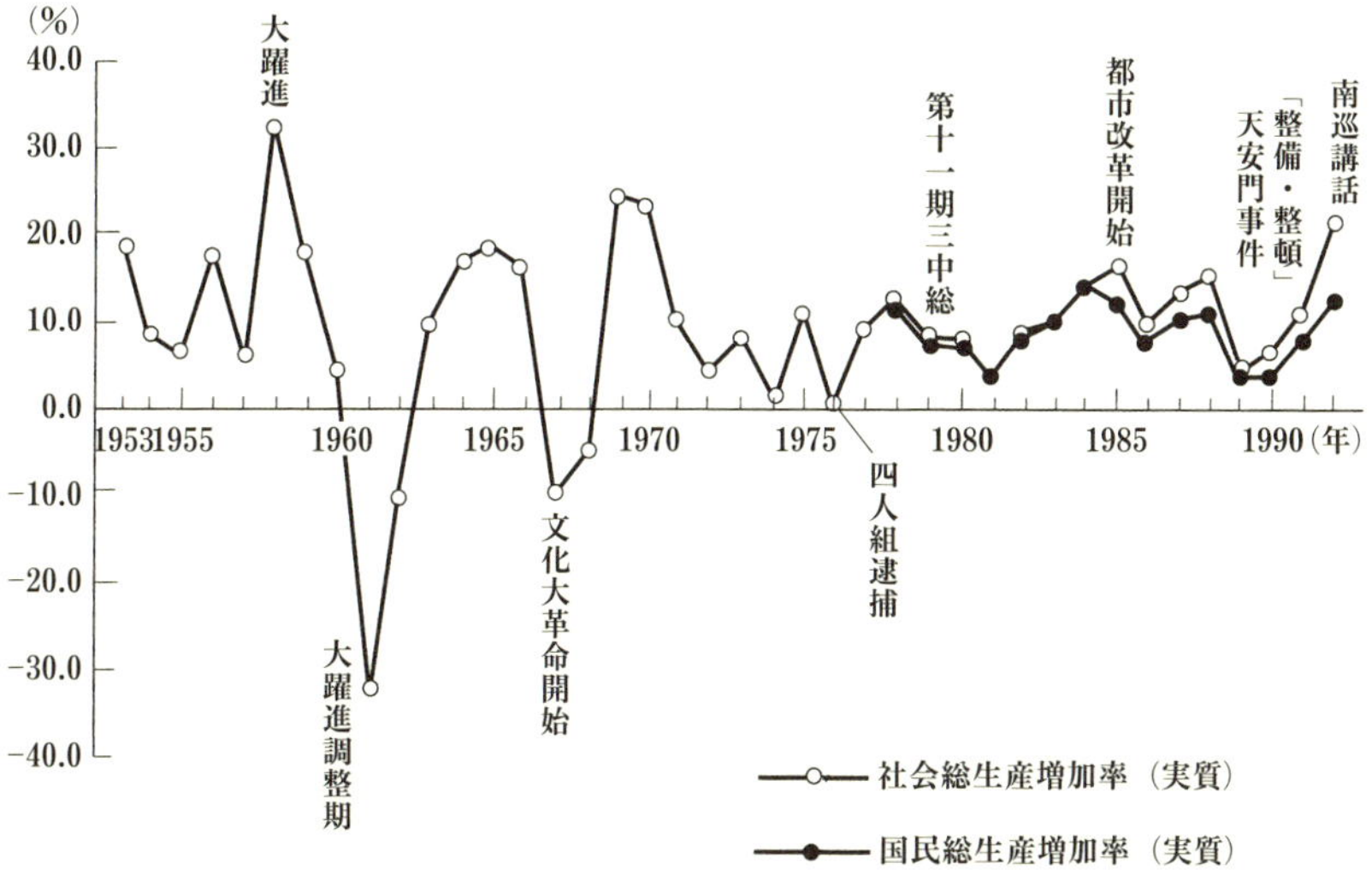

（資料）　国家統計局『中国統計年鑑』。

社会主義建設のために、市場経済を積極的に導入しなければならないというロジックを論じた中国初の公式表明は、一九八七年一〇月の第一三回党大会における、ときの党総書記趙紫陽《ちょうしよう》による「社会主義初級段階論」であった。

原典的なマルクス主義の解釈である史的唯物論からすれば、本来、社会主義とは、生産力がきわめて高度に発展し、この生産力が資本主義的生産関係との矛盾を激しくした、つまりは高度資本主義国から誕生するものと考えられていた。資本主義下での高度の生産力にみあって転化・形成されたものが社会主義であってみれば、そもそも社会主義には「初級」などという概念はあろうはずもない。

しかし、革命以前の中国は、ひとにぎりの地主階級による過酷な収奪にあえぐ貧農が圧倒的多数を占めていた社会であり、きわめておくれた技術をながらく継承してきた低生産性の農業社会であった。革命以前に若干の工業部門が創成されていたとはいえ、これらは帝国主義勢力と結託した「買弁《ばいべん》官僚資本」であり、しかもそれは貧しい農業社会の大海にうかぶほんの小さな「島」でしかなかった。中国社会主義の「初期条件」は、史的唯物論が想定するような高度資本主義とはまるで無縁のものであった。こうした初期条件は、中国の公式文献では「半封建・半植民地」状態とよばれている。

中国の社会主義革命は、この半封建・半植民地状態のもとにあって、極度の貧困にうちひしがれ、欧米日の帝国主義勢力によって無惨にも国土をひきさかれていた中国を「救亡」（滅亡から国を救う）するための、愛国的ナショナリズムとしての色彩において濃厚なものであった。しかし、それはともかくとしても、ここでの論点は、中国社会主義がかかる初期条件を背負って出発したという事実それ自体である。つまり中国は、資本主義段階、現在の中国の議論に則していえば「市場経済」段階を「飛びこえて」、社会主義につき進んでしまったのである。中国が社会主義革命を成就《じょうじゅ》したとはいえ、いまだきわめて「初級」の段階にとどまっているのはそのためであると、趙紫陽はいう。

資本主義をやりなおす

初級段階にある中国社会主義の主要任務は、その理由はなんであれ、ともかくも「飛びこえて」しまった市場経済段階をひとたび「通過」することによって、もっと積極的にいえば、市場経済を本格的に展開させることにより、生産力の高度発展を手にすることである。中国が高度の生産力をそなえた真の社会主義に到達するには、ましてや「能力に応じて働き、必要に応じて受け取る」共産主義段階をめざすというのであれば、計画経済こそが社会主義だというドグマはのりこえられねばならない、というのである。かかるリアリズムが「社会主義初級段階論」の真髄《しんずい》であった。

趙紫陽は、第一三回党大会で、「われわれの社会主義は半植民地・半封建社会からぬけでたものであるからこそ、その生産力の水準は発達した資本主義諸国よりもはるかに低い。そのため、他の多くの国が資本主義のもとで達成した工業化と生産の商品化、社会化、近代化をわれわれが達成するには、どうしても非常にながい初級段階を経なければならない」と指摘して、現在の中国の社会主義が初級段階に位置していると論じたのである。

そして趙紫陽は、この中国における社会主義の初級段階とはどのような歴史的段階であるかと問うて、つぎのように答えた。

「それは、いかなる国が社会主義に入ったときにもかならず通る最初の段階を一般的にさすのではなく、とくにわが国が生産力のたちおくれ、商品経済の未発達という条件のもとで社会主義を建設するとき、どうしても通らなければならない特定の段階をさすのである。わが国は、一九五〇年代に生産手段私有制の社会主義的改造を基本的に達成した。この時点から、将来、社会主義現代化を基本的に達成するまで、少なくとも一〇〇年もの歳月を要するが、この期間はすべて社会主義の初級段階に属する。この段階は、社会主義の経済的土台がまだきずかれていない過渡期とも異なるし、社会主義現代化がすでに達成された段階とも異なる。われわれが現段階で直面している主要な矛盾は、人民の日増しに増大する物質的・文化的需要とたちおくれた社会的生産とのあいだの矛盾である。」

現在の中国がこのような歴史的段階にあるのであれば、なによりも求むべきは生産力の発展であり、「生産力の発展に有利であるかどうか、これこそがすべての問題を考慮する出発点、すべての活動を点検するわれわれの根本基準でなければならない」、ときわめて明快である。

そして中国の新しい経済運営メカニズムは、「国家が市場を調節し、市場が企業を誘導する」というものであるべきだと指摘した。こうして「市場」が、社会主義建設のキーワードとして最前線に登場することになったのである。市場経済化を通じて生産力の発展を追求するという、思いきっていえば「資本主義のやりなおし」を求めたものが、社会主義初級段階論のエッセンスであった。

なぜいまだに最貧国なのか

この社会主義初級段階論には、当時の党指導部の中国の「国情」認識が明瞭に反映されており、ここが初級段階論のもっとも興味深いところである。要するに、みずからの「貧困」への苦々《にがにが》しき思いである。建国以来、国の総力をあげて取りくんできた社会主義経済建設は、それに投じられた努力に報《むく》いる成果をほとんど残しておらず、いまだ世界でも最貧の状態をさまよっているという、痛恨の思いである。

改革・開放期における傑出した最高実力者は、いうまでもなく鄧小平である。趙紫陽による社会主義初級段階論も、当然のことながら鄧小平の思想を反映している。実際、第一三回党大会における社会主義初級段階論の構想は鄧小平に示され、その全面的同意をえて提起されたものであった。

鄧小平は、のちに述べるように、「貧困は社会主義ではない」、「生産力の発展こそが社会主義の真髄だ」と考えるプラグマティストである。中国がいまなお極度の貧困状態にあることへの深いため息が、一九八七年一月の鄧小平のつぎの発言からも伝わってこよう。

「われわれの力にはまだ限界があるので、今世紀末になっても、われわれはあいかわらず貧困脱出の段階におかれていることでしょう。一九八〇年、わが国の一人当たり国民総生産額はわずか二五〇ドルほどでしたが、いまも四〇〇ドルあまりにすぎず、世界の国の一〇〇番目以下にランクされているのです。今世紀末にまずまずの水準に達しても、一人当たり国民総生産額はやっと八〇〇ないし一〇〇〇ドル。そのときになっても、われわれは目標達成のためのわりによい基準をつくっただけのことです。さらに三〇年から五〇年かければ、わが国人民は中ぐらいの生活水準に達することができましょう。」(「四つの基本原則の教育を強めて、改革・開放を堅持する」『現代中国の基本問題』外文出版社、一九八七年)

趙紫陽のいらだちも同じである。中国は建国後、相当の長期を経てもなお圧倒的な農業社会段階にとどまり、農民のほとんどは手作業によって生計をたてている。現代的工業は一部を占めるのみで、先進国水準から数十年から一〇〇年もおくれた企業が過半である。広大な未発達地域と貧困地域が残され、非識字者・半識字者がいぜん国民の四分の一にも達する。生産力がおくれているばかりではない。生産関係の面でも、「社会主義公有制の発展に欠かせない生産社会化の水準がまだ非常に低く、商品経済と国内市場は非常に未発達であり、自然経済と半自然経済がかなりの比重を占め、社会主義経済制度は未成熟」だというのである。

いったいなぜなのだ、どうしてこんなことになってしまったのか。趙紫陽はつぎのような嘆きを披瀝《ひれき》している。

「一九五〇年代の後期から、われわれは『左』よりの影響を受けて、功をあせりすぎ、むやみに純粋性を求めた結果、主観的な願望と大衆運動に依拠しさえすれば、生産力を急速に高めることができると考え、また社会主義の所有制形態は大規模であればあるほどよく、公有制であればあるほどよいと考えるようになった。われわれはまた、長期にわたって生産力発展の任務を副次的な位置におき、社会主義的改造が基本的に達成されたあとも、いぜんとして『階級闘争を要《かなめ》とし』てきた。このため、もともと社会主義の本質的属性をもたないか、ある特定の歴史的条件にしか適さないような、生産力の発展を制約する多くのものが、『社会主義の原則』として頑固《がんこ》にまもられてきた。また、社会主義の条件のもとで生産力の発展と生産の商品化、社会化、近代化に役だつ多くのものが、『資本主義の復活』として攻撃されてきた。これによってうみだされた、あまりにも画一的な所有制構造と硬直した経済体制、またこの経済体制と結びつく、あまりにも権力の集中しすぎた政治体制、このふたつが生産力と社会主義商品経済の発展をはなはだしく制約してきたのである。」

いうまでもなく毛沢東時代の、中国の初期条件を無視した急進的で無謀な社会主義化へのアンチテーゼである。

2 なにが中国を狂わせてきたのか——「新民主主義」への回帰

むしろ資本主義は少なすぎる

社会主義初級段階における趙紫陽の趣旨は、もういちどいえばこうであった。すなわち、中国の社会主義がなお初級段階にあって、資本主義国よりもはるかに低い生産力水準にとどまっているのは、中国が高度資本主義を経て社会主義に到達したのではなく、逆にそれを飛びこえて、半植民地・半封建社会からいっきょに社会主義にまでつき進んでしまったがためである。それゆえ、多くの先進国が資本主義のもとで掌中《しょうちゅう》にした高い所得水準をみずからも手にするためには、市場経済を容認し、むしろ市場経済を大きく発揚《はつよう》することが不可欠である、というものであった。

毛沢東もまた、革命が成就した当初は、中国が社会主義にいたるには長期の過渡期が必要であり、この期間においては資本主義的企業をも含む多種多様な「経済成分」の混在は不可避であり、さらには不可欠であるとさえみなしていた。当時の中国においては、「むしろ資本主義は少なすぎる」のだと毛沢東自身が喝破《かっぱ》していたのである。毛沢東は、当時の中国を「新民主主義の時代」とみずから名づけ、「漸進主義《ぜんしんしゅぎ》」をもって建国にあたろうとしていた。

急進主義が毛沢東思想に強固にも内在するものであったことはいずれ明瞭になるが、当時の中国共産党の最重要課題はあくまで「建国」であった。怜悧《れいり》な現実主義なくして、この事業を完遂《かんすい》することは不可能であった。革命達成期の毛沢東の思想と行動は急進主義ではなく、「資本主義的成分」をも不可欠の構成要素とする漸進主義であり、しかもこの漸進主義の時代は相当長期にわたるものと想定されていた。

毛沢東は、建国直前の一九四五年四月二四日、中国共産党第七回大会で行った「連合政府について」と題する報告で、つぎのようにいっていたのである。

「連合し、統一した、新民主主義の国家がなく、新民主主義の国家経済の発展がなく、民族的、科学的、大衆的な文化、すなわち新民主主義的な文化の発展がなく、なん億という国民の個性の解放と発展がなければ、一口にいって、共産党の指導する新しい型の、ブルジョア的性質をもつ徹底した民主主義革命がなければ、半植民地・半封建の廃墟のうえに社会主義社会を実現しようとしても、それはまったくの空想にすぎない。……いまの中国に余計なものは、外国の帝国主義と自国の封建主義であって、自国の資本主義ではない。われわれの資本主義はむしろ少なすぎるのである。」（『毛沢東選集』第三巻、外文出版社）

反封建闘争に向けてたちあがらせるべきは、なによりも農民であり、貧農であった。封建的地主制を廃して農民的土地所有を実現しようという課題、すなわち「耕者有其田」は孫文の三民主義思想の中核であった。国民の圧倒的多数を構成する農民を、この「アンシャンレジーム」（旧制度）から解放するという、一九一一年の辛亥《しんがい》革命によって提起され、しかしなしとげられずに終わっていた課題に挑戦し、農民の支持をみずからにひきよせることが中国革命の成否を決する課題であった。

闘うべき敵は封建地主であったばかりではない。もうひとつの重要課題は、反封建とならんで反官僚資本闘争であった。蔣介石《しょうかいせき》、宋子文《そうしぶん》、孔祥熙《こうしょうき》、陳立夫《ちんりっぷ》の「四大家族」に代表される官僚資本家への資産集中度にはいちじるしいものがあった。毛沢東は、「ブルジョアジー」を「官僚資本」と「民族資本」とに峻別《しゅんべつ》した。そして前者を階級敵とし、その資産を没収してこれを人民のものとし、一方、後者については保護と振興を求めるという、穏健にして漸進的な戦略をとった。

毛沢東の豹変

しかし、毛沢東の穏健で漸進的で、それゆえ現実的な路線は、第一次五ヵ年計画の基本構想を提示した、一九五三年八月の重要指示文書「過渡期における党の総路線」において、はやくも急角度の方向転換が図《はか》られた。そうして中国は、あのおぞましい急進主義の時代にふみこんでいったのである。結果的にいえば、中国の新民主主義の時代は、建国時よりこの時期までのほんのわずかな期間で終わりを告げることになった。その指示文書で、毛沢東はつぎのようにいう。

「中華人民共和国が成立してから社会主義的改造が基本的になしとげられるまで、これはひとつの過渡期である。この過渡期の党の総路線と総任務は、かなりながい期間内に、国の工業化と農業、手工業、資本主義工商業に対する社会主義的改造を基本的に実現することである。」(『毛沢東選集』第五巻)

「かなりながい期間に」という表現のなかに、新民主主義時代の尻尾《しっぽ》を残してはいるが、重要なことは、建国以来の中国が「社会主義的改造」への「過渡期」だとここではっきりと規定されたことである。毛沢東の戦略の明らかな「豹変《ひょうへん》」であった。

中華人民共和国の成立以来、すでに社会主義的改造への過渡期が開始されていたというのであれば、一九四九年以前の中国社会は資本主義社会であったということにならなければならない。しかし、毛沢東が旧中国を帝国主義者、買弁的四大家族官僚資本、封建地主によって支配されていた半封建・半植民地的な社会だとみていたことは、さきの記述をみても確実である。したがってこの時代においては、民族ブルジョアジーや富農をも含む広範な愛国的国民から構成された「民族統一戦線」による反封建・反帝国主義闘争が最重要課題であった。多様な国民諸階層の利害をたくみに調整する新民主主義が、建国の原理たらざるをえなかったのである。新民主主義の時代をつくりだすのに、中国では「資本主義は少なすぎる」と語ってさえいたことも、すでに指摘した。

要するに、毛沢東は建国後のしばらくのあいだに、その思想と戦略を豹変させたのである。なにが毛沢東のこの豹変をもたらしたのか。新民主主義の時代における土地解放と土地改革が貧農の熱狂的支持を受けて急速に進んだこと、中国工業の中枢を占めて唯一の工業資産を形成していた四大家族官僚資本の資産をこれも予想をこえる速度で没収しえたこと、このふたつの事実であろう。この事実が、毛沢東の胸中に深く、根強く潜在していた社会主義への夢を大きくふくらませてしまったのであろう。

それ以降の中国は、人民公社に代表される農民集団化、土法高炉《どほうこうろ》建設に象徴される大躍進、そしてプロレタリア文化大革命へと「冒進《ぼうしん》」につぐ「冒進」をかさねていったのである。気品の高い文体に満身の怒りをこめて書きあげたユン・チアンの『ワイルド・スワン』(土屋京子訳、講談社、一九九三年)に描かれる、中国のあの時代の狂気と凄絶《せいぜつ》の、そのそもそもの淵源《えんげん》は、神をも恐れぬ、いな、みずからが神となったかのごとき毛沢東の一九五三年における豹変にあった。要するに、中国の「初期条件」を顧《かえり》みることなく、性急に社会主義を選択して、中国にその悲惨な帰結をもたらしたものが、「過渡期の総路線」だったのである。

もしそうであるならば、社会主義初級段階論とは、建国期の前進主義の時代、つまりは新民主主義の時代への「回帰」にほかならない。社会主義初級段階論とは、建国直後に提起された新民主主義論の「正統性」の再確認なのである。その意味では、社会主義初級段階論は、一九五三年以来の中国の発展経緯を「要《い》らざるまわり道」だと表明したこととさしてかわらない。初級段階論は、急ぎすぎた社会主義的改造の弊《へい》を深刻に反省して、新民主主義社会建設の「補課」（やりなおし）を要求するものだ、とみることができよう。

3 「社会主義市場経済」論——論理蒙昧のなかのプラグマティズム

優勝劣敗

社会主義初級段階とは、急ぎすぎた社会主義的改造のゆえに欠落させてしまった基礎的諸条件を、いまの時点で全力をもって整備しなければ自国の将来は開けない、という中国社会主義の現段階におけるまっとうな認識の所産である。そして、一九九二年一〇月に開かれた第一四回共産党大会で提起された「社会主義市場経済論」は、この「社会主義初級段階論」のいっそうの深化であり、市場経済の全面的容認にほかならない。

「社会主義市場経済論」は、「社会主義初級段階論」と対《つい》をなす、現在の中国のもうひとつの国是である。実際のところ、一九九三年三月の第八期全人代《ぜんじんだい》（全国人民代表大会）において中華人民共和国憲法が改正され、このふたつが新たに憲法のなかにはっきりと書きこまれた。すなわち、旧憲法の「国家のこんごの基本的任務は、全力をあげて社会主義現代化の建設を進めることである」は、つぎのようにあらためられた。「わが国はいま社会主義初級段階にある。国家の基本的任務は、中国の特色ある社会主義を建設するという理論にもとづき、社会主義現代化建設に力を集中することである。」同じく、「国家は、社会主義公有制を基礎として、計画経済を実施する」は、「国家は、社会主義市場経済を実施する」と修正された。

それでは社会主義市場経済とはなにか。江沢民総書記による第一四回党大会冒頭における活動報告は、「われわれが確立しようとする社会主義市場経済はつぎのようなものである」として、こういう。

「社会主義の国家マクロ調整・統制下で、市場に資源配置の基礎的役割を演じさせ、経済活動を価値法則の要求にしたがわせ、需給関係の変化に即応させる。価格という梃槓（テコ）と競争メカニズムの機能を通じて、資源を比較的効率のよい部分に配置するとともに、企業に圧力と原動力を与え、優勝劣敗《ゆうしょうれっぱい》を実現する。各種の経済信号に対して比較的敏感に反応するという市場の特徴をいかして、生産と需要を適時に調和させるようにする。同時に市場自身に弱点やマイナス面もあることに鑑《かんが》みて、経済に対する国家のマクロ・コントロールを強化、改善しなければならない。」

木に竹をついだような

もういちど整理していえば、ここでは、（一）行政的指令によってではなく、市場メカニズムにより資源配分を行うこと、（二）このメカニズムを存分に展開させるべく、価格を自由化し、企業間の競争をうながし、そうすることにより効率性の高い部門に資源を集中すること、（三）このような条件をととのえ、さらに市場メカニズムの欠陥を補うために、国家による経済の間接的な制御すなわちマクロ・コントロール（財政・金融政策）を用いること、この三つが強調されている。

しかし、多くの人びとは、これでは西側の経済運営原則と同類のもの、すなわち「市場経済」そのものであって、これをあえて「社会主義」市場経済などというのは、「木に竹をついだ」ようなものだと感じるにちがいない。たしかにそうした「直感」はあたっていよう。江沢民報告は、右に述べた引用のすぐあとで、以下のように指摘しており、それがゆえに中国の市場経済は市場経済そのものではなく、「社会主義」市場経済だというのである。

すなわち「社会主義市場経済は社会主義の基本制度とひとつに結びついている」として、その理由を所有制構造と分配制度に求めている。「所有制構造では、全人民所有制と集団所有制を含む公有制の経済を主とし、個人経済、私営経済、外資経済を従として、複数の経済制度が長期間共存共栄する。……分配制度では、労働に応じた分配を主とし、その他の分配方式を従とし、能率と公平をあわせて考慮する。」ここでいう「全人民所有制」とは国有企業のことであり、「集団所有制」とは、町、村、その他の集団がその資産を所有し、経営する企業のことである。

中国がみずからの立国原理を社会主義だと主張する場合の根拠は、今日なお、ひとつには「公有制主体」であり、ふたつには「労働に応じた分配」である。しかし、このふたつは、急速に生起している市場経済化により、その内実のほとんどが形骸化《けいがいか》している。社会主義市場経済の実態は、市場経済そのものにかぎりなく近づきつつある。

公有制が主体だというのは、明らかに現在の中国経済の実態を反映するものではない。建国以来総力をあげて育成してきた国有企業の工業総生産に占める比率は、さきにも指摘したように一九九二年において五〇%をわりこんでしまった。くわえて、目下の中国の指導部が必死で追い求めている国有企業改革とは、その経営メカニズムの「自律化」を求める要求であり、その内実は率直にいって資本主義的企業への転換にほかならない。一九七九年以来の国有企業改革の多様な試みにおいてその最新のものは、一九九二年七月二二日に公布された、後述する「全人民所有制工業企業経営メカニズム転換条例」であった。中国は、国有企業のなかに資本主義的経営メカニズムを導入すべく、条例をもって対応しているのである。

公有制主体ばかりではない。労働に応じた分配も危うい。証券市場や土地使用権の譲渡が公認されている現在、所得に占める配当や土地リース代の比重は増加している。これらが労働に応じた分配とどこでどう理論的に折り合うのか、まったく不分明《ふぶんめい》である。一九九二年における広東省《カントン》の財政収入に占める土地リース代は、実に四七％におよんだ。個人所得に占める土地リース代の比率はわからないが、この数値からするかぎりきわめて高いものであることが類推できよう。労働に応じた分配も、完全に近く空洞化しているのである。社会主義市場経済が社会主義の基本制度と一体のものであり、それを論拠づけるものが公有制主体と労働に応じた分配だというのは、もはやフィクションである。

社会主義の棚上げ

そもそも、社会主義市場経済よりもまえに、社会主義それ自体が現在の中国においてはいかんともしがたいほどに不鮮明なのである。鄧小平自身、「南巡講話」において、「われわれはながいあいだ社会主義とはなにかについてはっきりとはわからなかった」と、あきれるばかりに率直に述べている。そのうえで、新しく「社会主義の原則は、第一に、生産力を発展させることにあり、第二に、ともに富裕になる」ことだと指摘する。のちに述べる「生産力論者」鄧小平の思想からしてこれは真意であろうが、そうであれば、これらはその多くを資本主義国がとうのむかしに手にしてしまったものばかりである。中国における社会主義とはいったいなんなのか、いよいよもって解しがたいというべきである。

それでは社会主義市場経済とはなにかとふたたび問うならば、つぎのように答えるよりほかない。初級段階における中国社会主義の主要任務は、市場経済メカニズムを存分に作動させることにより、生産力の発展、国力の増強、人民生活の向上を手にすることである。市場メカニズムの展開を通じて中国が高度の生産力を達成しうるならば、その帰結として社会主義の理想を掌中にしうる条件がはじめてととのう。政府が中国を社会主義国家と自認し、共産党が一党支配体制をもって中国の社会主義を固守しようとしているのであるから、この理想はうたがうことなく市場経済努力にいそしむべし、というものであろう。

社会主義とはなにか、といった「神学的」議論に拘泥《こうでい》することによって、市場経済化の動きに水をさしてはならない。つまりは、社会主義「先送り論」もしくは「棚上げ論」が社会主義市場経済論であって、社会主義市場経済の「社会主義」にはさしあたりは意味はない。多くの人びとが強くもっている、「木に竹をついだような」という直感はたしかにあたっているのである。

そうであれば、社会主義市場経済論は整合性をもった論理体系において薄く、率直にいって論理蒙昧《もうまい》をもってその特徴としている。しかし、実は、この蒙昧こそが現代中国のプラグマティズムの内実なのである。そしてこの蒙昧なコンセプトは、一九九二年の鄧小平の「南巡講話」に発する。彼は、この重要講話において、つぎのように発言したのである。「大切なのは、『資』か『社』かという問題だ。これについての判断基準は、ある路線改革が社会主義社会の生産力の発展に有利かどうか、社会主義国家の総合国力の増強に有利かどうか、人民の生活レベルの向上に有利かどうかだ。」(『月刊 Asahi』一九九二年五月号、以下の「南巡講話」はすべてこの訳による)「姓社姓資を問わず」としてその後広く人口に膾炙《かいしゃ》した文言がこれである。

「姓社姓資」を問わない「社会主義市場経済論」というのは、なんとも奇妙である。要するに、経済についていうかぎり、最重要課題は市場経済そのものなのである。論理的整合性よりも現実をみつめよ、豊かな現実を創出しようではないかという、もういちどいえばそのしたたかなプラグマティズムこそが、鄧小平の鄧小平たるゆえんだというべきであろう。

ここまではなしを進めてくれば、中国の今日をきずきあげた鄧小平の「思想」とはいったいなにものなのか、このことを論じないわけにはいかなくなろう。中国を改革・開放に向けて大きく舵《かじ》を向けかえた一九七八年末の第一一期三中総以来の鄧小平の思想と行動は、毛沢東思想への明らかなアンチテーゼであった。ちなみに、第一一期三中総とは、第一一回共産党大会で選ばれた中央委員による第三回めの会議という意味である。

第二章　鄧小平思想の核心

1　生産力主義――「貧困は社会主義ではない」

われわれは生産力を軽視しすぎてきた

第一に、毛沢東の社会主義像は、純粋であり、観念的であり、そして中国の現実を顧みぬユートピア的なものであった。これとは対照的に、鄧小平の抱く社会主義像はきわめて現実主義的である。鄧小平の現実主義は、それを追求すればするほど、いったいこれがほんとうの社会主義なのだろうかと、ひとをして疑わしめるほどまでに徹底したものであった。

鄧小平の社会主義像を特徴づけるなによりの特徴は、その生産力重視である。たとえば、つぎの一九八四年四月の発言をみてみよう。といってもこれはほんの一例であって、彼の文献のほとんどのページを彩《いろど》っているものが、この生産力主義だといってもいいほどなのである。

「社会主義の優位性は、その生産力が資本主義に比べてより高く、よりはやく発展することにあります。もし建国後、われわれに欠陥があったとすれば、生産力の発展に対し、ある種の軽視をしてきたことでしょう。社会主義は貧困を根絶します。貧困は社会主義ではなく、ましてや共産主義ではありません。社会主義の優位性は、生産力をしだいに発展させ、人民の物質・文化面の生活をしだいに改善することにあります。中国のいまのたちおくれた状態のもとで、いかに生産力を発展させ、いかに人民の生活を改善するのか、この問題がいまわれわれのまえに提起されているのです。」（「中国の特色をもった社会主義を建設する」『現代中国の基本問題について』外文出版社、一九八七年）

この生産力主義は、天安門事件という劇的事態を迎えても揺らぐことはなかった。むしろ天安門事件後の政治的危機をのりきるには、思想工作だけでは不十分であり、なによりも成長加速によって人民生活の安定・向上を図ることが第一義であることをみぬいていたのが、鄧小平であった。政治路線闘争に身を削ってきた毛沢東と、鄧小平はこの点において決定的に異なる。天安門事件の翌一九九〇年、経済的沈滞の底にあったこの年の三月になお、鄧小平はこう発言していたのである。

「思想政治工作を強化し、刻苦奮闘を提唱することはいずれもきわめて必要である。だが、これらにたよるだけではまだたりない。もっとも根本的な要因はやはり経済成長速度であり、しかもそれを人民の生活の安定的な向上に反映させることである。人民が安定した局面のもたらす真の利益を受け、現行制度や政策のもたらす利益をみとどける。それによってはじめて真の安定がもたらされるのである。国際的大気候がどう変化しようと、われわれがこれを勝ち取りさえすれば、泰山のように安定するのである。」（「国際情勢と経済問題」『鄧小平文選』第三巻、人民出版社、一九九四年）

外資なぞ恐れることはない

もうひとつつけくわえておこう。くだんの「南巡講話」である。ここでは鄧小平は、社会主義の優位性は生産力の発展をうながすことにあるといった主張をさらに「前進」させて、生産力の発展をうながすものはすべて社会主義だといわんばかりの、つまりは社会主義からの「逸脱」を平然とうたっているのである。中国最大の経済特別区深圳《しんせん》を訪れたときの発言である。

「特区は『社』であって、『資』ではない。深圳では、全人民所有制が主体であり、外国企業の投資は四分の一でしかない。しかもだ、外資の部分からだって、税収や労働力の面でわれわれは利益をえているではないか。『三資企業』を大いにふやすべきだ。われわれの頭が冷静でありさえすりゃ、恐れることなんかない。われわれには国有の大中企業がある。郷鎮企業がある。もっと重要なことは、政権をわれわれがにぎっていることだ。が、こう思うやからもいる。『三資企業』がふえれば、それだけ資本主義の要素がふえて、つまり資本主義を助長する、とな。そんな連中には、最低の常識さえない。国家は税収がふえるし、労働者は給料がもらえるし、技術や管理の仕方だって学べる。それに情報も市場もえられるじゃないか。『三資企業』は、社会主義に役だっているんだよ。」

特区は、だれがどうみても「資」である。深圳は香港資本主義のダイナミズムを求めて、それを導入すべく建設された地域であり、中国対外開放の実験区なのである。深圳をもって「社」であるというのであれば、いったいなにが「資」だというのであろうか。深圳の工業企業の主体が国有企業であるというのは事実だとしても、その経営メカニズムは資本主義企業にかぎりなく近い。

郷鎮企業は、たてまえとしては集団所有制に含まれているものの、計画経済とはまるで無縁のものであり、資本主義的企業との差は「紙一重」である。ここで三資企業というのは、合弁・合作・合資の、要するに外資系企業のことである。この三資企業が税収、賃金、給与の増加、技術移転などの面で生産力の発展に貢献していることはまぎれもないが、これが「社会主義」に役だっているという論拠は、ここではまるでわからない。

ユートピア社会主義

鄧小平の社会主義像は、完全に「脱色」してしまっているのである。鄧小平は、近年の思想と行動からみるかぎり、少なくとも経済的には彼を「社会主義者」だとみなすことには無理がある。そのようにいうのがいいすぎであるにしても、その社会主義像がきわめて経験主義的であり、したがって多義的であり、それがゆえに矛盾をたっぷりと含んだものであるのは、たしかである。毛沢東のような「鋳型《いがた》」にはまった社会主義像は、鄧小平のものではない。

毛沢東の、ユートピア的で、純潔な、そしてその分だけ硬直的な社会主義像は、現実からのしっぺがえしによって、しばしば中国を悲惨な苦窮《くきゅう》に追いこんだ。そしてこの苦窮は、なんとかしてそこから中国を救いだそうとする、劉少奇《りゅうしょうき》、鄧小平に代表される実務派官僚の現実主義的政策、毛沢東のそれを「冒進」政策だとすれば、後者の「反冒進」政策をうみだしてきた。毛沢東のユートピア社会主義は、その惨たる帰結に耐えかねて、中国を「正常軌道」にのせようとする実務的なテクノクラートを「自己生産」してきたのである。

しかし、毛沢東の眼にはこうした実務派官僚は、中国に資本主義の復活をもくろむ「走資派《そうしは》」としてしか映じなかった。彼らは絶対的権威者毛沢東の手によって、「右翼日和見《ひよりみ》主義者」、「修正主義者」のレッテルをはられて葬《ほうむ》り去られていった。土法高炉建設を中心に進められたあの喜劇的な悲劇は、三年間に四〇〇〇万人に達する餓死者《がししゃ》を生んだ。このおどろおどろしい事実をみすえて、比類なき絶対的権威者毛沢東に、きわめて慎重で抑制された表現でその戦略の変更を訴えた、往年の軍友、国防部長の彭徳懐《ほうとくかい》でさえ、ただちに「党内ブルジョア革命家」として抹殺《まっさつ》されていった。毛沢東のユートピア社会主義は、過酷な暴力主義をその背後にかくしもっていたのである。

しかし、鄧小平の社会主義像は、さきにも指摘したように経験主義的であり、多義的であり、大いなる矛盾を含んだものであった。みずからの社会主義像をはめ込む「鋳型」自体が鮮明な形をなしていないのである。そうであってみれば、自分の社会主義像に異をとなえるものを「敵」として、ましてや「階級敵」としてとらえる見方は、鄧小平にはほとんどない。率直にいって、鄧小平には現在の中国には階級闘争などすでに存在しないのだという確信がある。

一九七九年三月三〇日の有名な話「四つの基本原則を堅持しよう」のなかで、鄧小平は「われわれは階級闘争の拡大には反対で、党内にブルジョアジーが存在するとは考えておらず、社会主義制度のもとで搾取《さくしゅ》階級と搾取の条件が確実に消滅されたあとも、ブルジョアジーあるいはその他の搾取階級がまたもやうまれてくるなどとは考えていない」(『鄧小平文選——一九七五〜八二年』東方書店、一九八三年)と明確に述べていたのである。

2　即物主義——不平等容認の社会主義者

一窮二白

第二に、みずからの目標を達成しようとする主体、つまりは「革命主体」観における毛沢東と鄧小平のちがいにも、いちじるしいものがある。毛沢東の思想を語るキーワードのひとつに「一窮二白」がある。一に貧しく、二に汚されていない、この貧農こそが毛沢東の求める革命の主力であった。

毛沢東思想の卓越した研究者スチュワート・シュラムのみごとな叙述をもってすれば、「一窮二白」の農民は、「中国人全体よりはおくれているかぎりにおいて、物質的充足によって腐敗しておらず、近代世界の手管《てくだ》にも無知である。それゆえ彼らは明らかに、道徳と革命的資質において優越している」（北村稔訳『毛沢東の思想』蒼々社、一九八八年）と考えられてきた。おくれた生産力をひきつぎ、被抑圧の歴史を背負ってきた中国の貧農は、そもそもその本来の性格において「革命的存在」であり、それゆえ毛沢東の理想を現実化するための「道徳的存在」でもあった。貧農を取りまく革命的大衆の「主観的能動性」こそが、毛沢東のユートピア社会主義革命を実現する主体であった。

鄧小平の革命は、これを革命というのであれば「経済革命」である。生産力の発展、国力の増強、人民生活の向上こそが鄧小平の求める革命であった。この革命を、彼は大衆の主観的能動性を発揚することによって成就《じょうじゅ》しうるとは考えない。そのまったく逆の人間観が鄧小平のものである。大衆は「物質的刺激」に応じてはじめて発展・向上にむかって動く存在だとみなす、「即物主義」が鄧小平にはぬぐいがたく強い。毛沢東の革命主体観が道徳的あるいは理念的であったのと対照的に、鄧小平のそれは即物的である。

先富論

鄧小平がみずからの主導によって改革・開放を開始したのは、一九七八年末に開催された第一一期三中総であった。その三中総の基調となったのが、一九七八年一二月一三日の鄧小平の報告、「思想を解放し、実事求是の態度をとり、一致団結して前向きの姿勢をとろう」であった。この報告において彼は、「革命とは、物質的利益の土台のうえに生まれるものだ。献身的精神のみを重視し、物質的利益を重視しないのは、観念論である」と喝破した（『鄧小平文選一九七五〜八二年』）。

「南巡講話」にいたって、この思想はいちだんと鮮明にあらわれた。鄧小平の物質的刺激策は、その当然の帰結として、生産力発展への能力と意欲をもった農民、企業、地方を利し、潜在力と意欲において薄い農民、企業、地方を不利化させるはずであるが、これをも彼はよしとしている。鄧小平は、格差を容認する「社会主義者」なのである。

鄧小平の物質的刺激策は、いうまでもなく毛沢東の平等主義へのアンチテーゼである。格差を容認し、むしろ格差を積極的に利用することによって、さきにゆたかになった農民、企業、地方が、のちにその力をおくれた農民、企業、地方におよぼすことを通じて、そうしてはじめて一国全体としての生産力の増強が図られるのだ、と鄧小平は考える。ある種の不均衡《ふきんこう》発展論であり、これが鄧小平のいわゆる「先富論」にほかならない。「南巡講話」ではこう指摘している。

「一部の条件のととのっている地域をまず発展させ、残りの地域はあとから発展させる。さきに発展した地域がおくれた地域をひっぱって、最後にはみんながゆたかになる。さきにゆたかになった地域が多くの税金を払い、貧困な地域の発展を助けるんだ。もちろん、これをやるのがはやすぎちゃいかん。発達している地域の活力をそいではいかん。私はその時期は今世紀末、わが国が『小康水準』のレベルに達したとき、議論し、解決すればいいと考えている。」

平等主義は、かつては社会主義と同義と考えられるほどの「公理」であった。しかし鄧小平は、社会主義の名において、格差の容認、さらにはそれへの積極的意義づけを試みている。鄧小平の面目躍如《めんもくやくじょ》たるところであろう。

3　実験主義――「まちがったと思えば、なおせばいい」

急進と漸進

第三に、毛沢東の思想と行動を「急進主義」とすれば、鄧小平のそれは「漸進主義」だということができよう。急進主義は毛沢東の思想のなかに構造化したがんこな「癌《がん》」のごときものであった。毛沢東の時代においても、急進と漸進はくりかえされた。しかし、毛沢東の時代における漸進は、つぎの急進への準備期でしかなかった。現実を顧慮《こりょ》することなく進められた毛沢東の「冒進」は、それがゆえにだれの眼にも明らかな、しばしば数千万人の餓死者をだすほどの惨憺たる失敗を露呈してしまう。ことがそうなれば、いかな毛沢東といえども、経済運営の舵取りを実務派官僚にわたさざるをえない。

実務派官僚の「反冒進」政策の努力によって経済の安定がとりもどされ、そうして「冒進」によって破綻《はたん》した経済が順調な回復基調に入る。しかし、かくしてえられた経済の回復は、毛沢東にとってはふたたび急進主義的運営を可能ならしめる条件が整備されたものだと受け取られ、そうして毛沢東をして再度、しかもいちだんと激しい「冒進」へとはしらせていった。

毛沢東の時代は、急進と漸進、冒進と反冒進とのあいだをいくどとなくゆききしたものの、要は急進であり、冒進であった。大規模に国民を動員して急進主義をくりかえしうるだけの、絶対的権威者としてのカリスマ的支配力を毛沢東は身につけてもいた。くわえていえば、冷戦期の真只中《まっただなか》にあって米ソというスーパーパワーに挟撃《きょうげき》されながら建国を進めていたのが毛沢東であった。大衆路線をもって、みずから掲げた大目標をいっきょに達成するという方式なくして、中国を国際社会のなかで生き残らせることはできないという危機意識に、毛沢東はつき動かされてもいたのである。

鄧小平は、革命第一世代として、人民公社化運動、土法高炉運動、プロレタリア文化大革命などの冒進、とりわけ「一〇年動乱」と称された最後者の苛烈《かれつ》な実情をつぶさに体験した。しかもその過程で、第一世代の有能なテクノクラートの多くを失い、みずからもその暴力的な大衆運動により辛酸《しんさん》をなめつくした鄧小平は、急進主義によって建国を進めることは不可能であることを、つくづく身をもって知らされていたのであろう。

鄧小平の思想と行動のエッセンスは、毛沢東のそれへのアンチテーゼとしての漸進主義にほかならない。鄧小平の漸進主義の、そのまたエッセンスが、実験主義である。

のちに述べる「農業生産責任制」の採用にせよ、国営企業への経営自主権付与にせよ、広東・福建《ふっけん》両省への「特殊政策・弾力措置」の援用にせよ、経済特別区・開放区の設置にせよ、はたまた近年の証券市場の開設認可にせよ、不動産市場の認知にせよ、そうした改革・開放時代の中国経済に活性化をもたらしたすべての試図《しと》は、あるスローガンをもって大衆を動員し、いちどきにこれらを全土で実現しようと試みたものではない。

まったく逆である。ある単位、地方で初歩的な試みを開始させ、これが別のある単位、地方でも有効であることが確認され、その有効性がだれの眼にも明らかになった時点で、そうした試みを制度的、法制的に「追認」し、これを全土に普及・拡大していこうという、そうした実験主義が鄧小平のものであった。鄧小平のプラグマティズムとは実験のくりかえしであり、これが奏功《そうこう》するまでは制度的な追認は容易に行わないという方式であった。

株式も断固試してみよ

さきに引用した一九七八年一二月一三日の報告、「思想を解放し、実事求是の態度をとり、一致団結して前向きの姿勢をとろう」において、社会主義的経済管理の方式をいかに改善すべきかを述べたくだりで、経済管理の方式が不分明であるのなら、積極的に外国からこれを導入して学ぶべきであると述べ、そのあとで鄧小平はこういう。

「全国の統一的な案がだされるまでは、まず局所で手をつけ、個々の業種でやってみてから一歩一歩おしひろめていけばよい。中央の各部門は、このようにして試験的にやってみることを許可し、奨励《しょうれい》すべきである。試行の段階では、さまざまな矛盾がでてくるから、それをいちはやく発見し、克服しなければならない。このようにしてこそ、かなりはやい進歩をとげることができるのである。」(『鄧小平文選―一九七五〜八二年』)

鄧小平の漸進主義は、この中国が、国防上の危機意識につき動かされてきた毛沢東の時代とは異なり、米中和解の、西側との共存の時代におかれていたという事実によってもうながされた。

この時代環境を反映して鄧小平は、現代の世界を資本主義と社会主義とが対峙《たいじ》する両極体制のもとにあって、一方が他方を圧して併呑《へいどん》しようとしている――といった毛沢東が抱いていたような危機意識をほとんどもっていない。資本主義と社会主義とのむしろ並存の時期を現在ととらえ、道徳的存在としてはみずからのほうをうえにおくにしても、経済的にみれば自陣営のほうが資本主義に比べてはるかに貧しく、この貧しさからぬけでるには資本主義の「要素」をふんだんに導入しなければならないと考えてきたことは、まちがいない。

ふたたび鄧小平の実験主義的プラグマティズムは、「南巡講話」において頂点に達している。その一例を示すならば、こうである。

「証券、株式市場、こういうものが、いったい、いいのか悪いのか、危険があるのかどうか、資本主義特有のものなのかどうか、社会主義でも使えるのかどうか、断固《だんこ》、試してみるべきだ。いいと思ったら、一、二年やってみて、それで大丈夫なら自由にやらせる。まちがったと思えば、なおせばいい。やめればいいんだ。やめるんだって、すぐにやめてもいいし、ゆっくりやめてもいい。少し残しておいたっていい。なにを恐れているんだ。社会主義が資本主義より優勢になるには、人類社会が創造したすべての文明的な成果を大胆に吸収し、参考にし、資本主義の先進国を含め、現代社会の先進的な生産の経営方式を吸収し、参考にしなくてはならん。」

実験的に試行せよ、成功すればこれを社会主義的なものとして採用し、しからざれば放擲《ほうてき》して新たな方途をとれ、というのである。ところで、「証券、株式市場、こういったものが、いったい、いいものか悪いものか」の基準も、ここでは「生産力の発展」に資するか否か、である。

中国がみずからのイデオロギーを社会主義だとする理由のひとつは、さきにも記《しる》したように、労働に応じた分配であった。しかし、株式による配当が労働に応じた分配とどう結びつくのか、その理論的根拠を示すことなどできるわけがない。鄧小平の社会主義像がきわめて多義的で不鮮明だといったのは、こういうことである。社会主義が資本主義をのりこえるには、資本主義の文明的成果のすべてを吸収しなければならないというのは、生産力論からすれば当然の発言であろうが、それによって形成される社会主義がいったいいかなるイメージをもって描かれるものなのか、鄧小平は肝心のここのところを不問に付しているのである。

鄧小平の社会主義は、たしかに実験主義的であり、経験主義的なものであるが、しかしその分だけ論理的不整合は否めない。生産力論にもとづく現実の市場経済化の追認につぐ追認が今日の中国経済の実情であり、それがゆえの中国の経済発展である。

中国の社会主義はどこへ向かってはしっていくのであろうか。重要にして、しかし困難なこの課題への答はまだここでは導くことができない。もう少し中国経済の実態を子細《しさい》にながめていく過程で、これを明らかにしていこう。

第三章　現代中国における社会主義

1　共産党一党支配体制の堅持――政治システムとしての社会主義

流砂にまきこまれる不安

「社会主義市場経済」は、概念的にこれを検討するならば論理蒙昧である。中国経済の実態からながめるならば、「社会主義」はすでに空洞化の域にいたらんとしている。それにもかかわらず、いな、皮肉なことに、それゆえにこそというべきであろう、中国の現在の国是は社会主義市場経済なのである。

一二億の人口、巨大で多様な国土とを擁《よう》する中国が、毛沢東時代の極度に集権的な統制経済から、一転して市場経済の時代に入っていこうというのである。分散的意思決定を特徴とする市場経済を、巨大にして多様な中国の全土で実現しようというのであれば、これが中国の統合をそこなうことはないか。中国が「流砂」にまきこまれて、みずからのいきつくさきを見失わないか。市場経済化を選択したがゆえに、そうした不安、さらには恐怖にも似た危機意識を鄧小平がもったとして、不思議ではない。

集権的統制経済を市場経済へと転化させようという中国の実験は、成功的先例のない、歴史的な試みである。グラスノスチとペレストロイカを標榜《ひょうぼう》して改革にのりだしたソ連の、あの無惨な経済的失墜《しっつい》と国家分裂、はてはソ連共産党の悲劇的解体を目のあたりにして、中国の実験は「社会主義」を死守しながら進められねばならないと党指導部の臍《ほぞ》を固めさせたとして、これも当然の反応であった。

もういちどいえば、市場経済化を試みなければ、生産力の発展、国力の増強、人民生活の向上を手にすることができないという認識に到達した以上、それがもたらす社会的・政治的な分散と混乱はこれをなんとかしておさえこみ、市場経済化を可能なかぎり混乱なく、秩序正しく展開したいというのが、鄧小平の考え方にちがいない。そうであれば、社会主義市場経済の「社会主義」とは、政治的意味合いのきわだって強いものであることが、容易に想像できよう。つまりは社会主義市場経済とは、政治制度としての社会主義を堅持し、そのもとにおける市場経済化を意味するものにほかならない。

What Market Economy is?

ここに、編集主幹が馬洪《ばこう》、副主幹が孫尚清《そんしょうせい》、劉国光《りゅうこっこう》、呉敬璉《ごけいれん》、佐牧《さぼく》といった当代の中国を代表するそうそうたる経済学者が名をつらね、国務院発展研究センター・社会科学院という改革・開放期中国の最重要のシンクタンクからだされた *What Market Economy is?* と題された文献がある（小島麗逸・高橋満・叢小榕訳『中国経済』上・下、総合法令、一九九三年）。その編纂《へんさん》メンバーからみて、最近年の中国社会主義市場経済論に関する、権威ある著作だと受け取っていいであろう。

この文献は、冒頭、「市場経済が社会体制上の属性をもたないというのであれば、社会主義市場経済の意味はどう理解すればいいのか」と問うて、つぎのように答えている。

「われわれが確立しようとするのは社会主義市場経済であり、それはわれわれが市場経済を『社会主義に属する』と『資本主義に属する』とにわけることを意味せず、『社会主義のもとでの市場経済』の略語である。われわれは、社会主義のもとでの市場経済とは、あくまでも市場経済であって、これまでの計画経済ではないことを明確にすべきである。それは市場経済の共通性をもち、資本主義のもとでの市場経済と運営の法則において、似通ったものであり、両者のあいだに大差はない。鄧小平同志がいったように、『社会主義市場経済は方法のうえで基本的には資本主義と似ている。』だから、われわれは今日の世界の市場経済国家のすべての有用な知識と経験を参考にすべきである。」

読者は、ここのところをなんどよみかえしてみても、「社会主義のもとでの市場経済」の意味は、ほとんど理解不能であろう。もちろん私の理解をもこえている。おそらくは執筆者自身にも、そのあたりのところはよくわからず、要するに社会主義市場経済とは市場経済のことだと、たかをくくって書いているかのごとくである。そうにちがいない。市場経済とは概念的に異質のものである政治制度としての社会主義を、たんなる形容詞として市場経済のうえにのっけたものにすぎないからである。

たしかに社会主義は、市場経済という概念との関係でいえば、意味をもたない形容詞であろう。しかし、鄧小平の想定する社会主義は、市場経済化に内在する分散化傾向が社会と政治に混乱をつくりだし、ましてやこの傾向が政治制度としての社会主義を固守する中国共産党の一党支配体制に刃向かうのであれば、これは徹底的にたたきつぶさなければならない、という強い意思をそのうちにみなぎらせている。そうであれば、これはきわめて強力な実効性をもった概念であって、たんなる形容詞などではありえない。

党はすなわち国家である

それでは、政治制度としての中国社会主義とはなにか。要するに、共産党一党支配体制のことである。共産党権力が国家の政治はもちろんのこと、経済、軍事、文化、イデオロギーのすべてを支配するシステムである。ここでは、党がすなわち国家であり、司法・行政・立法という三権の方位、中央・地方関係のあり方、そのいずれもが共産党の集権的意思決定にゆだねられている。

そして中国の共産党支配は、かつては毛沢東、今日においては鄧小平という傑出したカリスマ的指導者が、その権威を象徴し、権力の中枢に身をおく個人的支配の色彩において濃厚であることも、つけくわえられねばならない。

もっとも、毛沢東と鄧小平を同日に語ることはできない。この事情については、前章でみたとおりである。毛沢東は、しばしば共産党機構それ自体をも超越して、みずからのユートピア社会主義を追求した絶対的権威者であった。

鄧小平は、党支配機構つまりは中国型テクノクラート組織を通じて政策を練りあげ、これを着実に施行《しこう》していく「組織人」であり、「党人」であった。しかも、鄧小平の時代においては、脱イデオロギーが顕著に進んでおり、市場経済の導入を通じての経済の多元化は「全面加速」の状況にある。共産党一党支配といっても、鄧小平の時代は毛沢東の時代ほどには直接的で強力な支配力の裏づけをもってはいない。

とはいえ、鄧小平の時代においても、国家と党の関係の基本は毛沢東の時代とそれほど異なっているわけではない。鄧小平は、カリスマ的支配力においては毛沢東に一歩ゆずらなければならないものの、現在の中国における、他のだれもがもちえない権力と威信を一身に集めた、卓越した最高実力者にほかならない。中国は、現在なお共産党一党支配体制のもとにあり、しかもその堅持と強化を求めてやまないのである。現実をながめてみても、共産党にかわりうる整備された支配機構と人脈、一言でいって政治的力量をもった組織など、中国には存在しない。

「社会主義」市場経済における社会主義とは、もういちどいえば市場経済と概念的に整合するものではないものの、中国がこんごとも共産党一党支配体制のもとで国家を運営するという、強力な意思の表明にほかならないのである。経済のいちじるしい多元化を求めて、その内実はすでに「資本主義」といってもそう遠くない域にふみこんでいるのが現在の中国であり、この方向へと中国を導いているのが鄧小平を頂点とする共産党の一元的政治支配のシステムなのである。

2 「四つの基本原則」——もうひとつの鄧小平思想

党指導の絶対性

中国の改革・開放が開始されたのは、一九七八年一二月の第一一期三中総の決定によってであった。その直後の一九七九年三月一日に、鄧小平の「四つの基本原則を堅持しよう」が発表されたことの意味は、きわだって大きい。四つの基本原則とは、㈠社会主義の道、㈡人民民主独裁、㈢共産党の指導、㈣マルクス＝レーニン主義・毛沢東思想、この四つの堅持のことである。

すなわち「思想の解放」を大胆に行い、旧来の硬直的な社会主義イメージを一新した新農政への転換、工業企業改革、多種経済成分の容認、こうした思想と経済の多元化が社会的・政治的な混乱へとつながっては、改革・開放の基盤自体が崩壊しかねないと鄧小平は考えたのであり、ことがそうなってはならないと、彼は強い警告を社会に発したのである。

鄧小平の言葉でいえば、「われわれにもしも強力な集中的指導ときびしい組織性、規律性がないなら、もしも党風の断固たる整頓を行わず、実事求是、大衆路線、刻苦奮闘といった党のすぐれた伝統をいっそう回復するのでないなら、もともとさけることができた大小さまざまな騒動がおこって、われわれの現代化建設は第一歩で重大な障害に直面することになろう」(『鄧小平文選―一九七五~八二年』)というものであった。

思想と経済の多元化を求めながらも、これがこえてはならない政治的「閾値《いきち》」を明示したのである。その意味で、第一一期三中総会決議と「四つの基本原則」とは、鄧小平にあってはたしかに一対《いっつい》であって、両者は不可分のものなのである。

四つの基本原則におけるポイントは、うたがいもなく(三)の共産党の指導、ありていにいって共産党一党支配体制の堅持であった。これについて鄧小平は、「中国共産党の指導を離れて、はたしてだれが社会主義の経済、政治、軍事、文化を推進していくのか。はたしてだれが中国の四つの現代化を推進するのか。今日の中国では、党の指導を離れて大衆の自然発生性を賛美するようなことは絶対にしてはならない」と指摘する。

中国の現代化を推進する中枢がすなわち党だ、というのである。経済建設における文革期の混乱のありようを鄧小平はだれよりも深く理解していたはずであり、同じ講話におけるつぎのような発言は党支配体制の固守を求める鄧小平の核心的な考えである。

「一九六六年というのは、もともと中国経済が数年の調整を経て急速に発展した年であった。だが、林彪《りんぴょう》、四人組が騒ぎだしたため、経済はゆゆしい破壊をこうむった。いま、中国の経済は党中央と国務院の指導のもとで、ふたたび健全な発展の道をあゆみつつある。もし、もういちど一部のものにほしいままに党委員会を足蹴にして騒ぎをおこさせるなら、四つの現代化はすっかり吹き飛ばされてしまうにちがいない。これは、脅かしではなく、多くの実践で立証された客観的な真理なのである。」

二点論

これに比べると、四つの基本原則のうち残りの三つには、それほど強い説得性はなく、「基本原則」というほどのものではないようにみえる。その後、現在にいたるまでの政治・経済の動きをふりかえるならば、いよいよそうだといわざるをえない。

四つの基本原則のうち（一）は、社会主義の道の堅持であった。ここでは、資本主義に対する社会主義の道義的優位性をうたっている。「資本主義では、どんなことがあっても、百万長者の超高額利潤から脱却できず、搾《さく》取《しゅ》と略奪から脱却できず、経済危機から脱却できず、また共通の理想と道徳を形づくることもできず、さまざまな悪徳きわまる犯罪、堕落《だらく》、絶望から逃れることはできない」という。

しかし他方では、「資本主義はすでに数百年の歴史をもっており、各国の人民が資本主義的制度のもとで発展させてきた科学と技術、つみあげてきたさまざまな有益な知識と経験はみなわれわれが受けつぎ、学び取るべきものである。われわれは、資本主義国の進んだ技術とその他われわれにとって有益なものを計画的、選択的に導入するが、資本主義制度を模倣《もほう》、導入するとか、さまざまの醜い、退廃的なものを模倣、導入するようなことは、けっしてしない」（同）とも主張している。

「経済危機から脱却でき」ず、中国とは「共通の理想と道徳を形づくること」もできない資本主義が、その制度のもとで、中国が模倣・導入すべきすぐれた科学技術を蓄積してきたというのは、いかにも危うい論理ではないか。しかし、これが改革・開放の開始時点における発言であったとすれば、無理もないのかもしれない。前章で指摘したごとく、「南巡講話」における鄧小平の資本主義イメージは、この発言のそれとはずいぶんとへだたってしまっている。

（二）は、人民民主独裁の堅持である。鄧小平はすでに述べたように、この時点での中国には党内にブルジョアジーが存在するとは考えていない。搾取階級と被搾取階級の両極は確実に消滅しており、こんごブルジョアジーが再生するなどということもありえないと述べている。

「だが、社会主義社会にも、いまなお反革命分子や特務分子がおり、社会主義の秩序を乱すさまざまな刑事犯罪分子その他の悪質分子がおり、汚職、窃盗《せっとう》、投機活動を行う新しい搾取分子がいる……彼らとの闘争はこれまでの歴史にみられたような階級対階級の闘争とは異なるが、それはいぜんとして特殊な形態の階級闘争であり、いいかえれば歴史上の階級闘争が社会主義の条件下で特殊な形態をとって残ったものであり、これらすべての反社会主義分子に対しては、いぜんとして独裁を実行すべきである。」

階級として成立しえないような犯罪分子や悪徳分子の取締りの必要性にうったえて、これを特殊な形態の階級闘争だとし、それがゆえにプロレタリアート独裁を堅持すべき理由とするというのも、なんとも奇妙な論理である。鄧小平のいっているのは治安上のレベルの問題にすぎず、基本原則というほどのものでもない。

（四）は、マルクス＝レーニン主義・毛沢東思想の堅持である。しかしここでの主張は、「毛沢東思想はこれまでの中国革命の旗じるしであったが、これからも永遠に中国の社会主義事業と反覇権《はけん》主義事業の旗じるしである。われわれは永遠に毛沢東思想の旗じるしを高く掲げて前進するであろう。毛沢東同志の事業と思想は、彼個人の事業と思想であるばかりでなく、彼の戦友、党、そして人民の事業と思想であり、半世紀以上にわたる中国人民の革命闘争の経験の結晶である」（同）ということである。

実効上の原則というよりは、道義上の、あるいは現代中国のアイデンティティーを守るための原則、さらにいえばそれがなければ現代の中国共産党の正統性の論拠が失われてしまうことへの、鄧小平流の懸念《けねん》の表明だとみなすのが正しいであろう。

四つの基本原則は、共産党一党支配体制の堅持をその中核におき、それにより改革・開放をできるだけ混乱なく展開していこうという、脱イデオロギーの「権威主義開発体制」の堅持を表明したものにほかならない。経済的多元化を強い政治的一元化のもとで進めようという鄧小平の「二点論」が、これである。

この「二点論」がもっともドラスティックな形で表出したものが天安門事件であり、さらにはこの事件にもかかわらず一九九二年以降に再開された改革・開放の「全面加速」であった。

3　天安門事件と改革・開放の全面加速――「二点論」の中国

改革・開放は強国の道である

天安門事件は、当時よくそう伝えられたような党・政府指導部の混乱によって生じた「事件」などではない。そうではなくて、一九七八年末に実権を手にした鄧小平がつくりだした政治的レジームの、一貫した意思の端的なあらわれであった。鄧小平の一貫した意思とは、もういちどいえば経済の改革・開放は大いに推奨《すいしょう》するが、その一方で、共産党一党支配の政治システムはこれを断固としてまもるというものである。

事件後の六月九日、首都戒厳部隊の軍団以上の幹部との会見時において鄧小平は、つぎのように語った。

「改革・開放という基本点に誤りがあったのか。改革・開放なくして、どうして今日の中国がありえただろうか。この一〇年間に人民の生活水準はかなり向上しており、われわれはひとつの階段をのぼったというべきである。インフレなどの問題が残されたものの、一〇年の改革・開放の成果は十分評価しなければならない。当然のことながら、改革・開放によって必然的に西側の多くの悪いものの影響が入ってくるが、これに対するわれわれの予測がたりなかったことはいちどもない。一九八〇年はじめに経済特区が設置された際、私は広東の同志に、両手に力を入れなければならない、ひとつの手で改革と開放に力を入れ、もうひとつの手で思想政治工作を含め、経済犯罪のきびしい取締りに力を入れなければならないといった。……これは過去一〇年の総括《そうかつ》である。われわれのいくつかの基本的な提起は改革・開放を含め、発展戦略から方針・政策にいたるまでみな正しい。もし不十分というなら、それは改革・開放がまだ不十分だということだ。」(『中国通信』一九八九年六月二四日)

天安門事件を経て、六月二三日、二四日に北京で開催された第一三期四中総で採択されたコミュニケの最重要のポイントは、「四つの基本原則は立国の基本であり、わずかなりとも動揺することなく、一貫して維持されなければならない。改革と開放は強国の道であり、断固としてかわることなく従来と同様に貫徹執行されなければならない。けっしてかつての道にもどってはならない」というところにあった。

ブルジョア自由化は許さない

改革・開放は、一九七八年以降の中国近代化においてさけることのできない路線である一方、この路線の追求が四つの基本原則を絶対にゆるがせにしてはならないことを、鄧小平はくりかえしてきた。実際、鄧小平が改革・開放をいうときには、同時に四つの基本原則の堅持を主張することを忘れてはいない。

鄧小平にあっては、改革・開放と四つの基本原則はつねにしっかりと結びつけられてきたのである。確認のために、鄧小平が一九八五年六月六日付の『人民日報』に寄せた論文「ブルジョア自由化をやることはつまり資本主義の道をあゆむことである」の一節をみておこう。

「四つの現代化を進め、開放政策を実行しようとするならば、ブルジョア自由化をやってはならない。自由化の思想的傾向がはびこれば、われわれの事業はめちゃくちゃになる。要するに、目標はひとつ、つまり安定した政治環境が必要である。安定した政治環境がなければ、すべてがおはなしにならない。国を治めるということは、大きな道理であり、さまざまな小さな道理を規制している。これらの小さな道理にもそれなりの道理はあるだろうが、この大きな道理がなければ所詮《しょせん》はだめである。」(『人民日報』一九八五年六月六日)

鄧小平は、中国を改革・開放路線にのせてはしらせてきたプラグマティストである。同時に、鄧小平は四つの基本原則を「大きな道理」ととらえ、改革・開放はそれによって規制される「小さな道理」とみなしてきたことは、忘れられてはならない。一九七八年三中総以降、改革・開放をつづける一方で、共産党一党支配体制はこれを断固として持続するという意思が、鄧小平においては一貫してきた。

北京天安門での人民解放軍による学生・市民の弾圧は、これがいかに過酷なものであったとはいえ、鄧小平にあっては、これまでいいつづけてきた四つの基本原則の再確認の域をでるものではなく、したがってこれによって改革と開放が消極的になることはないはずであった。現実がまさにそうであった。天安門事件の発生した一九八九年は、その前年の春に開始された価格自由化により新中国の建国以来、最大のインフレが発生し、これを抑圧すべく「整備・整頓」と称せられる経済引締め政策により、改革・開放期の中国がもっともきびしい低迷を余儀なくされた年であった。

しかし、一九八九年を通じて強力に施行されたインフレ抑圧努力の成果として、再度の改革・開放への、いな改革・開放の全面加速への条件が整備され、あの一九九二年以来の超高成長期へと中国経済を導いていった。天安門事件を通じて共産党一党支配がその暴力的な対応を露骨にもみせたその一方で、改革・開放はむしろ「フルスイング」期に入っていったのである。

再度確認しておこう。社会主義市場経済とは、市場経済そのものであって、経済的にいえば「社会主義」には実効上の意味はほとんどない。しかしその一方で、中国は政治制度としての社会主義、一言でいえば共産党一党支配体制は堅持し、かつこれをいよいよ強化しようという方向にある。市場経済のうえに社会主義を冠することの意味は、まさにここにある。

社会主義市場経済は、社会主義と市場経済の概念的整合性を問われるべき概念ではなく、中国のいわば「国体」を反映した概念として受け取られるべきものであろう。

しかし、それでもなお多くの人びとは、社会主義と市場経済が長期にわたり「無矛盾」でありうるか、という問いに拘泥《こうでい》せざるをえないであろう。私とてこの問いは、中国のゆく末をはかって、大きな重要性をもつ問いだと心得ている。この点についても、中国経済の実態を子細にみすえて、さいごのところでふたたび考察することにしたいと考えている。

第四章　農業生産力の解放と市場経済化

1　下からの改革——中国の成功とロシアの失敗

先例のない実験

毛沢東時代のあの集権的計画経済を顧《かえり》みて、今日をながめるならば、市場経済化についての中国の認識は、にわかには信じがたいほどに大胆に変化してきたことがわかる。もっとも、毛沢東時代と現在を比較するからこれがきわめて大きな変化にみえるのであって、一九七九年に改革・開放が開始されて以来、数多くの実験のつみかさねのうえに現在の中国の市場経済がある。

いいかえれば、鄧小平が全権を手にして一九七九年に改革・開放をはじめようとしていた時点において、現在の市場経済がイメージされていたわけではまったくなかった。集権的統制経済の市場経済化は、歴史に先例をもたない、野心的ではあるが、その分だけ「手さぐり」の実験たらざるをえなかった。

率直にいって、改革・開放の開始の時点でわかっていたことは、毛沢東時代のような「行政命令」により経済を動かすシステムでは、生産力の発展はとうてい掌中《しょうちゅう》にはできないという思いのみであった。とくに人民公社制度下の集権的システムにより農業は徹底的に破壊され、建国以来、中国の国民の腹はいちども満足にみたされたことなどなかった。

集権的システムから離脱しなければ中国農業はどうにもならないという認識を一方に、他方で市場経済化への道をあれやこれやと模索し、いくつかの実験の成果のなかからよしとするものを少しずつ選択しながら、「下から」改革は進められていった。実は、そうした実験主義的で、漸進主義的な方式こそが、中国の市場経済化を破綻《はたん》させることなく、現在にいたるまで着実に進行させてきた最大の理由だとみることができる。「下から」の実験的つみあげではなく、「上から」の急進的な改革を試みたロシアの失敗と比較すれば、中国の方式の優位性は明らかであろう。

ゴルバチョフによるペレストロイカの前史をもって開始されたエリツィンの改革は、社会主義的経済運営システムを完全に放擲《ほうてき》し、資本主義のそれを全面的に導入しようという、きわめてラディカルなものであった。ゴルバチョフの時代と同様、エリツィンの時代においても、価格自由化と国営企業民有化にともなう利害関係をめぐり、保守派と改革派、政府と議会のあいだで、しばしば暴力をともなう激しい相克《そうこく》を発生させてきた。そうした「二重権力」のもとで改革を進めようという以上、改革は最高意思決定者大統領による「上から」の強引な方式に頼らざるをえない。しかし、「笛ふけど、踊らず」、経済は低迷と混乱の「奈落《ならく》」に陥り、そこからはいあがってくる兆《きざ》しをさがすことさえ難しいというのが、現在のロシアである。

図4-1　1人当たりの食糧生産量ならびに農業人口1人当たり食糧占有量＊

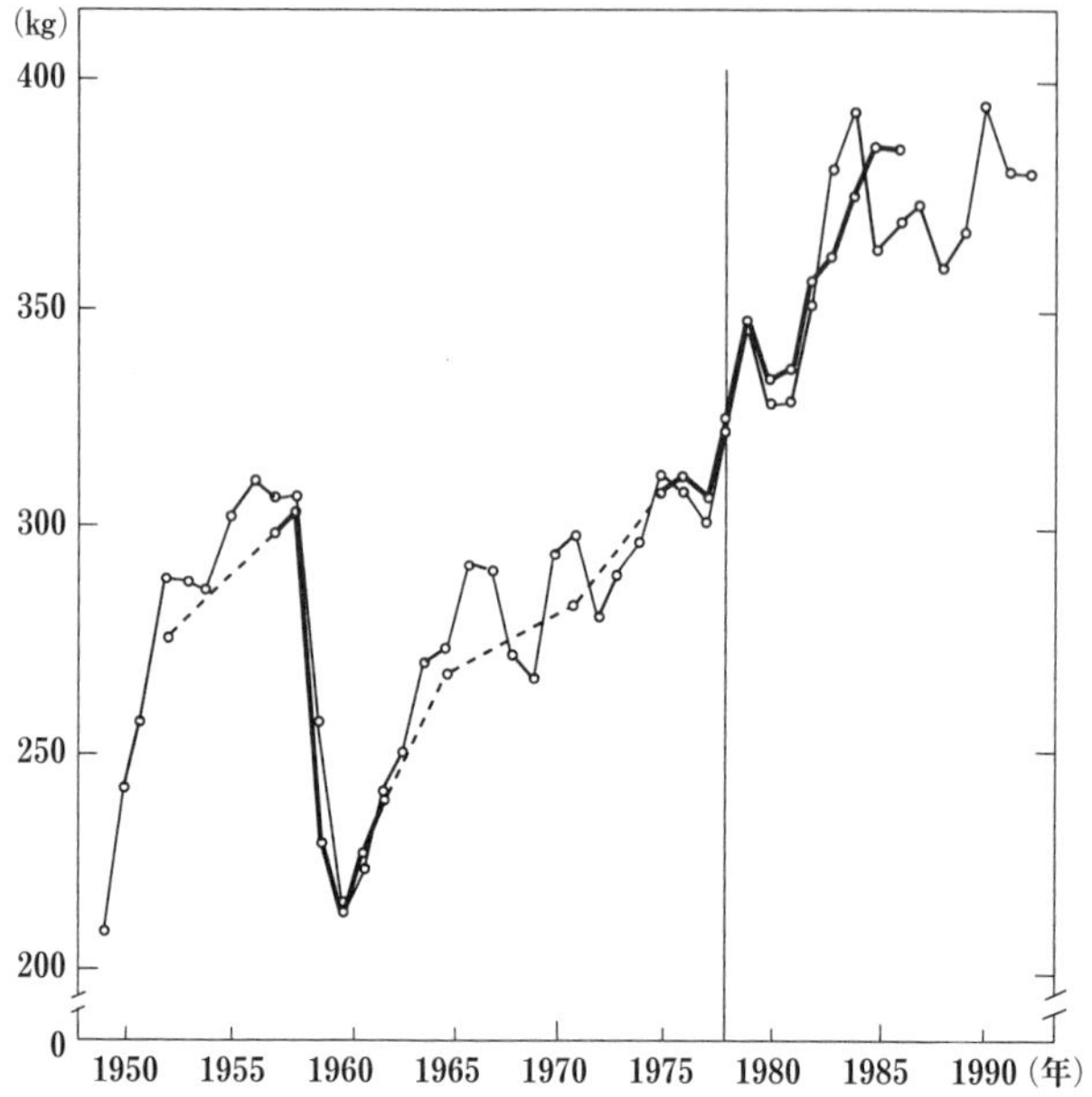

（注）　＊ここでいう占有量とは，食糧生産量から国家調達量をマイナスし，食糧不足農家への割当量をプラスしたものである。その農業人口一人当たり分＝上図の太い実線。

（資料）　国家統計局農村社会統計司編『中国農村統計年鑑』。

三〇年の低迷

中国の経済改革は、ロシアのそれとは対照的に実験主義的、漸進主義的に「下から」進められたのであるが、しかし、これは党の方針であると同時に、実際、それよりほかにとるべき方途がなかったのだ、といったほうが真実に近い。

一九七九年時点で、中国は総人口九億七五四二万人のうち八一・〇%を農民が占める圧倒的な農業国であった。経済発展の基礎にあるこの農業がどうにもならないほどに低迷していたというのが、毛沢東時代を終え、鄧小平が権力をにぎった当時の実態であった。

図4－1を参照されたい。これによれば、国民一人当たりの食糧生産量は、建国後「耕者有其田」原則にもとづい

て土地を手にした農民にわきおこった増産意欲により、しばらくは急上昇した。しかし、そのすぐあと毛沢東の主導によりはじめられた急速な農業集団化政策に襲われて、農民の増産意欲はすっかり萎縮《いしゅく》し、以降、長期にわたってほとんどいうにたる増加をみせることはなかった。

建国後における一人当たり食糧生産の最大値は一九五八年の三〇六キログラムであったが、一九七八年にいたって三一九キログラムとなって、ようやく一九五八年水準に到達するというありさまであった。この間、実に三〇年にわたるまことに長期の停滞であった。

同図では、農業人口一人当たり「食糧占有量」も示されている。ここでいう食糧占有量とは、食糧生産総量から農民が人民公社を経て国家に上納する食糧分をマイナスし、他方、国家が食糧不足農家にわりあてた食糧分をプラスした、農業人口の一人が腹に入れることのできた平均的食糧分のことである。この傾向も、全国人口の一人当たり食糧生産量とほとんど同様の軌跡を描いていることがわかる。

経済発展の基礎にある農業を発展させることこそが、国民経済形成の第一義的課題であり、またこの課題に応えることができなければ、毛沢東時代、とりわけプロレタリア文化大革命期に失われた党の威信を回復することはできないという、きびしい自己認識を当時の党中央はもっていたのである。農業生産力の発展をいかにしてひきだすか、この課題をもって改革・開放は出発した。これは党中央の不退転の決意であった。一九七八年末の第一一期三中総の決定はつぎのように論じている。

「総会は、当面、全党が農業をできるだけはやく発展させることに精力を集中しなければならないと考える。なぜなら、国民経済の基礎である農業は、ここしばらくのあいだにひどく破壊され、目下のところ総体的にいって非常に弱体だからである。農業生産を大いに回復し、その発展をはやめ、農業、林業、畜産業、漁業、副業を同時に発展させる方針、ならびに『食糧を要《かなめ》とし、全面的に発展させ、地元の実情に合わせ、適宜《てきぎ》に集中する』方針を断固《だんこ》として実行し、農業の現代化を逐次《ちくじ》実現してのみ、国民経済全体の急速な発展を保障することができるのであり、全国人民の生活水準をたえず向上させることができる。この目的のためには、なによりもまずわが国のいく億農民の社会主義的積極性をひきださなければならず、経済的には彼らの物質的利益に十分配慮し、政治的には彼らの民主的権利を確実にしなければならない。」

農村収奪

毛沢東時代の中国農業は、極度の集権的統制のなかにあって、右の文言にあるように、極度に「破壊」され「弱体化」してきた。一九五三年以来、中国農民は「統一買付・統一販売」制度のもとにくみこまれ、この制度により、農民は食糧を私営商人に販売することを禁じられた。そのうえで、農民は、生産された食糧のうちから所定の口糧《こうりょう》、種子、飼料、備蓄分ならびに農業税をさしひいたすべての余剰《よじょう》部分を、国家の指定した商業部門に売りわたすことを強要された。

農民がそのような強要を受けたのは、要するに建国後の中国の最大の課題が都市における国有重工業部門の育成にあり、そこに働く労働者に安価な食糧を供給しなければならなかったからである。（なお中国の国営企業は、一九九三年以降、国有企業とよばれるようになった。いずれ述べる所有と経営の分離の意向を反映してのことである。本書では煩瑣《はんさ》をさけるためにすべて国有企業として記すことにする。）

食糧ばかりではない。綿花、油料作物、糖料作物などの「経済作物」もまた、政府の定めた低い固定価格で国有商業部門に売りわたすことを義務づけられた。経済作物は、国有商業部門を経て国有軽工業部門にふたたび低価格で出荷された。これを原材料として製品化された衣料、食用油、糖類などが、国有商業部門から農民と都市労働者にこんどは高価格で販売された。国有工商業部門の利潤は当然のことながら大きく、この利潤は工商税とともに国庫へ上納され、これが国家財政収入の中核を形成した。この財政収入が、国家基本建設投資（設備投資）基金として国有重工業建設の蓄積源となっていったのである。

農民の不満をおさえて、食糧と経済作物の国家への売りわたし価格を低位に固定し、農民に販売する工業品価格を高位にすえおくためには、流通市場の国家管理だけでは不十分である。農民が国家への売りわたしを忌避《きひ》して生産拡大に協力しないことが懸念《けねん》されたからである。それゆえ、国家が農民労働を組織し、かつ農民への分配にも支配力を行使することにより、農業余剰のより確実な吸引を図ることが求められた。その要求に応えるための試みが、人民公社に象徴される農業集団化にほかならない。農業の「破壊」と「弱体化」は、そうした試みの当然の帰結であった。

毛沢東時代においては、中国経済の圧倒的部分を占める農村にはいっさいの余剰は残されず、農民は「自給的」生存を余儀なくされてきた。余剰を用いて商品を生産し、それを相互に交換しあう「商品経済」が創出される余地はまったくなかった。「市場」の存在は、制度的に禁じられてきたのである。

2　新農業政策の勝利——価格自由化と個人農の創出

農村市場の自由化

こうした事実に対する猛省が、右に述べた第一一期三中総決定の核心であった。新政策のポイントは、ひとつには、農民を人民公社下の集団労働システムから「救出」して自由な個人農を創出し、それによって農民の増産意欲を誘いだそうとする農業生産組織変更の試みであった。またふたつには、国家が農民から統一的に購入する農産物の品目と数量を少なくし、またその国家買上げ価格を引き上げるという政策もとられた。

さきに後者についてみておこう。第一一期三中総の決定を受けて、ただちに主要農産物一八品目の国家買上げ価格は、平均二五％ほどの引上げがなされた。逆に、農業機械、化学肥料、農薬などの価格は引き下げられた。毛沢東時代において「生存維持的水準」をうわまわる余剰のほとんどが国家に「吸引」されて貧困にあえいでいた農村のすがたが、これにより急速に変化していった。

この買上げ価格の引上げは、すぐあとで述べる「双包制」と呼ばれる新しい生産組織の普及とあいまって農民の増産意欲を強く刺激し、農民所得水準は以降、新中国の建国後最高の伸びをみせた。

農産物の買上げ価格が引き上げられたばかりではない。同時に、国家統一買付けの品目と数量をしだいに減少させるという方向も採用され、これがもうひとつの大きな増産刺激策となった。すなわち、農民が自由な市場において、より高い価格で販売しうる農産物の品目と数量を増大させたのである。これにより、増産意欲のある農民の手に残る余剰は、いちだんと大きいものとなった。

この面における画期的変化は、一九八五年に国務院によって通達された新価格・流通政策であった。食糧と経済作物に関する長年の国家統一買付け制度の機能はいっきょに弱まり、かわって契約買付け制度が一般化した。野菜、肉類などの副食品については、これを完全に自由流通制度にまかせることにした。

契約買付け制度とは、播種《はしゅ》前契約にもとづいて国家が農民とのあいだで所定の契約を行い、契約超過分については市場実勢価格による買付けとする、というものであった。この制度の変更により、国家買付けの総量は減少することになった。

強制的買付け制度を根幹とする、ながらく強力に維持されてきた農産物に対する国家の支配力は、いちどきに弱いものとなったのである。ちなみに、農産物流通総額に占める公定価格の比率は、改革以前の一九七八年には実に九四・四%の高さにおよんでいたが、一九九〇年にはこれが二五・二%に下がり、一九九二年においては一五・〇%、一九九三年中には一〇%をわることが予想されている。

農業多角化

もうひとつ、つけくわえておかなければならないことがある。毛沢東時代の農業戦略は、集団化農業とならんで、「食糧生産第一主義」であった。食糧こそが国有重工業に働く都市住民をやしなう最重要の「賃金財」であり、食糧の安価な供給があってはじめて国有重工業労働者の賃金を低位にすえおき、その順調な発展を期することができると考えられたのである。また、米ソというふたつのスーパーパワーに挟撃《きょうげき》されて重苦しい政治的・軍事的国際環境のもとで建国を進めざるをえなかった毛沢東時代の中国は、戦争への覚悟をつねに強要されつづけたのであり、食糧の確保こそは国防上の観点からしても不可避のものとして認識されていた。

対照的に、高度の生産力を求める鄧小平の時代にあっては、より収益性の高い商品経済化された農業の建設が第一義であり、この時代の比較的平和で安定的な国際環境もまたその追求を可能ならしめた要因となった。かくして採用されたのがすぐあとで指摘する「双包制」であったが、同時に収益性の高い農業分野であれば、農民がどのような生産分野に携《たずさ》わろうが、これを制約しないという方向も選択された。そのあらわれが農業の「全面的発展」つまりは多角化であった。

一九七八年までは、毛沢東時代の食糧生産第一主義を反映して播種《はしゅ》農業の比重が圧倒的に高く、林・牧畜・漁・副業は低迷してきた。しかし一九七九年以降、この傾向に明瞭な変化がうまれ、播種農業の比率は逆転を含むことなくほとんど一方的に減少し、他の農業部門がめざましい伸長をみせた。

また播種農業においても、一九七八年以前においては食糧の伸びは綿花、油料の伸びを恒常的にうわまわっていたが、一九七九年以降、その傾向は逆転した。商品化作物のこうした顕著な発展も、農民所得を増加させるのに、あずかって大きな力をもった要因であった。

鄧小平の根本的な考えは、すでになんどもそう指摘しているごとく、生産力の増強であり、毛沢東のように集団化それ自体を自己目的とする方式は、鄧小平のとるところではまったくなかった。生産力の増強に資するか否かが判断のもっとも重要な基準であった。一九八〇年五月の中央の指導的幹部との談話において鄧小平は、地元の具体的条件と大衆の願望が中心であって、これにもとづいて生産力の発展、商品経済の登場につながるものであれば、臆することなく地元と大衆に選択権を与えよ、と力説した。

双包制

人民公社の解体はいっきょに進んだ。注目されたのは、「各戸請負制《うけおいせい》」の創成であった。「各戸生産請負制」（包産到戸）と「各戸経営請負制」（包乾到戸）がそれである。前者は、農家が国家から生産量を請け負い、後者は農業経営それ自体を請け負うという制度である。両者を「双包制」という。前者であれば、農民は請負生産量をみたしたあとの生産量をみずからのものとし、後者であれば農民は所定の農産物上納、農業税、公共積立金、公益金などを支払い、これらの請負義務を果たしたあとの農産物のすべてをみずからのものとする、という方式である。

個別農家が農業生産、ついで農業経営そのものに責任をあたえられ、その責任を果たしたあとの生産量確保をめざして増産を志向するようくみたてられた、新しい試みであった。中国が社会主義国家である以上、もちろん土地の私有化は禁じられているものの、これをのぞけばたしかに「家族農業」がはっきりと出現したといってよい。

「双包制」を採用する農家の農家総数に占める比率は、一九八〇年代初期より急速な増加を示した。一九八四年にはほとんど一〇〇%の農家がこれを採用するにいたった。この事実は、人民公社下の集団農業がいかに農民から忌避され、対照的に、双包制が農民の要求にいかにみごとに適応したものであったかを示唆《しさ》している。

そして、この双包制の急速な導入は、土地の協同化と集団農業を旨《むね》としてきた人民公社の解体と同義であった。すなわち一九八四年末までに全国で九八・三%の人民公社が解体され、最後まで残っていた西蔵（チベット）自治区の人民公社も一九八九年中に解体され、人民公社はここに完全にその幕を閉じた。同時に、中国共産党一党支配体制の農村における最末端機構でもあった人民公社から、その政治機能が分離され、いわゆる「政社分離」もなされた。このことは、一九八二年一二月に批准《ひじゅん》された新憲法にも明記された。

毛沢東の時代とはうってかわって、農民はみずから投じた労働に応じた収入をえることができるようになり、農村内に少なからぬ余剰が形成されるようになった。そしてこの余剰は、農民の「貯蓄」となり、さらにこの貯蓄は、いちだんと高い収益性を求めて、より需要の大きい非農産物を生産する部門へと投下されていった。次章で述べる「郷鎮《ごうちん》企業」がそれである。

この新たにうまれた経済主体により、中国は商品経済から市場経済へと大きく流動化していくことになる。一九九二年時点において全人口の七二・四%を農民が占める中国において、その農村に余剰が発生し、これが市場経済化へのインパクトとなっていったのである。そのインパクトは測りがたく大きいものであった。

3　手さぐりの実験――現実追認のリアリズム

ところで、双包制の拡大とそれによる人民公社の解体は、それほど整合的なプログラムをもって施行《しこう》されてきたものだとはいいがたい。鄧小平一流の実験主義的戦略の成果であった。各地域で試行をつみかさねて、そこで成果があがったものをしだいに他地域に普及させていこうという、「手さぐり」の実験の成功であった。

安徽省鳳陽県

改革・開放期における双包制の発祥《はっしょう》の地は、安徽《あんき》省鳳陽《ほうよう》県であった。当時人口二五万人の、貧しい中国農村にあってもきわだって貧しい農村であった。解放前、鳳陽県から流出する乞食は年間一〇万人をこえたといわれ、人民公社成立後はさらに貧困の度をまし、大量の「外流農民」があとをたたなかった。一九五六年から一九七八年にいたる二三年間、鳳陽県は一貫して政府の食糧わりあて、貸付金、生活救済措置に依存して、ようやく生き延びることができた。

この農村を一九七八年に厳しい旱魃《かんばつ》がおそった。人民公社下のきわめて「粗《あら》い」集団農業によっては、この困難をのりきることはとうてい不可能であり、個別農家の積極性をひきだすなんらかの新しい試みを採用せずして、鳳陽県が生存していくことはできなかった。一部の生産隊は「禁」をやぶって既述した双包制の採用にふみきり、この困難な時期にあってなお増産を達成することができた。第一一期三中総ののち、一九七九年に鳳陽県党委員会が開いた会議はこの生産請負制を追認し、これへの積極的な移行方針を固めた。そして一九七九年にこの経営請負制を鳳陽県の生産隊の八一・五%が採用するにいたった。

これらはすべて、農民の、そして農民の意向を体してことにあたった地方の下層党幹部の強い意思の結実であった。そしてこの意思を、当時の安徽省党第一書記であった万里《ばんり》が一九七八年に入ってはっきりと公認したことが、双包制の全国的普及・拡大の第一歩となった。ちなみに、ほぼ同時期に四川省党第一書記の地位にあった趙紫陽《ちょうしよう》が、同省での同様の試みを積極的に推進した指導者であった。

こうした新しい試図の成果が、最終的に中央によって「追認」され、積極的な評価の対象にされたのは、一九八二年一二月の「当面の農村経済政策についての若干の問題」の採択によってであった。人民公社下での貧困にたえかねて、中央の意思とは関係なく、むしろ中央の意思に抗して実験的に進められてきた地方の試行を、その実験の成果にもとづいて公認し、これを全国的に拡大していこうというやり方であった。鄧小平時代のすべての経済政策に一貫した方式であり、双包制の採用はその「プロトタイプ」（原型）ともいうべきものとなった。

農村が都市を包囲する

一九八三年一〇月一二日鄧小平は、その談話において、「農業で大規模な請負をやることに、私は賛成である。いまはまだ思いきってやらせる大胆さがたりない。要するに、中国の特色をもつ社会主義の建設に役だつかどうか、国の繁栄と発展に役だつかどうか、人民の富裕と幸福に役だつかどうか、これがわれわれの諸活動が正しいかどうかをはかる基準なのである」といい、請負制の大胆な試行にはっぱをかけた（「組織戦線と思想戦線における党の差し迫った任務」『現代中国の基本問題について』）。

この文章にさきだつ表現は、「農村でも都市でも、一部の人がさきにゆたかになるのを認めねばならない。勤労によって富をきずくのは、正当なことである。一部のひと、一部の地区がさきにゆたかになるのはよい方法であり、みなが支持する新しい方法である。古い方法よりは新しい方法がよい」である。第二章で紹介した「先富論」なる大胆な発想を、農業の請負制の実施と結びつけて鄧小平はすでにこう判断していたのである。実験主義と合理主義とのいかにも鄧小平らしい「結合」というべきであろう。

新農業政策の成功は明らかであり、中国農業は、食糧でみても、経済作物でみても、一九七九年以降、劇的な増加期に入った。前出図4－1からもわかるように、食糧生産は全国人口一人当たり、農業人口一人当たりのいずれにおいても、空前の増加をみせた。

一九七九年にはじまる新農業政策のもとで、農産物価格と農業生産組織の自由化がなされ、これに呼応した農民に強い増産意欲が発生したのである。かくして、建国後中国の農村にはじめて農産物余剰がうまれた。増産意欲の強い農民に少なからぬ余剰がつくりだされ、これが非農産物の生産に向かい、それら非農産物を交換しあう「商品経済」が創出されていった。ふたたび予告すれば、その主体が「郷鎮企業」である。

中国の市場経済化が農村を舞台にしてはじめられたこと、この事実がその後の中国の市場経済化の帰趨《きすう》を決定することになった。「農村が都市を包囲する」毛沢東の軍事革命戦略が、鄧小平の経済革命の原点となったとみるのは、皮肉な見方であろうか。農村の市場経済化の大波はその後、しだいに他の経済主体をも洗っていくことになる。

第五章　郷鎮企業の登場

1　「異軍突起」——農村構造多様化の原動力

よみがえる家族農業

鄧小平の時代にいたって、中国の農業・農村は、毛沢東の時代から一転して市場経済化を実現した。しかしながら、鄧小平時代の農村・農業経済の発展は、それほど明瞭なプログラムにもとづいて展開されたものではない。鄧小平は、郷鎮企業の発展を「異軍突起」、つまり新勢力が突如としてこの世に飛びだしたものだ、といった表現を用いて、その発展など当初は予想もしていなかった意外な事実であると述べたことがある。鄧小平時代の農業発展のありようを、実に端的に物語る話ではないか。

鄧小平は、毛沢東の時代の農業の惨たる状況から脱却すべく、農産物に対する国家の強制的買付け制度の廃止、農副産物買上げ価格の引上げといった試みに大きな力を発揮して、その実現に成功した。第一一期三中総決議は、そうした措置を全面的に認めた法制的基礎であった。

しかし、率直にいってこれが鄧小平の農政転換のすべてであった。これらの措置を基礎にして、双包制と名づけられる個人農が大量に出現していったのは、党の政策のゆえというよりは、むしろ自主権を手にした農民たち自身の発意のゆえであり、その農民の創造的活動の軌跡を中央はただ「追認」したにすぎない。

人民公社制度下の集団的農業経営を崩壊させ、個人農をよみがえらせたのは、党中央の意識変革というよりはむしろ農民自身であったというのが、ことがらの本質である。党ではなく、家族農業を求める農民のきわめて積極的な行動が、中国の農業転換をもたらした主要因であった。双包制普及のきっかけをつくったのは安徽省鳳陽県であり、ここでヤミ政策として行われていたこの制度が、一九七八年に同省の党第一書記であった万里により公的に認知され、周辺に拡大していったという事実についてはさきに述べた。

かりに双包制の出発がこのときであったとすると、双包制の最終的形態ともいうべき各戸経営請負制を中国農家の九五%が採用することになったのが一九八三年であり、その間わずか四年であった。あの広大な中国に、しかも人民公社制度にがっちりくみこまれてきた中国農村に、きわめて短期間に家族農業が蘇生《そせい》したのである。おどろくべき速度である。このような速度は、とうてい行政的措置のみによっては実現さるべくもない。いかに農民が双包制を歓迎し、これを積極的に受け入れていったのかを推測させる。

郷鎮企業の発展などは、鄧小平が率直にも吐露《とろ》しているように、まったくのところ「異軍突起」であったにちがいない。第一一期三中総決議には、郷鎮企業の発展をうながす文言などどこにもない。双包制それ自体が予期されていなかった。しかし、双包制のいちじるしい成功は増産意欲の強い農民に、収益性の高い非農業部門に投下可能な貨幣余剰をつくりだし、これによってうまれた郷鎮企業が、中国の市場経済化を進捗《しんちょく》させる一大経済主体となっていったのである。予想をこえる事態の進展であった。

論争しないことが私の発明だ

鄧小平のやり方は、自由化した農村のなかにえがかれる現実の軌跡を、それが生産力の発展につながるのであれば、素直に、そして寛容に追認していくというものであった。彼は問題を「理論化」するための議論は、これをできるだけさけようとしたのである。鄧小平は「論争をしないことが私の発明だ」と喝破して、「南巡講話」ではつぎのように述べている。

「改革・開放には、当初から意見のくいちがいがあったが、これはあたりまえのことだ。……問題は農村改革、つまり人民公社制度を廃止して、生産請負制をやることだった。はじめは、三分の一の省しかやらなかったが、二年めには三分の二をこえ、三年めにはやっと残りの足なみがそろった。はじめは、みんなまったく積極的ではなかった。大勢のひとがなりゆきをみていた。だが、われわれの政策は、様子をみていてもいいといっているわけでね。強制しないし、なんとか推進運動なんかおこさない。やりたきゃ、やりたいものが、やりたいだけやるというわけだ。こうやってだんだんと改革の足なみがそろってきたんだ。論争しないことは、私の発明だよ。論争しはじめると、時間がみんなそっちにとられてしまい、なにもできなくなる。議論しないで、大胆にやっていくわけだ。」

さて、さきの郷鎮企業である。郷鎮企業の今日の中国におけるプレゼンスをみておこう。郷鎮企業とは、行政上農村内に立地する企業のことであり、郷政府や鎮政府の経営する企業に加えて、複数農民の連合による合作企業、さらには農民が個人でおこした企業の総称である。農民の個人企業を除く郷鎮企業は、中国の統計では「集

図5-1　工業生産額に占める各所有形態企業の比率

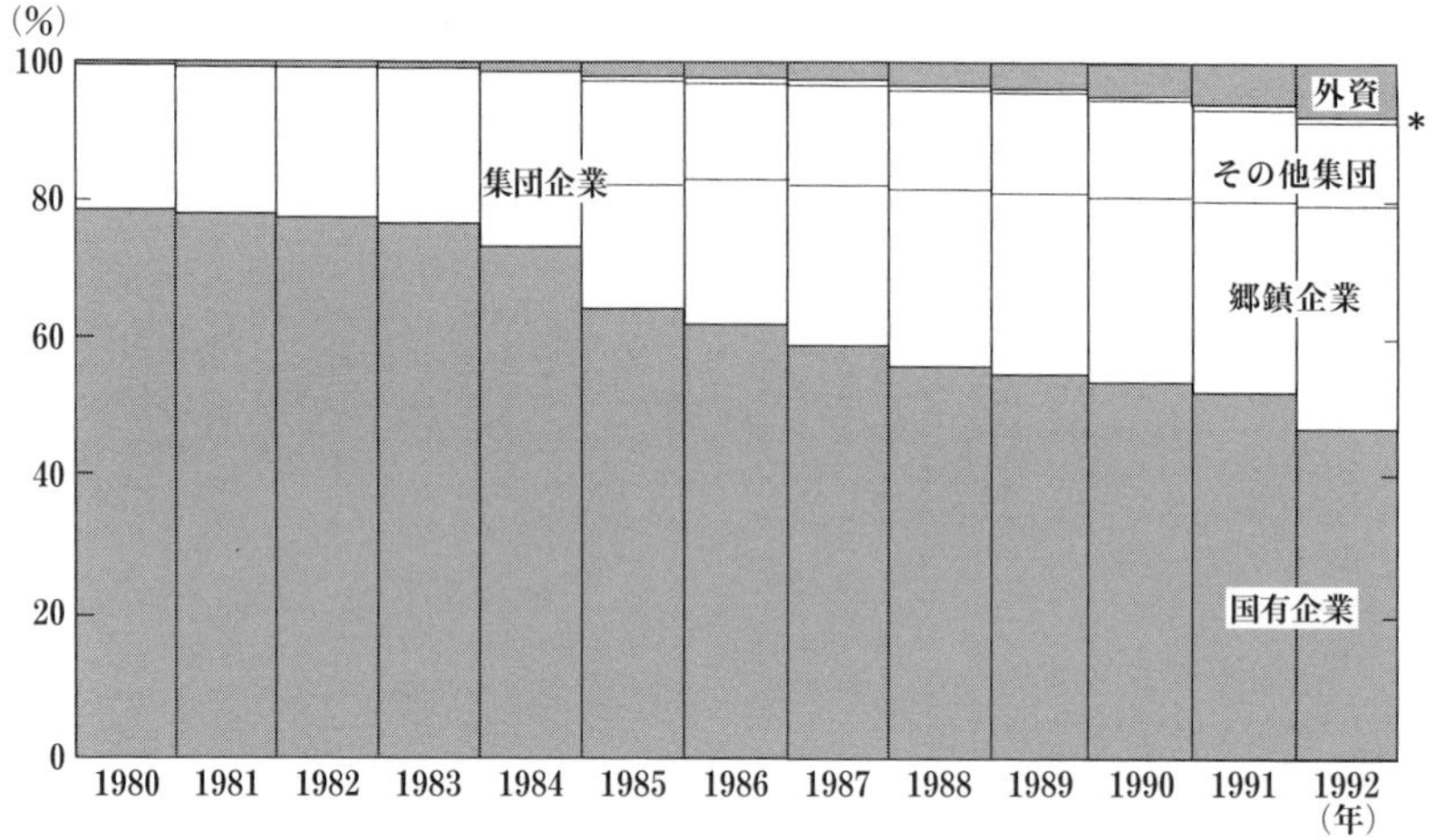

（注）　＊個人・私営。
（資料）　国家統計局『中国統計年鑑』。

団所有制企業」に含まれる。郷鎮企業の中心は工業部門であり、一九九二年の数値でいえばこれが郷鎮企業総生産額の六〇・〇％を占めるが、他に商業、建設業、交通運輸業などもある。

郷鎮工業の生産額が他の工業部門のそれとの比較可能な形で発表されるようになったのは、一九八五年以降のことである。一九八五年から一九九二年までの工業生産額を所有形態別にみたものが、図5－1である。工業総生産額に占める国有工業の比率は一九八五年には六四・九％であったが、一九九二年にはついに五〇％を割って四八・一％へと大きく後退した。対照的に、郷鎮工業のそれは同期間に一七・七％から三二・五％へとめざましい上昇をつづけた。また同期間における工業総生産額の増加に対する寄与率をみると、国有企業が四二・一％であるのに対し、郷鎮工業は三七・七％となっている。

郷鎮工業は、いまだ国有工業に匹敵する存在とまではなっていないが、短いあいだにそのプレゼンスを顕著に拡大してきた。図5－1の傾向がこんごも持続していくならば、中国における最重要の工業生産主体が郷鎮工業となる日を予想することも不可能ではない。

郷鎮企業の労働吸収力

郷鎮工業において特筆すべきことのもうひとつは、その労働吸収力のいちじるしい強さである。郷鎮工業の労働力は、一九八五年に四一三六万人であったが、これが一九九二年には六三三六万人に増加し、この間の労働者増加数は二二〇〇万人に達した。同期間の国有工業労働者数は四二二九万人から四五二一万人へとわずか二九二万人の増加であり、この面での郷鎮工業の優位性は圧倒的である。

ここでわれわれが郷鎮企業に注目しているのは、農村における分業構造と市場経済化の主体としてのその評価であるから、はなしを郷鎮工業のみに限定する必要はない。商業、建築業、交通運輸業を含んだ郷鎮企業の全体についてみておくことが重要であろう。そうしてながめるならば、中国の農村にはおどろくべき大きな変化が発生していることがわかる。

郷鎮企業全体の生産額や従業員数については、改革・開放の開始年である一九七九年より現在にいたるまで、連続した統計が利用できる。図5－2に目を移していただきたい。郷鎮企業生産額は農業（播種農業）生産額を一九八五年にうわまわり、一九九〇年には播種農業に林・牧・漁・副業を加えた農業「五業」の生産額をも凌駕《りょうが》した。

また、一九九二年には四億三八〇二万人におよんだ農村労働者数のうち郷鎮企業の労働者数は一億五八一万人に達し、すなわち二四・二％を後者が吸収した。一九七九年の同比率がわずか九・四％であったことを顧みれば、その吸収拡大がいかに急速なものであったかを理解することができよう。一九七九年から一九九二年にいたる農

図5-2　郷鎮企業生産額と農業・農村生産額

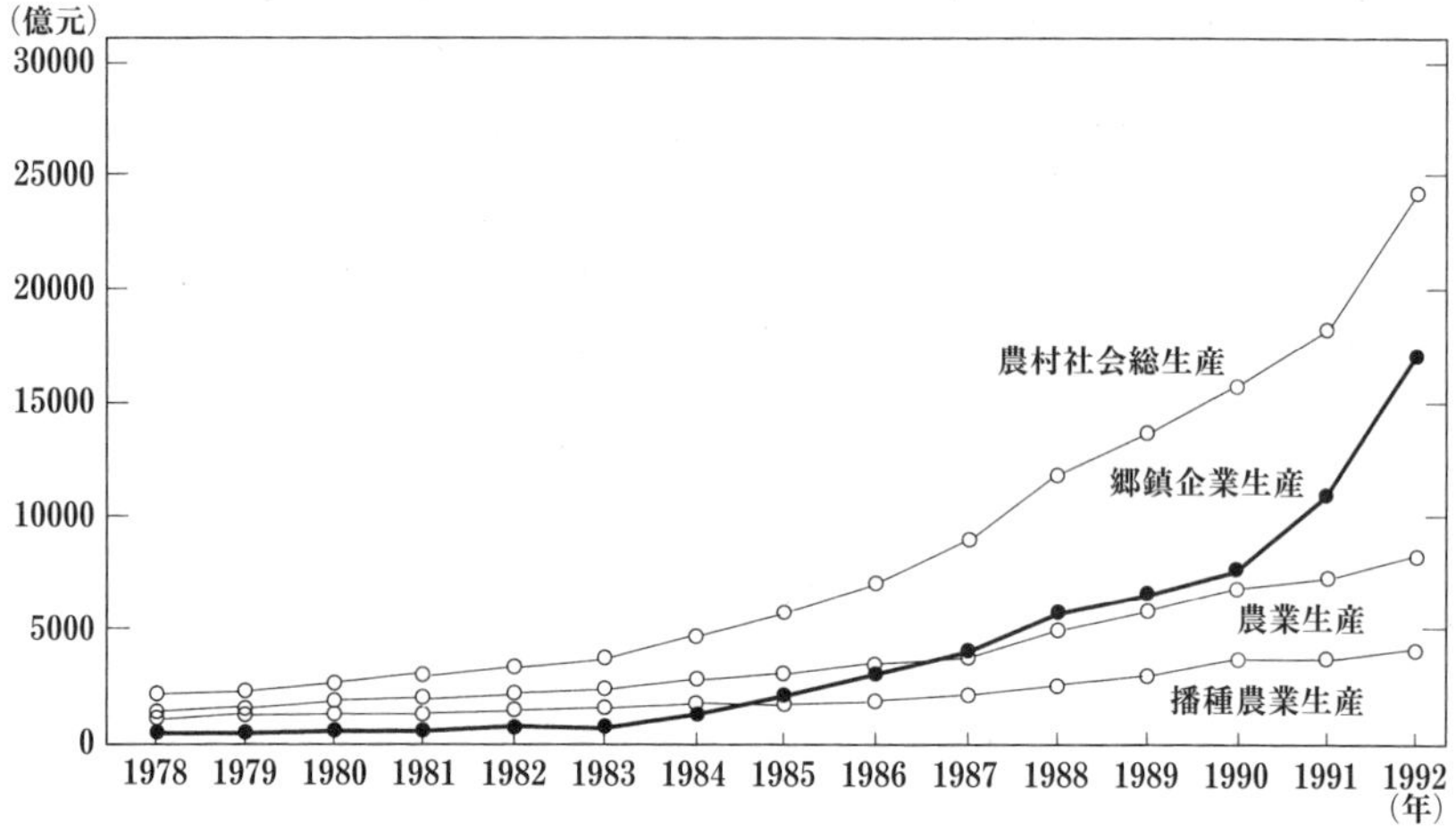

（資料）　国家統計局『中国統計年鑑』。

村労働力の増加数一億二七七七万人のうち、郷鎮企業の同値は七六七二万人であり、後者の寄与率は六〇・〇％であった。

郷鎮企業が、農村構造の多様化の一大勢力になったことは、まぎれもない。図5－3は、その農村構造の多様化の方向を示したものである。農業生産比率が急減する一方、農村工業生産比率がめざましい伸びをみせていることがわかる。農村工業に商業、建築、交通運輸部門がくわわって、建国以来、ながらく食糧農業に圧倒的な重点をおいてきた中国農村が、短期間に驚嘆すべきはやさで多様化したのである。多様化の中心的勢力が郷鎮企業であった。

2　農村にうまれた余剰
——郷鎮企業生成のメカニズム

万元戸

郷鎮企業は、どうして短期間にこのように激しく群生してきたのであろうか。農村市場経済化の帰結である。

価格自由化と双包制の採用に由来する農村の市場経済化は、

図5-3　農村生産構造の多様化

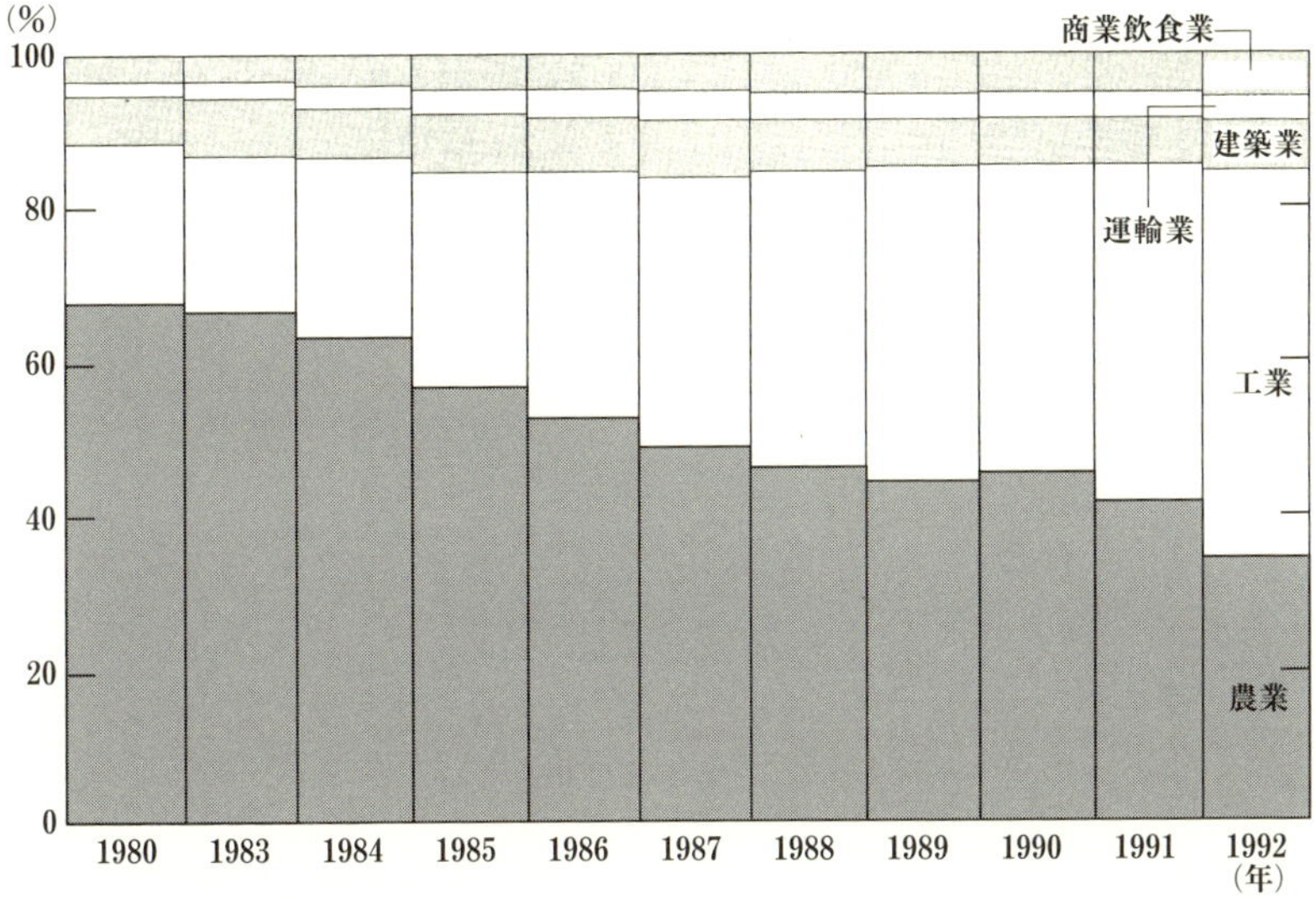

（資料）　国家統計局『中国統計年鑑』。

明らかに農民所得の増加を誘った。生存維持的水準をこえる余剰のほとんどを国家に吸引されてきた農村に、余剰の相当量が留保されるようになったのである。このことは、たとえば農村家計のエンゲル係数、すなわち農家家計支出に占める食糧支出の比率が、一九七九年の六七・七から一九八五年の五七・七を経て、一九九二年には五六・八という建国以来最低の水準にまで低下したという事実からも、類推することができよう。

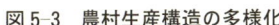

　農村の市場経済化の恩恵にあつくあずかったのは、増産意欲の強い農民であり、かつて「万元戸《まんげんこ》」として知られた人びとであった。こうした一群の農民がより高い収益を求めて自部門以外に投下可能な貨幣余剰を擁《よう》するにいたったのであり、これは建国後の中国にはじめて生じた特筆すべき状況であった。農村に発生したこの「市場化可能」な貨幣余剰が高い収益を求めて向かっていった、そのさきが郷鎮企業にほかならない。

　所得水準の上昇にともなって農民に生じた貨幣余剰は、農村信用合作社や農業銀行への農民の預金額からこれをうかがうことができる。歴年の『中国農村金融統計』を検討してみると、つぎのことがわかる。農村信用合作社への預金主体は、集団農業、郷鎮企業、農家、その他、の四つに分類される。一九七九年時点において農村信用合作社への預金合計のうち、農家は三六・三%を占めるのみであった。しかし、その後急上昇をつづけ、一九八五年には七七・九%、一九九一年には八五・五%を占めるにいたった。

農村信用合作社の貸出構成をみると、一九七九年には二九・二%と比較的少なかった郷鎮企業への貸出額が急増し、一九八五年の四一・一%、一九九一年には五〇・三%となって、他を圧する最大の貸出先となった。農業銀行の預金、貸出をみてもほぼ同様の傾向をみることができる。この数値は、急増した農家の余剰資金が、農業に比べて収益性の高い農村工業、つまりは郷鎮企業に向けて急速にながれこんでいったという事実を反映している。

郷鎮企業にこのような拡大をもたらしたのは、郷鎮企業と農業とのあいだに横たわる労働生産性の格差と、それに由来する一人当たり所得額と収益率のちがいである。一九九二年における郷鎮企業の労働者一人当たり生産額、すなわち労働生産性は一九九二年において一万七四六六元であり、同年の農業の二六七一元を六・五倍もうわまわっている。

図5－4は、各省の農村労働者数に占める郷鎮企業労働者数の比率を各省別に計測し、これと各省の農民平均収入との結合値をみたものである。郷鎮企業労働者数比率の高い地域ほど農民収入が高い、という有意の相関が観察されよう。ちなみに、農民収入に占める非農業収入は一九七九年の七・〇%から一九九二年には三〇・八%へと上昇している。農民が農業への投資を縮小し、郷鎮企業を中心とした農村工業部門へと、余剰の資金を投下しつづけたことの帰結である。

図 5-4　郷鎮企業労働者比率と農民平均収入（1991 年）

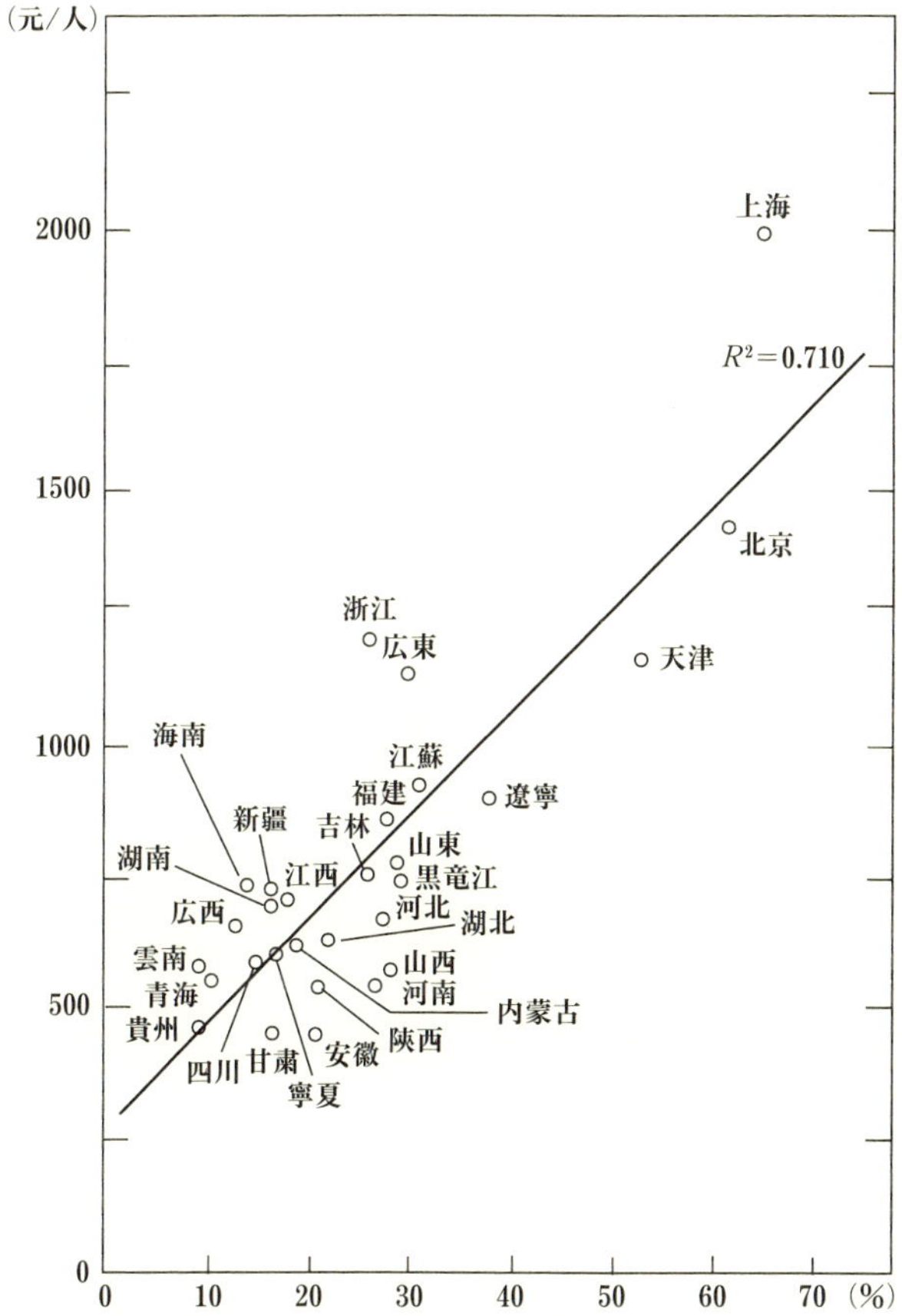

（注）　各省市農村労働者数に占める郷鎮企業就業者の比率。西蔵（チベット）を除く。

（資料）　中国農業年鑑編輯委員会『中国農業年鑑』。

移動制限の緩和

資本の移転だけでは郷鎮企業はうまれない。郷鎮企業のごとき新事業主体をうみだすには、同時にこの資本と結合すべき労働力もまたその自由な移動を保障されなければならない。

実は、人民公社制度の解体は、それまで公社のなかにおしこまれて「市場化」することのなかった余剰労働力を、市場に顕在化させることに貢献した。一九七九年にはじまる新農業政策の過程で、かつての人口移動に関するきびしい制限を維持することが、しだいに困難となってきたのである。

第一に、一九七九年以降の農業部門における労働生産性の全般的上昇は、中国農業における人口過剰度をいちだんと強め、もはやこれを農村内部におしとどめておくことを不可能とした。農民一人当たりの耕作可能な耕地面積ならびに総耕地面積を考慮して試みたわれわれの分析によれば、一九九二年における中国農村の過剰労働力は二億九〇〇〇万人にのぼる。中国国務院発展研究センターの報告書によると、双包制の採用により、農村労働力の三〇％前後が余剰化したという。新農業政策は、既存の労働力余剰状態をさらに激しくし、彼らを農村内にとどめておくことはできなくなった。

第二に、政府自体が新農制の採用以来、前章で述べたように一九七八年以前の食糧第一主義を大きく修正し、食糧以外の林・牧・漁・副業を含む農業の「全面的発展」を奨励《しょうれい》した。これを受けて展開した農業の多様化にともない、農村労働市場は当然のことながら流動化を開始した。同時に、政府が力点をおいたのが、「専業戸」の育成であった。意欲ある農民は、個人農システムへの転換にともなって生じた余剰資金と余剰労働力を用いて、経済作物、養殖業、食品加工業、農機耕作、運輸業、建築業、飲食業などのきわめて多様な業種に、「専業的」

にたずさわる農家へと変身した。農村労働力の流動化はいよいよさけられない。

こうした条件にうながされて、政府は旧来の労働力移動制限を緩和させるという方向を、新たに選択した。ふたたび現状の追認である。注目されるのは、一九八四年にだされた「農民が集鎮に入り、戸籍を移すことに関する国務院の規定」であった。ここでは、農村内の小都市である「鎮」の工業、商業、サービス業などに従事する意思と能力を有し、かつ鎮に固定的な住居をもつもの、ならびにその家族、さらには郷鎮企業に長期に従事するものについては、鎮への移住を許可するという政策変更がなされた。

こうして、新農業政策は、生存維持的水準をうわまわる余剰を国家に吸引されてきた中国農村に、新たにその余剰の相当部分の留保を可能ならしめ、そうして収益性のより高い非農業部門に投下しうる資金的余剰をつくりだしたのである。また、郷と鎮とのあいだの労働力の移動に対する法的拘束が取りはずされ、人民公社内に潜在していた余剰労働力は市場にはっきりと顕在化することになった。この「市場化可能」な資金と労働力が、かつてであれば想像できないような速度と規模で向かっていった、そのゆきさきが郷鎮企業であった。

3　中国市場経済化の特異性——自然経済から市場経済へ

商業主義的伝統

郷鎮企業は、農業余剰を国家権力機構を通じてひたすら国有重工業部門に投下しつづけてきた毛沢東時代の「蓄積パターン」とは異なる、新しい蓄積パターンを中国に創成することになった。その意味で、郷鎮企業は中国の経済体制改革がうみだした、もっとも注目すべき新経済主体なのである。

工業部門を中心にし、その周辺に建築業、運輸業、サービス業などを擁した郷鎮企業の生成は、食糧生産第一主義のもとにあって、分業と市場経済化への道を閉ざされてきた中国農村に、いちじるしい多様化と分業的システムをつくりだした。かくして、中国の市場経済化は、農村を舞台とし、まずはここで大きく花開いたのである。

このようにみてくると、中国の市場経済化は、集権的計画経済を転換して市場経済化を図ってきたという理解だけでは、どうも不十分だということに、気づくであろう。毛沢東時代の中国経済は、たしかに人民公社制度のもとにがっちりくみこまれた集権的統制経済であり、「非市場経済」であった。

しかし、人民公社が集権的統制をもってしばっていたのは、技術水準においてきわめておくれた「自給的」な「自然経済」であった。農民の所得水準がまことに低いものであったのは、人民公社制度のきびしい統制のゆえであると同時に、中国が技術水準のおくれた自然経済、つまりは低位の農業発展段階におかれていたがゆえでもあった。人民公社は、旧ソ連のコルホーズ（協同組合農場）やソフホーズ（国営農場）のような、比較的高度の農業機械を用いた農民集団組織ではなかったのである。

価格の自由化、双包制の採用、人民公社制度の解体は、農民をしてこの極度に貧困な自然経済からの脱却を強くうながし、生活水準の向上へと彼らを誘った。そうしてうまれた貨幣と労働力の余剰が、農村内の郷鎮企業を中核とする、生産性と収益性のより高い非農業部門に向かい、農村の分業構造の多様化と市場経済化をもたらしていった。

農民が自給的な自然経済という非市場経済から脱却し、農村内に郷鎮企業という工業部門を創成し、ここに資源を移転させるという形で、中国の市場経済化は進んでいった。つまり、中国の市場経済化は、開発途上国の発展初期にみられる伝統的な非市場経済の市場経済化への移行と同類のものであった。先進国の「プロト工業化」

期のそれと同じものであったといってもいい。

ロシアの改革下で、市場経済の新しい担《にな》い手となることが期待されているのは、「小規模協同組合企業」（コーペラチフ）であるが、これは企業数と従業員数において郷鎮企業とは比較にならないほどに、小さな規模である。このことは、旧ソ連の集権的統制経済がその強力な共産党権力によって、ミクロ単位のエネルギーを「根こそぎ」奪いとってしまったことの帰結であろう。

これと対照的に中国は、分散的な農村社会とこれを背景にした比較的強い地方主義的伝統をもち、集権的統制といえども、旧ソ連に比べればそれがかなり「ゆるやか」なものであったことを示唆する。また、漢民族のもつ商業主義的で現実主義的な文化の伝統が、革命四〇年余を経ても、なおミクロ単位のなかに根づよくいきのびてきたことの証《あかし》でもあろう。

第六章　「放権譲利」と対外開放

1　特殊政策・弾力措置――「条と塊のふたつを結合させ、後者を主とする」

地方分権化

集権的統制の紐《ひも》を解き、各種経済主体に最大限の「実利」を求めさせながら市場経済化を推進しようというのが、鄧小平のプラグマティズムであった。その内実は、国家の権限を下方に委譲《いじょう》し、利益を下部に受けわたしていく過程であった。中国の経済体制改革のエッセンスは、かくして「放権譲利《ほうけんじょうり》」という用語法に象徴される。

一九七九年に開始された農村改革は、人民公社を解体し、各農家への放権譲利を通じてその増産意欲を誘いだすための方式であった。農民の増産意欲はいちどきに高まり、労働生産性と農民所得は格段の増加を示した。労働生産性の上昇によってうまれた労働力余剰と、所得水準の向上によってうまれた貨幣余剰とが、そのはけ口を求めて集中したのが、郷鎮企業であった。その意味で郷鎮企業は、放権譲利のもっとも重要な「落とし子」であった。

放権譲利は、中国経済をかつてないスケールで流動化させ、市場経済化させつつある。おそらくその最大の要因は、放権譲利が「地方分権化」をその中枢的要素としてきたことに求められよう。国家権限の地方への大幅な「下放《かほう》」である。現在の中国の改革・開放は、放権譲利のもとで自主裁量権を確保した地方が、強化された財政力、対外貿易権、外資導入力をもって中国経済全体の改革・開放政策を「先導」しているというのが実態なのである。

政府は、一九八八年に各省において財政請負制度を実施し、請負額をうわまわる財政収入の使用面における各省の権限を強めた。これと同時に、中央が地方に指令する工業生産計画製品数ならびに計画的統一分配物資数を削減し、さらには中央政府の投資審査批准権の多くを下放するなどして、地方の権限を強化した。この面で特記されるのは、改革・開放が開始された一九七九年以来、ながらく中央から「特殊政策・弾力措置」をあたえられてきた広東と福建の両省である。

両省は、経済計画の立案・施行における自主裁量権を中央から認められ、また両省が中央に上納する財政資金と外貨については、その額を一定期間すえおくという、定額請負制を他地域にさきがけて導入することを許された。金融政策、賃金・物価政策における両省への権限委譲も大胆であった。この結果、改革・開放以降の中国にあって市場経済化が顕著に展開したのは、この両省であった。

広東、福建などの華南沿海部においては、「〝条《じょう》〟と〝塊《かい》〟のふたつを結合させ、後者を主とする」、という原則が適用されてきた。「条」とは、国家を頂点とし地方を底辺とする「線」の行政指令系列であり、「塊」とは、各省内部において横にひろがる「面」での行政指令系統のことである。要するに広東、福建の計画管理権限がいちだんと強化されたのである。

こうして、一九七九年以降、広東の固定資産総額は急増した。財政請負制による広東の財政努力が活発にひきだされ、財政資金使用面における自主裁量権が拡大されたからである。広東は、中央から手にした財政請負制を、さらに下方の市や県など地方各級政府とのあいだでも行い、権限下放《かほう》は末端にまで深化していった。特殊政策・弾力措置と名づけられる放権譲利は、農民や企業などのミクロ単位にあたえられた放権譲利と相呼応し、華南沿海部経済の大いなる市場経済化と経済資源の流動化をもたらすことになった。

党権力の変質

この市場経済化と流動化は、中国のミクロ単位の背後にあって、これを久しく拘束してきた共産党権力のありようをも変質させずにはおかなかった。新中国建国後、あの広大な中国の、中央にはじまり地方最末端単位におよぶ全階梯《ぜんかいてい》に支配の網の目をはりめぐらせて、これを強固に統御してきたのは、共産党組織にほかならない。共産党は、村、企業などの最末端単位にいたるまで無数の党委員会を擁し、これが中央の意思を全土にくまなくゆきわたらせるための系列的組織として機能した。すべての行政部門は、共産党の意思の忠実な執行者となり、これが「党政不分」の内実であった。

権限下放により省政府が力を強めたために、省財政収入の多寡《たか》は自省内の企業の業績のいかんに左右されるようになった。そうであれば、省政府が省内企業を積極的に保護するようになったのは当然であった。

一九八八年秋以降、インフレ抑制のために「整備・整頓」と称されたきびしい経済引締め政策がとられたことはのちに指摘するが、華南沿海部の活力は衰えることはなかった。その理由は、華南に重きをおいてなされた地方分権化の結果である。「上に政策あれば、下に対策あり」といわれる、中国的なしたたかさは、放権譲利の一帰結である。放権譲利が党政不分の強固な「条」、すなわち縦の行政的指令系列を、その末端において浸潤《しんじゅん》させはじめたことは明らかであった。

香港化と台湾化

広東、福建は中央の制約から相対的に独立し、自省資源による積極的な投資活動にのりだしたのであるが、この活力の発揚を大きくうながしたのが、香港と台湾であった。実は、中央が広東、福建に特殊政策・弾力措置をあたえたのは、それぞれ広東には香港の、福建には台湾の経済的ダイナミズムを懐《ふところ》深く導入させようという目的に発したものであった。

すなわち、中国の対外開放もまた広東、福建を対象とした実験主義によって開始されたのである。その成功が確認されて、対外開放はしだいに中国の全域に拡大されていった。実験主義はたしかに賢明なやり方であった。あの広大な中国の全土をいっきょに対外開放するとなれば、西側からのインパクトに中国はとうていたえられまい。みずからの発展に有利なインパクトを選択的に享受《きょうじゅ》すべく、一部の地域を開放し、実験が成功すれば、その方法をさらに他の地域にも援用していこうというのが、鄧小平に特有な実験主義的方式であった。

広東は香港に隣接し、福建は海峡をはさんで台湾に対面しており、それぞれ両者の血縁的・言語的関係は強い。建国以前の中国資本主義のエッセンスはこの香港、台湾に流出し、両者はそこでアジアにおける最高の隆盛を誇るまでになった。その資本主義のエッセンスの「内流」を求めて、中央は特殊政策・弾力措置を広東と福建にあたえたのである。

もうひとつの理由があった。香港ならびに台湾の中国返還は、中国共産党現指導部の最大の課題である。しかし、これも改革・開放の現代中国にあっては、武力統一によってではなく、交渉を通じて平和的統一を図るより他に選択肢はない。事実、中国が「台湾武力解放」から「平和統一」路線へと転じたことは、すでに一九七九年一月に全人代常務委が「台湾同胞に告ぐる書」を公表したことによって既定の方針となっていた。

さらに同年九月には全人代常務委員長葉剣英《ようけんえい》が「第三次国共合作」をよびかけ、台湾を「特別行政区」とし、ここに司法、行政、立法、終審権、さらには軍事力の保有をも認めるという、いわゆる「一国両制」案を提起した。一国両制案は、軍事力の保有を除いて、台湾よりさきに一九九七年七月一日に予定されている香港返還に適用されることになったという事情は、ひろく知られている。

もし平和的手段を通じて香港や台湾の返還を求めようというのであれば、中国の、少なくとも中国沿海部の経済発展をできるだけはやめ、その所得水準を台湾、香港のそれに近づけて、返還に際しての香港や台湾の住民の懸念を最小化することがさけられない要請となる。香港、台湾の経済力を大きく導入し、広東、福建の経済を片や「香港化」し、片や「台湾化」することになれば、その目的は達成されることになる。鄧小平ならば当然考えたであろうシナリオであった。

このようにみれば、広東、福建にあたえられた特殊政策・弾力措置とは、ここに香港、台湾という「外なる中国」の資本主義のエッセンスの大量流入をうながし、その力によって広東、福建の潜在力をほりおこしていこうという実験であり、香港、台湾の中国返還を順調になさしめる方途をさぐる実験でもあった。この実験が成功すれば、これを他の沿海地域に、ついで内陸部でも展開していこうというものであり、実際、その後の政策はそのようにはこばれていったのである。

もっとも、いかに特殊政策・弾力措置とはいえ、当初から広東、福建の全体を香港企業や台湾企業に開放するというわけにはいかない。一九七九年時点で広東省には五一四〇万人の、福建省には二四八八万人の人びとが住まっていたのである。香港、台湾の、さらにはここを通じて入ってくる西側の「汚染」を含んだ資本主義の空気に、これだけの大量の、社会主義的慣行に馴致《じゅんち》してきた人口をさらすというのは、危険である。まずは小さな「窓」から少しずつ近代化の風を内部におくっていこうと考えたのも、無理からぬ。

一九八〇年八月の全人代は「広東省経済特別区条例」を承認・公布し、これを受けて広東省内の深圳《しんせん》、珠海《しゅかい》、汕頭《すわとう》の三つの経済特別区を、また同年一〇月には台湾の対岸にある福建省アモイにもうひとつの経済特別区を設置した。加えて一九八五年には深圳、珠海の後背地である珠江《しゅこう》デルタ地帯、アモイの後背地である閩南《みんなん》デルタ地帯を開放地区に指定した。一九八八年にはそれまで広東省の行政区内にあった海南島を省に格上げし、同時に全島を経済特別区とした。

中央は、これら経済特別区、開放地区に対して、財政、外貨留保などの諸面ではばひろい自主裁量権をあたえるとともに、外資系企業に対する税制上の恩典付与権限を認めるなど、内陸諸地域とは異なった自由な管理体系の採用を許容した。もってここを中国の対外開放政策の「窓口」とすることを意図したのである。

2　グレイター・ホンコン――華南経済の中核

高成長下の広東・福建

広東、福建にあたえられた経済的自由を求めて、香港、台湾のモノ、ヒト、カネ、テクノロジーは、当初は慎重に、しかし一九八〇年代の後半にいたるや、実際、底のぬけたような速度でそれぞれ広東省珠江デルタと閩南地方に集中的な進出を開始した。

広東、福建は、香港と台湾の経済的活力を導入したことにより、いちだんと激しい市場経済化と流動化をみせ、現在の中国において最高の成長率をみせる二省へと変貌したのである。

広東、福建の高成長は、香港、台湾など「在外華人」がここにもちこんだダイナミズムによって実現したものにほかならない。特筆されるのは、海外直接投資の導入である。一九九二年に中国が受け入れて実際に利用した海外直接投資の全社会固定資産投資総額に占める比率を、省・市・自治区（一級行政単位）別にみたものが、図6－1である。

全国平均でみればその比率は七・二％であるが、改革・開放以来の中国において最高の成長率を示してきた沿海部、とりわけ華南沿海部の福建、広東（海南を含む）の比率が格段に高いことがわかる。江蘇《こうそ》、山東《さんとう》がこれにつづく。広東、福建において固定資本投資に占める海外直接投資の比率が二〇％から四〇％近くにおよんでいるのは、おどろきである。一九七八年以前の「国際封鎖体系」の時代からすれば信じがたいほどの開放体系下に、現在の中国の沿海部がおかれていることが、あらためて確認されよう。華南沿海部に流入した海外直接投資の圧倒的部分は、香港、ついで台湾からのものであった。

中国に対する海外直接投資（実際利用額）において、最大の投資国は香港であり、これが全体の六八・二％、これにマカオを加えると七〇・〇％という卓越した地位にある。ついで台湾九・三％、日本六・六％、アメリカ五・一％とつづく。こうした国ぐにとの経済的リンケージなくして、中国沿海部の高成長はありえない。傑出しているのは香港であり、ここを中核として形成された華南経済である。

華南経済圏のオペレーション・センター

華南経済の中核は、香港＝広東経済である。広東は香港とすでにわかちがたい統合過程に入った。一九八〇年代の後半から現在にいたる香港の貿易相手地域別のシェア変化を、地場輸出（国内付加価値の比率が二五％以上の製品の輸出）、再輸出（同比率が二五％未満の製品の輸出）、輸入の三つの項目についてながめてみると、香港が中国（広東）とのあいだでいかに急速な統合過程をあゆんできたかが理解される。

その特徴は以下の三つである。（一）地場輸出で最大のシェアをもつアメリカの比率が低下する一方、中国のシェアが顕著な速度で拡大している。（二）輸入でも、かつて最大であった日本のシェアが低下、かわって中国のシェアが急増し、一九八三年以降後者が前者をうわまわった。（三）再輸入の項目を原産地国別にみると、これも日本のシェアが下がるのと対照的に中国のシェア拡大がいちじるしい。また、これを仕向地国別にみると、アメリカのシェアが増加している。

これらの特徴をつなぐ要《かなめ》の位置にあるのが、広東を舞台に大規模な展開をみせている香港企業の委託加工生産である。（一）中国向け地場輸出の拡大は、香港企業による委託加工生産用の部品、中間製品、機械、設備の中国への移出を反映している。（二）これら諸財を用いて、広東の安価な労働力により委託加工された労働集約的製品の香港企業による引取りが、中国からの輸入の拡大となってあらわれている。そして、（三）この中国を原産地として輸入した労働集約的製品を、香港は主にアメリカに向けて輸出しているのである。

香港企業による広東での委託加工生産の急速にして大規模な展開は、両者間に潜在してきた補完関係を顕在化させるのに、あずかって力をもった強力な「媒体」であった。委託加工とは、「三来一補」、すなわち「来料加

図 6-1　各省市別にみた全社会固定資産投資額に占める海外直接投資額*の比率（1992 年）

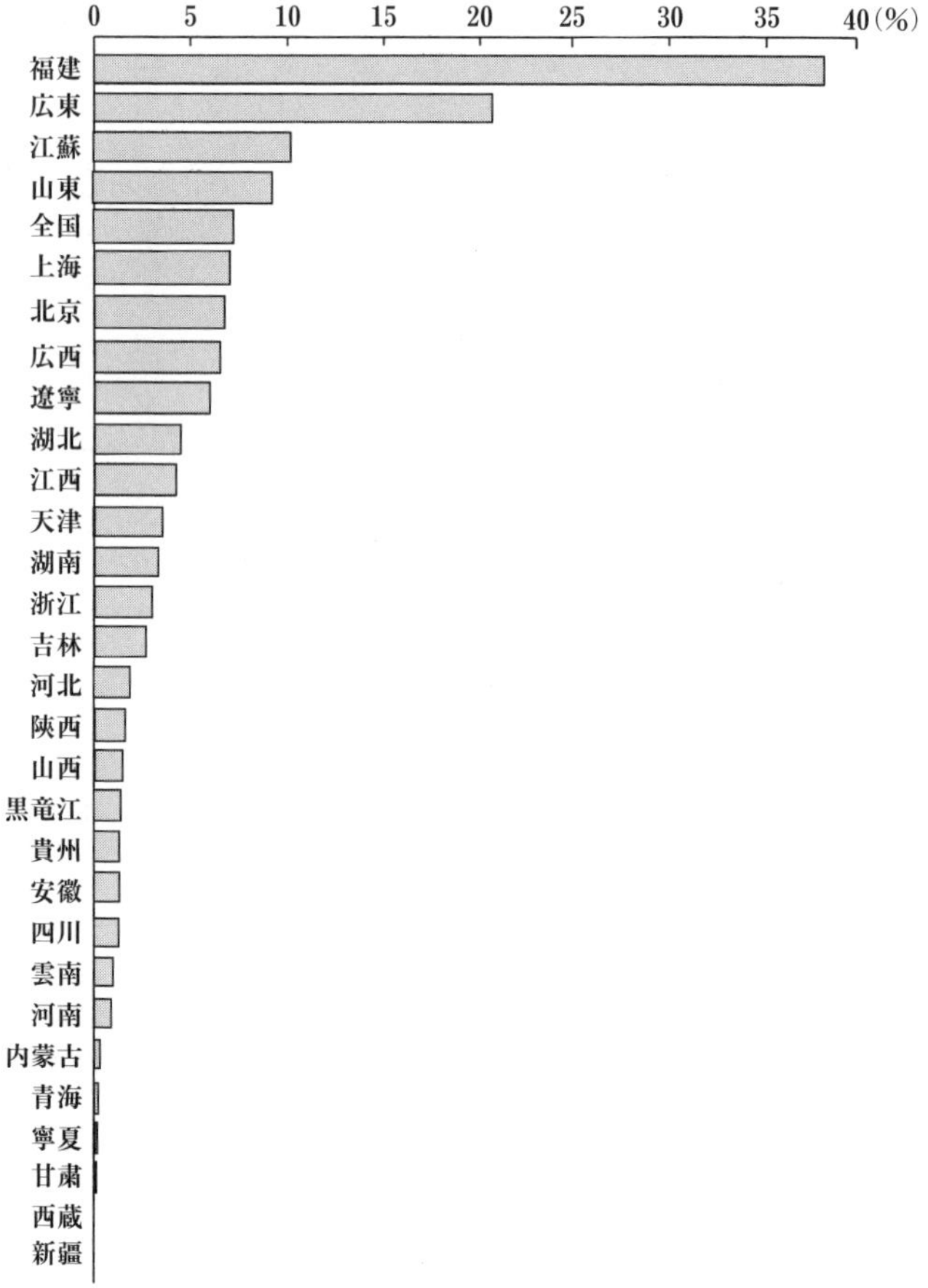

（注）　＊実際利用額。
（資料）　国家統計局『中国統計年鑑』。

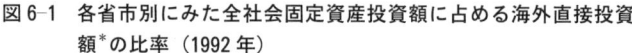

工」、「来様加工」、「来件装配」、「補償貿易」の総称である。「来料加工」とは、香港企業から提供された原料を使ってなされる加工、「来様加工」とは、香港企業から提供されたデザインとサンプルをもとにその仕様通りに行われる加工、「米件装配」とは、香港企業からおくられてきた部品や半製品の組立加工のことである。「補償貿易」とは、こうした委託加工工程をになうことにより中国側が獲得した資金をもって、香港企業から貸与された機械や設備の使用料あるいは賃貸料を支払うことをいう。

要するに、原材料、部品、中間製品、機械、設備、さらにはデザイン、サンプルなどのすべてを香港側がもちこみ、広東の安価な土地と労働力を用いて組立加工された製品のすべてを香港企業が受け取って、加工賃と土地リース代のみを広東省に支払うという形式が、委託加工方式にほかならない。

委託加工工場の生産管理、財務管理、人事管理は、これもそのすべてが香港企業によってなされている。香港と広東は同一の言語・文化圏に属し、また地理的にも近接しているために、その管理も迅速《じんそく》かつ順調になされる。香港企業による広東での委託加工は、より有利な生産立地を求める「国内投資」のごときものであって、香港企業はこれを「海外生産」といった感覚で受け取ってはいない。

香港から広東へと向かう生産拠点の移転は、委託加工方式を採用することによってまことにスムースになされている。そうして、香港企業による広東を舞台とした委託加工の展開を通じて、香港は港湾都市経済としての「限界的」ステイタスを脱することになった。香港は、広東を「ヒンターランド」(後背地)とする、新しいある種の「国民経済」の「首都」、オペレーション・センターへと変貌したのである。

香港企業は、委託加工生産を中心に、現時点で広東で少なくみつもっても三〇〇万人の雇用を創出しているといわれる。広東の工業労働者数は一九九二年において六七五万人であり、香港企業は広東の工業労働者の二人に一人近くを雇っていることになる。また香港企業は、委託加工の過程で広東側に賃金と土地リース代を支払うが、これは香港ドルでなされるのが通例である。かくして広東を流通する通貨の四十数パーセントが香港ドルと化しているというのが、香港で語られている数値である。広東の「香港化」はもはやとめどもない趨勢《すうせい》である。

3　全方位開放体制へ——中国の対外開放は後退不能である

拡大循環メカニズム

華南沿海部の経済成長は、香港、台湾の構造転換の波動を懐深く受け入れることによって、その内発力を発揚させつつ実現されたものである。改革・開放直前の一九七八年と最近年の一九九二年の二時点の簡単なマクロ経済指標により、広東、福建と全国とを比較しながら、前者のパフォーマンスの概要をながめてみよう。

国民所得の支出構成を、消費＋投資（資本形成）＋輸出－《マイナス》輸入として、四つの変数それぞれの代表値を表6－1から取りあげると、国民収入使用額のうちの消費額、固定資産投資総額、輸出、輸入となる。中国の統計概念が西側のそれと同一ではないために、この四変数の合計値は国内総生産とは一致せず、あくまでその近似値にすぎないが、おおよその傾向を知るのにはさして問題になるまい。

表6－1のマクロ数値をながめて、第一に気づくことは、広東、福建のきわだった特徴が、輸出の増加率において全国のそれをうわまわっていることである。両省の成長パターンは、その意味でたしかに「輸出志向型」だといっていいであろう。輸出稼得《かとく》外貨の高い増加率を背景に、両省はきわだって高い輸入増加率をみせていることもわかる。この輸入の中枢部分が、機械・設備などの資本財であったことはいうまでもない。

表 6-1　全国，広東，福建のマクロ経済指標（1978-92 年の実質年平均増加率）

（単位：%）

	全国	広東	福建
1人当たり国内総生産	12.9	17.6	16.4
国民収入使用額	14.5	19.3	17.3
消費額	14.8	18.0	16.7
蓄積額	14.0	22.1	18.6
1人当たり消費額	13.2	15.9	14.8
工業生産額	16.8	22.3	21.0
軽工業	17.5	23.7	21.9
重工業	16.1	20.0	19.3
農業総生産額	14.3	16.9	16.3
固定資産投資額	19.2	28.6	26.6
基本建設投資額	13.7	23.4	18.0
社会商品小売総額	15.0	18.9	16.6
輸出	16.7	20.3	24.9
輸入	15.4	33.1	44.7

（資料）　国家統計局『中国統計年鑑』；広東統計局『広東統計年鑑』；福建統計局『福建統計年鑑』。

表6－1で注目される第二は、広東、福建が固定資産投資総額とそのうちの基本建設投資（設備投資）額の増加率において、やはり全国平均を凌駕していることである。この面からいえば、両省は「投資主導型」の成長パターンであったことにもなる。この高投資を支えてきたものが、輸入資本財である。要するに広東、福建は、NIESやASEAN諸国などの東アジアにほぼ共通してみられる、輸出・投資の「拡大循環メカニズム」を順調に展開させてきたということができよう。

このメカニズムの順調な作動があって、両省は二次産業の成長率において全国のそれをうわまわった。すなわち、改革・開放期の十数年における工業成長率は、全国の一六・八%に対して、広東二二・三%、福建二一・〇%であった。

広東、福建のこの輸出・投資の拡大循環メカニズムのなかに、それぞれ香港と台湾が拭《ぬぐ》いがたく「ビルトイン」されている。このことはつぎの数値からうかがい知ることができる。一九九二年の広東の輸出一八四億三九五四万ドルのうち、一五七億九四四六万ドルと実に八五・九%が香港向けである。また、輸入一一一億七九二三万ドルのうち、八四億一〇一万ドルすなわち七五・一%が香港からであった。香港の対中貿易の趨勢を決定している最大の要因が、香港企業による広東を舞台とした委託加工関連貿易であることは、さきに指摘した。

一九九二年に広東が受け入れ、実際に利用した海外直接投資額は四八億六一四七万ドルである。そのうち香港からの受入額は、三六億二三二五万ドル、七四・五%という圧倒的なシェアを占めた。この額を一九九二年の人民元の対米ドルレートで換算すると、一九九億六四一一万元となる。これは広東の固定資産投資総額ならびに基本建設投資総額の、それぞれ二一・七%、五八・九%にあたる。広東の輸出と投資にきわめて大きな役割を演じてきたのが香港であったことは、歴然としている。

福建の拡大循環メカニズムにおいても、台湾の寄与は相当に大きいことが予想される。しかし、中台外交関係が緩《ゆる》まりつつあるとはいえなお正常化していないために、統計上の制約が多く、整合的な論証は難しい。とはいえ、台湾の対中投資の三八・四%が福建に向けられており、台湾と福建の経済規模の圧倒的格差を考慮するならば、後者の固定資産投資に占める前者の寄与は、広東における香港の同比率よりかなり大きいのではないか。

二〇年でNIESに追いつく

こうして、現在の中国における改革・開放の成功的経験は華南沿海部に代表される。市場経済化への道を邁進《まいしん》する華南沿海部のたちいふるまいに最高の認知をあたえたものは、やはり「南巡講話」であった。

「わが国の経済発展は、数年ごとにいちだんずつ階段をあがらないといけない。広東は、二〇年の時間をかけてNIESに追いつかなければならん。江蘇《こうそ》省などの比較的発展した地域は、全国平均よりはやくなきゃいかん。

上海はいま、発展を加速する条件が完全にととのっている。上海は人材と技術と管理の面で明らかに有利で、影響範囲も大きい。いまふりかえると、私の大きな過ちは四つの経済特区を設けたときに、上海をくわえなかったことだ。もし、そうしていたら、いまや長江デルタ地帯、長江流域全体ないし全国の開放の局面はまったくちがっていただろう。」

江沢民は一九九二年一〇月の中国共産党第一四回大会の党活動報告のなかで、「全方位開放体制の確立」を「一九九〇年代の改革と建設の主要任務」として提起し、これを「社会主義市場経済」とならぶもうひとつのキーワードとした。そして「全方位開放体制を創出し、ひきつづき経済特別区、沿海都市、沿海開放区をうまく運営し、さらに辺境地区の開放を拡大し、内陸部の省や自治区における対外開放のテンポをいちだんとはやめる」とうたったのである。

中国政府は、さきに指摘したように、一九八〇年代の経済特別区の設置にはじまり、ついで北は大連から南は北海にいたる多くの沿海開放都市を指定し、さらには長江三角州、珠江三角州、閩南三角区を経済開放区とした。これらをつうじて沿海部の対外開放を試み、いわゆる「沿海地域経済発展戦略」を強力に推進してきたのである。同戦略の「全開」の成功的帰結が、華南沿海部の急成長であった。この経験と実績を内陸部においても援用していこうという戦略が、「全方位開放体制」にほかならない。

沿海から内陸へ

一九九〇年代に上海浦東新区が対外開放地区に指定されたが、これは上海の開放にとどまらず、長江に沿う重慶《じゅうけい》、武漢《ぶかん》などの内陸諸都市の開放をにらんだものであり、それゆえこれには「沿江開発戦略」という名称があたえられている。アムール河をはさんでロシア共和国と対面する黒竜江《こくりゅうこう》の黒河《こくが》は、近年増加をみせている中ロ国境貿易最大の拠点である。また吉林《きつりん》の琿春《こんしゅん》は、ロシア共和国、北朝鮮に接し、UNDP（国連開発計画）主導の国際共同開発構想の拠点としてクローズアップされている図們江《ともんこう》河口部に位置する中国側の最重要の都市である。

この黒河、琿春にさらに綏芬河《すいふんが》、満州里《まんしゅうり》を含む諸都市が「辺境経済協力区」に指定され、経済特別区なみの優遇措置を享受して「沿境開発戦略」の一翼をになうことになった。さきの長江支流の重慶、武漢に加えて、長春《ちょうしゅん》、ハルビン、鄭州《ていしゅう》、西安《せいあん》、成都《せいと》、長沙《ちょうさ》、南昌《なんしょう》などを含めほとんどの内陸主要都市が、沿海開放都市と同類もしくはそれ以上の優遇措置を政府からあたえられた。

これら沿江、沿境、内陸の諸都市に華南沿海部モデルの再現を求めることが、そう容易でないことは十分に予想される。各地方の活性化は、地方相互の「資源争奪」を激化させ、資源争奪をみずからに有利に展開しようとする地方がつとに「諸侯経済」として知られる地域経済封鎖を試み、これが中国の国民的統一市場の形成を阻害するといったゆゆしい事態の発生もありえよう。同じく、経済運営の自主裁量権を手にした各地方が、中央の計画と不整合なエゴイスティックな投資を試み、そのことによって重複投資とインフレを激しくさせ、中国経済に非効率と資源配分の歪《ゆが》みを帰結するという危険もけっして少なくない。

そうした危険を含みつつも、しかし中国の対外開放の後退はありえまい。少なくとも、海外の企業家は中国の対外開放にかなり高い信頼をよせている。中国の改革・開放政策の「後退不能」をみすえてのことであろう、このところ外国企業の対中進出は「ラッシュ」の観を呈している。一九九二年における対中直接投資は猛々しいばかりであった。同年に中国が契約した海外直接投資導入額は五八一億ドルにおよび、これは改革・開放の開始以来の十余年にわたる累計契約額五二三億ドルを一年間でうわまわる激しさであった。一九九三年の契約額は一一〇九億ドルとなり、一九九二年のさらに二倍近くとなった。

中国の対外開放は海外直接投資の導入においてめざましいが、先行したのは対外貿易の開放である。中国は「大国」である。経験則によれば、大国は貿易依存度や外資依存度において「小国」に比して小さいのが通例であるが、中国は明らかにその例外である。しかも、その依存度の増加は改革・開放の開始以来きわめて急速であり、一九七八年に一二・七%であった貿易依存度、すなわち国内総生産に対する貿易（輸出プラス輸入）の比率は、一九九二年には実に三八・〇%にまで達した。

貿易面における改革は、一九八六年七月に中国がGATT（関税と貿易に関する一般協定）への加盟を申請したころから加速された。中国の貿易制度は、今日なお多くの問題を抱えているとはいえ、しだいに国際的なスタンダードに近づきつつあることもたしかである。一九九一年初よりなされてきた貿易関連制度の改革の試みを一《いち》瞥《べつ》するだけでも、対外経済政策改革への強い意欲をうかがい知ることができよう。非関税障壁の削減・撤廃に努力をかさね、輸入ライセンス制度の五年以内廃止を、中国政府はGATTに公的に約束している。また輸入審査の改善・簡素化、輸入制限品目の削減、輸入ライセンスの公開入札・競売制度の導入をGATT側に応諾している。中国の対外開放の後退は、ありえない。

第七章　改革のハードコアはなにか

1　アナーキーのなかの市場経済化──農村、華南沿海部

経済的無政府状態

中国の経済改革は、農村の改革にはじまり、その大きな成果のうえに郷鎮企業を中心とする農村工業化が進展し、農村経済は多様化した。中国の市場経済化は、まずは農村において順調なすべりだしをみせたのである。つづいて対外開放の実験が華南沿海部で展開され、「特殊政策・弾力措置」をあたえられたこの地域の内発力が発揚した。さらに華南沿海部には香港、台湾など「在外華人」の資本主義的要素が大量に導入されて、ここが中国の市場経済化の中軸地域となった。そして対外開放は沿海部全域にひろがり、さらに内陸部にまでおよばんとしている。

こうした中国の市場経済化は、すでになんどもそう記《しる》してきたように、整合性をもった改革プログラムの帰結

ではない。最高実力者・鄧小平の実験主義的プラグマティズムの成果であった。もう少し極端ないい方をすれば、鄧小平の試みたもっとも重要なことは、毛沢東の時代に中国を固く縛ってきた集権的統制経済の「紐」を解き、そうして中国経済のなかにある種の経済的「アナーキー」(無政府状態)をつくりだしたという点にある。経済的無政府状態がうまれたことによって、毛沢東時代の厳格な統制下で鬱屈《うっくつ》していた農民や地方のエネルギーが、ここにいたってにわかに「噴出」したのである。

鄧小平のもうひとつの功績は、そのように「利」を求めて自由にふるまう農民や地方の経済的行動が、社会主義的な原理に抵触するものであるかにみえても、これを寛容にも許容したことである。「南巡講話」において鄧小平は、「農村改革の初期に安徽省に『傻子瓜子』(「馬鹿印の西瓜の種」という食品)問題がおこった当時、多くの人がねたみ、あいつは一〇〇万元もうけたから、あいつを取り締まれといった。私は取り締まってはならんといった」と語った。もともときわめて安い西瓜の種(中国人はよくこれを食べる)に独特の味つけをして国有商店におろし、大もうけをしたある農民についてのエピソードである。鄧小平思想のありかを端的に物語って興趣《きょうしゅ》をそそる。

鄧小平は、農村や地方に経済的自由をあたえ、経済的自由のなかで農民や地方が「利」を求めてえがくその「軌跡」をじっとみすえていた。そうしてその軌跡が生産力の増強に役だつものであれば、これに法制度の「網」をかぶせ、物質的刺激策をもって全国に普及・拡大していくというやり方を一貫させてきた。農村経済や地方経済はこうして顕著な変化をみせ、このふたつが中国の市場経済化を着々と促進してきたのである。

改革の足をひっぱる国有企業

しかし、中国の市場経済化は、いまなお道なかばである。なぜならば、新中国の建国以来、国の総力を投入して育成にはげんできた国有企業が、市場経済化の波に洗われていないからである。中国の経済体制改革が開始された一九七九年には国有企業の中国工業総生産に占める比率は、八割近くにものぼっていた。しかしこの比率はその後逆転を含まず一方的に低下し、一九九二年には五割をついに下まわってしまった。逆に、郷鎮企業や外資系企業などのプレゼンスはますます大きいものとなった。

実際、改革・開放期における中国の工業成長を牽引《けんいん》してきたのは、郷鎮企業や外資系企業などの非国有企業であって、国有企業のほうは「お荷物」でしかなかったといっていい。国有企業の機械・設備の老朽《ろうきゅう》化はいかんともしがたく、それがゆえに生産効率は非国有企業に比べて低い。巨大な生産設備を擁しながら、西側企業にたちうちできるような国有企業は、いまなお眇《びょう》たるものである。

考えてもみれば、これも当然であろう。農業の場合であれば、生産プロセスはそれほど複雑なものではない。人間が農機具、肥料、農薬をもって自然に働きかけ、しかもその作業を家族単位で行うという、比較的単純なプロセスをその特徴としている。中国のようなおくれた農業国であってみれば、その特徴はいよいよ顕著である。人民公社制度のような農民の発意をはばむシステムを変更して、しかも農産物の価格を自由化すれば、農民の増産意欲がいちどきに高まるのは、みえやすい道理であろう。農村改革を開始したその翌年から増産につぐ増産がなされたのも、当然であった。

そうした増産過程で「余剰」を手にした農民が、農村内で徹底的に不足していた軽工業品を生産すべく、その余剰を郷鎮企業に投下して、その興隆をつくりだしたという道筋、これもごく自然に理解できよう。香港、台湾などの「在外華人」地域と文化的同質性をもつ広東省、福建省に自由をあたえることによって、もともとが商業主義的行動様式をもって知られるこの華南地域住民が香港、台湾の企業と結びついてその活力を大きく発揚させたのも、道理であった。

しかし、工業部門を改革してこれを市場経済の構成員としていくことは、農業や地方のそれに比べて格段に困難な事業だといわねばならない。都市の工業企業、とりわけその中枢を占める国有大中型企業ともなれば、企業相互は複雑にして多岐にわたる投入と産出の関係によって、錯綜《さくそう》した結びつきをもっている。その改革は、農業の場合のようには簡単ではない。

なによりも、中国の国有企業はながらく集権的統制のもとにおかれてきたために、国家・地方政府の国有企業主管部門や、企業内党幹部、経営者、職員、労働者のなかに形成されてきた既成の秩序、蓄積されてきた既得の権益が重層的に絡《から》み合っており、この面からいっても改革はそう簡単ではない。改革がながい試行のための期間を経過しなければならないのも、いたしかたないことであった。

2　国有企業の改革を求める――ミクロ改革からマクロ改革へ

拡張主義の国有企業

鄧小平はこのことを熟知しており、ここでもいっきにことを運ぼうと構えるのではなく、試行に試行を重ねていく実験主義的戦略において秀でていた。かくして一九七八年の第一一期三中総以降、少なくとも一九八四年一〇月の第一二期三中総の「経済体制改革に関する中共中央の決定」にいたるまでの期間を、国有企業改革の試行期もしくは準備期として位置づけた。

この期間になされたのは、国有企業に自主権を付与し、その自主権により企業が「利」を手にするのであれば、これをも企業に与えていこうというやり方、つまりは「放権譲利」の政策であった。そうすることによって国有企業の積極性をひきだそうとしたのである。

こうした企業自主権強化のための初歩的実験のなかで、とりわけ注目されたのは、利潤の企業内留保の試みであった。毛沢東の時代の集権的統制経済においては、時期に応じて若干の変化はあったものの、基本的には国有企業の利潤のほとんどすべてが国家に上納され、企業の所要資本もそのすべてを国家が支給するというシステムが採用されてきた。

鄧小平時代の新しい方式として、この利潤上納制度にかえて利潤の一定比率を企業内に留保し、これを企業拡張、技術革新、福祉基金などに充当することを可能ならしめるという、利潤の企業内留保制度が採用された。利潤をあげれば、定率でその企業内利潤を増加させることができるようになったのである。しばらくして、このシステムは「利改税」とよばれる納税方式へと進歩し、事前に定められた率に応じて企業利潤のうちから所定の税金を支払い、課税後利潤の自主的運用が容認された。

とはいえ、こうして国有企業の経営自主権は拡大されたものの、企業自身の体質がこれにより変化するほど、ことは容易ではなかった。自主権の拡大によって増加した留保利潤は、毛沢東時代の拡張主義をなおひきついでいた当時の国有企業にあっては、これを機械・設備の改造・更新のための投資に用いるよりも、拡張投資に向かわせる傾向をうながしてしまった。

すなわち企業自主権の拡大は、膨大《ぼうだい》な老朽機械・設備の効率化をもたらすという効果においては薄いものであった。企業の拡張主義的傾向は、中国の建国以来のボトルネック部門であるエネルギー・運輸部門、基礎素材部門の供給不足をいちだんときびしいものとし、そのために遊休化した設備が二〇〜三〇%にも達するというしだいであった。

マクロ管理体制改革へ

企業自主権付与による改革に限界があることは、明白となった。一九八二年一月には、この時期の経済政策の立案・施行に強い発言力をもっていた陳雲《ちんうん》により、「計画経済を主とし市場調節を従とする」という発言を誘いだす結果となった。「計画と市場の結合」という当時の中国経済学者に一般的であった「前向き」のスローガンも、この陳雲発言によって影をひそめてしまった。マクロ経済管理それ自体には手をつけずに、ミクロの企業自主裁量権のみを強化しようとしても、改革は強い制約を受けざるをえなかったのである。

このような反省にたって、なお改革を前進させようという鄧小平主導の試みが、一九八四年一〇月二〇日に採択された「経済体制改革に関する中共中央の決定」であり、この決定により中国のマクロ管理体制改革への試行がはじまった。

ここで鄧小平は、毛沢東時代における国有企業の管理の誤りは、国有企業とはすなわち国家が直接経営する企業のことであると誤認していたことにある、と明言した。「マルクス主義の理論と社会主義の実践が教えるところによれば、所有権と経営権とは適切に分離することができる」、というのである。その根拠として主張されているのは、つぎの文言であった。

すなわち、「社会の需要は非常に複雑で、つねに変化しており、企業の諸条件は千差万別で、企業間の経済的連携は複雑にからみあっているから、いかなる国家機構もこうした状況を残らず把握し、すみやかに適応することは不可能である。もし全人民所有制の各種企業を国家機構が直接、経営・管理するなら、不可避的にゆゆしい主観主義と官僚主義がうまれ、企業の生気と活力はおさえつけられることになろう」というものであった。

きわめてまっとうな解釈というべきであり、経済というものの実体と動態がよくみすえられている。活況のいくつかの先進資本主義国やＮＩＥＳ、ＡＳＥＡＮ諸国の発展を念頭においてのことであろう。ふたたびいえば、鄧小平ならではのプラグマティズムである。このプラグマティズムにより、国有企業への自主権付与の促進、ならびに国有企業以外の多様な経営形態の選択が推奨《すいしょう》された。

しかし、企業が行動するのは市場である。この市場が企業の自由な行動をうながすよう整備されていなければ、国有企業改革は進行しない。計画的統制システムの全体を可能なかぎり自由化していかなければならないのであり、マクロ的市場環境整備への欲求が、ミクロ企業の経営自主権を増大させた分だけ強まっていったのである。

指令性計画の縮小

こうした事情を反映して新たに設定された法的整備が、一九八四年一〇月に国務院によって通達された、「計画体制についての若干の暫定規定」である。そのポイントは、「指令性計画」のおよぶ範囲を縮小し、対照的に「指導性計画」と「市場調節」の範囲を拡大する、というものであった。

指令性計画とは、建国後の中国のながい歴史を彩《いろど》ってきた集権的社会主義経済の中核をなすものであった。国家が一元的に生産計画を設定し、この計画にもとづいて生産の品目、数量、生産費、その他の仔細な、各経済単位が達成すべき義務を負う指令性指標を「下達《かたつ》」するというものであった。指令性計画の達成は、企業にとっては強制的であった。

「計画体制の改善についての若干の暫定規定」は、この指令性計画にかえて、「指導性計画」と「市場調節」を主に用いようというものであった。「指導性計画」とは、企業を行政命令的に運営するのではなく、価格、租税、補助金、銀行金利などの「経済的梃槓《こうかん》（テコ）」を運じて、企業を理想的と考える方向に間接的に誘導しようというものである。

生産計画は国家が設定するものの、この計画の各経済単位への行政命令的な強制は廃棄された。たとえば、国家が供給量をふやしたいと考える生産物については、その価格を引き上げ、当該生産物を生産する企業への減税、補助金の付与、低金利の融資などがなされる。供給量を減少させようという場合には、その逆の政策をとって企業行動の間接的な誘導を図ろうとしたのである。「市場調節」とは、その供給を完全に市場の動向にまかせるものをいう。

こうした改革により、一九八五年は工業成長率のとりわけ高い年となった。しかし、高成長は、同時に中国経済の「過熱」でもあった。この過熱は、長年にわたり中国経済のボトルネック部門となってきたエネルギー・運輸部門の供給不足の結果であり、それがふたたび原因となってインフレを激しくしたのである。原油や発電、鉄道などのエネルギー・運輸部門のみならず、鉄鋼をはじめとする基礎素材部門の供給不足もいちじるしかった。エネルギー・運輸部門、基礎素材部門が経済全体の成長に追いつくことができず、中国経済はこの時期、強い「緊張」下におかれたのである。

3 経済的緊張——ボトルネックと価格改革

重要物資の価格硬直

事態がこうなった原因はいくつかあるが、その最大のものは価格体系の歪《ゆが》みにあった。すでに指摘したように、指令性計画を漸次《ぜんじ》縮小し、指導性計画と市場調節の機能を強化していこうというのが、一九八四年以来の基本方針であった。しかし、エネルギー・運輸、基礎素材などの重要部門はいぜんとして「指令性計画」部門に含まれ、その価格は国家の一元的支配のもとにおかれて低い固定水準を維持してきた。これら重要物資の価格を自由化し、その高騰《こうとう》を許すならば、その「前方」にあるすべての企業のコスト高をもたらすというのが、重要物資の価格を容易に自由化できない理由であった。

しかし、まさしくその理由のゆえに、エネルギー・運輸部門、基礎素材部門をになう企業の採算性は低く、そのために生産インセンティブ（誘因）は弱いままにおかれてきた。自主権をえた企業が、みずから稼得《かとく》した資金を、価格が統制を離れ、したがって収益性も高い軽工業部門、消費財部門に投下していったのは、自然のながれであった。利潤の企業内留保を許容し、その再投資をうながした、さきに述べた制度改革の効果もくわわって、企業投資がいまだ統制下にある低い収益性のエネルギー・運輸部門、基礎素材部門を忌避したのは、当然であった。

そうして、一九八五年以降の中国工業化の牽引部門は、軽工業、消費財部門となった。軽工業、消費財部門とエネルギー・運輸部門、基礎素材部門との供給力格差は歴然としたものとなり、後者が低迷し、前者のみが肥大化して発展するという産業構造のアンバランスが顕在化した。

かくして価格改革という、社会主義経済の市場経済化への過程に横たわる最重要で、しかも困難な課題に中国もまた直面することになった。第一二期三中総にはじまる工業企業改革は、企業自主権の拡大という形でミクロ単位のエネルギーの発揚を図り、ついでこのミクロ単位の自由な行動を促進すべく、指導性計画と市場調節というマクロ的環境の整備に貢献をしてきたことは明らかである。しかしこの戦略の成功は、経済体制改革が向かうべき「ハードコア」がいずこにあるかを、いわば「あぶりだした」のである。

そうして、価格改革は少なくないリスクをともなうものの、これを試みなければ「改革深化」は不可能だという認識が強まっていった。一九八八年八月に開かれた中央政治局全体会議では、「価格・賃金改革に関する原案」が採択され、「国家が市場を調節し、企業が市場を誘導する」という第一三回党大会決定のスローガンを、価格面でも制度化する試みがなされた。

一九八八年はきわめて成長率の高い年であった。この高成長は、そうした経済体制改革への党・政府指導部の積極的な取りくみがつくりだした改革・開放への熱気のなかで実現した。しかし、さきに指摘した産業構造のアンバランスを解消するいとまもなく発生したこの高成長は、中国経済のなかにまたしても、そして改革・開放期の中国においてもっとも強い「緊張」をもたらさずにはおかなかった。

整備・整頓

中国の物価上昇率は、一九八八年に入るや第Ⅰ四半期一一・〇%、第Ⅱ四半期一四・六%、第Ⅲ四半期二一・六%と一方的な上昇を開始し、八月には最高値二三・六%、自由市場価格三六・八%、とくに農業用資材価格は六〇・七%の上昇率に達した。年間平均物価上昇率は一八・五%となり、この勢いは一九八九年になってもつづいた。一九八九年の価格上昇率は一七・八%であった。中国は、建国以来最高のインフレ率を二年間つづけたのである。インフレのいっそうの高進をおそれて、住民と企業は各地で買いだめにはしり、預金引出しが急増して銀行取付け騒ぎまで発生した。

このかつてないインフレと経済秩序の混乱のなかに、党・政府指導部は、こんどは一転して改革・開放の一〇年の過程で発生した最大の危機を察知し、市場経済化の速度を落としてでも、改革を先送りせざるをえなかった。改革・開放の熱気は反転し、一九八八年九月に開かれた第一三期三中総は、「経済環境の整備、経済秩序の整頓」をうたい、きびしい経済引締め政策の採用を余儀なくされたのである。

この引締め政策は、価格管理、財政管理、金融引締めをともなう厳格なものであり、これによりさしものインフレも翌一九八九年には、年間を通じてはわずかな低下でしかなかったが、年初二月の二七・九%をピークとして三月以降は一方的に減少をつづけ、同年一二月には六・四%となって、その制圧に成功した。一九九〇年のインフレ率は二・一%、一九九一年のそれは二・九%であった。

しかし、この引締めによって中国経済は極度の「貧血」状態に陥り、一九八九年の経済成長は反転下落せざるをえなかった。「オーバーキル」の発生である。一九八八年の成長率が一一・三%であったのに対し、一九八九年のそれは四・三%、一九九〇年は四・〇%という、改革・開放以来の最低水準を余儀なくされた。

とはいえ、あの建国以来のインフレを、行政的な強権手段によるにせよ、ともかくも完全に抑圧しえたその能力には、高い評価が与えられてしかるべきである。次節で述べるように、一九九二年以降の改革・開放の「全面加速」のための条件が、これにより整備されたからである。旧ソ連や東欧諸国には、とうてい期しがたい能力であった。

天安門事件により趙紫陽が失脚し、以来その地位を強めた李鵬《りほう》は、一九九〇年三月の第七期全人代第三回会議の政府活動報告において、インフレ収束を宣言し、あわせて引締め緩和の措置をとるべきことを指示した。そして、一九九〇年の経済成長率は四・〇%と一九八九年の四・三%を下まわって改革・開放期における最低水準にまで落ち込んだものの、以降、鉱工業生産、固定資本投資額のいずれも着実な上昇に転じていった。

価格自由化への前進

一九九一年の成長率は八・二%であり、この高実績のうえにたって一九九二年を迎えた。一九九二年は改革・開放の「全面加速」の時期となり、あの一九八八年の高揚期をうわまわる、そして一九七九年の改革・開放の開始以来、最高の成長をみせた年となった。この年の経済成長率は、実に一二・八%であった。こうした大きな経済的高揚、改革・開放の「全面加速」を導いたものが、鄧小平がこの年の春節の前後に、深圳、珠海など華南沿海部や上海を訪問して、目下の中国が改革・開放に全面的な努力を開始する好機にあり、この好機を逃してはならないとの「檄《げき》」をとばした、「南巡講話」にあったことは明らかである。

そして、一九九一年、一九九二年と、高成長にもかかわらずインフレ率がそれぞれ二・九%、五・四%にとどまったことが指導部を大いに勇気づけ、この時期、価格の自由化が急速に進められたのである。商品販売総額に占める公定価格の比率は、一九七九年には実に九七・〇%という圧倒的に高い水準にあった。しかし、農産物価格を中心に価格の自由化がその後急速に進んだために、公定価格の比率は一九九〇年には二九・七%、一九九一年には二〇・九%となり、一九九三年には五%前後になったもようである。

国有重工業部門がになう生産財の価格自由化のテンポはおそく、その自由化率は一九九〇年においてもなお四四・四%に達していた。ところが、これも一九九一年には二〇・〇%となり、一九九三年には一五%前後になるとみこまれている。とくに一九九二年末に物価局が試みた生産財価格の自由化はめざましいものであった。一九九一年末に七三七品目におよんでいた国家管理価格は八九品目へと激減し、そのことがさきの全体の価格自由化率の減少に反映された。

もう少しくわしくいうと、中国の生産財は、その国家統制の強さを基準にして第一類、第二類、第三類にわけられている。第一類は、国家が統一的に配分する最重要の原材料、燃料、機械製品である。一九七九年に二五六品目あったこの品目数が、一九九二年には一一品目へと急減した。画期的な試みであったといわねばならない。

価格改革努力をはばんできたのは、エネルギー価格である。中国のエネルギー消費の圧倒的部分を占める石炭の価格動向は、大きな影響を経済の全体にあたえざるをえない。低い公定価格の典型がこの石炭であった。しかし、この石炭についても一部地域で自由価格販売がはじまり、一九九二年に一・二億トン、一九九三年に二・〇億トンの石炭が自由市場取引き用に「放出」された。

全国産油量の七割を占める大慶《たいけい》油田、勝利《しょうり》油田、遼河《りょうが》油田の三つ以外で生産される石油も自由化の時期に入った。鋼材、非鉄金属などの重要物資も、いまだその供給不足のゆえに、その価格を自由化することには難がある。目下のところは公定と自由の二重価格が一般的であるが、その方位が価格自由化にあることを政府は公言している。

このようなしだいである。一九七八年末の第一一期三中総後の準備期を経て、一九八四年の第一二期三中総でのマクロ管理体系改革が開始され、これにより企業というミクロ単位がたちいふるまう環境の整備がなされた。

その過程で浮上した価格自由化の緊急な必要性に応えて、一九九〇年代の高成長期に入るや、かつてであれば信じられないほどの価格改革への大ナタがふるわれたのである。

それにもかかわらず、この市場経済化の大波に国有企業は十分に応えられず、「旧態依然」を脱することはできないでいる。いったいなぜなのか。

第八章　難渋する国有企業改革

1　経営メカニズム転換条例――「優勝劣敗」を進めよ

社会主義の本丸

市場経済化の過程に横たわるさいごの難関が、国有企業改革にほかならない。国有企業を市場経済の波で洗うための、ミクロ・マクロ両面での環境条件整備と価格自由化は、これまでみてきたようにかなり着実になされてきた。それにもかかわらず、この社会主義経済の「本丸」国有企業は、容易に市場経済のなかに「溶解」してはいかないのである。

この本丸攻撃の最重要の「武器」として提起されたものが、一九九二年七月、国務院による「国有工業企業経営メカニズム転換条例」であった。この条例の目的は、「企業を市場の要請に即応させ、企業を法にもとづいて自主経営、損益自己負担、自己発展、自己規制する商品生産・経営単位」へと転換させるというものである。

逆にいえば、こうした「自律化」ができず、経営効率の向上を図ることもできないような国有企業は、「転業、合併、分離、解散、破産などの方式によって、製品構成および組織構成の調整を図り、資源の合理的配置と企業の優勝劣敗《ゆうしょうれっぱい》を実現する」、ということであった。意図、きわめて明快な条例であった。

この条例において、第一章総則につぐ第二章は「企業経営権」であり、これは第六条から第二二条までの一七条からなる。

念のために指摘しておけば、第六条：企業経営権とは企業が国からゆだねられた財産について有する占有、使用および法にもとづく処分の権利をいう。第七条：企業は国が定めた資産経営形態にしたがい、法にもとづいて経営権を行使する。第八条：企業は生産、経営の意思決定権を有する。第九条：企業は製品、役務の価格決定権を有する。第一〇条：企業は製品販売権を有する。第一一条：企業は物資購入権を有する。第一二条：企業は輸出入権限を有する。第一三条：企業は投資意思決定権を有する。第一四条：企業は留保資金処分権を有する。第一五条：企業は資産処分権を有する。第一六条：企業は提携、吸収合併権を有する。第一七条：企業は労働雇用権を有する。第一八条：企業は人事管理権を有する。第一九条：企業は賃金・賞与分配権を有する。第二〇条：企業は内部機構設置権を有する。第二一条：企業は割当拒否権を有する。第二二条：企業の経営権は法律で保護され、いかなる官庁、単位および個人も関与、侵害してはならない。

この条文を一瞥《いちべつ》するだけでも、中国指導部が国有企業をいずこに向かって転換させようとしているのか、ふたたびいえば、意図は明瞭だというべきである。

さきの引用文にでてきた「優勝劣敗」、これは一九九二年春節前後の「南巡講話」のあと、中国でしばしば語られたキーワードであった。容易に進展しない国有企業改革に業を煮《ごうに》やした改革派イデオローグが、その発言のなかで当時かならずといっていいほどに使っていたのがこの言葉であり、「条例」においてもこれが用いられたのである。

優勝に賛成、劣敗に反対というわけにはいかない

中国の最有力誌のひとつ『改革』は、一九九二年三月、中国を代表する改革派経済学者四〇人余を集め、討論を行い、その経緯が『北京週報』(一九九二年五月一九日号)に掲載された。「優勝劣敗」はここでもなんど用いられたことであろうか。

国家統計局顧問の李成瑞《りせいずい》は、「優勝劣敗のメカニズムを確立することとは、社会主義商品経済を発展させるうえで必然的な要請である。商品、企業、人事を含むすべてにおいて優勝劣敗が貫かれなければならない。中国企業は目下、粗放経営から集約経営への転換に努力しているところだ。優勝劣敗のメカニズムを確立せず、いぜんとして悪平等をつづければ、この転換は実現できない。この転換が実現するかどうかは社会主義制度が存続し、発展することができるかどうかにかかわる問題なのだ。優勝劣敗のメカニズムを確立しようとすれば、思想を解放しなければならない。社会の安定にひびくからと、びくついてはならない」、という。

そして商品生産・販売面における優勝劣敗のメカニズムは、ここ数年いくらか発展したかにみえるが、企業と人事の面でのその発展の速度は弱く、企業破産法は成立してすでに数年を経たものの、これが適用された企業はきわめて少ないことを苦々しく語っている。そして、「優勝には賛成しながら劣敗には反対するひとがいるが、そんなものは幻想にすぎない」と結ぶ。社会科学院経済研究所名誉所長の董輔礽《とうほれん》は、優勝劣敗についてさらに論理をつめてつぎのように発言する。

「競争の結果はほかでもなく優勝劣敗だ。これは倒産した企業にとっては苦痛である。従業員は失業し、設備が遊ぶからであり、局部についていえば、これは資源の浪費、マイナスの効果である。しかし、このような局部的な浪費、マイナスの効果がなければ、全局的な資源配置の最適化は行われず、プラスの効果も発揮できない。改革にマイナスの効果があることを理由に市場を否定するひとがいる。市場はつまみ食いするわけにはいかない。試行中の株式制にしても、プラスとマイナスの効果がある。株式の上場を認めた以上、乱暴な取引きをするひとがでたり、成金がでたりもするだろう。さもなければ市場が発育することは難しい。」

こうした優勝劣敗メカニズムの勝者が改革を前進させる主体となるのは当然であり、各種の束縛から自由になれないでいる国有企業は市場における主体的行為者たりえず、他方、個人・民営企業、集団企業、外資系企業などの非国有企業こそが、経済改革の推進者たるべきだ、と主張する。

こうなると、ことは市場経済は社会主義と共存できるといったなまやさしいものではなく、社会主義市場経済は市場経済と同義になってしまう。ここにおける社会主義像は、鄧小平のそれをさえ飛びこえて「前進」しつつあるかにみえる。彼らが、これほどまでに強く問題を提起しているのは、つまりは国有企業の改革がそう簡単なものではないことを、身をもって実感しているからであろう。

企業家的行動の欠如

かつての集権的計画経済の時代の国有企業においては、企業経営にかかわるありとあらゆる行為が、国務院の国有企業主管部門の支配下におかれた。

国有の鉄鋼工場、電子工場、機械工場、紡績工場などは、国務院の冶金工業部、電子工業部、機械工業部、紡績工業部、さらには各地方（省）のそれぞれに対応する主管部局にその所有権をにぎられ、経営もまたそれら主管部門の意のままであった。

改革・開放以前、国有企業は行政機構の直接的な管理下におかれ、自主的経営権をもつ存在ではありえなかった。各国有企業のなかに党支部が設けられ、支部書記が工場長のうえに君臨し、これが国家あるいは各省市の主管部門の意をうけて、国有企業の管理・指導を行ってきた。国有企業が達成すべき品目と数量が主管部門から一方的に指令され、企業はその目標を忠実にまっとうすることが期待されるにとどまっていた。

指令された生産計画に要する原材料やエネルギー、さらには機械・設備、労働者の賃金にいたるまで、そのすべてが主管部門から無償で配分された。また国有企業がつくった生産物は、同じく主管部門がこれをひき取って販売するという手順がとられた。労働者も企業が雇用するのではなく、主管部門からわりあてられ、つまり人事管理権も国有企業にはなかった。企業内に利潤を留保することも許されない。企業の長である工場長は党委員会の強い意思のもと、主管部門の忠実な「代行者」にすぎなかった。

集権的計画システムの一典型であり、事実、この体制は一九二〇年を前後する揺籃《ようらんき》期ソ連の「戦時共産主義供給モデル」に強く影響されて形成されたものであった。

臨戦体制下の非常時において必要不可欠な財の供給を確保するのには有効性をもちえたであろうこのシステムも、これを恒常的な生産体制としようというのであれば、その欠陥はほとんど自明である。このようなシステムのもとでは、利潤の極大化を追い求めるという「企業家的行動」を期待することはできない。経営効率の不断の改善という、資本主義社会の企業であればその努力の中核を占めるはずの要素をすっぽり欠落させても、なお存続が許されたのである。

かりに経営効率をあげて黒字をだしても、その利潤のすべてが主管部門を通じて国庫に吸い上げられ、逆に赤字をだしても、これは国庫が補塡《ほてん》してくれるのである。そのうえ工場長から労働者にいたるまで等級に応じて定められた固定賃金が支払われ、解雇《かいこ》の懸念もない。これでは企業が経営効率改善への志向性をもつとは、とうてい考えられない。

こうした欠陥は、主管部門の一元性や主管部門相互の整合性を強化することによって是正されうるかといえば、そうはいかない。錯綜《さくそう》して巨大な中国の実体経済は、人知で統御しうるほど単純なものではない。これらは、中国の経済運営の欠陥に由来するというよりは、集権的計画経済体制それ自体の問題に由来するものなのである。中国は、市場経済メカニズムがもつ自動調整機能によってこれをコントロールしていく以外に方法はないのである。

なによりも今日の中国は、計画経済の欠陥をただすのに、その体制の「強化」や「一元化」をもってするのではなく、逆に市場経済の大胆な導入をもってこれに対処しようとしている。たしかに、「国有工業企業経営メカニズム転換条例」は、中国がながい試行期間のあとに、ようやくにして市場経済原理に覚醒した証《あかし》だというべきであろう。

2　経営請負責任制——国有企業のバーゲニング・ポジション

両権分離

ふたたび、それにもかかわらずである。国有企業改革のあゆみは、この「条例」をもってしてもはなはだ鈍い。

一言でいって、その要因は、ながい集権的計画経済の運営過程で、国有企業の主管部門、企業党幹部、企業経営者、職員、労働者の中に十重《とえ》二十重《はたえ》に蓄積されてきた「既得権益」のゆえであり、改革がその権益の核心に触れようとするや、改革の試みは彼らの強い抵抗によってはねかえされてしまっている、というのが実態なのである。

この既得権をやぶるべき方位は、すでに「条例」のなかに十分に書きこまれている。問題は、これが実際に既得権を破壊する力となりうるか否かである。結論をさきにいえば、これはかなりの長期を要する難題だといわねばならない。

中心的課題は、中国で「両権分離」と称されるところの、「所有と経営の分離」である。国有企業を市場経済の一構成員とするために、まずなされねばならない課題が、両権分離であるという認識は、実は「条例」にはじまるものではない。さきにも記したように、一九八四年の第一二期三中総の鄧小平発言でも、その趣旨は明瞭に発せられていた。この課題にたち向かうべく一九八七年以来、実際に試行されてきたものが、「経営請負責任制」であった。

この制度のもとでは、国有企業の経営者が国務院や各地方政府の主管部門とのあいだで、所得税や上納利潤の所定額を一定期間にわたり請け負い、請負を果たした残りの部分のすべてをみずからが留保し、国有企業はこの留保利潤を、技術革新、設備更新、さらには従業員のための福利・ボーナス基金のために自主裁量をもって利用できる、というものである。企業の増産インセンティブにプラスの効果をもった制度変更であったことは、いうまでもない。

既得権益を固守する

しかし、こうした経営請負責任制は、国有企業の活力をひきだすのには、やはり限界があったといわねばならない。請負制はあくまで請負制であって、所有権はいぜんとして主管部門に掌握《しょうあく》されており、そのために主管部門は国有企業の経営に直接介入する余地をつねに残している。

国有企業に経営請負制を許容したとはいえ、実際の請負人たる企業幹部の選任に強い力をふるっているのは主管部門である。請負利潤額の多寡《たか》も主管部門と国有企業との個別の交渉にゆだねられており、その「バーゲニング・ポジション」（交渉力）は、集権的統制のながい歴史をひきずってきたこの国においては、主管部門がどうしても優位たらざるをえない。

請負達成に関する評価もまた、主管部門の多分に強い恣意《しい》にまかされている、というのが実状である。つまりは、請負の具体的内容を「規範化」し、これを厳格にまもるという慣習が中国ではまだ確立していないのである。所有権を経営権から截然《せつぜん》と分離し、前者が後者の「権域」に直接入ってこれないようなシステムが求められているのであるが、既得権益を固守しようという主管部門の意思と力は容易に弱まりそうもない。

あげくは、つぎのような慣行さえひろくみられる。所有と経営の分離の必要性がさけばれるなかで、主管部門は自分の既得権を確保する方便として、主管部門傘下《さんか》の各部局が国有企業に看板をぬりかえ、形だけは「公司《コンス》」となって経営権を委譲されたかのごとき「粉飾」をほどこすという方式である。所有と経営の分離という名のもとに、ここでは所有と経営の「一体化」が図られているのである。主管部門による既得権益確保への「したたかな」対応である。

国有企業経営請負制には、もうひとつの側面がある。さきにも記したように、中国の改革・開放の重要な試みは地方分権化であった。この地方分権化にともなって、地方（省）に立地する国有企業の管理権限の多くが地方政府に下放された。しかしこの権限下放も、国有企業の改革にはプラスのインパクトをもつことはなかった。地方分権化は、国有企業の所有と経営の権限が国家から地方に委譲されたというにとどまり、地方は国家から手にした権限を国有企業にわたすことを潔《いさぎよ》しとしなかったからである。

地方分権化により、地方政府はその財政収入を自省内の国有企業の上納利潤に依存する度合いをいっそう強めた。それがゆえに、地方政府は以前にもまして国有企業の経営により直接的に介入する傾向を強めた。なんとも皮肉な帰結である。国有企業改革は、地方分権を通じても、なおさしたる変化をみせなかったのである。

3 「貧者の天国」をどう解体するか――株式会社化の試行

ワーク・シェアリング

このように述べてくると、主管部門が長年の既得権益を固守すべく国有企業の所有と経営を支配して、国有企業はこの主管部門にひたすら「隷従《れいじゅう》」してきたかのごとくに受け取られるかもしれない。もちろん、そうである。しかし同時に、国有企業もまた、長期にわたってきずきあげてきた企業内の既得権益を手放さないようつとめて、みずからも改革を阻止《そし》してきた。

中国の国有企業は、大きな収益を求めて高い効率性を追求する「生産共同体」ではない。住宅はもちろん、託児所、幼稚園、学校、病院、食堂など、従業員がその内部で生活を維持していくための、ほとんどすべての諸施設を擁した巨大な「生活共同体」なのである。企業の生産活動以外の、このような住宅、医療、教育などに支出される金額は、しばしば賃金総額にも匹敵する。人びとは、ひとたびこの国有企業に就業の場をうるや、その永久在職制のために生涯喰いはぐれることはない。

また分配制度は、等級別にわけられているとはいえ、等級間の格差は小さく、かつ等級内部では平均的な賃金分配がなされている。一生懸命働いてものんびり働いても、結局は同額の賃金を手にできる。企業幹部の身分は多分に固定的で、その地位を追われることなどめったにない。資本主義社会の眼からこれをながめるならば、なんとも風雅な「コミュニティー」である。従業員は、退職後も死亡にいたるまで、賃金や住宅などの厚生施設の利用便宜《べんぎ》にあずかる。中国の国有企業は、「貧者の天国」のごとくであり、貧しいとはいえこれを壊すにはあまりに住みごこちがよすぎる「安住の地」なのである。

中国には集権的計画経済のもと、ながらく「労働市場」は存在しなかった。大学卒業者のようなエリート層はもちろんのこと、一般の労働者もまた国家もしくは地方の人事主管部門がその就業の機会を用意し、これを国有と集団所有の企業に統一的に配分してきた。しかも、できるだけ多くの労働者に就業の場を与えることがめざされ、企業の適正規模をこえてもなお、「就業」それ自体が最優先の課題とされた。「三人の仕事を五人でやる」という、われわれの言葉でいえば「ワーク・シェアリング」により、余剰な労働力が国有企業におしこまれてきたといっていい。

国有企業は、都市住民に雇用と所得と福祉《ふくし》を提供して、われわれの社会であれば国家がなすべきはずの機能をになわされてきたのである。その意味で中国の国有企業は、「生産共同体」であるよりもまえに、「生活共同体」であり、中国社会安定の基盤であった。国有企業の主管部門と企業のなかに、こうして蓄積された「山のような」既得権益、これこそが国有企業改革をはばむ、最大の要因であった。

企業内失業者をどうする

中国の国有企業は、これを「生活共同体」としてではなく、「生産共同体」としてみるならば、能力をはるかにこえる過大な労働力を擁しているのである。国有企業を効率的で自律的な単位とするには、企業内の余剰人員を「整理」することがさけられない。政府もこのことをよく認識している。事実、一九八六年には国有企業の雇用制度についての思いきった政策措置が表明された。職員・労働者の公募制、労働契約制、契約違反者解雇権の企業への付与、失業保険制度、の四点セットの導入である。

すなわち、国有企業労働者の就業は、国家または地方の主管部門による割当から企業自身の「公募」にかわり、かつ雇用の期間、賃金、職種などを労働者と企業の両者で「契約」し、この契約を遵守《じゅんしゅ》しないものを「解雇」する権限が企業にあたえられ、かつ解雇されたものには失業「保険」の支給をもって社会的安定をまもる、というものであった。趣旨は、まことに明快である。

しかし、これはあくまで新規の雇用労働者に対して適用される措置である。膨大な既存の国有企業労働者群にこの措置を適用するともなれば、あつい既得権益にながらく慣れきってきた彼らの、ときに暴力をともなう強力な抵抗にあうことはさけられない。既存の企業内労働力の「流動化」をうながす試みもはじまってはいるものの、結局のところ「企業内労務市場」での配置転換が、せいぜいのところである。

国有企業労働者が、長期にわたってそこに身をおいてきた「安住」の場を、そう簡単に捨て去るわけにはいかない。もちろん主管部門も、治安上の配慮から「企業内失業者」を「社会的失業者」とすることには、どうしても慎重たらざるをえない。

失業者に対する「セイフティー・ネット」、つまり社会的安定の「網」となるのは失業保険制度である。しかし、目下のところ保険金は企業負担で賃金総額の〇・六%にすぎず、失業保険とはいえ名ばかりである。平均的な等級賃金制度を変更しようという試みもはじまっている。固定給の比率を少なくし、報奨金《ほうしょうきん》(ボーナス)の比率を高めようというものである。あるいは賃金総額を企業の経営効率とリンクさせ、過大な賃金を平等に支払おうとする、国有企業がともすると陥りがちな「平等主義」を抑制しようともしている。

とはいえ、住宅の市場化はまだ不十分であり、また住宅のための購入ローンのシステムも整備されておらず、医療保険、養老保険などの制度も未整備な状況にあっては、賃金はどうしても「下方硬直的」たらざるをえない。中国の市場経済化にとって、社会主義の「負」の遺産はなお重い。

国有企業の自律的なメカニズム形成とならんで、国有企業主管部門自体の行政改革が不可欠であることも、論をまたない。しかし、これがまたいっそう困難な課題なのである。国有企業に経営権を「下放」しようというのであれば、主管部門の行政改革は必至であり、そのための人員整理が不可避である。

とはいうものの、既得権益がまさに権力そのものと強く結びついている主管部門がみずからの手でみずからを改革し、人員整理をまで行うことが困難であるのは、ほとんど自明であろう。日本の「行革」がかけ声ばかりで少しも進捗《しんちょく》していないことを顧みるだけでも、その困難は十分に想像できようというものである。

制度的に改革が進展したかにみえても、さきに例示したごとく、主管部門の傘下部局自身が民営化された「公司」のごときものをつくって、所有と経営の「一体化」につとめているのが、中国の現実なのである。国有企業とこれに対応する主管部門の内部、ならびにその相互の関係のなかに巣喰う既得権益を取りはらうことなくして、国有企業の真の自律化はありえない。国有企業自律化の向かうべき方向は、たしかに「条例」のなかに、みごとにといっていいほどにえがきだされている。問題はそれを個々の現場でどう実現するかである。

株式会社化は切り札になるか

経営自律化へのひとつの新しい方途として、実際に試行されているのが、国有企業の株式会社化である。国有企業は、中国では「全人民所有制企業」とよばれ、その資産のすべては人民のものだというたてまえがとられている。しかし、全人民のものだということは、「だれのものでもない」という資産所有の「空白」をうみ、したがってこれを効率的に運営して、その経営を自律化していこうという、ほんとうの欲求が企業の内部からはでてきにくいのである。

もし、国有企業の株式会社化が順調に進んでいくとなれば、国有企業資産の所有者が国家から多様な株主へとかわり、したがって配当収入に強い関心をもつ株主は、国有企業の収益と効率化に高い関心をよせるはずである。企業もまたその関心と要請に応えて、みずからの行動を「企業家的」に律していかなければならなくなろう。

株主のそうした関心と要請は、株主総会や取締役会を通じて、これまでとは異質の、企業効率向上への実質的な圧力となっていくにちがいない。その意味で、国有企業の株式会社化は、「条例」がうたうところの、国有企業に「自主経営、損益自己負担、自己発展、自己規制」をうながす最適の方途であると評価されよう。

一九八四年から株式会社制度確立に向けての試行が開始され、「社会主義初級段階論」が提起された一九八七年の第一三回党大会以来、この制度は少しずつひろがりをみせていった。一九八八年の「整備・整頓」政策により一頓挫《とんざ》を余儀なくされたものの、高成長へと復帰した一九九一年ごろからふたたび国有企業の株式会社化が議論の対象となった。「南巡講話」で中国経済がわきかえった一九九二年には、「株式制企業試行弁法」も公布され、法制度上の整備も開始された。

もっとも、国有企業の株式会社化は、あくまで「試行」の段階にあって、株式制試行企業の数はなお微々たるものである。株式公開にまでいたった企業数は一〇〇社にみたない。証券取引所も、上海と深圳に、みすぼらしい構えのオフィスがふたつ存在しているのみである。

株式会社化が本格的な展開をみせるためには、膨大な流動性を擁する富裕な国民を株式市場に招き入れねばならない。しかし、社会主義の「脱色」をおし進めている中国にあっても、株主の多様化はすなわち国有企業の「民有化」につながるという、「原理上」の問題にいまだ少なからぬ心理的抵抗がある。実際、わずかにうまれた株式公開企業でも、その圧倒的部分は国家保有株であり、法人保有株、ましてや個人保有株はほんのわずかである。

国有企業の株式会社化を国家保有株の拡大により実現するというのであれば、国有企業の「民有化」の主体が「国家」となるという皮肉な帰結とならざるをえない。これでは、経営と所有の分離をめざす国有企業改革にはならない。

株式会社化は、国有企業改革の「切り札」であろう。そしてこれは、中国社会主義「脱色」のさいごの「踏み絵」でもあろう。株式制度をいかに「規範化」し、国民大衆に株式保有への道を安定的に開いていくのか、国有企業改革の正念場がここにある。

第九章　公有制主体は目的ではなく手段である

1　財政赤字の膨張——温情主義の帰結

赤字の国家補塡

「国有工業企業経営メカニズム転換条例」に集約された一連の野心的な政策措置にもかかわらず、国有企業は自律的な経営単位としてなお成立しえないでいる。集権的計画経済の弊ともいうべき、主管部門、国有企業内部、ならびにその相互関係のなかに蓄積されてきた「既得権益」が、強い抵抗力をもって改革の試みをはねつけているのである。

主管部門と国有企業とのあいだで所有と経営の分離を截然《せつぜん》と行い、国有企業のなかに主管部門の行政的支配の手が容易に入りこむことができないような強い「権域」をつくりだす必要がある。国有企業の株式会社化の構想が、そのための「切り札」として浮上してきているとはいえ、いまだ緒《ちょ》についたばかりである。完成までには、ながい試行の期間を要するであろう。

所有と経営の分離が、国有企業改革のきわめて重要な課題であることは、むろんのことである。しかし、国有企業改革には、それとならんで、いな、それよりもまえに解決されなければならない切実な課題があることに注目しなければならない。

中国の国有企業は、その自律化が大きくおくれてきたために、膨大な赤字に呻吟《しんぎん》している。現在の中国の国有企業の中核にある大中型企業七一〇三社のうち、三五%が「正真正銘」の赤字企業であり、三〇%はほとんど収益はゼロもしくは潜在的赤字企業であり、黒字をだしているのが確実な企業は三五%だけである。

一方、この国有企業の赤字は、国家によって十分以上に補塡されているのである。表9－1からわかるように、工業企業(独立採算性工業、企業財務の損益に経営責任をもつ企業)の赤字総額は、一九八六年の五五億元から一九九二年には三六九億元へと圧倒的な規模にふくれあがっている。同様に、企業(この場合は全公有制企業)の赤字に対する同期間の補助額も、膨大な額におよんでいる。補助対象の大部分が国有大中型工業企業であろう。企業範疇《はんちゅう》が同一のものではないために、単純な比較はできないが、それにしても企業損失補助額が企業赤字額を一貫してうわまわっていることは、おどろきである。

国家は、企業の赤字を補塡しているばかりではない。多種多様な価格差補助がこれにくわわる。大中都市住民の重要消費物資、たとえば食料、肉類、野菜などの価格が高騰したり、さらには国有企業が購入する綿花、木材、鋼材などの価格が高騰した場合にも、これに価格補助がなされている。前者は、工業企業従業員の賃金上昇を防ぐための「賃金財」価格補助であり、後者は企業補助そのものである。

国有企業は価格差補助を受け、そのうえで赤字がでても、その赤字に対しては存分の国庫補助を享受できるの

表 9–1　企業の赤字額と補助額

（単位：億元）

	企業赤字額*	企業損失補助額**	価格差補助額
1986 年	54.5	324.8	257.5
1987 年	61.0	376.4	294.6
1988 年	81.9	446.5	316.8
1989 年	180.2	598.9	373.6
1990 年	348.8	578.9	380.8
1991 年	367.0	510.2	373.8
1992 年	369.3	445.0	321.6

（注）　＊独立採算企業のみ，　＊＊公有制企業全体。
（資料）　国家統計局『中国統計年鑑』。

表 9–2　国家財政の赤字額

（単位：億元）

	総収入	総支出	収支	国有企業からの財政収入
1986 年	2260.3	2330.8	−70.5	1683.3
1987 年	2368.9	2448.5	−79.6	1664.9
1988 年	2628.0	2706.6	−78.6	1797.9
1989 年	2947.9	3040.2	−92.3	1969.1
1990 年	3212.6	3452.2	−239.6	2198.9
1991 年	3610.9	3813.6	−202.7	2314.0
1992 年	4153.1	4389.7	−236.6	—

（資料）　国家統計局『中国統計年鑑』。

である。資本主義社会からすれば、にわかには信じがたいほどの「温情主義的」関係が、国家と国有企業とのあいだに存在しているのであり、これでは企業の自律的経営努力をひきだすことが難しいのは当然である。

二つの悪循環

　このようなしだいであって、国家財政の赤字化は不可避である。表9－2は、表9－1と同一期間の国家財政収入と財政支出をみたものである。赤字幅は一方的に拡大している。しかし、よくみればこの国家財政赤字額も、表9－1の企業損失補助額よりもかなり少ないことがわかる。ましてや、この損失補助に価格差補助をくわえた額との比較からすれば、国家財政の赤字額などは、むしろ小さなものだとさえいいうる。国家の国有企業に対する、このなんとも手あつい「温情主義」的対応こそが、財政赤字の最大の要因にほかならない。

　それにもかかわらず、国有企業から国家に上納される財政資金は、表9－2の第四欄にみられるような巨額におよんでいる。国家財政収入に占めるその比率は、国有企業の業績不振を反映して明瞭な減少傾向にあるとはいえ、一九九一年においてなお六四・一％である。国家財政の再建は、実は国有企業の再建とほとんど同義なので

図 9-1　国家財政収入に占める国有企業の寄与

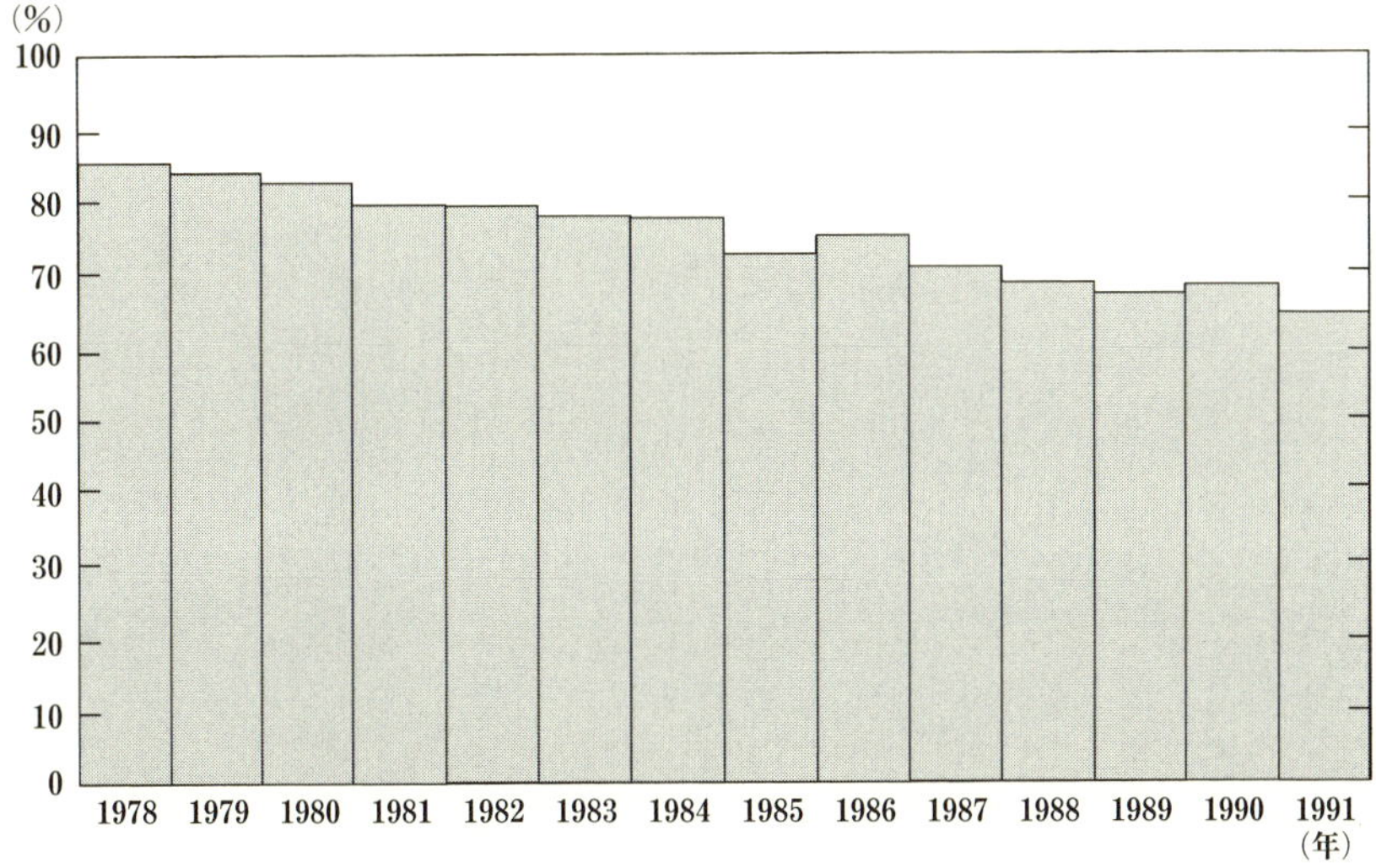

（資料）　国家統計局『中国統計年鑑』。

ある。

現在の中国においては、企業に対する国家の温情主義が企業の経営自律化をはばみ、それがゆえに国家の企業赤字補助額が巨大化し、その補助が企業財務のなかにますます強くビルトイン（構造化）されていくという「悪循環」をぬぐえないでいる。その結果、ひとつには、エネルギー・運輸部門などの産業インフラや基礎素材産業部門のボトルネック解消にあてるべき財政資金が「クラウディング・アウト」（おしだ）されている。ふたつには、国有企業の経営自律化を図るべくなされねばならないのが機構改革、人員整理であるが、そのための社会保障制度育成に充当する財政資金の捻出《ねんしゅつ》が困難になっている。

そしてそのゆえに、国有企業の経営自律化が容易に進まないという、もうひとつの「悪循環」がある。ふたつの悪循環の帰結が、国家財政収入に占める国有企業からの財政寄与の低下であり、改革・開放の開始以来、現在にいたるまでの推移を示したものが、図９－１である。

一九七九年に八四％であったその比率は、一九九一年現在で六四％と、実に二〇％もの低下を記録した。国有企業は、国家の温情主義のもとで、工業総生産に占めるその比率を低下させてきたのであるが、財政寄与においてもこのような急速な低下を余儀なくされた。

財政改革は国有企業改革と同一の文脈のなかにあり、それゆえ国家の国有企業に対する温情主義の基本をかえることなくして、国有企業の経営効率の向上はのぞみえず、それがゆえに財政改革もおぼつかない。

2 金融改革の試み――銀行は行政の横暴にたえられるか

金融資産の蓄積

新しく浮上してきたのが、「金融」である。金融メカニズムの改革を通じて、市場経済化をうながし、国有企業の経営メカニズムを自律化に向かわしめようという意思を、中国の指導部はこのところにわかに強めつつある。ここでも、その改革の基本、向かうべき方向はたしかにみすえられており、その成功が期待される。

ながい集権的計画経済の運営過程で、中国にはわれわれの社会で語られているのと同様な意味での「金融」というコンセプト（概念）は、存在してこなかった。企業の圧倒的多数は国有企業である。この企業が生産すべき品目と数量はすべて主管部門により行政的指令性指標として「下達」された。企業は、生産に必要なすべての投入財を主管部門から無償でひきうけ、それを用いて生産された製品を主管部門に上納するのみであった。「指令的」かつ「物動的」な経済であり、ここには金融が入りこむ余地はなかった。

しかし、一九七九年の経済体制改革の開始以降、こうした指令的かつ物動的な計画経済システムは変更された。

国有企業以外にも、個人・私営企業、郷鎮企業、外資系企業などの「多種経済成分」の設立が容認され、現在ではこれら多分に「資本主義的」な経営メカニズムをもつ非国有企業が、国有企業よりもはるかに強い活力をもって中国経済を牽引《けんいん》している。

非国有企業群の活力は、自由価格メカニズムにより発揚されたものであり、利潤インセンティブこそが彼らを急成長につき動かした要因であった。こうした多様な非国有企業部門のなかでも、とくに重要性をもつのが郷鎮企業である。郷鎮企業の大規模な創出にあずかって力をもったのは、農村の市場経済化とそれにともなう農家の富裕化であり、それがうんだ農村貨幣余剰であった。こうしてかつて存在しなかった「金融資産」がこの国の農村に大きく蓄積されるようになったのである。

中国の国有企業も、指令的、物動的な計画経済の桎梏《しっこく》からしだいに離れつつある。企業は、「経営請負責任制」のもとで、国家から所得税や上納利潤の所定額を一定期間請け負い、この請負額を支払ったあとの残余は、みずから自由に使用できる資金となった。ここにも「金融資産」というべきものが創成された。実際のところ、そうした事実の帰結として、国内総生産に占める金融資産の比率は、改革・開放の開始以前には一五%にもみたなかったが、一九九二年時点ですでに一二〇%をこえるいちじるしく高い比率に達した。

一九九二年の三乱

一九九二年の中国を騒がせたものに、「三乱」がある。この年の超高成長下で生じた高い資金需要につき動かされて、(一)個人、企業、集団、行政などのいずれもが資金集めにはしったこと、(二)銀行がみずから企業を設立し、そこに優先的に資金をながしたこと、(三)さらに銀行が投資信託公司などのいわゆる「ノンバンク」

に大量の資金を流用したこと、そうした乱脈な金融秩序がすなわち「三乱」であった。この「三乱」は、金融資産が中国経済を動かすひとつの重要な要素となったことを、白日のもとにさらした。この豊富な金融を市場経済化に向けてどう利用するか、すなわち金融改革が中国指導部の重大なテーマとなったのである。

そのための布石が、人民銀行の中央銀行化であり、工商銀行、農業銀行、中国銀行、建設銀行、投資銀行などの政策金融公社的性格の強い専業銀行を、普通銀行業務を行う商業銀行に移行させる、というものであった。そして、人民銀行を通貨発行と通貨量調整を行うための自立的な中央銀行とし、その周辺に右に述べた五つの商業銀行を配し、金利、銀行準備率操作、公開市場操作などの「間接的コントロール」をもって、中国全体の経済行動を調整運営していくことをめざしたのである。西側諸国の金融メカニズムに、少しでも近づきたいという意図がはっきりみえる。

しかし、現実になされているのは、間接的コントロールではなく、金利規制、ならびに貸出額、貸出先規制からなる「直接的コントロール」である。間接的コントロールを求めながら、どうしても直接的コントロールに傾斜してしまわざるをえないというところに、中国の改革の限界がある。なぜ、直接的コントロールたらざるをえないのか。一言でいえば、人民銀行であれ、商業銀行であれ、巨大な財政赤字をかかえる国家・地方政府の強力な圧力により、その意思が容易にへしまげられてしまっているからである。

銀行へのさまざまな圧力

財政が大きく赤字化しているために、国家的プロジェクトを思うようにファイナンス（融資）できない政府は、そのプロジェクトへの資金供与を商業銀行に「肩がわり」させるという志向性を強くもっている。この圧力に応

中国工業化のめざましい牽引車は、郷鎮企業であり、外資系企業であり、個人・私営企業であり、そうした非国有企業部門がこんごともいよいよ大きな力を発揮して、中国を市場経済化の大波でおおっていくものと思われる。市場経済化のあらがいがたい「侵食作用」によって、国有企業はおそらくは「民営化」の地上に向けて「ソフトランディング」していくのではないか、というのが私の見通しである。

国有企業改革の原動力は、国有企業それ自体からではなく、それを取りまく非国有企業の活力からうまれてくるにちがいない。実は、そのような方式こそが、これまでみてきた鄧小平の主導による中国の改革・開放の、漸進主義的で実験主義的なプラグマティズムなのではなかったか。非国有企業の活力を発揚させ、市場経済化を推進させていく過程で、国有企業を市場経済のなかにのみこみ、そうして国有企業のソフトランディングを図っていこうという方向である。そうした方向への選択に、ひょっとしたら中国の指導部はもう臍《ほぞ》を固めているのかもしれない。

一九九三年一一月二日付の中国の有力紙『経済日報』は、「公有制主体」は中国社会主義の「目的」ではなく「手段」であるという、画期的な解釈を掲載した。国民の反応をさぐるある種の「バロン・デッセ」(観測気球)であったようにも思われる。そこではつぎのようにいっている。

「われわれは問題の実質をみきわめるべきである。公有制主体は、目的ではなく手段であるという点に、目を向けなければならない。中国が公有制を選択したのは、多方面で積極性を発揮し、生産力の発展をいっそう加速させ、人民大衆がともに豊かになるという目的を達成するためであった。……市場経済の発展にともなって、わが国固有の経済形態は変化しつつあり、株式などを通じて公有制経済と非公有制経済との有機的な融合が、すでに必然の傾向になっている。社会主義市場経済の遂行にあたっては、所有制改革とその構造変化はこれをさけて通ることはできない。また多様な経済形態の発展を排除、制限してもならない。『公有制を主体とする』方針に影響するとか、社会主義の性質をかえたりするのではないか、という懸念は無用である。」

野たれ死にか活性化か

非国有企業部門の発展は、どのような道筋で国有企業を市場経済のなかにのみこんでいくのであろうか。国有企業改革における最大の課題は、機構改革とそれにともなう人員整理をいかに順調に進展させるかにあった。主管部門と国有企業の従業員がもつ既得権益のうち最大のものは、固定賃金制と永久在職制、幹部の身分保障であった。彼らがこの既得権益を手放しても、より安定的でより高所得の就業機会に他のところであずかることができるのであれば、旧来の既得権益を固守することの「機会費用」は、減殺される。

国有企業のみが突出していた過去の中国においては、国有企業に代替する有利な就業の場など、ありえなかった。しかし、郷鎮企業や外資系企業の発展は、国有企業や主管部門に従事する人びとをここに大量に迎え入れる社会的「容器」をつくりだしている。現に、「下海」と呼ばれる、国有部門から民間部門への就業移転現象は、中国のいたるところでみられる。

失業保険、医療保険、養老保険などの社会保障制度の整備は、国有企業改革をスムースに展開させるための重要な政策的努力でなければならない。しかし、さきに述べたようなきびしい財政制約のもとで、しかもそうした社会保障制度に馴致《じゅんち》していない官僚と国民が一般的な中国にあって、法整備にいくら精出してみても、それを弱者救済の社会的「受け皿」として完成させることは簡単ではない。国有企業改革を、そうしたセイフティー・ネットを完成させるまでまたせるわけにはいかないのである。

現在の中国は、雇用吸収力の大きい第三次産業に大量の個人・私営企業を群生させつつある。これらを含めて非国有企業部門がいちだんと拡大していけば、国有企業就業者の「流動化」はかならずや進展するであろう。非国有企業の中国経済におけるポジションとステイタスの上昇とともに、郷鎮企業や外資系企業は、重化学工業部門やハイテク部門にも大きなシェアをもつようになっている。輸出企業としての非国有企業の力量はいよいよ大きい。非国有企業の「軍門」に下る国有企業も、こんごは増加していくであろう。

みずから市場経済化せざれば、その存在自体が危ういという危機的状況がつくりだされて、なお国有企業が古くさい既得権益にしがみついているとは考えにくい。国有と非国有のあいだの企業競争激化は、国有企業改革にひとつの有力なインパクトとなっていくであろう。

こうして、改革の外部環境が市場経済化の方向に向かうとともに、国有企業改革は猶予《ゆうよ》をあたえられなくなろう。国有企業は、国家・地方政府の温情主義に甘んじて「野たれ死に」するよりは、市場経済化のながれに積極的に身を投じ、そうしてみずから活性化を図ろうという選択を、そう遠くない将来に余儀なくされよう。そしてこのことは、国有企業の中国経済におけるポジションを、確実に低下させていくであろう。

国有企業活性化の努力は、それ自体では成功しない。非国有企業群をいっそう発展させ、そうして活性の市場経済があやなす「融通無礙《ゆうずうむげ》」な世界に身をまかせることが、まわりまわって、しかし結局のところはすみやかに、国有企業を市場経済の地上に「ソフトランディング」させる方途なのである。

第一〇章　中国経済発展の地域構造

1　沿海省市の経済変動——成長地域と停滞地域

沿海部ふたつのサブグループ

国有企業の改革は容易に進まない一方、個人・私営、郷鎮、外資系などの非国有企業の活力はいよいよ強い。第五章の図5－1でも示したように、工業総生産に占める国有企業の比率は、一九八五年の六四・九%から一九九二年には四八・一%へと低下する一方、非国有企業は大きな増加をみせた。とりわけ郷鎮企業のプレゼンスの拡大は顕著であり、同期間に同比率を一七・七%から三二・五%へと増加させた。

一九八六年から一九九二年までの中国の工業成長に対する増加寄与率でみると、国有企業は四二・一%であり、すなわち非国有企業は五七・九%と過半を占めた。非国有企業の工業成長率は、近年にいたればいたるほど上昇の傾向にある。一九九二年の寄与率をみると、国有企業が三二・五%、非国有企業が六七・五%、郷鎮企業のみ

図 10-1 工業成長率と非国有工業の年平均成長率（実質，1979-92 年）

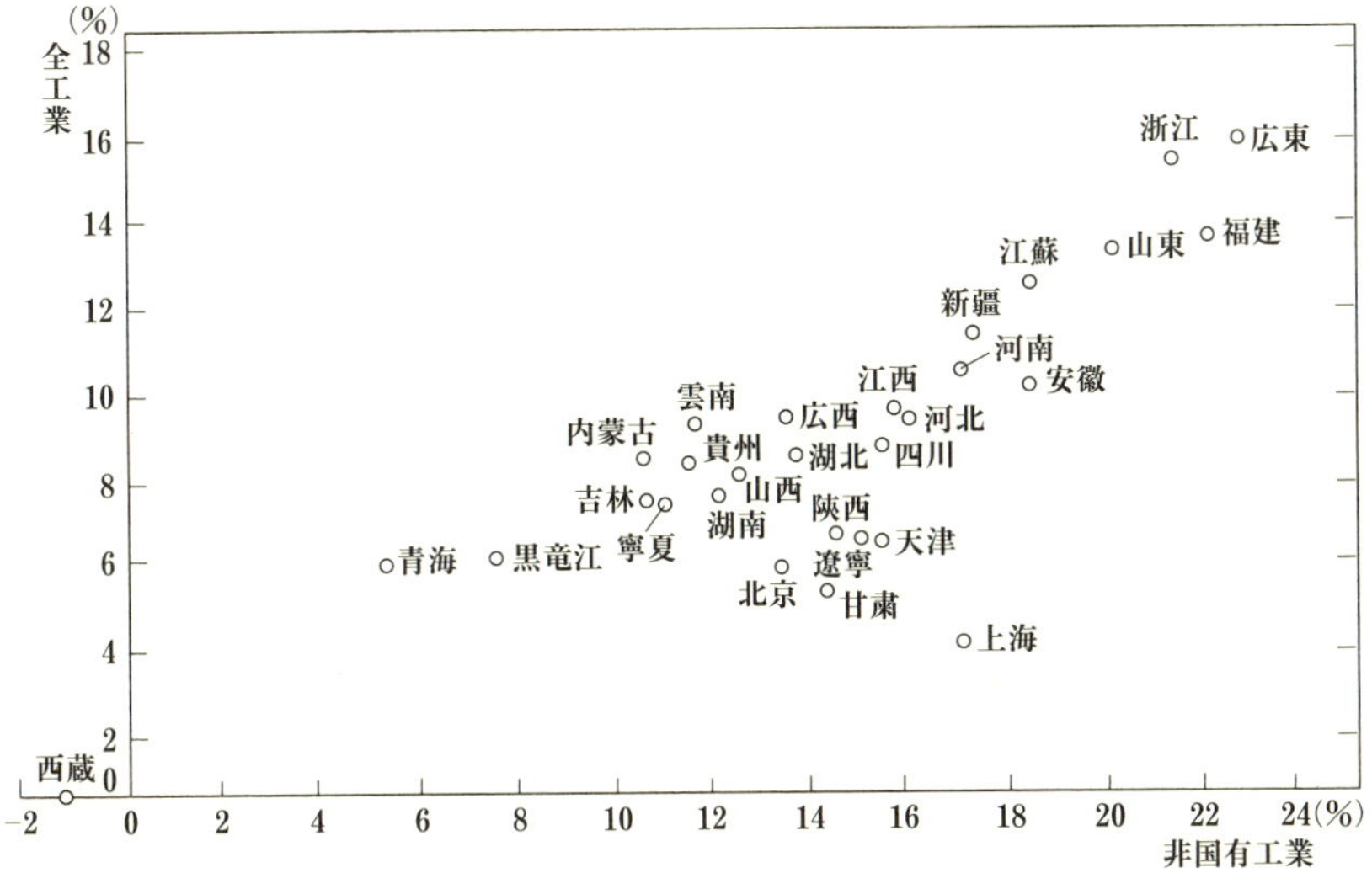

（資料） 国家統計局『中国統計年鑑』。

で四六・七％の高さにおよんだ。すなわち最近年においては、中国の工業成長に対しては、郷鎮企業のほうが国有企業よりも大きな寄与をなしているのである。

国有企業の低迷の原因は、なんども指摘してきたように、その低い生産効率にある。一九八一年から一九九二年までの改革・開放期のほぼ全期間について、その労働生産性（工業部門就業者一人当たり生産額）の年平均増加率を、国有企業と非国有企業について計測してみると、前者が四・三％であるのに対し、後者は一七・四％である。その差はきわめて大きい。国有企業のポジション低下は、これら重要ないくつかの指標において歴然としている。

そうであれば、郷鎮企業を中心にした非国有企業の生産増加率が高い地域ほど、工業部門全体の増加率が高いという相関がえがかれるはずである。改革・開放の開始年一九七九年から一九九二年までの一〇年余にわたる両者の増加率の結合値を示したものが、図10－1である。広東、福建、江蘇《こうそ》、山東などの、華南

図10－2　中国の3大地域

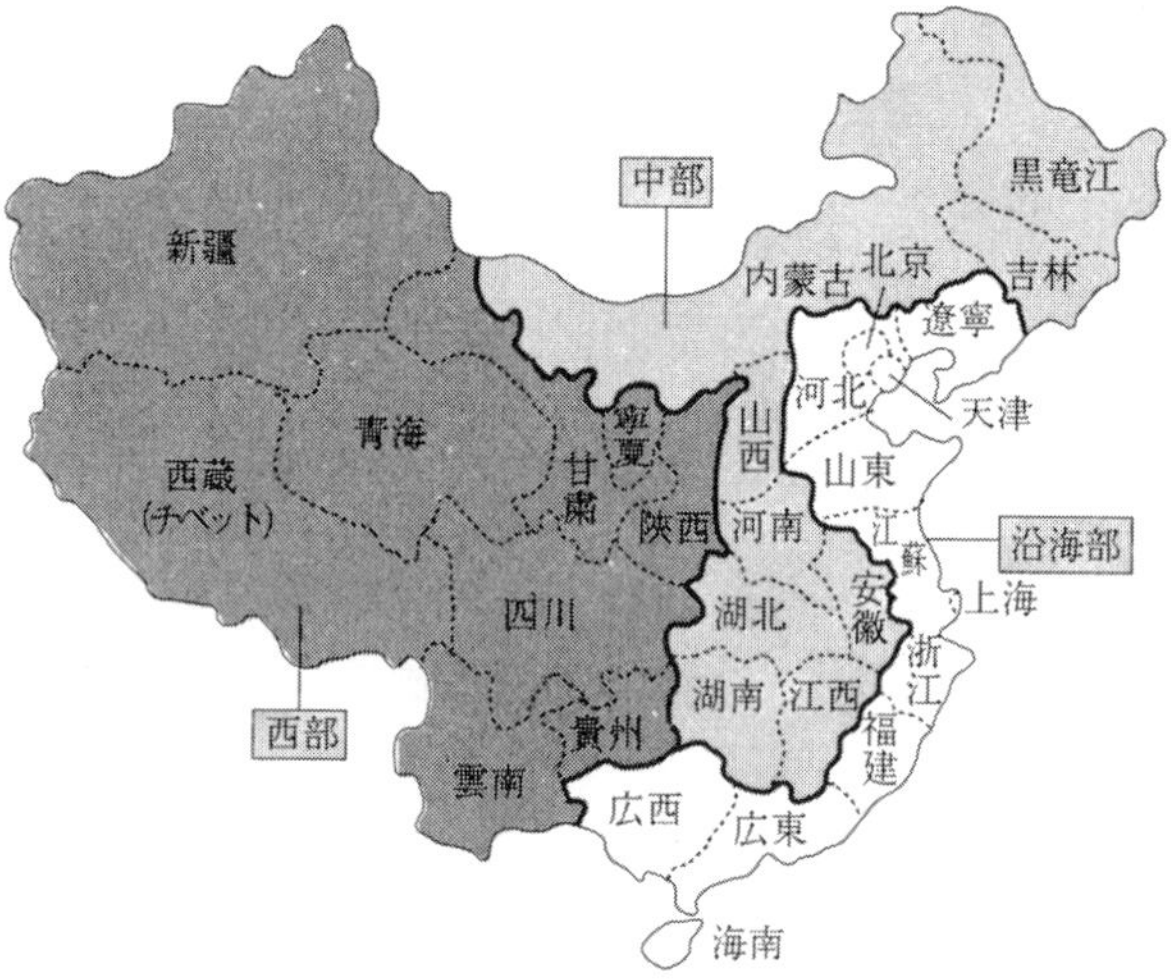

から華中にかけての沿海部でその傾向が明瞭にあらわれている。

しかし、同じく沿海部に立地しながらも、上海、天津《てんしん》、遼寧《りょうねい》、北京、河北などにおいては非国有企業はいまだそれほど活況しておらず、それがゆえに工業成長の全体がなお低迷を脱していない。広西も同様である。その他の内陸諸省も非国有企業の発展の度合いは低く、全工業部門の成長率も低い。しかし、非国有企業の比率が高いほど工業成長率が高いという正の相関は、内陸部においてもたしかに観察される。

この図10－1は、改革・開放期の一〇年余の期間において、中国の各省市間に経済力の大きな地位変動があったことを示唆している。中国の地域を大きく沿海部（東部）、中部、西部の三つに区分してみよう。中部、西部が内陸部である。それぞれのグループに入る省・市・自治区は、図10－2、表10－1に記されている。中国全体の工業総生産額、国有企業生産額、非国有企業生産額に占める、三つのグループのシェア変化を、一九七九年、一九八五年、一九九二年の三時点でみたものが、表10－2－a・b・cである。

表 10-1　中国の地域グループ

沿海部		中部	西部
サブグループ A	サブグループ B		
浙江	河北	河南	四川
福建	天津	安徽	陝西
江蘇	遼寧	山西	貴州
広東	上海	湖南	甘粛
山東	北京	江西	雲南
	広西	湖北	新疆
		吉林	寧夏
		内蒙古	西蔵
		黒竜江	青海

まず気づくことは、いずれの分類でみても沿海部のシェアが圧倒的に大きく、内陸部、とりわけ西部のシェアがきわだって低いことである。しかも沿海部は、工業総生産額に占めるシェアにおいて高いのみならず、一九七九年以来、最近年にいたるまでそのシェアを伸長させてきた。このシェア拡大に寄与したのが非国有企業であり、国有企業のシェアは沿海部においては縮小している。これと対照的に、中部ならびに西部の中国工業総生産額に占めるシェアは減少傾向にあるが、その減少の原因は非国有企業の地位低下にあり、国有企業のシェアはここではむしろ拡大するという傾向がみられる。

ところで、表10－2をみて注目されるもうひとつの重要な事実は、中国経済の心臓部ともいうべき沿海部の内部が実は同質的ではなく、ふたつのきわめて対照的なサブグループに分類されていることである。サブグループAは、浙江《せっこう》、江蘇《こうそ》、福建、広東、山東の五省である。サブグループBは、河北、天津、遼寧、上海、北京、広西の三市・三省である。

サブグループBは、工業総生産額、国有企業生産額、非国有企業生産額のいずれの範疇でみても、中国全土のなかで改革・開放期にそのシェアをもっとも急速に減少させてきた地域である。逆に、サブグループAの三つの範疇におけるシェア拡大は明瞭である。とりわけ非国有企業のシェアの

表 10-2-a　全工業総生産額に占める各グループのシェア

（単位：%）

	1979年	1985年	1992年
沿海部	60.6	61.2	65.7
サブグループ A	24.4	31.2	41.0
サブグループ B	36.2	30.0	24.7
中部	26.5	26.5	23.3
西部	12.9	12.3	11.0

表 10-2-b　国有工業総生産額に占める各グループのシェア

（単位：%）

	1979年	1985年	1992年
沿海部	59.4	56.1	55.1
サブグループ A	20.4	22.6	27.1
サブグループ B	39.0	33.5	28.0
中部	26.7	29.2	29.6
西部	13.9	14.7	15.2

表 10-2-c　非国有工業総生産額に占める各グループのシェア

（単位：%）

	1979年	1985年	1992年
沿海部	64.7	69.9	75.5
サブグループ A	38.1	45.8	53.8
サブグループ B	26.6	24.1	21.7
中部	25.5	22.0	17.4
西部	9.7	8.1	7.0

（資料）　国家統計局『中国統計年鑑』。

拡大がめだっている。沿海部のなかに、その工業パフォーマンス（実績）において対照的な動きをみせるふたつが併存していることに、注目しなければならない。

中国経済において傑出した地位にある沿海部内部のふたつのサブグループの地位変動のこの激しさこそが、中国全体の地域間経済変動を説明する最大の要因なのである。これに比較すれば、中部、西部における地位変動は、むしろ微々たるものだということができよう。語られるべきは、沿海部におけるこのサブグループ間の地位変動なのである。

2　中国の地域間所得分配は平等化に向かっている——通説への反論

沿海部の所得平準化

なるほど沿海部と内陸部には、圧倒的に大きな格差が存在している。図10－3は、一九九二年の各省市の一人当たり国内総生産額を上位から下位に向けて示したものである。その値が三〇〇〇元をこえるのは、上海、北京、天津、広東、遼寧のような沿海部に位置する省・市である。

しかし、内陸部諸省の一人当たり所得水準は、改革・開放期以前においても、以後においても一貫して低く、しかもその変動幅は小さい。その変動においてきわだって大きかったのが、中国経済の心臓部である沿海部の内部構造なのである。一九七九年から一九九二年までの一人当たり実質国内総生産の年平均成長率を上位から下位に向けてみたものが、図10－4である。最上位五省は浙江、広東、福建、江蘇、山東であり、サブグループAの五省のすべてがこれに入る。この五省の成長率は、最低の山東省でも九％台であり、残りの四省は実に一〇％台である。逆に、サブグループBに含まれる三市・三省の成長率は、いずれも例外なく全国平均を下まわっている。天津市にいたっては五％台、全国で最低の成長率である。北京市がかろうじて七・〇％であったが、他はいずれも六％台である。

この結果、国内総生産に占めるこれら沿海部一一省市のシェアの、一九七九年と一九九二年の結合値をみた図10－5からわかるように、サブグループAのすべてのポジションが上昇し、サブグループBのうち広西を除く三市・二省のポジションには、はっきりとした低下がみられる。

図 10-3　各省市の 1 人当たり国内総生産（1992 年）

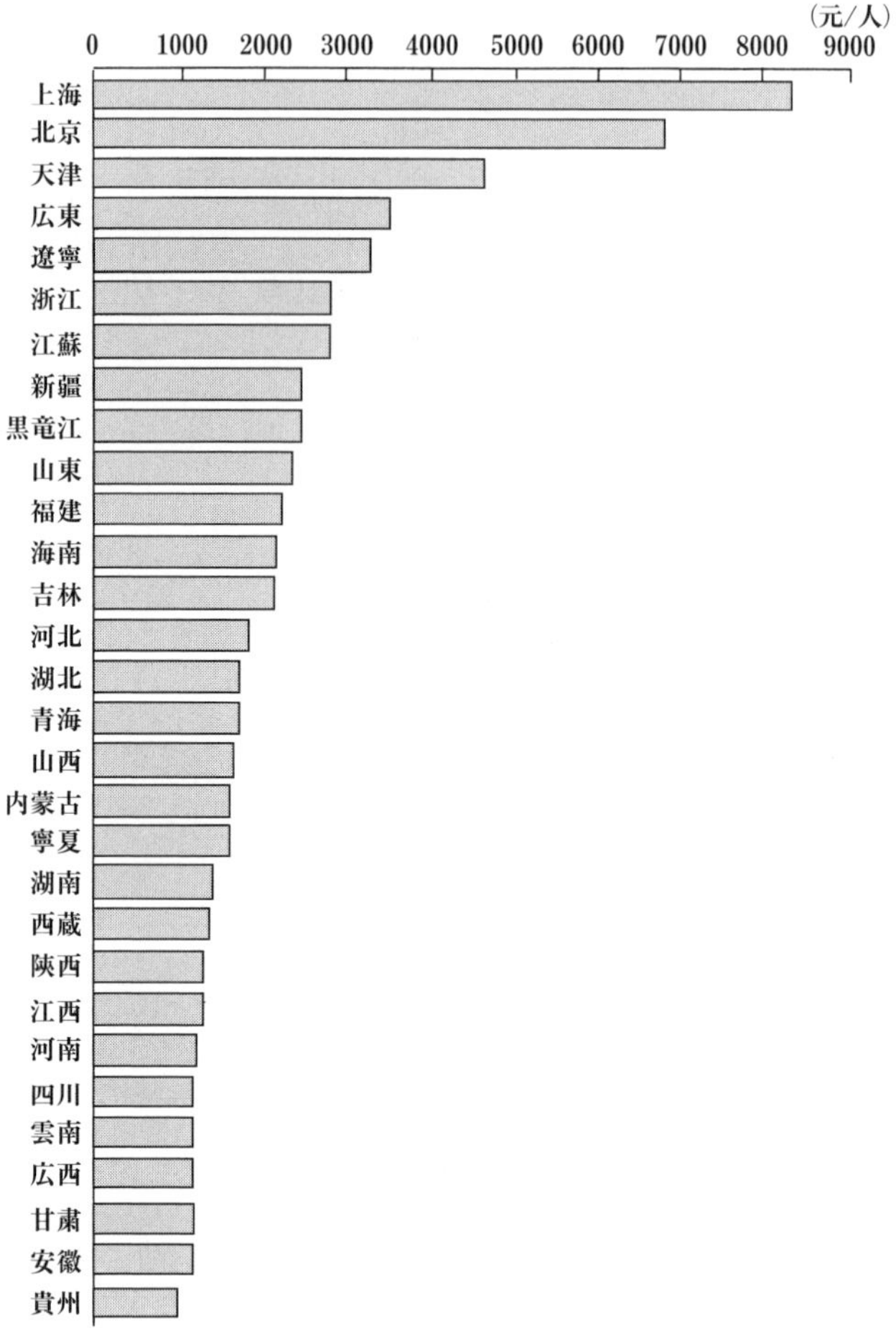

（資料）　国家統計局『中国統計摘要』。

図 10-4　1 人当たり国内総生産の実質成長率（1978–92 年）

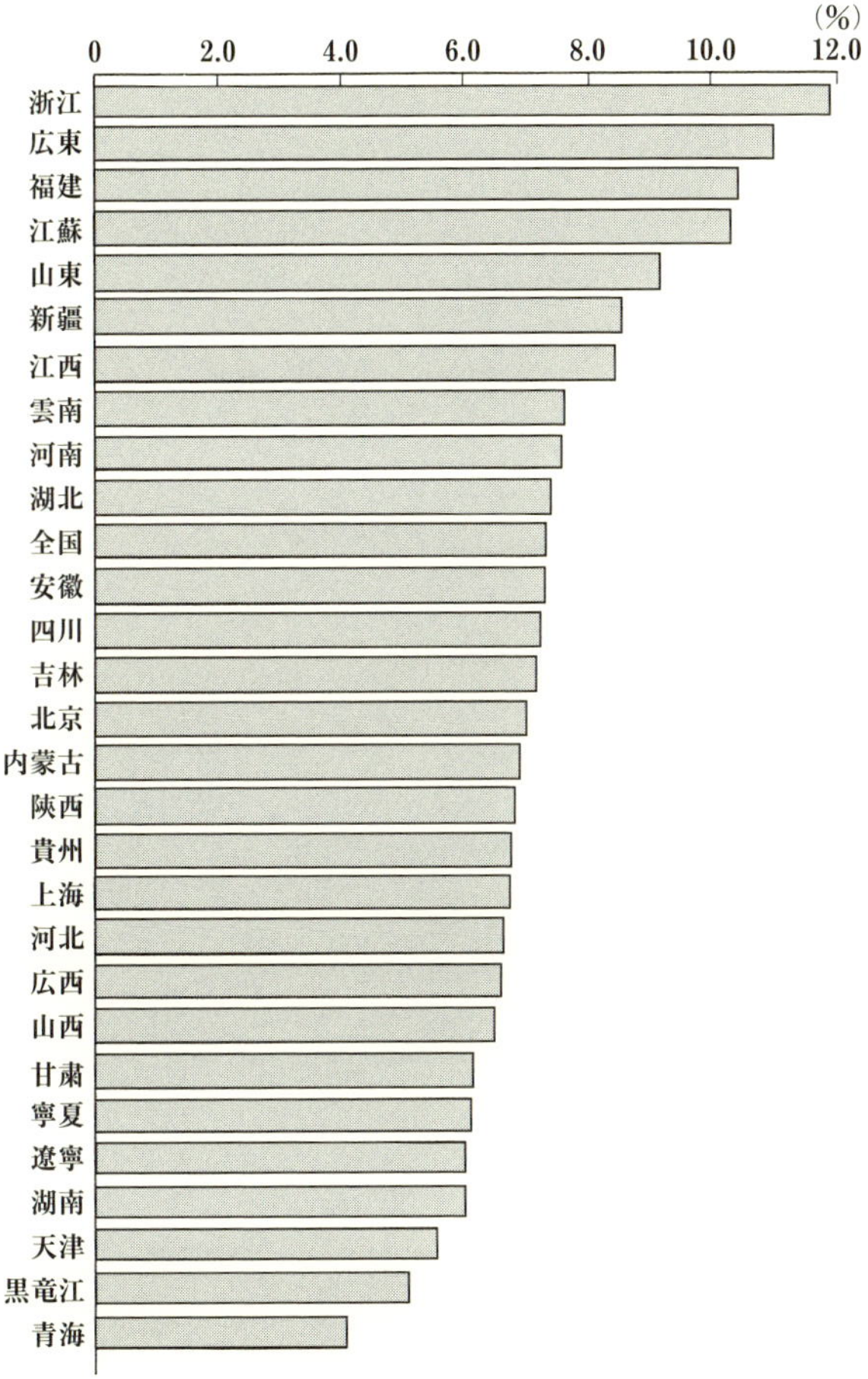

（資料）　国家統計局『中国統計年鑑』。

図 10–5　国内総生産に占める各省のシェア（1978 年，1992 年）

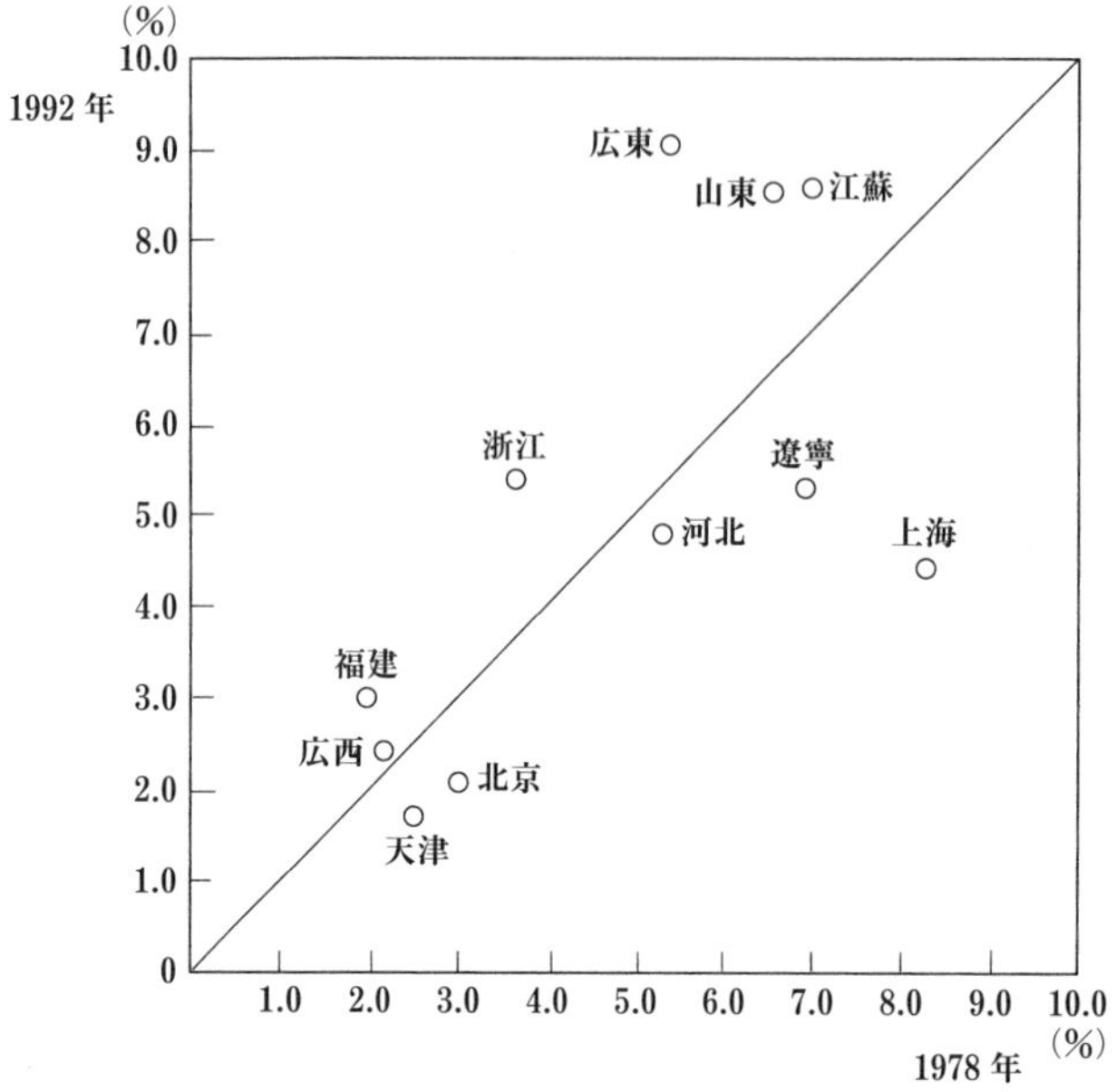

（資料）　国家統計局『中国統計年鑑』。

経済規模において小さなシェアしかもたず、かつ一人当たり所得水準においても一貫して「安定的に」低いのが、内陸部である。対照的に、経済力において圧倒的に大きなシェアをもつ一方、その内部においては、かつて高所得水準を誇っていたサブグループのポジションが低下し、低い所得水準にあったサブグループのポジションが上昇するという、所得水準平準化への激しい変動がみられたのが沿海部である。とすれば、この沿海部の動向が中国経済に影響をあたえて、中国全体の所得分配を平等化させるのに貢献したのではないか、という推測が可能となる。

そして、その推測は計量的にも確認される。すなわち、改革・開放期において中国の所得分配の不平等度が拡大傾向にあるというのは、誤まれる通説である。われわれの計測によれば、中国の地域間所得分配の不平等度は、改革・開

図 10-6　地域間所得分配指数の推移

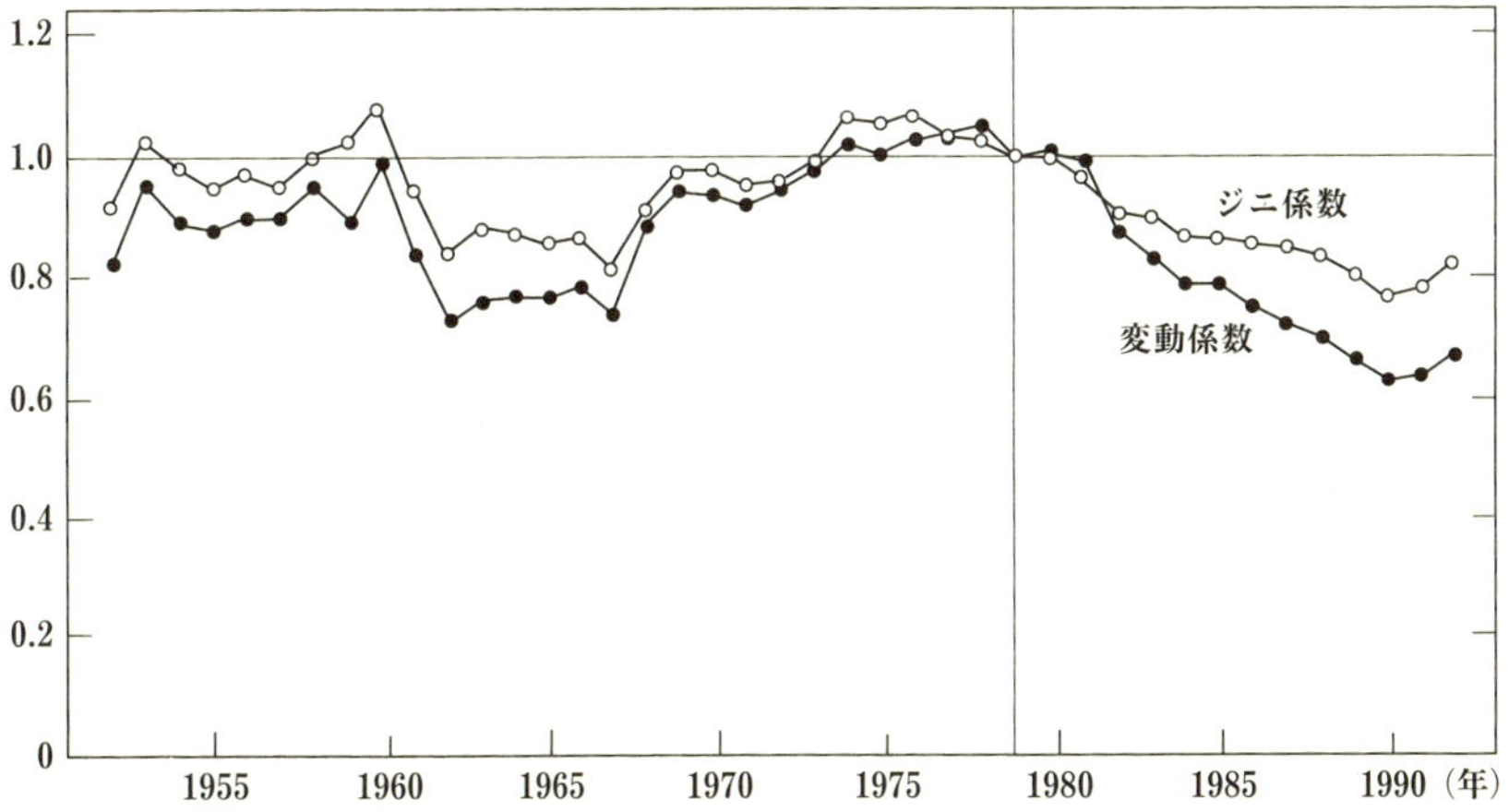

（資料）　国家統計局『中国統計年鑑』; 国家統計局総合司編『歴史統計資料汇編（1949-89 年）』。

放期以前において拡大し、以降それが縮小するという明瞭な傾向にある。改革・開放期の分配平等化に寄与したのは、沿海省市内部における所得平準化であり、この平準化は、上海、北京、天津、遼寧などの経済力低下、広東、福建、浙江、江蘇などの経済力上昇に起因することは明らかである。

三〇の省・市・自治区の一人当たり国民収入をベースに、中国全体の地域間所得分配の推移を、変動係数、ジニ係数という伝統的な係数で測ってみたものが、図10－6である。ふたつの値は、いずれもゼロに近いほど分配の平等度が高いことを示す。値の標準化のために、図10－6では改革・開放の開始年である一九七九年の両係数を一・〇にしてある。

改革・開放期以前の中国の地域間所得分配は大躍進期、その後の調整期、文革の一時期などに変則的な値を示した。しかし、一九六〇年代に入って以来、一九七〇年代の中ごろにいたるまで、分配は相当の速度で不平等化に向かっていたことがわかる。しかしこの傾向は、改革・開放の開始とともに明らかに反転し、以来、現在にいたるまでたしかな平等化傾向にある。

どうしてこのような通説に反する事実が発生したのであろう

図 10-7　地域内所得分配（変動係数）の推移

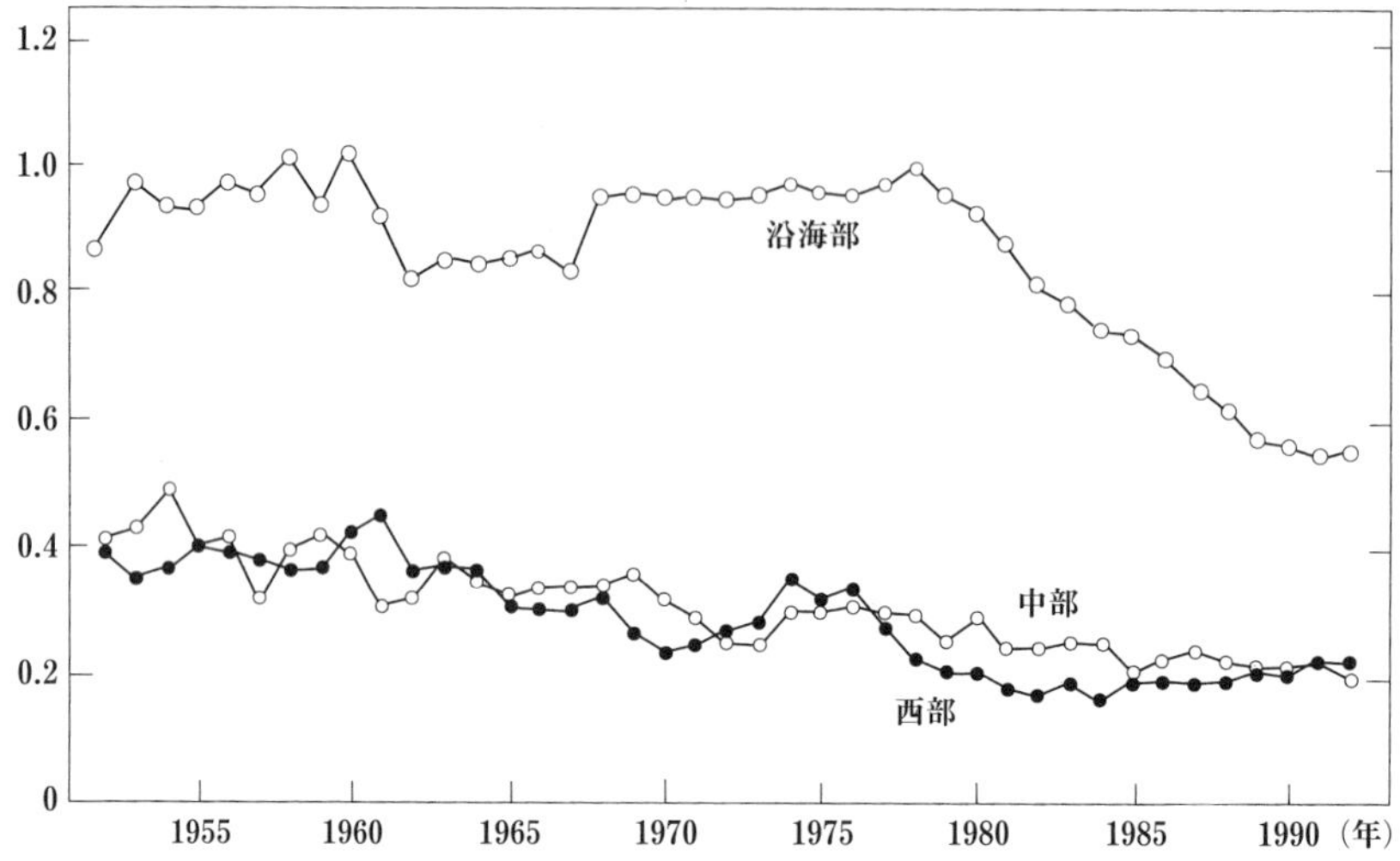

（資料）　国家統計局『中国統計年鑑』；国家統計局総合司編『歴史統計資料汇編（1949-89）』。

か。改革・開放下における分配平等化へのベクトルは、市場経済化にともなう必然的な帰結だというのが、私の考えである。

非国有企業の成長牽引力

ここで沿海部、中部、西部のそれぞれにおける地域内部の分配平等度を変動係数を用いて観察してみよう。図10－7がそれである。沿海部内部の格差は改革・開放期以前にはきわめて大きいものであったが、改革・開放期においては急速に平等化している。中部、西部それぞれの内部の所得分配は一貫して平等であり、かつ改革・開放期以後は小幅ながらなお平等度が上昇している。

ここからわかることは、中国経済において影響力の強い沿海部内部の分配平等化が中国全体の分配平等化に、あずかって大きな力をもった要因であったという事実である。それでは、改革・開放期以降、なぜ沿海部内部の所得分配が平等化に向かったのであろうか。

第一に、改革・開放以後のいちじるしい特徴は、かつて国有企業のみに偏してきた中国経済において、生産主体が多様化したことであった。改革・開放期において国有企業がいまなおその非効率性を払拭《ふっしょく》できないでいる状況下にあって、中国の経済成長を牽引《けんいん》してきたものが、個人・私営企業、郷鎮企業、外資系企業などの非国有企業であったことは、なんども指摘した。

この非国有企業が濃い密度で存在している地域が、ほかならぬサブグループAである。工業総生産額に占める非国有企業の比率のもっとも高い省は、浙江、江蘇、福建、広東、山東であり、逆に上海、北京、天津、遼寧における その地位はきわめて低い。所有形態別にみた生産性格差においては、国有企業のそれより非国有企業のほうがはるかに高い。

図10－8は、一九七九年から一九九二年までの、各省市の工業労働生産性、すなわち工業労働者一人当たりの生産額の年平均増加率を、全工業、国有工業、非国有工業の所有制別に計測し、全工業の生産性の順位にしたがい、それを高位から低位に向けてならべたものである。工業労働生産性の増加率における上位五省は、広東、浙江、福建、江蘇、山東の、つまりはサブグループAによってすべて占められている。その高い労働生産性の伸びが、いずれも非国有企業のそれによって牽引されていることが明瞭である。

北京、天津、上海の三市においても、非国有企業の労働生産性が全体の生産性を牽引しているようにみえるが、それにしても国有企業の労働生産性の増加率があまりに低く、それがゆえに市全体としての労働生産性の増加率は全国平均を下まわっている。ふたつのサブグループ間の所得平準化に寄与した最大の要因がこれである。

地方分権化と対外開放

第二に、改革・開放期の中国において注目すべきは、毛沢東時代において「国際的封鎖体系」下におかれてき

図 10-8　各省市の生産性増加率（1979-92 年）

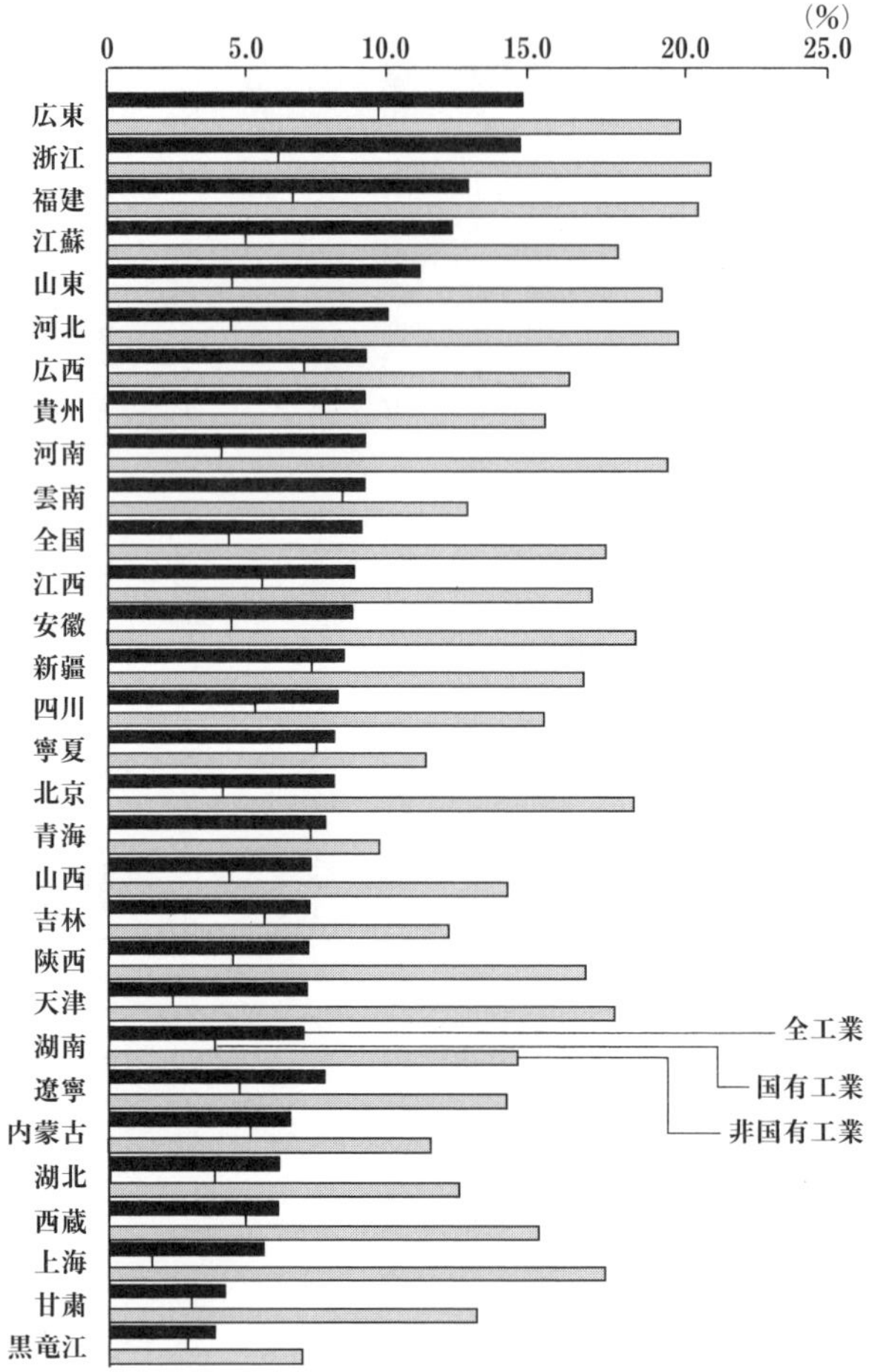

（資料）　国家統計局『中国統計年鑑』。

た中国が、急速な対外開放の試図《しと》にでたという事実である。貿易依存と外資依存を深めながら、つまりは国際経済のネットワークに組みこまれながら発展しうる有利性にめぐまれたのがサブグループAであり、そのような有利性においてうすかったのがサブグループBであったことは、容易に想像される。

各省市の対外開放度を、一九九二年におけるそれぞれの全社会固定資産投資額に占める海外直接投資実行額の比率によって代表させ、これをやはりその比率の高いものから低いものへとならべて判断してみたいのであるが、その図はすでに第六章の図6－1として示されている。ふりかえってながめていただきたい。圧倒的に高い比率をもつのが、福建、広東（海南を含む）であり、それぞれ三七・七％、二〇・九％に達している。江蘇、山東も全国平均をうわまわるとはいえ、福建、広東に比較すればかなり低く、浙江は全国平均よりずいぶんと低い。

サブグループAでは、福建、広東の対外開放度がきわだって高く、両者の工業成長率のいちじるしい高さが、サブグループA全体の高成長を牽引してきた。したがって、対外依存度という観点からいえば、サブグループAそれ自体もけっして同質ではなく、福建・広東グループと、江蘇、浙江、そして一部に山東をも含む、さらにもうひとつの下位グループを想定しなければならない。

また、サブグループBにおいても、上海、天津、広西、北京などでは、近年、海外投資が増加しており、この図においてもこれら省市が上位に顔をだすようになっている。とはいえ、福建、広東の決定的に高い対外依存からすれば、これらはまだまだ低い水準にあるといわなければならない。

第三に、改革・開放期における各省市の経済活動にもうひとつインパクトを与えたものが、「地方分権化」であった。地方分権化は、中央直属国有企業の管理権限の地方政府への委譲、地方政府レベルでの投資に関する審査・許認可権限の拡大、価格設定範囲の拡大、中央財政と地方財政の「分級管理」における後者の権限拡大、などをその主たる内容としている。

改革・開放以前の中国においては、財政が各省市における唯一の資金供給源であり、その多寡《たか》は地方の発展の帰趨《きすう》に決定的ともいえる重要性をもってきた。しかし、改革・開放期の今日では、資金供給源は財政のみならず、銀行借款《しゃっかん》、外国資本、地方政府や企業の自己調達資金など多様化をみせている。とはいえ、資金供給において財政の影響力がもっとも強いという構造それ自体にはなお変化はない。

ところで、財政改革のあり方は全国一様ではなく、地方ごとにかなり異なっている。この相違が、サブグループAとサブグループBのパフォーマンスに少なからぬ影響をあたえた。簡単にいえば、サブグループBに適用された財政改革は、典型的には北京、上海、天津の三つの直轄市《ちょっかつし》を対象にした伝統的な「統収統支」（統一収入・統一支出）タイプの、要するに中央に有利、地方に不利なものであった。

対照的に、サブグループBに適用された財政改革は、「特殊政策・弾力措置」の名称で知られる、対外開放の実験省である広東、福建で典型的な形で採用された財政請負制度である。定額上納がその根幹であり、上納額をみたした残りのすべてが省内に留保され、留保資金の使用面における各省の自主裁量権が保障されるという、地方にきわめて有利なものであった。サブグループA、B両者間の所得水準に影響をあたえ、中国の分配平等化に貢献したさいごの要因がこれである。

3　政策的示唆はなにか——「江浙モデル」の意味するもの

こうした事実から導かれる政策的インプリケーション（示唆）はなにか。サブグループAの経済的実績の高さと、それにともなう一人当たり所得水準の高い増加率が大いに注目されよう。しかし、このグループ自体が同質的な存在ではない。広東・福建タイプの「対外志向的」な発展パターンをみせたものと、江蘇・浙江タイプの農村工業化を通じて「対内志向的」な発展パターンをたどったもののふたつがある。

容易に想像されるように、広東・福建タイプの発展パターンは、血縁的、地縁的、言語的にそれぞれ結びつきの強い香港、台湾という「外なる中国」との密度の濃い関係があってはじめて成立しえた、その意味で特殊なものだとみなされる。

他方、江蘇・浙江タイプの発展パターンは、過剰な人口をかかえながらも農村・農業の発展をベースとし、その発展によって新たにうまれた貨幣余剰と労働力余剰がながれこんでうまれた、郷鎮企業を中核とする農村工業化を通じて達成されたものである。そうであれば、後者は、広東・福建のような条件にめぐまれていない他の諸省の将来の発展のありかに、示唆するところきわめて大だといわねばならない。

郷鎮企業は全国一様に発展しているわけではない。大都市圏、ならびに大都市圏を後背地としてもち、かつゆたかな農業地帯を擁するという地理的条件をもついくつかの沿海諸省に集中している。その典型例が江蘇と浙江である。ここは一九七〇年代後半から農村工業化が急速に進み、それにともなって余剰労働力が激しく流動化した地域である。この経験は「江浙《こうせつ》モデル」として全国農村の熱いまなざしをうけている。

郷鎮企業にこのような拡大をもたらしたものは、農業とのあいだに横たわる労働生産性の格差に由来する、一人当たり所得額と収益率のちがいである。第五章でも記したように、郷鎮企業の労働力一単位当り生産額、すなわち労働生産性は一九九二年において一万七四六六元であり、同年の農業の二六七一元を六・五倍もうわまわったのである。郷鎮企業の従業者の所得水準と収益率の統計はえられないが、生産性の差を反映して両者間には大きな格差があるにちがいない。

もういちど、第五章の図5－4を参照されたい。この図は、郷鎮企業従業者の農村労働者総数に占める比率を各省市別に計測し、これと各省市の農民平均収入との結合値を観察したものであった。郷鎮企業労働力比率の高い地域ほど農民収入が高いという、たしかな相関がみられた。

郷鎮企業の技術は伝統的なものが多く、そうした特徴のゆえに郷鎮企業は農業部門からの強い労働力吸収を可能としている。そしてまたこのことが、土地に対する強い人口圧力を緩和して農業生産性を上昇させ、貨幣余剰と労働力余剰をさらに郷鎮企業に向けてはきだす条件を醸成《じょうせい》するという、「相互補強関係」をつくりだすであろうことが期待できる。もちろん郷鎮企業の生産物は、農村の最終需要と直接的な結びつきをもっている。こうして郷鎮企業の生成は、自由な要素市場（資本、労働）と商品市場（財市場）を介在して、農業部門と工業部門とのあいだに有機的なリンケージを創成する新単位となったということができる。

郷鎮企業の登場によって、「農業と近代産業とのあいだの二元的な循環が突破されはじめ、相互に交流し、相互に促進するというよろこぶべき局面があらわれることになった」という中国経済学者の表現は、的確である（黄青禾・王誠徳・何道峰「中国経済発展における農工関係」『世界経済導報』一九八八年一月一一日）。郷鎮企業は、急ぎすぎた社会主義的改造の過程で中国が整備しそこねてきた農工間の連携関係を新たにつくりだし、中国経済をひとつの有機体たらしめる重要な役割を演じはじめたのである。

「江浙モデル」の、内陸部開発ならびに経済力と所得の格差縮小への政策的示唆には大きいものがあるといわねばならない。

第一一章　中国は経済大国か

1　交錯する在外華人資本と中国資本——華人経済の胎動

世界最大級の投資受入国

近年における世界各国の対中投資は、顕著な増勢にある。フローベース（年々の新規投資額）でみれば、現在の中国はアメリカにつぐ世界最大級の投資受入国なのである。第六章でも記した数値であるが、一九九二年に中国が契約した海外直接投資導入額は五八一億ドルにおよび、これは改革・開放が開始された一九七九年以来の累計契約額五二三億ドルを一年間でうわまわるものであった。一九九三年の契約額は一一〇九億ドルに達し、一九九二年をさらに二倍近く凌駕《りょうが》した。

対中投資国のなかで傑出しているのは香港であり、ついで台湾である。東南アジアに濃い密度をもってひろがる華僑《かきょう》・華人系企業の投資が、大陸中国に向かいはじめたことも注目される。もっとも、香港・台湾企業に比べると、東南アジア華僑・華人系企業の対中投資はいまだ小さい。香港は在外華人系企業の対中投資の中継基地であり、香港企業と在外華人系企業との合弁・資本提携の関係は錯綜《さくそう》している。

香港企業の合弁・資本提携関係は、在外華人系企業のみならず、日欧米企業、さらには近年では大陸中国企業をも含めて複雑をきわめており、投資国別に香港資本の「出自《しゅつじ》」を明らかにすることは、実際には不可能に近い。とはいえ、対中投資の中心が香港の地場企業であるという構図それ自体には変化はない。

香港・台湾企業、東南アジア華僑・華人系企業の対中進出の大規模化が、中国の「経済大国化論」とあいまって、これを「華人経済圏」時代の到来の兆《きざ》しであるかのごとくに論じることは誇大であるが、注目すべき動向のはじまりであることはたしかであろう。

香港や台湾の対中進出企業の主流は、香港の広東省を舞台にした委託加工生産に典型的にあらわれているように、これまでは労働集約的な中小企業であった。賃金上昇、為替レート切上げ、地価上昇などのために、香港や台湾の中小企業は自地域内では国際競争力を保持しえない。それゆえ、生産拠点をそれぞれ広東省、福建省に求めて、そこから第三国への輸出をねらうという、中小企業による「迂回《うかい》生産輸出基地」の構築が、香港・台湾企業の中国への生産拠点シフトの内実であった。

しかし、近年では香港、台湾の大企業の対中進出もめだちはじめている。李嘉誠を総帥《そうすい》とする香港の最有力の持株会社の長江実業は、これまでの傘下の中小企業の対中進出にくわえて、上海での大規模不動産開発事業を展開している。また、マレーシアの華人系企業ロバート・クオック・グループと共同して、やはり上海に投資総額六億ドルにおよぶ商業・金融コンプレックスの建設を試みている。

李嘉誠の次男が経営権をにぎる香港スターテレビは、CITIC（中国国際信託投資公司）、イギリス系のケーブル・アンド・ワイヤレス社、李嘉誠グループのハチスン・ワンポア社の三社の合弁によって、通信衛星プロジェクトにのりだした。ゴードン・ウーを総帥とする香港最大の建設企業ホープウェル社は、広東省の珠江デルタを取りまく一二〇キロメートルの高速道路建設、ならびに発電所などのインフラ部門に力量を発揮している。

台湾の場合もこの地の最大手のひとつ、王永慶を総帥とする台湾プラスチック・グループは、福建のアモイに八〇億ドル規模の石油化学プラント建設を計画している。この建設には、巨大プロジェクトの対中進出に危惧《きぐ》の念をいだく台湾政府の認可がおりず、あらためて浙江省寧波《ねいは》での計画がねられている。これには、インドネシアの華人系大企業サリム・グループのバックアップがある。台湾最大の電機メーカー大同、ならびに公営企業の中国鉄鋼も大陸投資をねらっていると伝えられる。

活性の華南経済

東南アジア華僑・華人系企業のなかで対中投資にもっとも強い熱意をもっているのは、タイのCP（チャロン・パカポン）グループである。このグループはアジア有数の多国籍企業であり、傘下企業は東南アジアはもちろん、欧米にまで広くおよんでその数二〇〇社以上である。香港に貿易、不動産、アグリビジネス（農産物加工業）の拠点をきずき、最後者を中核にこれら諸部門がいっせいに対中進出を開始している。

スドノ・サリムを総帥とし、傘下に四〇〇社以上の事業所をもつサリム・グループも、CPグループと同じく香港、東南アジアに広範なネットワークを擁するアジアの代表的な多国籍企業である。この企業も一九七〇年代末より香港に金融拠点をきずき、ここをベースにシンガポール企業などとくんで、中国での工場団地開発をはじめ大規模プロジェクト建設に打ってでている。

香港、台湾、東南アジア華僑・華人の対中企業進出が開始されたばかりではない。中国企業の対香港、対東南アジア進出がこのところ活発化していることも注目される。首鋼総公司が香港の大手鉄鋼商社を買収し、中国新技術創業投資公司と上海万国証券との合弁企業により香港の造船メーカーを買収したり、華閩《かみん》集団とサリム・グループとの共同によるインドネシア油田開発、洛南《らくなん》のトラックメーカーとフィリピン企業との合弁によるフィリピンでのトラクター組立工場建設などが、近年話題のプロジェクトである。

中国企業の対香港進出は、めざましい。中国対外経済貿易部の香港代表機関が華潤《かじゅん》有限公司であるが、この企業は香港に子会社一五〇社、業務代理四〇〇社、業務提携四〇〇〇社を擁し、貿易、海運、倉庫、小売りなどに多角的な事業展開を試みている。華潤有限公司の最近年の売上額は香港第一位を誇り、また貿易額も香港全体の一四%を占める。

中国国務院直属のCITICの現地法人である中信有限公司は一九八〇年に設立、その後一九八七年に持株会社に改組され、持株比率はキャセイ航空の一三%、ドラゴン航空の三八%、香港テレコムの二〇%、アジア衛星の三三%、第二海底トンネルの二〇%におよぶ巨大企業である。

中国銀行香港支店は、香港に支店数三二〇社、子会社七八社をもち、その資産と預金額は香港上海銀行につぐ規模を誇る。同支店は、一九九七年までに香港ドルの発券銀行になることが予定されている。その他、中国国務院直属の中国光大《こうだい》集団有限公司、中国交通部の香港代表機関である招商局集団有限公司などがある。

同時に注目されるのは、中国各地方が香港に出先機関をもち、そこから中国国内に向けて大量の投資を試みていることである。たとえば、広東省政府の香港出先機関である粤海《えっかい》企業有限公司は香港内に三八社の子会社と関連企業四二社、さらに海外に一五社の子会社をもつ。その他、広州市、福建省の香港出先機関としての越秀《えっしゅう》企業有限公司、華閩《かみん》有限公司なども活発である。

華南経済の中核は、たしかに現在いちじるしい速度で統合度を強めている香港・広東経済であり、ついで台湾・福建経済もまたひとつの有機的な経済単位たらんとしている。同時に香港企業の対福建投資、台湾企業の対広東投資も大きな規模となりつつある。台湾の対香港投資も、香港が台湾の対中投資の窓口であるために、相当の規模に達している。右に述べた中国の対香港投資は、改革・開放の開始以来、現在にいたるまでにその累計額は二一〇億ドルに達し、日米を大きくうわまわる世界最大の対香港投資国となったという推計もある。華南経済という大きな経済単位が出現しつつあることは、まぎれもない。

2 中国大国化論のあやしさ——東アジア経済にビルトインされる中国

大中華経済圏?

このように記してくると、香港企業、台湾企業、東南アジア華僑・華人系企業と中国経済との連携の密度がいちだんと濃くなって、「華人経済圏」ともいうべき有機的単位ができあがり、これが日欧米資本と対峙《たいじ》する一大経済圏となりうるかのようなイメージが浮かびあがってくるかもしれない。「大中華経済圏構想」などといったものいいを耳にすることも近年では少なくない。そうしたイメージは、世界銀行、ＩＭＦ（国際通貨基金）、イギリス国際戦略研究所などが提起した「中国経済大国化論」によって増幅されている。

世界銀行が一九九三年にだした、*Global Economic Prospects and the Developing Countries* は、中国、香港、台湾を含む国・地域を「中華経済地域」（Chinese Economic Area）と呼んでいる。その市場規模は、一九九一年の為替レートで測れば六〇〇〇億ドルであり、アメリカの五兆五〇〇〇億ドル、日本の三兆四〇〇〇億ドルに遠くおよばない。しかし、国内価格を斟酌《しんしゃく》した「購買力平価」レートで計測すると、中華経済地域の市場規模は二兆五〇〇〇億ドル、アメリカ五兆七〇〇〇億ドル、日本二兆一〇〇〇億ドルとなり、中国と日米との差は大きく縮まるという。しかも、二〇〇二年には購買力平価レートで評価された中華経済圏の市場規模は九兆八〇〇〇億ドルとなって、アメリカの九兆七〇〇〇億ドルと肩をならべ、日本の四兆九〇〇〇億ドルの二倍になるというのである。

大陸中国と香港、台湾との経済的リンケージ（連携）の強化は、こうした中国経済大国化論とあいまって、さらには近年の中国の軍事力増強イメージがこれにかさなって、一方では、「黄禍論《こうかろん》」の再来ともいうべき中国脅威論の源泉となり、他方では、欧米に対抗するアジア新勢力の台頭としてある種の期待と共感をよびさます効果をもっている。

つつしむべき誇大な評価

しかし、そのような華人経済圏イメージ、ましてや中国経済大国化イメージは、多分に誇張されたものだといわねばならない。世界銀行の中国経済大国化論は、その論拠において希薄である。率直にいって、一国の市場規模を示すのに購買力平価レートを用いるのは、軽率のそしりをまぬがれない。為替レートではなく購買力平価で評価することが正当性をもつのは、当該国住民の生活水準を測る場合にかぎられよう。

購買力平価で評価された中国の市場規模が為替レートで評価された市場規模よりも大きいというのは、中国の国内価格が国際的スタンダードよりも低い、ということを意味する。したがって中国の住民は、為替レートで評価された一人当たり所得よりも高い生活水準を享受しているはずだ、ということである。中国の住民が、為替レートで評価された一人当たり所得水準四〇〇ドル程度であるというのは、明らかに実態からかけはなれている。このことは、中国を訪れるほとんどの人びとの実感でもあろう。

しかしながら、一国の市場規模を他国との比較においてみるというのであれば、為替レートで評価するより他に方法はない。かりに為替レートで評価された日中の市場規模において日本が中国の三倍、購買力平価レートで評価された市場規模においては中国の方が日本よりも逆に二倍大きいとしよう。このことは、日本の国内価格が中国の国内価格に比べて六倍高いということを意味する。それにスライドして日本の乗用車の国内販売価格が一万二〇〇〇ドル、中国のそれが二〇〇〇ドルだとしよう。そうであれば、六〇〇〇ドルの乗用車の輸出国は、中国に比べて日本にはるかに多くの輸出が可能となろう。日本は、中国に比べて購買力で評価された市場規模ではなく、為替レートで評価された大きな市場規模をもつ国だとみなされねばならない。一国の国内生活水準の実質値と、国際経済場裡における市場規模とはおのずと異なったものなのである。

国際経済における「市場的パワー」とは、やはり為替レートで評価された市場規模にほかならないことを確認したうえで、図11－1をながめてみよう。同図は、一九九二年の中国三〇の一級行政単位の、人民元で表示されたGNPを公定為替レートを用いてドルに換算し、これを各行政単位と関連の深い香港、台湾の同年のドル表示のGNPとあわせ、世銀のいう「中華経済地域」の内部構造を示したものである。

急速な統合過程にある華南経済の中核を占めるのは香港であるが、そのGNPは広東省の二・三倍である。台湾のGNPは福建省の実に一六・五倍である。香港、台湾のGNPの合計は、中国全土のGNPの七〇・八％にもおよぶ。香港と広東省が、台湾と福建省が、現在みられるような速度でその結びつきを強めていくならば、中

図 11-1 「中華経済地域」の GNP

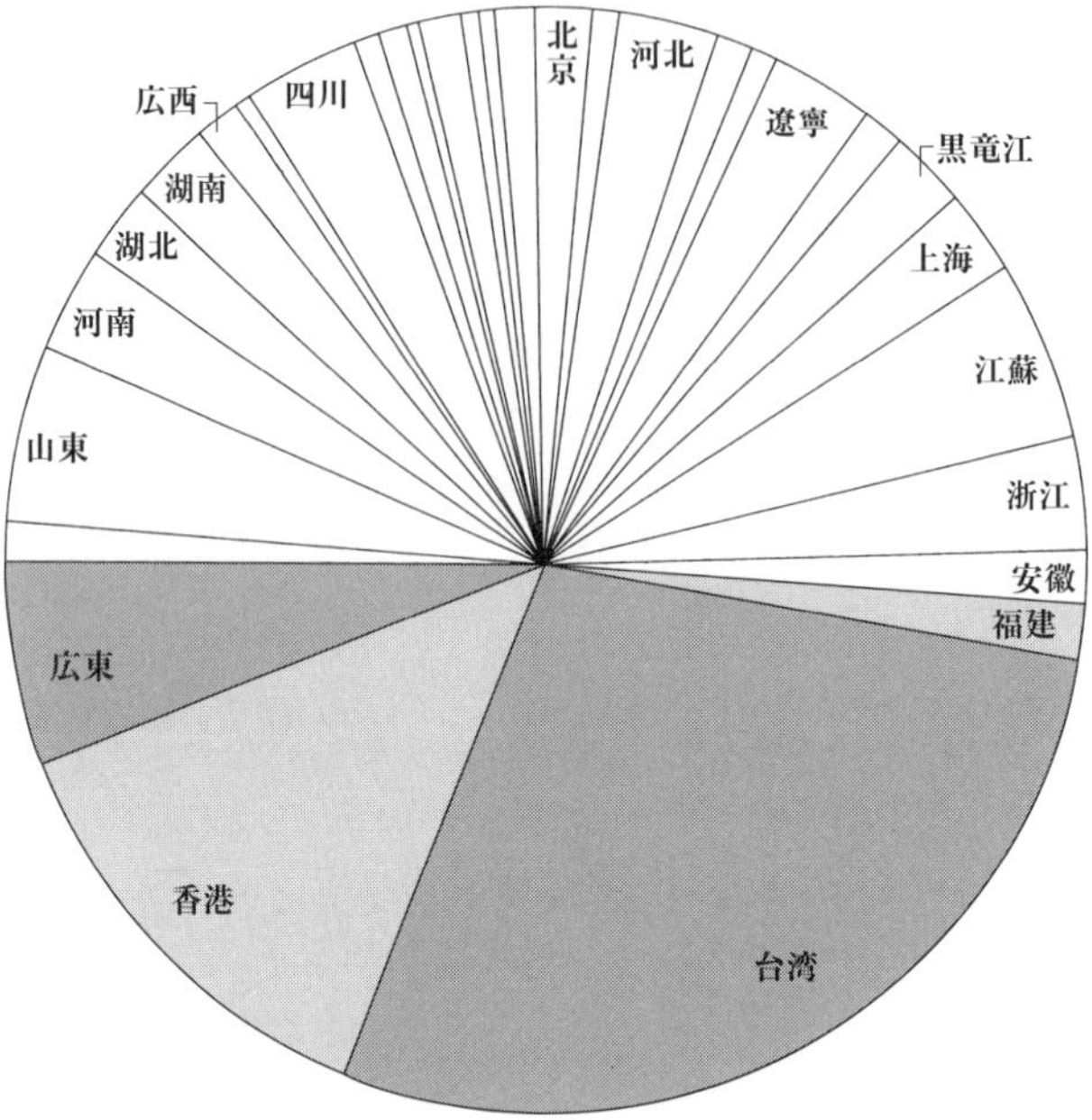

（資料） 国家統計局『中国統計摘要』。

国の沿海省市がＮＩＥＳ化していくことは、その規模の圧力からしてさけられない。

要するに、華人経済圏として今日しばしば言及されているものの実体は、これを仔細《しさい》にながめるならば、中国沿海部とりわけ華南沿海部の香港化、台湾化であって、その逆ではない。いいかえれば、香港企業、台湾企業、東南アジア華僑・華人系企業の生産・流通ネットワークのなかに中国沿海部経済がくみこまれていく過程が、華人経済圏形成の内実なのである。中国がみずからのもつ生産や流通のネットワークのなかに、周辺諸国企業をまきこんでいるのではない。

香港、台湾、東南アジア華僑・華人の対中企業進出は、それが中国に吸引されて華人経済の巨大化をもたらすという観点から、これを理解すべきではない。むしろ中国の沿海部経済が、活況の東アジア経済に、さらにはそれを通じて世界経済のネットワークのなかに「ビルトイン」(構造化)されていく過程をつくりだしているのであり、これが華人経済圏の実体であることをくりかえしたい。

幻想の華人経済圏

しかも、つぎのことがつけくわえられねばならない。香港、台湾、東南アジア華僑・華人の対中企業進出において、近年、製造業やインフラ部門も少なくないが、なんといってもその主流は、彼らの伝統的にもっとも得意な分野である流通・不動産・サービス・金融部門である。これらは短期的収益を求めて迅速に投資し、逆に利益がうすくなるやいちはやく逃避する投資分野にほかならない。在外華人の商才がゆたかに発揮されてきた分野である。

製造業投資が増加しているとはいえ、その主流は委託加工生産のごとく、労働集約的加工製品の生産であり、これも短期利潤回収型のものである。インフラ部門への投資はわれわれの常識からすれば、国家や地方公共団体の行う長期投資である。しかし、香港や東南アジア華僑・華人の企業が広東省などで試みている道路、発電所等の建設は、しばしばＢＯＴ(Build Operation Transfer)方式とよばれるものである。

ＢＯＴ方式では、香港企業などがプロジェクト建設のための資金調達から建設、管理のすべてを運営し、その運営代金を回収することによって利潤を手にし、利潤回収後に当該プロジェクトを中国側にひきわたすという方式である。利潤回収を極力短期間に終えようという投資者の意向は強く、ここではインフラ建設といえども短期利潤回収型のビジネスなのである。

要するに、香港、台湾、東南アジア華僑・華人の対中投資は、中国の基幹部門への投資においていまだきわめてうすいのである。華人経済圏は、日欧米資本と対峙しうるような強力な実体として形成されているわけではない。おそらく予見しうる将来においても、そのような実体が形成されるとは考えにくい。この点でさらにつぎのふたつのことを指摘しておきたい。

ひとつには、香港、台湾は国共内戦の難をのがれてきた避難民や、中華人民共和国成立後に資産をうばわれてここに蝟集《いしゅう》した越境者、国共内戦で敗走してきた軍民によって構成される地域であり、共産党一党支配の中国に対する不信においてこの地上でもっとも強い人びとの住まう地域である。容易に手にしうるビジネス・チャンスがあって、はじめて大量の対中進出を試みているのであって、それがうすいものとなれば進出企業は潮がひくごとく中国から撤退《てったい》していくであろう。

万が一、中国が覇権《はけん》主義的行動をもって在外華人経済との統合を求めようとすれば、その逃げ足はいっそうはやいものとなろう。香港の有力な大企業はそうした危険を予見して、日欧米の多国籍企業との合弁・資本提携を緊密に試みており、「一旦緩急《いったんかんきゅう》あらば」の予防措置はすでに怠《おこた》りない。

ふたつには、そうした事情を反映して、在外華人企業はみずからのもてる資産の一部を対中投資にあてているのみであって、資産の大半は香港、台湾のなかにおいている。東南アジア華僑・華人系企業は、その立地国経済にかたく根をはった「地場企業」としての性格においてより強い存在であることを見落としてはならない。華僑・華人系企業の心臓部が中国にあふれだすことはない。

さらにいえば、華僑・華人系企業の度をこした対中進出は、現地東南アジア各国のナショナリズムとかならずや齟齬《そご》をきたさずにはおかない。長期にわたるきびしい現地住民との軋轢《あつれき》を経験しながら今日を築いてきた東南アジア華僑・華人企業が、そのような「愚」をあえておかしてまで対中進出を本格化させることは、やはりありえないことだと考えるのが現実的であろう。

日米企業の位置

華人経済圏がかりに形成されるにしても、それはかなり遠い将来のことであろう。しかしことがそうなってもなお、華人経済圏の主導権をにぎるのは大陸中国ではなく、強い経済力を擁している香港、台湾、東南アジア華僑・華人の企業であろう。華人経済圏の形成とは、ふたたびいえば中国が東アジアの経済的ネットワークのなかにひきだされて、その「ルール・オブ・ゲーム」の不可欠の構成員となっていくという図柄にほかならない。

この図柄は、つぎのような事情によってさらに強められるであろう。有力な華人系企業の大半は「コングロマリット型」の多角経営を旨としている。しかも重要なことは、その傘下企業のほとんどが日欧米の多国籍企業との合弁や資本提携を行っているという点である。在外華人系企業はさきにも指摘したごとく、流通・不動産・サービス・金融などをそのビジネスの最重要部門としている。製造業も伸長いちじるしいとはいえ、その中核的技術は、日欧米の多国籍企業にゆだねられている。日米の産業技術なくしてアジアの在外華人系企業の製造業は存立しえない。

逆にいえば、東南アジアに深くひろいネットワークをはりつめている日米企業は、中核的産業技術をにぎる一方で、生産・販売・流通は在外華人のネットワークにのり、両者の補完的協働のもとでアジア・ビジネスに成功しているのである。在外華人系企業が独力で対中進出を行い、それを通じて華人経済圏が形成されるとみるのは幻想だ、という論拠がここにもある。

日米企業の対中進出は、量的にいえば香港、台湾、とりわけ前者に大きくおくれをとっている。しかし、対中進出に精だす香港、台湾の企業の中核的産業技術はこれもやはり日米が掌握《しょうあく》している。さらに重要なことは、このところ日米大企業の対中進出が独力で開始され、しかもそれが中国の基幹部門におよびつつある、という事実である。

とりわけ、近年におけるアメリカ企業の対中進出は、しだいに強い戦略性をもって中国経済の懐に深く根をおろしつつある。ＩＢＭ、ＡＴＴ、モトローラ、ジェネラル・モーターズ、ジェネラル・エレクトリックなど、アメリカに本拠をもつ代表的多国籍企業が、日本の対中進出企業に比べても、より長期的かつ戦略的な投資計画を打ちあげようとしていることが、近年の特徴である。

3　アメリカをどう遇するか――アジアの安全保障

日系企業のネットワーク

アメリカの巨大企業が広大な中国市場にくいこみ、そこに経済的地歩をきずくことは、アジアの安全保障上の観点からみて大いに歓迎すべきことだと私は考える。アメリカは、現在、みずからの経済力に応じたプレゼンスをアジアに構築していないばかりか、この十数年にわたってそのプレゼンスを希薄化させてきた。

ＮＩＥＳ、ＡＳＥＡＮ諸国における日本のビジネスの成功は、圧倒的である。ＮＩＥＳ、ＡＳＥＡＮ諸国におけるアメリカ企業の直接投資は、日本におくれをとってしまったばかりか、近年の活発なＮＩＥＳ企業の後塵《こうじん》を拝するまでになってしまった。ＮＩＥＳ、ＡＳＥＡＮ諸国における中核的産業部門は日系企業の「支配」下にあり、米系企業が地歩をきずく「すきま」は限定されている。

日本はといえば、たとえばNIES、ASEAN諸国に展開する電気・電子機器メーカーはその数すでに五〇〇事業所をこえた。これら事業所間で部品・中間製品の密度の濃い互換《ごかん》ネットワークが形成され、ある種の「自己完結的」な生産体系ができあがっている。

中国という巨大なフロンティアを、かりに日本企業がNIESやASEAN諸国におけるごとくかたく「支配」してしまった場合、アメリカのアジアに対する関心は急速にうすれ、安全保障上のプレゼンス維持への意思さえ失わせかねないことが懸念される。

アジアは、脱冷戦期の平和をあつく享受している地域である。カンボジア問題はすでに「カンボジア化」し、その問題自体の解決にはなお時間を要するにせよ、厄介《やっかい》な矢がここから外に放たれる危険性はもはや遠のいた。カンボジア問題を深刻化させたベトナムと中国のそれぞれが、みずからの改革・開放の追求に「手いっぱい」であって、カンボジア問題への関心はもはやほとんどない。

当の中国とベトナムが政治的に和解したのみならず、両者の経済的相互依存関係は国境貿易を中心にもはや分離不能な地点にたちいたっている。残るは朝鮮半島であるが、北朝鮮の「暴発」の危険性はもちろん考慮しておかなければならない。しかし、半島秩序の崩壊は中国の改革・開放に深刻なダメージを与えずにはおかない。北朝鮮に最大の影響力をもつのは明らかに中国であり、この問題を座視しえない中国の北朝鮮「工作」の成功に、私は信をおいている。

日米協調のポイント

つまりは、アジアはこの脱冷戦期において史上例のないほどに対外的脅威のない時代にふみこみつつある。しかし、よろこんでばかりもいられない。平和なアジアは「力の空白」のアジアでもあるからである。冷戦期においてであればさしたる脅威とも映じなかったはずの中国の軍事近代化のたちいふるまいが、対アジア「覇権」行動であるかのごとくに東南アジア諸国に映じているのは、そうした「力の空白」がうんだ脱冷戦期に特有な時代状況のゆえである。

脱冷戦期の平和がもたらした「力の空白」こそが、アジア各国の安全保障心理を大きく不安定化させているのであり、こうした不安定感は第二次世界大戦後においてはじめてのことであろう。アジア各国は史上稀《まれ》にみる速度で軍事増強にはしっているのであるが、このことを考えてみれば十分に得心のいくところである。

「力の空白」感にたえられないのは、東南アジアばかりではない。当のわが日本とて、その空白感にどこまでたえていけるのか、不安はぬぐえない。アジアの「力の空白」を埋めるべく覇権の手をここに伸ばしてくる潜在的脅威国は、まずは中国だと受け取られている。しかし、中国につぐ脅威の源泉が日本ではないのか、というひそやかな不安感がアジア諸国には潜在している。これとて、脱冷戦期においてはゆえのない心理ではない。

アジアの各国が、少なくとも現在一様に強い信頼をよせている安全保障上のパートナーが、アメリカであることは確実である。「力の空白」がパワーポリティックスの錯綜をアジアにつくりださせないためには、アメリカの安全保障上のプレゼンスをアジアにひきとどめておくより、他に代案はない。

しかし、率直にいってアメリカはみずからの安全保障と経済的利益のためにアジアにコミットしているのであって、それ以上でも以下でもない。そうであれば、脱冷戦期の現在、アジアがアメリカ経済の再興にとって死活的重要性をもつ地域だという認識をアメリカにもたしめる以外に、アメリカの安全保障上の力をこの地域につなぎとめるすべはない。

さいわいなことにクリントン政権は、アメリカ経済の再生のためにはみずからがアジアの経済的ダイナミズムから孤立してはならないという認識を深め、アジア重視政策に打ってでようとしている。一九九三年末のAPEC（アジア太平洋経済協力会議）シアトル会議は、アメリカの、なお漠《ばく》とはしてはいるものの、その方向への外交的スタンスをかいまみせた場となった。中国やベトナムにアメリカ企業が大いなる地歩をきずくことが、いよいよ肝要となってきたのである。

日本企業もまた、中国やベトナムにおいてこんご積極的な活動を展開するにちがいない。しかし、そこで日本企業がアメリカ企業と直接対決してこれを打ち負かし、敗走させることは、日本のビジネスの成功ではあっても、国益上の大失敗につながりかねない。こうした「皮肉」が、脱冷戦期に特有なアジアのポリティックスの現実なのである。

企業は企業の論理によって動く存在であり、これに「規範」を求めることは私のとるところではない。しかし、日本の財界は自国の長期的国益をみすえて、中国やベトナムで日米共同開発プロジェクトを展開するといった、「腹のすわった」大きな構想に打ってでていくべき秋《とき》なのではないか。

中国は、タリム盆地石油開発プロジェクト、三峡ダム水利開発プロジェクト、上海浦東新区開発プロジェクト、三江平原耕地開発プロジェクト、図們江開発プロジェクトなど、おそらくはこの地上に残るさいごの潜在的大プロジェクト群を擁する「大国」である。この開発に、日米が「競合」とともにいかに「協調」の路線をとりうるのか、これこそがアジア安全保障の帰趨《きすう》を決定し、したがってアジアの経済的ダイナミズム持続の条件のいかんをうらなう、最重要のポイントにちがいないと思うのである。

エピローグ　中国経済の将来

世紀の実験

中国やロシアが、集権的計画経済から自由な市場経済への「ソフトランディング」をいかに図るか、世紀の実験ともいうべき一大事業である。これほどの大国が、厳格な統制経済から自由な市場経済へと転換していくという試みは、歴史に先例をみない。

目下の両者の市場経済化は、いまだ「試行」の段階にあって、そのゆきつくさきを論じるのはいささか時期尚早《しょうそう》の感は否めない。しかし、少なくともゴルバチョフと鄧小平の登場とともに開始された両者の「経済改革」の過程を遠目にながめるならば、その成果には少なくないちがいがあることがわかる。

東西冷戦構造の崩壊をみちびき、東側世界に政治的民主化と市場経済化への道を開いたゴルバチョフの英断は、たしかに英断というにふさわしい。だが、その後の東欧諸国や独立国家共同体（ＣＩＳ）が、政治的民主化と市場経済化への道に向かって前進しているとは、とうてい思えない。民族紛争の多発、生産の低迷、ハイパーインフレの惨憺たる状況にはまりこんで、そこからはいあがってくることができないでいるのが、これら諸国の実態である。

いかに現下の状況がみじめなものではあれ、そのさきになにがしかの光明を感じ取ることができるのであれば、人びとは苦窮《くきゅう》を忍びつつも、勤労にいそしみ、生活をまっとうに営んでいこうとつとめるにちがいない。しかし、一条の光をさぐりあてることもできない焦燥と絶望が、冷戦終焉《しゅうえん》後のこれら諸国の住民をおおっているかにみえる。

世界を熱狂のうずにまきこんだのが「ベルリンの壁」の崩壊であり、中国の「狂気」を世界の人びとに強く焼きつけたのが「天安門事件」であった。しかし、よくみすえてみれば、中国には民族紛争のような画然たる政治勢力の対決状況は存在していない。天安門事件とて、これを悲劇といえばたしかにそうにはちがいないが、しかし「一場」の悲劇でしかなかった。これが収拾不能な政治的混乱へと中国を陥れることはなかったのである。プロレタリア文化大革命などの動乱には比すべくもない。

一九七九年の改革・開放の開始以降、ながらくつづいてきた中国の高成長は、一九九〇年を前後する一時点で頓挫《とんざ》したものの、これはあくまで一頓挫であった。一九九二年以来、中国経済は改革・開放の全面加速状態に入り、世界で最高の成長国となった。

中国の未来にまちうけているであろう不安定要因をいいだせばきりはないが、少なくとも中国にはほりあてるべきゆたかなビジネス・チャンスがあると想定し、構えてここに生産拠点を大量に立地させようというのが、世界の企業家の判断なのである。手にしうる利益のみこみがあって反応する企業家のこのスタンスこそが、中国のなんたるかを判断するもっとも有効な基準であると私は考えている。

中国の改革・開放に後退はありえず、政治的安定性がそう簡単に潰《つい》えるものではないことを、世界の企業家たちは鋭い感覚でかぎつけている。それがゆえにこその、「対中進出ラッシュ」なのであろう。目下の中国は、アメリカにつぐ世界で最大級の海外直接投資受入国なのである。資金導入の要求に悲鳴にも似たさけびをあげながらも、いっこうに世界の資金が「循環」してこないロシアとの相違は、だれの眼にも明らかである。

1 中国市場経済化への視点

人民をしばってはならない

計画経済から市場経済への転換といううきまり文句で、中国経済の現在を描写することは不十分である。たしかに毛沢東時代の中国は、高度の集権的な経済のもとにあった。共産党が強力な集権的統制の「紐」でしばってきたものは、集団農業の人民公社であり、重工業を中心とした国有大中型企業群であった。人民公社制度のもとで、農民は国家権力により徹底的に「搾取《さくしゅ》」された。その搾取によって手にした農業余剰を原資にして国有重工業の育成にはげんできたのが、毛沢東時代の中国であった。そうして生じた農業の極度の衰微を救うことから、鄧小平の時代がはじまった。

中国の改革・開放に決定的な影響力をもったのは、この時代に一貫して最高実力者として君臨した鄧小平であり、彼に固有の人間観であり、中国人像であった。人民公社下の集団農業の凄絶《せいぜつ》な帰結を身をもって知り、プロレタリア文化大革命によりみずからの政治的生命をたたれた鄧小平は、毛沢東主義へのまったきアンチテーゼをもって、中国を新しい道にのせてひたはしらせてきた。集団化と大衆運動への忌避《きひ》において、鄧小平ほど徹底した指導者は、他にいない。

中国人はしばってはだめだ、自由なたちいふるまいを許容せよ、中国人に自由をあたえればなにをなしうるか、鄧小平は香港や台湾の経済的興隆をひそかに、しかしじっくりとみずえていたのではないか。深圳やアモイに経済特別区を創成するという当時の「奇想天外」は、彼に固有なそうした中国人像の端的なあらわれであろう。人間は、中国人は、物質的刺激に応じて動く存在だととらえる「即物主義」こそが鄧小平「思想」の真髄である。この思想が改革・開放の中国の潜在力を発揚させた、いわば「原理」であった。

鄧小平思想が花開いたのが、まずは農業であり、農業の大いなる発展の帰結が、改革・開放期中国の最重要の経済主体となった郷鎮企業であった。さもありなんである。農業の基本的生産単位は元来が家族である。その家族がみずからの「食」と「利」を求めて自由に行動し、そうしてはじめて農業生産力の発展を手にすることができるのである。農業にとっては、「アナーキー」、つまりは経済的無政府状態がもっとも相性のいい「システム」なのである。

きわめておくれた技術を継承してきたのが、中国の農民である。古くから人口過密の状態にあり、かつまた旧式の農業技術をひきついできた中国においては、かぎられた耕地にいちじるしく多くの労働力をつぎこんで農業を営んできた。丹念な栽培管理を行うことによって単収を極限にまで高めるという、「精耕細作」が中国の伝統的な農法であった。そのような農法を用いることによって、はじめてあの巨大な人口をどうにかやしなってきたのである。「均分主義」的配分を特徴とした人民公社下の集団農業システムのもとで、農民は「やる気」をおこさず、「精耕細作」とは逆のまことに粗《あら》い栽培管理がなされたのであるから、生産性が上昇しなかったのも当然であった。

華南経験

失うべきものをもたない中国の農民は、それがゆえに本来的に現状を改革する「革命的エネルギー」を秘めた存在だとみなしたのが、毛沢東であった。鄧小平は、毛沢東へのアンチテーゼとして、なにものをも失うべきものがないほどに貧しい農民は、それがゆえに他人のこと、国家のことなどにはまるで関心をもたず、その「利」にうったえる方式をとらなければとうてい農業生産力の発展はありえないと考えたのである。

「双包制」の採用によって、中国農業は記録的な増産をつづけたことが、鄧小平の人間観がいかに正鵠《せいこう》を射《い》たものであったかを、証《あか》している。あたえられた自由な市場環境のもとで、農民がみずから掌中にしうる「利」を求めて存分にその力を発揮した、その軌跡が現代中国の農業発展の過程であった。中国農村にはじめてうまれた農業余剰が、より高い収益を求めてながれていった、そのさきが郷鎮企業であった。「爆発的」ともいえる郷鎮企業の拡大が、中国の農村を空前の規模で多様化させ、分業化をもたらし、市場経済を農村に導入する主勢力となった。

中国農村の市場経済化は、きわめておくれた農業技術水準のもとで貧困にあえいできた「自給的」な自然農業が、商業的農業と農村工業化へと転換していく過程で生じたものである。しかもその市場経済化は、ながらくつづいた集権的統制によってその道を閉ざされてきた分だけ、統制解除後はきわだって急速に進んだ。

ここで生起したことは、自給的な自然経済が、商業的農業へ転換し、その過程で農村内に初期的な工業化を胎《たい》動《どう》させながら、市場経済化が展開していくという、ごく自然の道筋であった。先進諸国がその「近代成長過程」の初期に経験した「プロト工業化」と同類のものであり、現代のＮＩＥＳやＡＳＥＡＮ諸国などで観察される、農業の発展経験と同質のものであった。

どの国であれ、経済発展の過程でいちどは経過するはずの道程が、実は中国の市場経済化の「原点」であった。農業の発展の帰結としてうまれた郷鎮企業が、過剰な人口をかかえて貧困にあえぐ多くの貧しい開発途上国の工業化に、ひとつの重要な政策的示唆をあたえる経験となっているのも、そのゆえである。

計画経済から市場経済への転換が主題なのではなく、自給的自然経済から商業的農業、農村工業化へと転換する過程で必然的にうまれた市場経済化が、ここでの「主題」なのである。中国の市場経済化が順調に進みえたのは、それが経済発展の「一般型」に沿うものであったからであり、おくれた農業発展段階からその市場経済化が開始されたからでもある。

商業主義的伝統において強い華南沿海部の対外開放が、中国の市場経済化をうながしたもうひとつの要因となった。同質の文化的伝統をもつ在外華人の活力を導入して、華南沿海部の市場経済化への潜在力が大きくほりおこされたのである。この「華南経験」が沿海部全体に拡大し、さらに内陸部のいくつかの地域をまきこみつつ、市場経済は現在急速に全土に普及・拡大しつつある。一九九二年、一九九三年と連続して実質で一三％を前後するような超高成長を実現したことは、中国の市場経済化の激しさを反映している。

2　ハーフウェイの市場経済化

市場経済の大海にうかぶ国有企業

しかし、中国の市場化は、その経済の中枢に位置する国有企業にはまだ浸透していない。その意味で中国の市場経済化は、いまだ「ハーフウェイ」なのである。中国の国有企業は、集権的統制経済の「弊《へい》」を集中的に示している。計画経済から市場経済への転換というテーマで議論さるべき困難な課題が、ここにある。

中国の国有企業は、その長期にわたる集権的統制の時代を経過するなかで、国有企業を主管する国家・地方政府、国有企業の内部、主管部門と国有企業の相互関係のなかに、容易には溶かすことのできない既得権益をいく重にも蓄積してきた。主管部門は国有企業の資産を所有し、その経営を管理する強い権限をもってきた。国有企業もまた、企業内党幹部、経営者、職員、労働者にいたるまで、そこにひとたび職をうるや、生涯の生計を保障される「安住」の既得権益を掌中にした。改革の手がこの既得権益の核心におよぶや、強い反発力となって改革を阻止《そし》する力となってあらわれざるをえない。

また、国家と国有企業の関係を特徴づけてきたのは、「温情主義」であり、「パトロン」（保護者）と「クライアント」（被保護者）の関係であった。国有企業が赤字をだしても、この赤字を補ってあまりある欠損補助があたえられた。倒産は法律のなかにはあっても、実際にこれが適用されることなどめったにない。極度の経営不振の企業といえども、社会的不安定をおそれる国家によって「手あつく」救済されているのが、中国の実状なのである。

国有企業の多くは、老朽《ろうきゅう》化した機械・設備を山のようにかかえ、その生産効率は低く、赤字企業数が圧倒的に多い。それにもかかわらず、累積した既得権益と国家の温情主義的対応に甘んじて、旧来の弊をぬぐおうという気配はみえてこない。

しかし、現在の国有企業は、まさにそうした理由のゆえに、中国経済におけるポジションを急速に低下させつつある。工業総生産における国有企業の比率は五割を下まわり、国家財政への寄与はますます小さい。現在の中国の高成長を牽引しているのは、国有企業ではもちろんない。主力部門は個人・私営企業、郷鎮企業、外資系企業であり、その活況こそが中国の超高成長の原動力なのである。

国有企業は、中国経済改革の「ハードコア」である。しかし、それがゆえにこそ、国有企業は市場経済の「大海」のなかにうかぶ、さして大きくない「島」となっていくにちがいない。非国有企業の生産性増加率は国有企業のそれよりはるかに高い。近年では、非国有企業は国有企業と同一の業種において競争力を発揮し、輸出競争力においては非国有企業のほうが国有企業をしのいでいる。つまりは、国有企業があつい既得権益と国家の温情主義に身をゆだねていては、もはや存続を許されないような市場条件が、中国にうまれようとしている。

非国有企業との競争に敗れつづけては、国有企業は存立しえない。国有企業の資産は株式化を通じてであれ、買収をつうじてであれ、いずれは非国有部門に譲渡されていくであろう。国有企業の経営不振がさらにつづくことは、確実である。国有企業は従業員に安定的な就業と所得を保証することもできなくなろう。その一方で、非国有企業の発展は、国有企業に就業している人びとに、従来以上のステイタスと所得と生活水準を保証する新しい「容器」をつくりだしていくであろう。かくして国有企業は、市場経済化の波にのみこまれて、みずからの存在をいよいようすくしていくにちがいない。

もしそうであれば、これも中国的な市場経済化のスタイルだということができはしまいか。国有企業を市場経済のなかに放りこんで国有企業の民営化をいっきょに実現しようというのが、ロシアの「ラディカリズム」であり、失敗の原因もまたそこにあった。これとは対照的に、ながい時間をかけながらも、国有企業を市場経済の「大軍」で取りかこみ、国有企業を非国有企業の「軍門」に下らせることによって、前者を市場経済の地上に「ソフト・ランディング」させていこうというやり方が中国のものである。

国有企業の外部環境を大きく市場経済化し、国有企業を市場経済のなかに「溶解」させていこうというのであれば、これはいかにも漸進的ではあるが、着実な方途だというべきであろう。おそらく中国のこんごの市場経済化は、そうした方式にのっとって進められていくにちがいない。

マクロ・コントロール

ところで、かりに中国の市場経済化がそうした道筋をたどっていくとして、そうした中国経済の全体は、それではどのようにコントロールされていくのか。

中国の指導部が近年強く主張しているのが、財政・金融メカニズムをつうじての間接的な「マクロ・コントロール」の必要性である。たしかにそうあってほしい。しかし、すでに本書の随所《ずいしょ》でみてきたように、財政改革は国有企業改革と同一の文脈にあって、その改革は容易なことではない。金融改革もそうスムースには進むまい。人民銀行も商業銀行も、温情主義をもって結びつく国家・地方政府と国有企業の「はざま」にあって、みずからを容易に「自律化」できないでいる。財政・金融メカニズムの作動によって中国の市場経済化が順調に動いていくほど、ことは簡単ではない。

非国有企業を中心とした市場経済化の波が中国の全体をおおい、国有企業もこの波のなかに溶けこんでいく過程で、財政・金融メカニズムも有効に働き、そうしてそれがゆえに市場経済化もスムースに進むという「相互補強的」関係がうまれてこなければならない。中国経済を市場経済化に向けて進展させる、単一の「切り札」などありはしないのである。

しかし、それにしても、中国の現在の経済成長率は、あきれるばかりの高さにある。マクロ・コントロール機構が不十分にしか整備されていない状況下で生じているこのような超高成長は、いかにも危うい。「ブレーキ」のない自動車をみているようである。はしりだしたら、どこかでぶつかりでもしなければとまらない暴走車のような恐ろしさが、いまの中国にはある。

財政・金融メカニズムの制御作用を中国が身につけるまでには、まだ相当の時日を要するであろう。問題は、それまでをどうきりぬけるかである。市場経済化にひたはしる中国が、エネルギー・運輸部門、基礎素材部門のボトルネックに逢着《ほうちゃく》して、インフレに突入しても、これを制御するメカニズムが働かないのであれば、中国経済は「ケイオス」（混沌）に陥っていかざるをえない。そうなれば、貧困地域の住民から指導部に激しい怨嗟《えんさ》の声が強まり、政情不安とこれに由来する指導部内の権力闘争が激化する危険性は、少なくない。

鄧小平のいう「二点論」の実効的な意味は、おそらくこのあたりにあるのではないか。一九八八年、一九八九年とつづいたあのハイパーインフレを抑止したその武器は、行政的統制、つまりは直接的コントロールであった。二年もみたないあいだに、インフレは完全に制圧された。そのコントロールが中国経済に「オーバーキル」をもたらして高成長は反転下落したものの、改革・開放の全面加速の条件整備が、インフレの制圧によって再度つくりだされたのである。

行政的統制が成功したのは、共産党一党支配体制、軍の力を背後においた強力な一党支配体制の権力と威信のゆえである。行政的統制がのぞましいものでないことは、いうまでもない。しかし再度いえば、財政・金融メカニズムによる間接的コントロールが中国経済を統御する真の力をもちうるには、相当の時間を要するのである。直接的コントロールはこれを発動しないにこしたことはないが、ひとたび混乱が生じた場合には有効性をもつ手段として、つねに「懐」にしまっておかれねばならないものなのである。

「社会主義市場経済」、これを少しでも具体的なシチュエーションのなかで考えてみれば、つまりはこのようなものだということができる。政治制度としての「社会主義」、すなわち共産党一党支配体制の堅持なくして、中国は市場経済へのソフト・ランディングがかなわないのである。

3 政治的自由と民主

一党支配が溶解する日

ところで、それでは共産党一党支配体制と市場経済化、すなわち政治の強力な一元化と経済のいちじるしい多元化、つまりは鄧小平のいう二点論という「ダブル・スタンダード」は、将来にわたって「無矛盾」でありつづけるのか。こう問われれば、そうとはいえない。

経済の多元化が、ときに少なくない振幅をともないつつも進展をつづけ、国民の所得水準も一〇〇〇ドルをこえ、二〇〇〇ドルが射程距離に入るような時期が、中国でもいずれくるであろう。そうなれば、沿海部諸都市を中心に、「中産層」とよばれるような階層が相当の規模で輩出《はいしゅつ》してくるにちがいない。

中産層とは、私の定義によれば、大きな社会的変動によって失ってはならない資産とステイタスを身につけた人びとのことである。中産層は貧困からぬけでて、より高い価値である政治的民主と自由を強く求めるようになるであろうが、その要求を革命によって実現しようとはしまい。大きな社会的変動は、みずからのもてる資産とステイタスの喪失《そうしつ》につながる危険性が大きいからである。

中産層がしだいに大規模に社会に蓄積され、これが中国の政治勢力の一角を占めるようになれば、彼らは革命を通じてではなく、「アンシャン・レジーム」（旧体制）とのあいだで「おりあい」をどこかにみつけ、みずからの要求を少しずつではあれ実現していくであろう。韓国の盧泰愚《ノテウ》政権下、そして台湾の李登輝《りとうき》政権下で生じた「権威主義体制」の驚嘆すべき速度での「溶解」現象は、そうした論理が東アジアで「通用」しうることを証している。

中国の共産党一党支配体制という権威主義体制は、もしそれが「溶解」するとすれば、その体制下での経済発展の成功によってであろう。権威主義体制下での経済発展の成功は、権威主義それ自体を溶かしていくというある種の「弁証法」を、私は中国の将来に予感している。

あとがき

もう三〇年以上もまえのことになるが、私の大学時代に「移行論争」というのがあって、封建制から資本主義への移行の諸問題が、国際的な規模で議論をよんだことがあった。当時の日本の歴史学の主流にあったマルクス経済史学の研究者たちの多くがこの論争にかかわり、大学の講義も熱気をおびたものであった。よくはわからないながらも、私もその熱気にひきよせられていた。

マルクス経済史学におけるそうした移行論争は、当然、資本主義から社会主義への移行にどうそなえるかといった「構え」を含んでいたように思う。移行論争の意味は、資本主義の矛盾がいかに「止揚」されて社会主義にいたるのかをさぐる「予備的」考察である、と明言していた教授の顔を、いまでも覚えている。

最近、「移行経済論」という、あまりこなれていない表現を耳にする。なんのことかと問えば、計画経済から市場経済への移行のメカニズムを追求することがその目的だ、という。ありていにいって、ここでは社会主義の資本主義への移行がそのメインテーマなのである。三〇年もまえであれば、想像さえできなかったかわりようである。

中国が社会主義に「移行」したことが「歴史的必然」だとは、私はまったく考えない。しかし、中国による社会主義の「選択」が誤りであったのかどうか、まだ歴史はこれを証していない。帝国主義列強により国土をひきさかれ、地主の過酷な搾取に困窮をきわめ、買弁官僚資本に富を「外流」されて、惨たる状況下にあった中国を「救亡」すべく、共産党がなした選択が中国革命であった。

この「救亡の革命」に新中国建国の夢をふくらませ、純潔で廉恥の精神をもって毛沢東の周辺に蝟集し、闘争した人びとの革命への熱い思いにささえられて、中華人民共和国は成立した。植民地勢力は追い払われ、「耕者有其田」の原則が確立し、買弁官僚資本の資産は没収され、多くの中国国民は新社会の建設に、心からの支持をよせていた。建国後しばらくつづいた「新民主主義の時代」にたぎらせた熱い心のうちを語る人びとは、いまもいる。

しかし、その時点ですでに超越的権力者として他の追随を許さない地位にあった毛沢東の、中国の現状を顧みない「過渡期の総路線」（一九五三年）を経て、中国はいっきょに狂気の時代へとつき進んでいった。大躍進運動、人民公社化運動、そしてなによりもプロレタリア文化大革命によって、中国は凄絶の世界へとひきずりこまれていった。

現代中国の綱領的文献のひとつが、一九八一年の「歴史決議」（「建国以来の党の若干の歴史問題に関する決議」）である。これにより、毛沢東は、中国を「奈落」の底におとしめた一九五八年以降の「晩年の錯誤」によって、きびしい指弾をうけた。しかし、その錯誤が一九五三年の「過渡期の総路線」にあったことは、中国を知るものにとっては常識であろう。

二十数年の「ケイオス」（混沌）の時代をくぐりぬけ、そうして鄧小平の時代が、一九七九年に開始された。以来、毛沢東の時代にきずかれてきた集権的統制の経済は、信じられないほどの大胆さをもって変革され、中国はたしかに改革・開放の時代に入っていった。この改革・開放によって中国が手にした成果は、史上空前の「豊饒」であった。

この過程を一貫して主導し、中国経済活性化への道筋を示してきたのが、鄧小平であった。「食を以って天と為す」中国の民に、ほんとうに歴史上はじめて「食」を保障したのが、鄧小平であった。改革・開放後の中国の経済発展は、その評価がいささか誇大であるとはいえ、世界銀行や国際通貨基金をして「中国経済大国化」を予測する文献を出版せしめるほどのものであった。

改革・開放は、予想をこえる大きな成果をもたらした。しかし、改革・開放がこんごとも順調に進んでいって、市場経済への「ソフト・ランディング」がなされ、ついで政治的民主化の実現にいたるとみるは、楽観にすぎよう。「天安門事件」のような政治的相克、「整備・整頓」のような経済的調整を、中国がこんごともくりかえしていくことはさけられまい。しかし、道はジグザグではあれ、中国が改革・開放の基本をふみはずすこともありえないと、私は信じている。

一九七八年末の第一一期三中総における改革・開放への選択は、その後の経緯から判断するかぎり、やはり最善のものであったといわざるをえない。私は、改革・開放政策のなかに中国が選択した「道理」をみすえて、本書を執筆した。

本書を書き終えてから、アメリカ在住の中国人歴史学者、黄仁宇氏の『中国—マクロヒストリー』（山本英史訳、東方書店、一九九四年）をよんだ。現代の中国が、政治的動乱と経済的混乱をひきずりながらも、巨大な人口と広大な国土のこの国を「農業形態」から「商業形態」へと転換する、近未来にわたる壮大な実験を試みているのだという氏の信念が、全巻にわたって強い調子で展開されている。現状はいまなお不完全であるとはいえ、歴史学者の観点からすれば、中国が「時代おくれの王朝官僚支配的な管理形態から商業原理による管理形態」へと移行しつつあり、現代はその移行の直中にあるとみる観点が、実にゆたかな説得力をもってえがきだされていた。

われわれは、眼前に生起する権力闘争や経済的パフォーマンスのみに眼をうばわれて、現代中国がその長大な歴史のなかで、どうみずからの身を処していこうとしているのかを見落としてしまいがちである。黄仁宇氏の著書のなかに、私は中国改革・開放の「道理」をふたたび感得している。

本書が、少しでもながい生命をもってくれればと思う。

＊　＊　＊

暑い夏であった。五〇もなかばをこえると、この暑さはこたえる。今夏は、海外出張はもちろん、国内の仕事も可能なかぎり断って、静かな大学の研究室に蟄居することにした。そして七月の中旬、夏休みのはじまりとともに、思いを一気にしたためたものが本書である。私ももの書きとしては多作の部類に入るのかもしれないが、一ヵ月たらずのあいだに三〇〇枚以上の原稿を書いたのははじめてである。思いをストレートに表出できたのではないかと、ひそかに自負している。

本書のなかでなん個所か引用した中国政府や中国共産党の重要文書、中国の諸新聞の論説などについては、私のつたない翻訳もあるが、多くは『中国総覧』(中国研究所編)、中国政府の国際広報誌『北京週報』などの翻訳を利用させていただいた。また、いくつかの図表作成のためのデータ処理については、日本総合研究所調査部アジア研究センターの呉軍華さん、私の研究室の孟建軍君、楊嶸君の協力をえた。深く感謝している。

講談社の渡部佳延さんから、現代の中国経済についての新書に手を染めてみないかとお誘いを受けたのは、もう一年半もまえのことになろうか。やっと約束を果たせて、ほうと息をついている。渡部さんのいつも通りの目配りをきかせた編集のあとに、本書が書店にならぶ日のことを楽しみにまっている。

平成六年　暑処

渡辺　利夫

Ⅲ　毛沢東、鄧小平そして江沢民

はしがき

低迷するアジアにあってひとり中国のみが高成長を維持している。しかもこの高成長は、毛沢東の時代が終わり鄧小平が全権を掌握して改革・開放政策を開始した一九七九年から現在の江沢民の時代にいたるまで、すでに二〇年に及んでいる。一人当たり所得水準が二〇年にもわたり持続的に上昇するといった経験は、中国の長大な歴史の中でも初めてのことである。

一人当たり所得水準が今なお一〇〇〇ドルに満たない開発途上国でありながら、中国は圧倒的な規模の人口と広大な国土のゆえに、その存在自体がまごうことなき大国である。大国中国が世界で最高の経済成長率を実現しているというのであれば、この事実のもたらすインパクトは、国内的にも国際的にも尋常ならざるものがあろう。いったい何が現代中国をかくも高揚させたのか。一言でいえばプラグマティズムである。プラグマティズムを生んだものは強烈な危機意識にほかならない。

毛沢東が死去し狂気と凄絶のプロレタリア文化大革命が収束して政治的安定性をようやくにして回復した一九七〇年代の末年、気がついてみれば人民の胃の腑はまったく満たされていない。建国以来、国の総力をあげて取り組んできた社会主義経済建設とはいったい何であったのか。社会主義建設はそれに投じられた努力に報いる成果をまるで残していないではないか。中国は周辺の資本主義国、日本はむろんのこと、韓国、台湾、香港にはるか後れをとってしまった。東南アジアの国々に比較しても貧困は一段と厳しい。

社会主義建設のあまりのみすぼらしい成果への痛恨の思い、激しい危機意識が改革・開放への原動力となった。

改革・開放思想を代表するものが鄧小平であり、彼の徹底した生産力主義であった。この生産力主義は、天安門事件という劇的事態を迎えても揺らぐことはなかった。むしろ天安門事件後の政治的危機を克服するには思想工作だけでは不十分であり、実は成長加速によって「生産力の発展、国力の増強、人民生活の向上」を図ることが第一義であると主張していたのが鄧小平であった。政治路線闘争に身を削ってきた毛沢東と鄧小平はこの点において決定的に異なる。中国が天安門事件をのり切り、改革・開放が再度正常軌道に復して、現在にいたる海外諸企業の対中投資ブームが生まれたのが、この主張のわずか二年後のことであったことを顧みれば、鄧小平の慧眼は推して知るべしであろう。

鄧小平は一九九七年に死去した。一九九四年に鄧小平から権力を継承したのが江沢民である。しかし中国は今なお「鄧小平なき鄧小平路線」の中にあり、むしろますますその路線を強化している。中国が掌中にした誇るべき成果もおぞましき問題も、そのすべての淵源はここにある。誇るべき成果は高度経済成長である。生産力の発展、国力の増強、人民生活の向上であり、それにともなう国際社会における中国の政治・経済的ポジションの上昇である。

しかし、改革・開放が今後とも順調に進展していって中国が大国化への道を着々と歩んでいくとは考えにくい。むしろ改革・開放が挫折し、政治的混乱に中国がおちいる危険性を排除することができない。改革・開放は順調ではありえまい。現在の中国は社会主義と市場経済との、政治的一元化と経済的多元化との、共産党一党支配体制と多元的経済社会との相克の渦中におかれ、その相克に身を焼かれているのである。

極度の貧困から出発した鄧小平の時代にあっては、ともかくも改革・開放を通じて生産力の発展、国力の増強、人民生活の向上を実現することが主要な課題であった。ソ連邦と東欧の社会主義が崩壊し、社会主義を固守してきた共産党がいちどきに解体してしまったこの脱冷戦期に、中国共産党が生き延びていくためには、生産力の発展、国力の増強、人民生活の向上こそが最重要の課題であり、この課題に応えずして共産党一党支配の正統性を守ることはできなかったのであろう。

そしてこの課題に経済の高成長をもって応えたのが鄧小平であり、その意味で鄧小平はまさに「時代の子」であった。改革・開放以前の長い間、胃の腑を一度も満たすことのできなかった国民は、改革・開放期においてみずからの生活水準が昨日より今日、今日より明日と着実に上昇していく状況を見据えて、共産党一党支配をとくに強い政治的・社会的な拘束だと認識することもなかった。

しかし現在の中国、江沢民の時代にいたり、この矛盾ははっきりと顕在化してきた。すでに二〇年になんなんとする改革・開放の時代を経て国民の欲望は解き放たれ、一党支配体制をしだいに重苦しい桎梏《しっこく》だとみなす国民意識が広範な広がりをみせつつある。

農村においては人民公社は全土から姿を消し、すべての農民は個人農化している。農民所得の向上を保障したのは個々の農民の増産意欲にほかならない。また急速に進んだ市場経済化の過程で経済主体は無数の郷鎮企業、外資系企業、個人・私営企業へとともなく多元化の傾向にある。これら企業群は市場経済が生み出した自由な存在であって、国家・党の一元的管理のはるか埒《らち》外にある。その活性化は国家・党の保護や恩恵によってではなく、自らの発意と努力の成果である。

この心理が国家・党の権力と権威を浸している。そして党員の眼も政治から経済へと向かうようになった。多元化する経済社会と共産党一党支配との矛盾、鄧小平の時代にあっては潜在していたこの矛盾が、江沢民の中国においては顕在化しつつある。江沢民体制はこの矛盾にどう対応するのであろうか。現在の中国の抱える実にきわどい問題がここにある。

鄧小平の思想と路線の帰結は、確かに社会主義の「溶解」なのであろう。社会主義に代わるアイデンティティーを模索する以外にこの巨大社会の統一を維持することはいよいよ難しい。とすれば、江沢民の中国には「熱愛祖国」「振興中華」、つまりは一九世紀的なナショナリズムに身をゆだねるという危険性がある。

本書は、中華人民共和国建国五〇周年にあたる一九九九年の今年を期して、現代中国の政治経済の現実と課題を、毛沢東、鄧小平、江沢民という三人の指導者の思想に焦点を当てながら広範に論じた著作である。日本語で書かれた最も標準的な現代中国史たることを意図してつくられた。この分野における簡便なテキストとして大学などで広く用いられることを願っている。

平成一一年　処夏

渡辺利夫

第一章　毛沢東時代の中国経済

一節　指導部の国情認識──苦々しき思い

一九七九年の経済体制改革の開始以来、中国共産党の指導部は自らの改革のための理論化をいくどとなく繰り返し、改革の正統性を国民に訴えつづけてきた。

そうした理論化の過程で強い印象をわれわれに与えたのは、一九八七年一〇月に開催された第一三回共産党大会において趙紫陽により行われた党活動報告であった。同報告において「社会主義初級段階論」という新しい概念が提起された。この報告は指導部が自国の「国情」をどう理解しているか、つまりは中国指導部の「自己認識」のありかをきわめて明瞭に示しているという点で特筆に値する。

中国は建国後、相当の長期を経てもなお貧しい農業社会段階にとどまり、農民のほとんどは手作業によって生計を立てている。現代的工業は全経済の一部を占めるのみで、先進国水準から数十年から一〇〇年も後れた企業が過半である。広大な未発達地域と貧困地域が残され、非識学者が国民の四分の一にも達する。生産力が後れているばかりではない。生産関係の面でも「社会主義公有性の発展に欠かせない生産社会化の水準がいまだ非常に低く、商品経済と国内市場が非常に未発達で、自然経済と半自然経済がかなりの比重を占め、社会主義経済制度は未成熟」だというのである。

要するに、建国以来総力をあげて取り組んできた社会主義建設は、それに投じられた努力に報いる成果をほとんど残しておらず、中国はなお貧困で未発達の、その意味で初級段階の社会主義のなかに漂っているという見方である。

なぜなのか。毛沢東時代の「左」の誤りのゆえだ、と趙紫陽はいう。

「一九五〇年代の後期から、われわれは『左』寄りの影響を受けて、功をあせり過ぎ、むやみに純粋性を求めた結果、主観的な願望と大衆運動に依拠しさえすれば、生産力を急速に高めることができると考え、また社会主義の所有制形態は大規模であればあるほどよく、公有性であればあるほどよいと考えるようになった。われわれはまた、長期にわたって生産力発展の任務を副次的な位置におき、社会主義的改造が基本的に達成された後も、依然として『階級闘争を要とし』てきた。このため、もともと社会主義の本質的属性をもたないか、ある特定の歴史的条件にしか適さないような、生産力の発展を制約する多くのものが、『社会主義の原則』として頑固に守られてきた。また、社会主義の条件のもとで生産力の発展と生産の商品化、社会化、近代化に役立つ多くのものが、『資本主義の復活』として攻撃されてきた。これによって生み出された、余りにも画一的な所有制構造と硬直した経済体制、またこの経済体制と結びつく、あまりに権力の集中し過ぎた政治体制、この二つが生産力と社会主義商品経済の発展をはなはだしく制約してきたのである」

ここで趙紫陽が確認を求めているのは、経済発展の「初期条件」を無視した毛時代の「左」の横行が発展停滞の真因だということにほかならない。この解釈は趙紫陽に固有のものではない。建国以来の長期にわたる社会主義建設の、その成果のあまりのみすぼらしさに愕然としたというのが、プロレタリア文化大革命を終え、新たに「中国の復権」をめざして改革・開放を始めた当時の指導者の共通の心理であった。毛沢東時代の中国が身を削って手にしようとしてきた課題は、振り返ればまったく的はずれのものであったという苦々しさが、趙紫陽の発言のなかににじみでている。

毛沢東の時代とはいったい何だったのか。この時代の動向に決定的な力をもった毛沢東の思想とはいかなるものであったのか。

毛沢東の思想を論じるに際し、最低限念頭においておかなければならないことが三点ある。

一つは、おそらくは青年時代に目覚め、抗日戦争・国共内戦時の解放区コンミューン時代の経験によって増幅したものであろう、ユートピア社会主義への夢である。純粋で、極左的で、またその分だけ空想的な、つまりは現実的基盤をもたない夢を毛沢東は一貫させていた。「実事求是」をとなえながら、その実、彼は自らの描いた夢の社会主義観から中国の現実を眺め、絶対的権威をもって社会主義の解釈権を独占しつづけた。その解釈に反対するものは、つねに「右翼日和見主義者」や「修正主義者」として葬り去られ、一切の代価を無視してユートピアを追い求めた。その帰結はしばしば惨たるものであったが、毛沢東の夢は消えることはなかった。「冒進」を危惧して毛沢東路線に挑んだのが劉少奇、鄧小平であったが、彼らの力量をもってしてもその路線を変更させることはかなわなかった。劉少奇、鄧小平らを毛沢東のひそみにならって「実権派」と呼ぶのであれば、中国経済は毛沢東の見果てぬユートピアの追求、つまりは「冒進」と、それがもたらした過酷な現実を見据えて毛路線を「調整」しようという「反冒進」との繰り返しであった。「放」と「収」が現代中国を特徴づけるサイクルであったというのは真実である。

二つめは、ユートピア社会主義を実現する主体を毛沢東は農民のなかにみていたという事実である。これもおそらくは解放区時代に根づき、土地解放の過程で毛沢東の身中に「構造化」したものであろう。農民は貧しいがゆえに現状否定的であり、革命の中心的勢力たりうるという思想が毛沢東のものであった。「貧しければ変化を思い、ことを行おうとし、革命をやろうとする。何も書かれていない一枚の白い紙には、最も新しい、最も美しい文字を書きやすく、最も美しい絵を描きやすい」この「一窮二白」の思想こそが、革命主体農民に寄せた毛沢東の思いであった。

毛沢東思想の研究家スチュアート・シュラムは、右に述べた毛沢東の指摘を「農民は、中国人全体より後れている限りにおいて、物質的充足によって腐敗しておらず、近代世界の手管にも無知である。それゆえ彼らは明らかに、道徳と革命的資格において優越している」（北村稔訳『毛沢東の思想一九四九〜七六』蒼蒼社、一九八九年）という表現をもって叙述している。確かに毛沢東のイメージする農民とは、その本来の性格において革命的存在であり、道徳的存在でもあった。この裏返しが科学技術的な合理性に対する無視、否、敵意であった。

貧農を中心とした革命的大衆の、その「主観的能動性」に著しく高い評価を与えていたのが毛沢東であり、この大衆が自分を支持しないはずがない。貧農の主観的能動性こそが革命の力の源泉であり、これをもってすれば、いかに後れた状態から出発した社会とはいえ中国の先進国化はそう遠いことではない、と考えていたのである。

三つめは、急進主義である。帝国主義勢力によって国土を無惨にも引き裂かれた隷従の中国を救い出し、世界に伍する大国たらしめようという愛国主義は、革命第一世代に共通する情熱であった。しかし、毛沢東の愛国主義を特徴づけたのは急進主義であった。重工業化は社会主義建設の「公理」であり、毛沢東は建国当初からこれに強く傾斜した。しかしその追求はいかにも急であった。一九五七年の大躍進がその証左であった。無数の「土方高炉」の建設により、イギリスの鉄鋼生産量をまたたく間に追い抜こうという野心は、毛沢東の愛国主義がいかに急進的なものであったかを「喜劇的」に物語っている。

ユートピア社会主義、農民的大衆主義、愛国的急進主義の三つは、毛沢東の思想を語る核概念であろう。この三つがどう複合しつつ、毛沢東時代の経済は進展していったのであろうか。

二節　建国期の毛沢東―漸進主義の時代

毛沢東が自らの身中に色濃くユートピア社会主義を潜ませていたとはいえ、これが現実を変革する実践的イデオロギーとして顕現してくるのは、さらに後のことである。建国当初の毛沢東は現実的であった。先に趙紫陽の「国情」認識について記したが、建国時の毛沢東のそれも実は趙紫陽のそれに近いものであった。

社会主義初級段階とは、趙紫陽によればこうであった。すなわち、中国社会主義がなお初級段階にあって、資本主義国よりもはるかに低い生産力水準にとどまっているのは、中国が高度の資本主義を経て社会主義に到達したのではなく、逆にそれを「飛び越えて」「半植民地・半封建社会」から一挙に社会主義にまで突き進んでしまったがためである。それゆえ、多くの先進国が資本主義のもとで掌中にしえた高い所得水準を自らも掌中にするためには、資本主義をも含む「多種経済成分」を容認しなければならない、というものであった。

毛沢東もまた、中国が社会主義にいたるには長期の過渡期が必要であり、この間は多種多様な「経済成分」の混在は不可避であり、さらにいえば不可欠であると当初はみなしていた。毛沢東自身「むしろ資本主義は少な過ぎる」のだと喝破《かっぱ》していた。建国期「新民主主義の時代」は毛沢東の健全な「漸進主義」によって特徴づけられた時期であった。

毛沢東が建国直前の一九四五年四月二四日、第七回共産党大会で行った「連合政府について」と題する報告がある。そこではこういっている。「今の中国に余計なものは、外国の帝国主義と自国の封建主義であって、自国の資本主義ではない。われわれの資本主義はむしろ少な過ぎるのである。……中国の条件のもとでは、新民主主義の国家体制のもとでは、国有経済、勤労人民の小私有経済および協同組合経済を発展させるほか、国民の経済生活を左右できない範囲で、私的資本主義経済に発展の便宜を与えなければ、社会の発展にとって有利にはならない」(『毛沢東選集』第三巻、北京外文出版社)。

共産党は建国当初、自国の初期条件を半封建・半植民地と規定し、したがってまず対処すべき課題を反封建・反植民地闘争におく、という戦略をもって出発した。そしてこの戦略を実施に移すに際しては、反封建・反植民地闘争に参加する、農民を含む多様な国民階層を大規模に動員しなければならなかった。社会主義革命ではなく、孫文以来の伝統をもつ民主主義革命が、まずは切実な要求であった。

反封建闘争に向けて立ち上がらせるべきは何よりも農民であり、貧農であった。実際のところ、封建的地主制を廃して農民的土地所有を実現しようという課題、すなわち「耕者有其田」は孫文の三民主義の中心的課題であった。国民の圧倒的多数を構成する農民を旧制度から解放するという、一九一一年の辛亥革命によって提起され、しかし成し遂げられずにいた課題に挑戦し、農民の支持を自方に引き寄せることが中国革命の成否を決する課題であった。

一九二七年一〇月の第六回共産党大会での「土地法要綱」の制定により、地主から土地を没収してこれを農民に再配分するという試みをいくつもの解放区で実践した。これにより共産党に対する農民の支持を拡大し、抗日戦争と国共内戦へと農民を駆りたてることに成功した。

一九四九年一〇月の建国後、一九五〇年六月二八日に「土地改革法」が改めて公布され、以後これにもとづいて地主からの土地没収と農民への土地の平等分配がなされた。この時点において土地改革を完了した地域の農業人口は、この年の農村総人口四億八四〇〇万人のうち一億四五〇〇万人であり、土地解放は建国後になお残された最大の課題であった。

共産党指導下の農村工作隊が貧農の階級的自覚を促し、農民の手によって地主の土地を没収し、これを再配分するという大衆路線が基本路線であった。闘うべき敵は封建的大地主であり、中農や富農に対してはむしろ彼らの協力を得て農業生産力の温存を図るという配慮、すなわち「富農経済」主義が基本であった。土地改革法の第六条は「富農が所有して自作しているか、人を雇って耕作している土地およびその他の財産は、侵害してはならない。富農が所有して、小作に出している小面積の土地も、そのまま留保する」、第七条は「中農（富裕中農を含む）の土地およびその他の財産は、保護し、侵害してはならない」であった。

闘うべき敵は封建地主ばかりではない。もう一つの重要課題は反封建と並んで反官僚資本闘争であった。共産党は「ブルジョアジー」を官僚資本と民族資本とに峻別していた。そして前者を階級敵とし、その資産を没収してこれを人民のものとし、一方、後者については保護と振興を求めるという戦略をとった。

蔣介石、宋子文、孔祥熙、陳立夫の四大家族に代表される官僚資本家が支配していた資産は、新中国建国直前において圧倒的な規模に及んでいた。四大家族官僚資本は、大陸全土の銀行総数と工業資本総額の三分の二、工業・交通業の固定資産総額の八〇％を占め、中国史上最大の独占集団を形成していた。

官僚資本が中国全土の経済的命脈を制していたために、民族資本はその発展を妨げられ、軽工業とりわけ紡績業で若干の力をもったのみ、重工業への進出は稀であった。民族資本企業は、資金、設備、原材料、技術、さらには販売、輸送、貯蔵のいずれの面でも四大家族官僚資本に従属せずしては存在が不可能であった。そうであれば、一つには、四大家族の擁する膨大な資産を接収してこれを経済建設の「管制高地」たらしめ、二つには、それによって民族資本のもつ生産力を発揚させようという戦略を、新民主主義を標榜する当時の共産党が選択したのは自然であった。

一九四九年の建国の基礎となった臨時憲法、同年九月二九日のいわゆる「共同綱領」（中国人民政府政治協商会議共同綱領）の基本的精神は、多様な階層住民による反帝国主義、反封建・反官僚資本主義（第一条）であり、民族解放（第二条）であり、さらには旧支配層の特権を奪い取って自立経済の基盤を形成しようという意図（第三条）であった。穏健にして漸進的な建国綱領であった。

三節　過渡期の総路線――急進主義への変貌

共産党の穏健で漸進的で現実的な路線は、一九五三年八月の毛沢東の重要指示文書「過渡期における党の総路線」において一挙に方向転換が図られた。新民主主義の時代は建国時からこの時期までのわずかな期間で終わりを告げた。指示文書は次のようにいう。「中華人民共和国が成立してから社会主義的改造が基本的になしとげられるまで、これは一つの過渡期である。この過渡期の党の総路線と総任務は、かなり長い期間内に、国の工業化と農業、手工業、資本主義工商業に対する社会主義的改造を基本的に実現することである」(『毛沢東選集』第五巻)。

重要なことは、建国以来の中国が「社会主義的改造」への「過渡期」だと規定されたことであり、これは毛沢東戦略の「豹変」であった。中華人民共和国の成立以来、すでに社会主義的改造への過渡期が開始されていたというのであれば、一九四九年以前の中国社会は資本主義社会であったということに論理的にならなければならない(岡部達味『中国近代化の政治経済学』PHP研究所、一九八九年)。しかし、毛沢東が旧中国を帝国主義者、買弁的四大家族官僚資本、封建地主によって支配されていた半封建・半植民地的な社会だとみていたことは先の記述からしても確実である。新民主主義の時代を創り出すのに、中国では「資本主義は少な過ぎる」と語ってさえいたこともすでに指摘した。要するに、毛沢東は建国後のしばらくの間にその思想と戦略を転換したのである。

いったい何が毛沢東をして急進主義へと路線変更させたのか。おそらくは、新民主主義の時代における大衆路線の意外なほどの成功がその真因に違いない。土地改革と官僚資本家の資産没収が急速に進展しえたという事実が、毛沢東の社会主義への夢を大きく膨らませ、社会主義を当初の想定よりも一段とはやく掌中にしうると考えさせたのであろう。

朝鮮戦争が一九五〇年六月二五日に勃発し、これによって高揚した対外的危機意識が土地改革と官僚資本没収を一層はやめる背景要因ともなった。アメリカは朝鮮戦争への参戦を決定したばかりではない。同時に第七艦隊を台湾海峡に出動させて中国共産軍による台湾攻撃を封じた。アメリカ軍による朝鮮戦争への参戦と台湾海峡封鎖は、建国後も強固な統一戦線をなお形成しえないでいた諸階層住民に改めて強いナショナリズムを喚起し、新民主主義の時代における課題解決に向かうその速度を一層加速させる要因となった。土地改革の加速は顕著であった。

土地改革法が採択された時点での土地改革完了地区の農業人口は一億四〇〇〇万人であったのに対し、未開発地区の農業人口は二億六〇〇〇万人であった。土地改革法制定時の計画では、一九五〇年の冬に三〇〇県一億人を解放し、残りの一億六〇〇〇万人については一九五一年秋以降に着手するという予定であった。しかし、実際には一九五一年秋以降の解放のために残された農業人口は九〇〇〇万人のみとなった（近藤康男『現代中国経済論』農文協、一九七八年）。一九五三年末には土地改革運動は完了してしまった。

土地改革法とならんで官僚資本の没収は、「三反・五反運動」と呼ばれる旧支配階層と「旧思想」に対する政治粛正運動が加わって急速な展開をみせた。官僚資本の没収は共産党軍の当初の支配地域である東北、華北から始まり、次第に華東、華南へと南下するという順序で進められた。

接収された官僚資本企業はまことに多様であった。金融関連企業では、四大家族官僚資本によって支配されていた中央銀行、中国銀行、交通銀行、農民銀行、中央信託局、郵政貯蓄局、合作金庫などの「四行両局一庫」系列、さらには国民党の省・市・自治区銀行系列の二四〇〇余の金融企業、その他の国民党の官商合弁銀行、官僚資本の持株会社などであった。

工場・鉱山では、中国全土の資源と重工業部門に独占的地位をもっていた国民党資源委員会、紡績建設公司、兵器産業・軍事補給系列企業、国民党政府交通部門・糧食部企業、国民党中央統計局商業系列の党営企業、各省・地方の官僚資本系列企業が没収された。これらの合計は二八五八企業、従業員数は一二九万人に達した。産業別にその事業所数をみると、発電所一三八、採炭・採油工場一二〇、鉄・マンガン鉱山一五、非鉄金属鉱山八三、製鋼所一九、金属加工工場五〇五、化学製品工場一〇七、製紙工場四八、紡績工場二四、食品加工工場八四四であった。

商業・運輸部門では、国民党政府交通部、招商局に属するすべての交通・運輸関係企業・施設・設備・機材、すなわち鉄道二万余キロ、機関車四〇〇〇余台、客車四〇〇〇両、貨車四万七〇〇〇両、鉄道車両製造・修理工場、造船所、船舶修理所など三〇、各種船舶二〇万余トンなどであった。商業では一〇以上の独占的貿易公司が没収され、また各港湾都市の税関が接収されて対外貿易の統制、人民銀行による外国為替の統一管理もなされた。

こうして共産軍は、新中国経済建設のための基盤をはやい時期に手に入れた。官僚資本没収による大規模な資産の確保が、早期に社会主義への移行を図りたいという毛沢東の野心を一層強めるよう作用したであろうことは想像に難くない。

しかし、土地改革と官僚資本没収だけでは不十分であった。当時の中国が抱えていたもう一つの大きな課題は、国民党政権下での放漫な財政政策によって生じたインフレの収束であった。そのためには全土に統一的な財政・金融制度をくまなくゆきわたらせるという一大事業に立ち向かうことが必要であった。この課題に応えたのが、一九五〇年三月三日の「国家財政経済活動の統一についての決定」であった。

この決定において重要なことは次の三つであった。一つには、全国の財政収入を統一し、支出についてはこれを厳しい管理のもとに移したこと、二つには、国営商業を設立してこれを物資流通の中枢的機構とし、これに国内の需給の計画的調整、貨幣の回収、物資の掌握、さらには対外貿易において重要な役割を演じさせたこと、三つには、通貨管理を人民銀行に一本化したこと、である。

この決定は強力に実施に移された。財政収支は改善され、インフレも収束した。何よりも財政収支・物資調達・現金管理を中央政府に統一させるという課題に向けて大きく歩を進め、つづく「工商業の合理的調整」への道を開いた。すなわち、財政・物資・現金の中央管理の条件を整えたうえで、新民主主義の時代を支えた多様な私営工商業に次第に強い制限を加え、計画経済のなかにこれを組み込んでいく集権的統制が開始された。

私営工業に対しては、国営工業が製品の規格・質・数量・納期を設定してこれを発注し、原料・中間製品などを供給して生産を委託し、製品の全量を買い取るようにした（加工・発注）。また重要製品については、国営商業部門が私営企業から統一的に買い付け、これを国営商業が一手販売して私営部門から販売権を奪い取った（統一買付・一手販売）。さらに国営企業がその供給計画にもとづいて私営商業に現金で商品を仕入れさせ、これを国の定める価格で販売、あるいは国営商業が私営商業に委託して代理販売を行わせる、といったことが試みられた。要するに私営の工商業の行動に強い制約を加え、価格設定の自由を縮小し、私営工商業を計画経済のなかに引き込んでいったのである。

私営工商業者からの抵抗は不可避であった。それゆえこの「合理的調整」は、「三反」「五反」運動という大衆路線のもとで行われた。三反運動とは、幹部の汚職・浪費・官僚主義という「三毒」に対する反対運動であったが、まもなくこれは「ブルジョア階級」の「五毒」すなわち贈賄、脱税、国家資産の窃取・詐取・仕事の手抜き、原材料のごまかし、国の経済情報の窃取、に対する「五反」運動へと発展していった。「五毒」については国家が厳格にこれを調査したのみならず、企業内では労働者による摘発、人民法廷が組織され、「五毒分子」に対する処罰が相次いだ。この運動は中国現代史を特徴づける残忍な大衆運動の原形となった。

一九五二年は共同綱領にもとづく広範な階層からなる統一戦線つまりは新民主主義の時代のはずであった。にもかかわらずこのような私営工商業、しかも零細な私営工商業者を厳しく統制、さらには粛正し、「ブルジョア思想」を根本的に否定するというのは、論理的には著しい不整合だといわざるをえない。生産力増強という観点からいえば、中国には「資本主義は少な過ぎるくらい」なのであり、毛沢東自らがそう発言していたことについては何度も繰り返した。

土地改革、官僚資本の没収、三反・五反運動の予想を超える成功が毛沢東の思想と戦略をすら乗り越えてしまい、中国経済の初期条件を無視した社会主義化への「冒進」に毛沢東の心理を急速に傾斜させてしまったのであろう。毛沢東は建国後のわずかな時間のなかで、理論的矛盾など顧みる必要などないまでに傲慢になっていたとみるべきであろうか。

四節　第一次五カ年計画―集権制経済への道

中国は一九五三年より一九五七年までつづく第一次経済開発五カ年計画期に入った。「過渡期の総路線」の提起を受けた本格的な社会主義的経済建設計画であり、国営企業を中心とした圧倒的な重工業化路線であった。注目すべきは、この計画期間に社会主義的な工業管理体系の基礎ができあがったという事実である。中央は国営企業と公私合営企業に対して直接計画をもって臨むことになった。すなわち企業が達成すべき行政命令的な「指令性指標」を中央が下達《かたつ》し、この指令性指標の達成に要する主要生産手段は各中央主管部門が計画にもとづいて統一的に供給し、企業の製品は中央の商業・物資部門がこれを統一的に買い入れるというシステムの形成である。指令性指標は企業にとっては強制的性格をもった。この指標は生産総額、主要製品生産量、新種製品試作、重要な技術経済達成目標、原価引下げ率、労働者・職員総数、年末在籍労働者数、賃金総額、平均賃金、労働生産性、利潤など企業経営に関わるほとんどの重要項目に及んだ。

中央による企業への統一分配物資には鋼材、銅・アルミニウム・鉛・亜鉛など数種の非鉄金属、木材、セメント、石炭、自動車、金属切削工作機械、工業用ボイラーなどが含まれ、これらはすべて国家により統一調達・統一供給された。企業の自主権は否定され、企業は国家の「隷属」下におかれる。

建国後の幼弱な基盤の中国が、いかにして重工業化を達成したのか。一言でいえば、全土の農民から絞り取れるだけの経済余剰を絞り取って、そのほとんどを重工業化のために充当するという方式であった。

中国経済の圧倒的部分を占めていたのは、いかに後れた技術水準と低生産性によって特徴づけられていたとはいえ、農業であった。国内建設資金の大部分をこの貧しい農業から搾り取らなければならなかったのは、建国時の初期条件からして致し方ないことであった。この農民搾取は、党・国家と農民との間に強い緊張関係をつくり出さずにはおかない。緊張を抑え込んだのは、毛沢東の卓越した権力と権威であり、その権力と権威を背後にした農民に対する「国家的暴力」であった。実際のところ、第一次計画を通じて農業は国家財政収入の五四〜五八%、軽工業原材料の八〇%、輸入総額の九〇%をまかなっていたのである。

毛沢東の貧農に対する思い入れはまことに強く、貧農は貧農であるがゆえに革命的存在であり、またそれがゆえに道徳的存在でさえあった。しかしこのことは農民を革命勢力の中核として位置づけるという意味ではあっても、彼らを保護・育成しようという意味ではまったくない。その逆であった。革命の成就のためには、革命的存在たる彼らは過酷な国家的搾取の対象とならなければならないということであった。事実を因果的に眺めてみれば、確かにそうとしかいいようがない。毛沢東思想の「二元性」というべきか。

重工業化において農業が演じる役割は、まずは工業化にともなって急増する都市人口を養う食糧の安価な供給であった。食糧の低価格供給によって都市住民の重要な「賃金財」である食糧の価格を低位に据えおき、そうして工業労働力の賃金をも低く抑えることを可能ならしめた。

次いで綿花、糖料、油料などの軽工業用原材料（いわゆる経済作物）の安価な供給が求められた。この原材料の安価な供給は、重工業の資本蓄積のためのもう一つの重要な要因であった。すなわち農民は原材料をやはり低価格で国営商業部門を経て国営軽工業部門に供給し、ここで加工された軽工業品が再び国営商業部門を通じて高価格で農民に販売されるならば、農業余剰を国営商業部門が掌握することができる。この余剰が国庫に上納されて、これが重工業化のための財政資金と化していった。「鋏状価格差」（シェーレ）として名高い社会主義的な蓄積方式がこれであり、その基点のあったのは軽工業原材料の低価格供給にほかならない。

しかし、まずなされなければならなかったのは農業生産力の引き上げであった。そのためにマルクス・レーニン主義者毛沢東の試みたのは、農業集団化、農業協同組合化であった。当初の協同化は「互助組」である。これは、独立経営の家族的小農が農機具や役畜などを持ち寄って農繁期に行う共同労働であり、日本の「ゆい」に相当する、農業社会の多くにみられる初歩的な協同化の試みであった。この互助組織を基礎として、さらに一段上の初級合作社、すなわち農民による土地出資ならびに協同労働をもって統一的経営を行い、土地出資分と労働提供分に対してその分配を行うという協同組合形態への移行を毛沢東は求めた。

論理的にいえば、協同化とは大規模農業生産により「規模の経済」を手にしようとする試みである。しかしそのためには、大規模経営を支える肥料・農薬・灌漑設備などの「近代的農業投入財」が、すなわち農業の必要とする工業財が豊富かつ安価に供給されるという条件をもって施行されねばならない。この条件をもたない農業の協同化は無謀であった。

農業機械などの投入のない協同化では規模の経済を手にすることができない。また協同化による私的資産の喪失を恐れる富農の忌避反応を呼び起こして、結局のところ失敗に帰する危険性が大きい。事実、劉少奇はこの点で毛沢東の路線に批判的な立場をとり、当時、国家計画委員会副主席であり農村工作の責任者でもあった鄧子恢の立場もまたそうであった。

しかし毛沢東は「社会主義工業化の最も重要な部門である重工業、そこではトラクターの生産、その他の農業機械の生産、化学肥料の生産、農業に使われる石油や電力の生産等が行われるが、これらのものはすべて農業が協同化されて、大規模な経営になったという基礎があって初めて使用できるか、あるいは大規模に使用できる」（「農業近代化の問題について」『毛沢東選集』）と考えた。毛沢東の考えによれば、農業の協同化があってこそ生産性の向上に不可欠な近代的投入財の導入が可能になるというのである。まずは集団化ありき、である。

投入財を生産する工業部門をいかに創成するか。毛沢東は次のようにいう。「国の工業化と農業の技術的改造をなし遂げるために必要な巨額の資金のうち、かなりの部分は農業の面で蓄積しなければならない。このためには、直接的な農業税によるほか、農民に必要な大量の生活資料をつくる軽工業生産を発展させ、これらの品物を農民の商品化食糧や軽工業品用原料と交換し、これによって農民と国家の双方の物資の需要を満たすとともに、国家のための資金の蓄積にもするということである」（同）。

協同化した農業から、一つには農業税などの形で、二つにはシェーレの形で農業余剰を絞り取り、これを蓄積基金として工業を育成していくという主張にほかならない。農業は余剰を他部門に提供する役割を強制されるのみで、自部門を近代化させるための余剰を残すことを許されず、また他部門から余剰資源を受け取ることもできない。それにもかかわらず毛沢東は、協同化した「農業こそが、今の何倍か知れないほど大きな購買力を農民にもたせることができる」（同）と主張する。余剰を吸引されつくした農業部門がどうやって購買力をもちうるというのであろうか。論理矛盾である。

要するに毛沢東は何らの理論的根拠も用意せずに、ただ協同化しさえすれば農業生産力は飛躍的に上昇すると考えるある種の「信仰」に衝き動かされていたのであろう。その信仰は、農民はその貧しさのゆえに協同化を求めているはずだという、もう一つの信仰によって支えられていた。同じ文脈で毛沢東は「貧農、新中農のうち下層中農、旧中農のうちの下層中農は、その経済状態が解放前よりよくなっていても、やはり豊かではないため社会主義の道を歩もうとする積極性をもっており、協同化についての党の呼びかけに積極的に応える」(同)とも述べている。

奇妙なことであるが、貧農は貧農であるがゆえに協同化を積極的に求めるものだとみなすこうした毛沢東の階級観は、これとはいささか矛盾するもう一つの階級観に支えられて、急速な協同化を促していった。もう一つの階級観とは、地主制から解放された農民は、小なりとはいえ自営農民であり、それゆえ放っておけばいずれ農村で土地市場が生まれて土地売買がなされ、新しい支配・従属の関係が息を吹き返す可能性があるというものである。それゆえ、できるだけはやい機会に農民の協同化を試み、この新しい資本主義化への道、階級分化への道を閉ざしてしまわなければならないという考え方である。

「農村の陣地は、社会主義が占領しなければ、資本主義が必ず占領する。……もし社会主義をやらなければ、資本主義が必ず氾濫する」という一九五三年一〇月の発言のなかに、そうした毛沢東のもう一つの階級観が如実に示されている(「農業の互助・協同化についての二つの談話——一〇月一五日の談話」『毛沢東選集』第五巻)。

この時期、初級合作社を求める毛沢東の期待は、単なる期待を大きく超えて執念と化していた。初級合作社とは次のようなものである。農民が私有権をもった土地を合作社にプールし、この土地を合作社の統一的な管理のもとにおく。集団労働によって得られた収穫物のうち農業税、生産費、合作社積立金・福祉基金などを差し引いて、その残りを土地の提供分ならびに労働点数によって農民に分配する。こういう機能をもった農業協同組合システムが初級合作社であり、社会主義農業への過渡的形態である。

協同化が始まるや農民の忌避反応は強まり、全国の農村を緊張が覆った。農民の出資した土地や提供した役蓄・農機具に対する補償は富農や中農に不利であった。そのために農民が組合から脱退したり、役蓄を屠殺したり、樹木を切り落としたり、農具を売り払ったりするという事態が多発した。不満が多数農民を巻き込んでゆゆしい騒擾事件も頻発した。その緊張のなかにありながら、否、むしろそれゆえであろう、初級合作社は一九五五年にいたるとその重点を急速に高級合作社に移し始めた。高級合作社においては土地の私有権は否定され、農民が提供した土地に対する配分はなされない。配分は農民が提供した労働量のみによるとされ、初級合作社に比して一段と社会主義的な協同組合システムである。

一九五五年七月、党中央が開いた省・直轄市・自治区党委員会書記局会議での毛沢東の報告は、協同化に危機感をもつ党幹部の弱腰を叱咤して次のようにいう。

「全国の農村には、新しい社会主義的大衆運動の高まりが訪れようとしている。ところが、われわれの一部の同志ときたら、まるで纏足女のようによろよろと歩きながら、速すぎる、速すぎる、と愚痴ばかりこぼしている。よけいな品定め、的はずれの怨み言、とめどもない取りこし苦労、数え切れないほどのご法度や戒律など、こうしたものを農村の社会主義的大衆運動を指導する正しい方針だと思っている。とんでもない。これは正しい方針ではなく、誤った方針である。いま農村での協同化という社会改革の高まりが、一部の地方にすでに訪れているし、全国にもまさに訪れようとしている。これは、五億を超える農村人口の大規模な社会主義的革命運動であり、きわめて偉大な世界的意義をもっている。われわれは、この運動を積極的に、熱情をこめて、計画的に指導すべきであり、さまざまなやり方で後退させるようなことをしてはならない」(『毛沢東選集』第五巻)。

毛沢東報告を受けて、農業の社会主義的改造は加速化した。党中央は一九五五年一〇月に第七期六中総を開催し「農業共同化の問題に関する決議」を採択、これにより初級協同組合加入農家の農家総数に占める比率は一九五六年一月には八〇・三％、同年末には九六・三％に達した。同時に高級合作社化が進められ、驚くべきことに同じ一九五六年末に高級合作社加入農家の農家総数に占める比率は八七・八％にいたった。農業私有制に対する社会主義的改造はここで終了した。信じがたいほどの速度であった。

一九五二年には第一次五カ年計画が始まり、それとともに都市や鉱工業区などに住まう非農業人口は急速に膨れ上がった。一九五三年のその数は前年に比べ六六三万人増加して、七八二六万人に達した。農村においては食糧不足農民がなお一億人に達しており、二億になんなんとする人口の食糧需要分を農民からの供給にまたねばならなかった。

一九五三年三月一一日、国務院は「食糧の計画買付・計画供給の実施」の通達を出した。国家が食糧を余剰保有農家から計画的に買い付け、これを都市住民と食糧不足農家に供給しようとしたのである。この通達により食糧市場は「閉鎖」され、私営商人の自由販売は停止された。中央管理の強化である。米はもちろん、食用油、綿花に対しても同様の措置が講じられた。統一買付・販売制度は徹底的に行われ、この制度が施行された一九五三年一一月の食糧買付量は前年同月比三八％増となった。

五節　集団化への衝動──「農民搾取」

一九五五年七月の第七期六中総で「農業協同化の問題に関する決議」が出されて以降、協同化は加速し、農村の社会主義的改造は制度的には完了した。社会主義的改造により農業生産はどのように変化したのであろうか。実績は惨たるものであった。

表1−1の第一欄は、一九四九年以来の農業生産額を一九五七年の不変価格によってみたものである。建国後順調に増加してきた農業生産額が、一九五三年以降その増勢を弱めたことがわかる。一九四九〜五二年の年平均増加率一五・四%は、一九五三〜五六年には六・〇%へと急減した。農業の協同化への転機は一九五三年一二月の党中央による「農業生産協同組合の発展についての決議」であった。その後農業集団化が高揚して初級合作社から高級合作社へと激しい集団化が展開されたのであるが、農業生産の対前年増加率は一九五四年三・三%、一九五五年八・四%、一九五六年六・四%に過ぎなかった。食糧生産量を万トン単位の増加率でみると、一九五四年は対前年比一・六%にとどまり、一九五五年には同比率は八・四%へと増加したものの、一九五六年には四・九%になってしまった。

一九五三年一一月に国家の食糧調達を増加させるべく統一買付・販売政策が導入されたことはさきに記したが、この政策の施行はまことに困難であった。統一買付・販売政策の導入により食糧の国家買付比率は確かに高まったとはいえ、一九五三年の二八・四%から一九五四年の三〇・六%へとわずか二・二%の増加であった。注目すべきことはその比率が一九五五年二七・六%、一九五六年二三・六%、一九五七年二四・〇%へと低下し、その

表 1-1　国家食糧調達関連指標

年	食料生産額（億元）*	食料生産量 (1)（万トン）	国家調達量 (2)（万トン）	返還量 (3)（万トン）	純国家調達量 (4)＝(2)－(3)（万トン）	農家占有食糧 (5)＝(1)－(4)（万トン）	農業人口1人当たり占有量 (5)／農業人口 (kg)
1949	271.8	11.318	—	—	—	—	—
1950	317.6	13.213	—	—	—	—	—
1951	357.0	14.369	—	—	—	—	—
1952	417.0	16.392	3.327	508	2.819	13.573	257.9
1953	426.8	16.683	4.746	—	—	—	—
1954	440.7	16.952	5.181	—	—	—	—
1955	477.7	18.394	5.074	—	—	—	—
1956	508.4	19.275	4.554	—	—	—	—
1957	536.7	19.505	4.804	1.417	3.387	16.118	298.3
1958	550.0	20.000	5.876	1.696	4.180	15.820	294.1
1959	475.0	17.000	6.740	1.980	4.760	12.240	228.2
1960	415.0	14.350	5.105	2.020	3.085	11.265	214.7
1961	405.0	14.750	4.047	1.466	2.581	12.169	227.7
1962	430.3	16.000	3.814	1.242	2.572	13.428	240.0
1963	480.4	17.000	4.396	—	—	—	—
1964	545.3	18.750	4.742	—	—	—	—
1965	589.6	19.453	4.868	1.509	3.359	16.094	266.3
1966	640.9	21.400	5.158	—	—	—	—
1967	651.3	21.782	4.935	—	—	—	—
1968	634.3	20.906	4.869	—	—	—	—
1969	641.8	21.097	4.667	—	—	—	—
1970	716.3	23.996	5.443	1.241	4.202	19.794	281.4

（注）　*1957年不変価格評価。
（資料）　国家統計局農村社会統計司編『中国農村統計年鑑』，国家統計局『中国統計年鑑』。

値がいずれも統一買付・販売政策導入以前の一九五三年水準を下回ったという事実である。すなわち国家調達の対前年増加率は一九五四年は九・二%であったが、一九五五年はマイナス二・一%、一九五六年は実にマイナス一〇・五%となってしまった。調達量の増加を図るべく食糧の流通に関する中央統制を強化したものの、調達量が増加をみせることはなかったのである。

集団化を推進し、食糧の調達量を引き上げるべく国家が統制を強化すればするほど商品化食糧は逆に減少し、それがゆえに国家は食糧への統制を強化せざるをえなかったというのが、中兼和津次氏の推量である（『中国経済論』東京大学出版会、一九九二年）。集権化を求める党とこれを忌避する農民行動が因となり果となって、食糧生産と国家買付量を低迷へと向かわしめたのである。

一九五六年九月第八回党大会が開かれ、第一次五カ年計画についての評価が出された。毛沢東の急進主義を抑制しようという劉少奇や周恩来の批判的発言が相次いだ。周恩来はこの大会において「国民経済発展第二次五カ年計画の提案に関する報告」を行い、その冒頭で「われわれの成果は非常に大きいが、仕事のなかにはやはりいくつかの欠点や誤りも生まれているので、その克服に努めなければならない」と述べた（「第一次五カ年計画の遂行状況と第二次五カ年計画の基本任務」『周恩来選集』）。周恩来報告の目的は一九五六年の「急躁冒進」への批判にあった。協同化や統一買付・販売制度などの行き過ぎに対する警告であり、同時に急速な重工業化に対する警告でもあった。

同報告において周恩来は「重工業を中心とする工業建設は、それだけを切り離して孤立的に進めることはできず、またそうすべきでもなく、必ず各方面、とくに農業と歩調を合わせていかなければならない。このことは、経験がすでに立証している。農業は、工業の発展、ひいては国民経済全体の発展に欠かすことのできない前提条件である。農業の発展が後れれば、軽工業の発展と人民生活の改善に直接響くばかりか、重工業、ひいては国民経済全体にも大きな影響がもたらされ、労農同盟の強化にも影響がもたらされる。したがって、第二次五カ年計画の時期には、ひきつづき農業の発展に努め、農業と工業の発展の足並みがそろうようにすべきである」（同）と指摘した。

いかにもまっとうな論理である。しかし、この論理はつづく「大躍進」の過程で無惨にも打ち砕かれてしまう。

第一次計画期の中国経済は、その初期条件を無視した重工業化への著しい傾斜をもってその特徴としていた。重工業の実績は当時の中国の身の丈を超えるものであった。農業生産の低迷との対照は圧倒的でさえある。重工業化を担うのは国営企業であり、国営企業の建設基金のほとんどは国庫によってまかなわれた。国庫への納入に最大の寄与をなしたのが農業余剰であった。

農業余剰は、最もはっきりしたものとしては農業税として国庫に支払われた分である。しかし、これは国庫に納入された農業余剰の一部である。統一買付・販売制度のもとで農民は食糧を低い固定価格で国営商業部門に販売することを義務づけられて、農業余剰が国庫に移転した。

加えて、既述した鋏状価格差（シェーレ）を通じての余剰移転がある。綿花、油料、糖料などの「経済作物」が食糧と同様、低い固定価格で国営商業部門に販売を強要され、これが国営商業部門を経て国営軽工業部門に販売された。経済作物は国営軽工業部門で消費財へと加工され、この消費財が農民に高価格で販売されることにより農民余剰が国営工商業に吸引された。国営工商業部門は工商税の形で余剰の国庫への納入を義務づけられ、これが国営重工業の蓄積基金と化していった。

山本恒人氏は、（一）農業税、（二）農民が農産物を販売するに際して過小に受け取った分、（三）逆に農民が工業製品を購入するに際して過大に支払った分、この三つの合計を農業余剰の国家への移転部分として捉えた。そしてこの三つの合計の国家財政収入に占める比率は、一九五二年において四四・七〜五五・九%、一九五七年において五九・五〜七二・二%、一九七七年において四一・六〜五五・二%に相当すると主張した（池田誠・田尻利・山本恒人・西村成雄・奥村哲『中国工業化の歴史』法律文化社、一九八二年）。

農民による国家基本建設への貢献は、実はこれにとどまらない。本来であればその相当部分を国家財政資金が担うべきはずの水利建設をはじめとする農業インフラの整備が、人民公社下での農民労働の無償徴用によってなされた。「労働蓄積」と名づけられるこの蓄積分もまた価値移転の一つとして位置づけられて然るべきである。

この時期の工業化は発展段階を大きく飛び越えた極端な重工業化路線の採用であった。この路線は徹底的な農民搾取のうえに成り立っていたものであり、それゆえ中国農業はこの時点ではやくも崩落の危機の淵に立たされていたのである。

六節　「速度戦こそ総路線の魂である」——大躍進・人民公社

第八回共産党大会における周恩来による急進主義への批判はいつになく強いものであった。急進主義のもたらした農業危機を前にして、毛沢東もこの時点では周恩来の漸進主義を追認せざるをえなかった。しかし毛沢東思想の根幹には大衆運動への抜き差しならぬ「信仰」があった。

第八回大会での漸進主義は、毛沢東にとっては指導部の「右」への後退としか映らなかった。したがって指導部が「右」方向に大きく傾斜すれば、大衆運動を後楯とした政治闘争によってこれを「左」に旋回させ、かくしていまひとたびの、そうしてより大規模な農業集団化によって一挙に社会主義の完成を狙おうという執念をみなぎらせていた。周恩来の第八回党大会報告に代表される急進主義への批判が指導部に根強いものであるとみてとった毛沢東の、その後の自らの政治基盤強化への執念は、いかにも毛沢東らしい「権謀術数」に満ちたものであった。

毛沢東は、この時期「百花斉放・百家争鳴」をスローガンとし、社会主義建設のための自由な論争を喚起させようと試みた。多くの知識人は、毛沢東と党が繰り返し強調する「議論するものに罪なし」のスローガンに次第にのせられて、初めは慎重に、しかし次第に激しく党への異議を申し立てた。共産党一党支配体制それ自体への異議も少なくなく、政治協商会議や民主党派から構成される組織体からは、共産党へのある種の「牽制機構」が必要だという意見さえ出た。新民主主義の時代以来、久しく鳴りをひそめていた民主党派の発言は意外にも大きな広がりをみせたのである。

しかしほどなくして、「整風」と「反右派闘争」が吹き荒れ、「右派分子」の汚名を着せられて失脚したものの数は五五万人を超えた。「百花斉放・百家争鳴」でも何でもない。共産党一党支配体制の強化に資する以外の言論を封じ、これに反対する右派分子を指導部と国民階層からみつけ出してこれを粛正するための方途が、すなわち「百花斉放・百家争鳴」であった。事実を因果により説明すればそういわざるをえない。

『中国社会主義経済略史』は「反右派闘争後に開かれた第八期三中総で、毛沢東は国内情勢の分析のなかでまたしても、プロレタリアートとブルジョアジーの矛盾、社会主義の道と資本主義の道の矛盾が当面のわが国の社会主義にとっての主要矛盾であることは疑いない、と述べた。これによって八全大会の決議のなかの正しい提起の仕方は誇張された」と解釈している。反右派闘争が第八期三中総からの逸脱であり、しかもこの闘争が大躍進、人民公社運動、さらにはプロレタリアート文化大革命へとつづく「狂気の時代」へと中国を向かわしめる出発点となったというのであれば、後の指導部が「正史」においてこのような判断を下したとしても不思議はない。

反右派闘争を経て「反冒進」を吹き飛ばす毛沢東の激しい反撃が始まり、中国は「大躍進」と「人民公社」化運動へと踏み込んでいった。反右派闘争の反冒進のエネルギーが、再び冒進の方向へと毛沢東を走らせていったのである。

このころの毛沢東は、ソ連との対抗において中国に独自の社会主義をつくりあげようという意欲をもっており、これが毛沢東の冒進へとつながっていった。一九五六年二月のフルシチョフによるスターリン批判は、スターリン型モデルを下敷に建国を進めてきた中国の指導部に「アイデンティティ・クライシス」を引き起こした。その一方、第一次五カ年計画を通じて集権制経済の基礎的条件を完成したという強い自負がこれに重なって、ソ連とは異なる中国型の社会主義を築き上げようという志向性が毛沢東のなかに生まれたのであろう。「一〇大関係論」として知られる一九五六年四月二五日の中央政治局拡大会議での講話にその考えがにじんでいる。

一〇大関係論のうちの第一は「重工業と軽工業・農業の関係」であるが、毛沢東は「彼ら（ソ連）は一面的に重工業を重視し、農業と軽工業を軽視したために、市場には物資が不足し、通貨は不安定である。われわれは、農業、軽工業を比較的重視してきた。われわれは一貫して農業に力を入れ、農業を発展させ、工業の発展に必要な食糧と原料をかなり保証してきた」（「一〇大関係について」『毛沢東選集』第五巻）と述べた。

中国経済の実績が毛沢東が主張したようなものであったとはとうてい考えられない。しかしみておくべきは、毛沢東がソ連の社会主義のありように強く反発し、それとは異なった方向をめざそうという意欲をこの発言にこめているという一事である。一九五七年一〇月九日、第八期第三回拡大総会で行った講話において、毛沢東は「われわれはソ連のたどった回り道を避けて、ソ連の速度よりもさらに速く、ソ連の質よりもさらによくするわけにはいかないだろうか。この可能性を勝ち取るべきである。例えば鋼鉄の生産高について、われわれは三つの五カ年計画またはもう少し長い期間で、二〇〇〇万トンに達することができるかどうか。努力をすれば可能である」（「革命の促進派になろう」『毛沢東選集』第五巻）と述べた。窮状をソ連より高速度の発展によってはね返そうというのである。

一九五八年五月の八全大会において党活動報告をしたのは、劉少奇であった。劉少奇自身が次のような言辞をもって報告に臨まねばならなかったという事実のなかに、冒進批判がすでにこの時期ほとんど終焉し、毛沢東の絶対的権力のもとで大躍進開始の条件が整ったことを暗示している。

「ものごとは人間次第であって、人民大衆自身の能動性こそが偉大な原動力であります。この偉大な原動力を無視すれば、マルクス・レーニン主義にそむくようになります。思想工作や政治工作をやったからといって、食糧を生み出すこともできなければ、石炭や鉄を生み出すこともできない、という人がいます。これは木をみて森をみないいい方であります。現に、正しい政治路線を定め、これを遂行し、人民内部の矛盾を正しく処理し、勤労者の社会主義的自覚を高めることによって、大衆が大いに意気込むようになり、そのためより多くの食糧、より多くの石炭や鉄を生産しているばかりでなく、これからももっと沢山生産することができるのではないでしょうか」（日本国際問題研究所編『中国大躍進政策の展開―資料と解説』上巻）。

人間の「主観的能動性」をもってすれば不可能が可能になるという、いかにも危うい思想を、劉少奇はおそらくは自らの意に反してではあろうが、しかし公的な場でこうもあけすけに声明せざるをえなかったのである。毛沢東の権威の絶対性のゆえである。

一九五八年三月二一日付の『人民日報』は、「高速度発展をめざそう」と題する社説において「速度の問題は、建設の路線の問題であり、わが国の社会主義事業の根本的方針の問題である」という趣旨を掲載した。「速度こそ総路線の魂」だというのであり、これに最高のプライオリティがおかれた。「高速度」は社会主義路線のキーワードとなった。大躍進の開始である。

高速度の狂気を端的に示しているのは、鉄鋼生産目標の相次ぐ上昇である。上原一慶・小島麗逸氏が中国の公

図1-1　1958年の鉄鋼生産計画

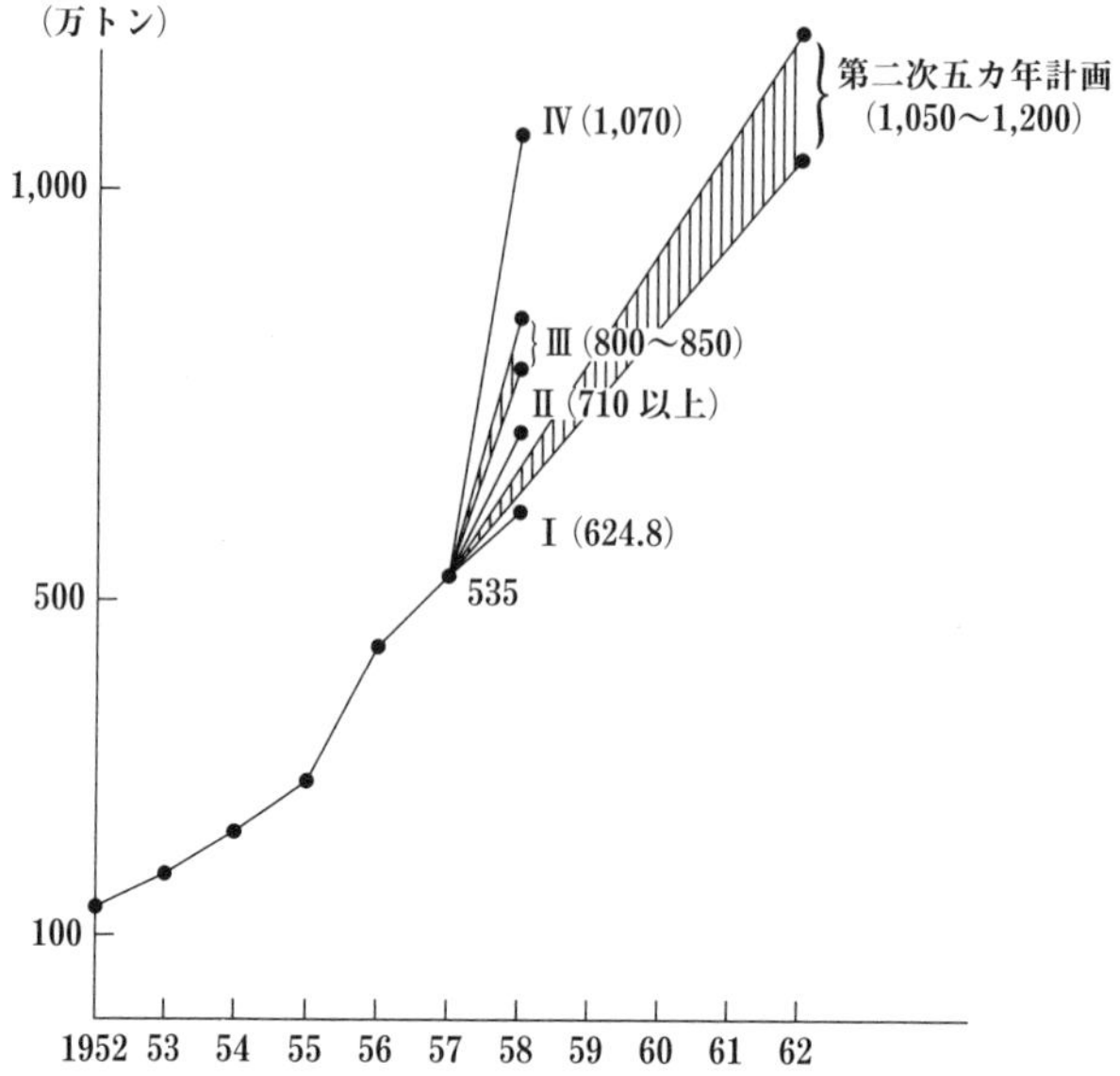

（資料）　上原一慶・小島麗逸「大躍進期の経済」，日本国際問題研究所編『中国大躍進政策の展開―資料と解説』下巻，1974年。

表値をまとめて作成した図1－1は、常軌を逸した目標の短期間における上昇の姿を物語っている（『中国大躍進政策の展開』下巻、付録）。図中（Ⅰ）は、一九五八年の当初計画値で六二五万トン、（Ⅱ）は、一九五八年の第八期第二回会議の計画値で七一〇万トン以上、（Ⅲ）は、一九五八年五月末の政治局拡大会議の計画値で八〇〇万～八五〇万トン、（Ⅳ）は、一九五八年八月の北載河会議における計画値で一〇七〇万トンである。この（Ⅳ）の計画では第二次五カ年計画期の最終年の一九六二年の最低目標値を一九五八年で達成するという数字になっている。（Ⅳ）の目標が設定された一九五八年八月末の全国の鉄鋼生産量はわずか四〇〇万トンであり、残る四カ月間で一〇七〇万トンから四〇〇万トンを差し引いた六七〇万トンを生産しなければならないことになる。

革命的な能動性があればすべて必ずや実現できるという「積極的均衡論」が一世を風靡した。さ

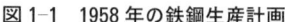

らには「右派」のレッテルをはられないためにも、指導部はこうした実現不能な高速度目標を掲げて競い合った。自らの力量を無視した目標値の切上げ競争が、つまりは何の現実的基盤をもたない虚構の数値が平然とかけめぐった。

このような桁の外れた目標を実現しようというのであれば、それをまかなうために要する農業余剰とその国家吸引をますます大規模化しなければならない。事実、一九五八年からの大躍進は、その前年の一九五七年九月二四日の「国務院の今冬・明春の大規模農地水利建設・積肥運動の展開についての決定」により動き出していた。次いで一九五八年八月二九日に「水利建設に関する中共中央の指示」が出され、水利建設を通じて農業生産の急拡大を狙うという明確な戦略が姿を現した。

しかも水利建設のほとんどは協同組合や人民公社における農民の無償労働による「労働蓄積」の成果であった。農村における緊張は高まらざるをえなかった。「粗鋼一七〇〇万トンを生産するよう全党、全人民に呼びかける」ならびに「農村において人民公社をつくることについての決議」の二つを公表して大躍進の本格的開始を告げた一九五八年八月の中共中央（北載河会議）の見積りでは、同年の農業生産の大躍進によって食糧生産量は三億トンから三億五〇〇〇万トンに増大し、一人当たり換算で五〇〇キログラム前後になることが想定された。

しかし、この見通しは現実性を欠いたものであった。現在公表されている数値では、一九五八年の食糧生産量は二億トンであり、一人当たりのそれはわずか三〇六キログラムに過ぎなかった。しかも、この値が鳴りもの入りの大躍進期における最大値であって、以降、中国農業は「奈落」の底に落ちていった。

夢を可能にするものが協同組合の大規模化であり、深耕による土地改良であり、さらに水利建設による灌漑面積の拡大であると考えられた。深耕は農業増産技術の中核的方式とされた。今後二、三年以内に可能なすべての土地に深耕を試み、単位面積当たりの収穫を何倍、何十倍にしようと目論まれた。事実はまったくそのようにはならなかった。

『中国社会主義経済略史』は、これが中国の農業生産技術を無視した政治運動のスローガンに過ぎず、おびただしい労働力と種子の浪費を招いたこと、深耕への政治的圧力が各地方をして「水増し報告」を余儀なくさせ、計画的生産を台無しにしてしまったことを苦々しく語っている。水増し報告の結果、一畝《ムー》当たりの小麦の収量は三七〇〇キログラム、早稲は一万八五〇〇キログラム、中稲にいたっては六万五〇〇〇キログラムが可能だといった天文学的な数字さえ出された。天文学的だというのは、現実値は小麦で一〇〇〇キログラム以下、稲で三〇〇〇キログラムを超えていなかったからである。

協同組合の大規模化も急展した。河南省では一九五八年の春から協同組合の合併が始まり、その数は五万四〇〇〇余から三万余になった。遼寧省でも大規模化が展開され、全省九六〇〇の協同組合は一四六八に合併された。一組合当たりの平均農家数は二〇〇〇前後となり、なかには一万以上のものも現れた。最大のものは農家数一万八〇〇〇となり、郷の全体が一つの協同組合となった。人民公社の出現である。

毛沢東の考え方の集成が、一九五八年八月二九日の「農村人民公社の設立についての中共中央の決議」であった。この決議は、人民公社運動は農民の革命的自覚による大衆運動であると主張する。しかし、大規模農業集団化が農業生産力をいかなる論理で向上させるのか、という肝心の論点については何も語っていない。農業集団化は、毛沢東にあっては経済学ではない。そして集団化の過程で政敵を大量につくり出し、自らの権力基盤を掘り崩していったことを顧みるならば、集団化は毛沢東の政治学でさえなかった。毛沢東にとっての集団化は身中に「構造化」したそのユートピア思想の産物であり、「自己目的」だったのであろう。人民公社は毛沢東が長年にわたって胸中に秘してきたユートピアの「ひな型」だったのであろう。

この決議の直後、全土の農村で人民公社化が進んだ。圧倒的な速度であった。一九五九年末において人民公社数は二万六四二五、公社に参加した農家数は一億二一九四万戸つまり農家総数の九八％、一公社の平均農家数は四六一四という巨大な単位であった。公社成立前の協同組合数は七五万であり、単純計算すれば二八の協同組合が合同して一つの公社をつくったことになる。

人民公社のスローガン「一大二公」は、大規模かつ公有制という意味である。「大」とは、公社に含まれる農家数が大であるという意味ばかりではない。「大」であるがゆえに公社の経営範囲が、農業はもちろんのこと工業、商業、文化、教育、軍事の五つを含む一つの有機的なまとまりをもった社会組織体として成立しうる、という意味である。

「公」とは、一つには、元来、全人民所有制のもとにあった企業、銀行、商店などの経営権限を人民公社に「下放」してその管理に任せ、人民公社の全人民所有制的性格を強めること、二つには、公社員の自留地、家禽、家畜、家庭副業などを人民公社の所有地とし、私有制の一切を否定すること、三つには、人民公社の組織のなかに公共食堂、幼稚園、託児所、養老院などの公共的事業を組み込み、さらに軍事的機能までも包摂すること、加えて賃金制と食糧供給制（無償現物配給制）を結びつけた分配制度を取り入れること、を意味する。

決議は、最後に「人民公社は、社会主義を完成し、次第に共産主義へ移行するうえでの最適の組織形態であり、これは未来の共産主義社会の基礎組織に発展するであろう」と述べて終わる。人民公社は、国家がその上に位置していまだ強い力をもっていたとはいえ、確かにコンミューン的色彩の濃厚なものであった。

毛沢東には、中国革命の揺籃の地、延安の解放区の根拠地コンミューンのイメージが濃厚にあったのであろう。

こうした根拠地コンミューン的な発想が毛沢東の心を捉えたのには、ソ連の庇護のもとに建国を進めてきた中国が、この時期の米ソ雪解けの状況下で、ソ連の軍事力に自国の安全保障を求めることが困難になったという事情も少なからず関係していた。実際、こうした国際環境の激変に危機意識をつのらせた中国は、一九五八年五月には自力で原爆の開発を宣言した。根拠地コンミューン的発想は、相対的に独立した政治・経済体系を人民公社という形で全土に無数につくり、その外縁を協作区で囲み、原爆による攻撃を含む対外的侵略に対して強靭な体質を築き上げようという毛沢東の戦略と不可分に結びついていた。

中国における地方分権と中央集権はあたかもそれがサイクルであるかのごとくその後も揺れ動くのであるが、この人民公社運動下の中国は「地方の時代」でもあった。次節で述べる中国各地方の「土法高炉」による製鉄・製鋼運動においてみられた地方の冒進は、無数の「コンミューン」がそれぞれ勝手に動きまわった独走の帰結として捉えられる。

こうして「嵐のような」人民公社運動が展開していったのであるが、嵐は一瞬のうちに過ぎ去り、残されたのは無惨にうちひしがれた経済の残骸であった。

七節　熱気と自滅——土法高炉運動の悲劇

大躍進運動の中心は粗鋼生産に象徴される重工業化であった。製鋼能力の現実的基盤をまったく無視した生産目標の競い合いの結果、能力をはるかに超える目標値が設定されたことは先に指摘した。

一九五八年八月三一日、中共中央政治局拡大会議は「粗鋼一〇七〇万トン生産のために奮闘せよ」を決議し、

「全党は全国人民に最大の努力をもって、一九五七年に一〇七〇万トンの粗鋼を生産する、すなわち一九五七年の生産量五三五万トンに比べて二倍にふやす」(『中国大躍進政策の展開』上巻)と呼びかけた。この決議がなされたのは、繰り返すが一九五八年八月末である。一月から八月までの粗鋼生産量は四五〇万トンであり、一〇七〇万トンのうちの三分の一程度を生産していたに過ぎない。九~一二月の四カ月で六〇〇万トン余を生産することが可能なはずはない。

一九五七年末の中国の製鋼能力は六四八万トンであり、これをフル稼働したところで目標値には遠く及ばない。八月の中共中央政治局会議の決議を受けて多様な転炉、電気炉の新設が始められた。しかし、これが一九五八年計画目標の鉄鋼生産に間に合うはずもなかった。製鋼生産能力の引き上げには銑鉄能力の拡大が必要となる。一九五七年末の中国の銑鉄生産能力は六九六万トンであった。そのうち一~八月で五三〇万トンの粗鋼生産目標を達成するには、九~一二月にさらに一一五〇万トンの銑鉄生産が不可欠であったが、これは無理であった。

制約は粗鋼と銑鉄の生産能力にあったばかりではない。銑鉄生産の拡大のためには鉄鉱石の採掘能力、銑鉄や鉄鉱石の輸送能力を増大しなければならない。何よりも電力不足が当時恒常化しており、大躍進はこの最大のボトルネックを顧慮することなく開始されたのであるが、これは容易ではなかった。いかにも無謀な試みであった。

編み出されたのは、「土法高炉」の名称で知られる旧式の方法による製鉄運動の全国的普及であった。一九五八年八月八日付の『人民日報』は、「在来の方法と現代的方法は鉄鋼業の発展を速める近道である」と題して、「わが国の鉄鋼業は最高の速度、例えば毎年の生産量の増加率が数%、一〇数%、あるいは数一〇%ではなくて、一〇〇%か、さらにはもっと高い割合で発展することができるだろうか。その答は次のごとくである。問題は、われわれが高速度を考えるか否か、必要とするか否かにある。われわれが必要と考えればできるし、そうでなければできない」（『中国大躍進政策の展開』上巻）という観念論をもって扇動した。

指導部は先頭に立って小型土法炉と小型高炉の建設に人々を駆り立て、八月に一八万基であった土法高炉を九月には一挙に六〇万基とし、一〇月以降はこれを上回る基数が建設された。この鉄鋼増産運動に参加した人々は九月には五〇〇〇万人、一〇月には六〇〇〇万人、一九五八年末にはこれを上回ってその数の把握自体が難しくなった。

土法高炉の建設に多数の国民が携わったばかりではない。地質調査、石炭採掘、電力、機械、運輸部門でも旧式の方法による建設・生産が盛んに推し進められた。地質調査では全国各地の党委員会が鉱床を探し求め大衆を率いて山奥にまで分け入り、小中学校の生徒から教師、解放軍兵士、さらには老齢者も加わって探鉱運動に参加した。旧式の炭鉱づくりのために働いた人々の数は一九五八年九月以降全国で二〇〇〇万人を超え、彼らはつるはしを肩に炊事用具持参で山間地に入って石炭を採掘し、小炭鉱の数は一九五八年末に一〇万をゆうに上回った。

無理に無理を重ねた重工業化であり、多くの設備が超負荷状態となった。旧式設備の損傷は著しく、製品の品質は劣悪であった。硫黄含有量が多い粗鋼を加工して使いものになるものは少なかった。近年の『中国統計年鑑』で記されている同年の粗鋼生産量は八〇〇万トンである。資源の浪費そのものであった。鉄鉱石の過剰採掘、燃料のための樹木の伐採は、鉱物資源や森林資源の破壊を顕著なものとした。

この途方もない製鋼・製鉄運動は、これに石炭採掘、電力建設、機械、運輸部門などでの生産拡大が加わって農業労働力の大量の使用がなされた。人民公社農民の無償徴用であった。大躍進による農業資源の吸引について『中国社会主義経済略史』は次のように指摘している。

「農業事情は本来非常に弱かったのであるが、製鉄・製鋼運動を盛んに繰り広げ、工業やその他の事業を大いに発展させたため、あまりに多くの農業労働力を占用することになり、農村に残された労働力はその前年より三八一八万人も減り、しかもその大部分が壮年の労働力であった。多くの農具、役畜も大躍進支援のために駆り出された。そのうえ、人民公社の秋の刈入れ作業が雑であったため、この年は豊作でありながら豊かな収穫を勝ち取ることができず、食糧作物、綿花は刈入れ作業が行われないまま田畑に放置された」

一九五七年において一億九三〇〇万人の第一次産業労働者数は、翌一九五八年には一億五四八〇万人へと減少し、対照的に第二次産業労働力は、二一一五万人から一挙に七〇三四万人へと増大した。

農業資源流出は労働力にとどまらない。食糧の播種面積が一九五七年の二〇億四五〇ムーから、一九五八年には一九億一四二〇万ムーへ、さらに一九五九年には一七億四〇三四万ムーへと減少した。労働力と土地の減少は食糧の減産となってあらわれた。さらに、それは役畜や豚などに与える飼料にも深刻な制約が出てきた。農民は飢えのために飼料までも食した。人民公社化の過程で私有財産の否定を恐れた農民が、役畜や豚などを大量に屠殺してしまったのである。

人民公社運動の過程で各地域間で「水増し」報告が後を絶たず、この数値をベースに国家の食糧買付量の決定がなされた。これもすでに示した表1－1、図1－1にみられるように、食糧の国家調達比率は一九五七年の二四・六％から一九五八年には二九・四％へ、さらに一九五九年、一九六〇年には三九・七％、三五・六％という高水準に達した。状況は一九五三年、一九五六年の時期に比べてさらに劣悪なものとなった。

経済作物、役畜、食肉さらには野菜などの市場逼迫も著しく、飢餓の発生はもはや避けられなかった。図1－2によれば一九五七年に三四・〇三パーミル（対一〇〇〇）であった出生率は、翌一九五八年以降、一九六一年まで一方的に減少した。対照的に一九五七年に一〇・八〇パーミルであった死亡率が以降上昇を開始し、一

図 1-2　出生率，死亡率，人口増加率（人口対 1000）

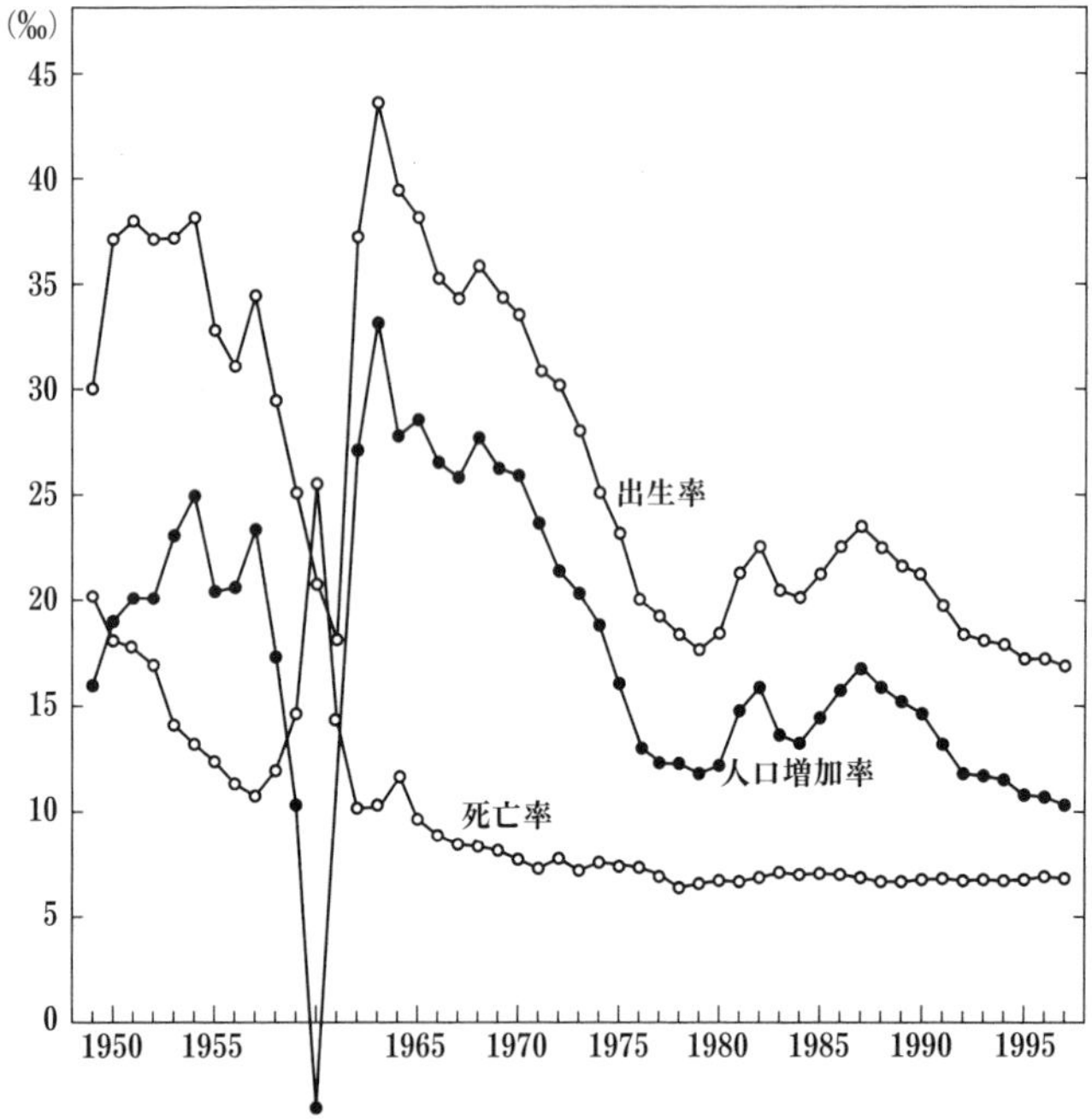

（資料）　国家統計局総合司編『歴史統計資料汇編（1948-89）』，国家統計局『中国統計年鑑』。

九六〇年には二五・四三パーミルに達した。この年の人口増加率はマイナス四・五七パーミル、一九六一年の値はプラスであったが、わずか三・七八パーミルという低位水準に陥った。この異常値は飢餓の発生を如実にうかがわせる。

八節　非論理の毛沢東
——盧山会議

事態がここにいたって、いかな毛沢東といえどもその失敗を認めざるをえなかった。毛沢東は河北・河南両省の農村を視察して人民公社における混乱の状況を悟り、一九五八年一一月二日からの中央と地方の指導者の集まりである第一回鄭州会議を招集した。以来、かの盧山会議にいたるまでの間、大躍進と人民公社運動を「調整」するための努力が重ねられた。

第一回鄭州会議において毛沢東は、全人民的所有制に到達するのには「一歩一歩」が必要であって、「一挙に」これを完成することには無理がある、という趣旨の講話を行った。この毛沢東の発言に鼓舞され中共中央は一九五八年一二月湖北省武昌で政治局拡大会議を招集し、一九五八年一二月から一九五九年にかけて人民公社の「整頓」問題を提起した。一九五七年二月一七日から三月五日にかけて鄭州で開かれた政治局拡大会議、いわゆる第二回鄭州会議の講話で毛沢東は次のように述べた。

「多くの人々が、公社所有制には発展過程が必要であり、公社内では、生産隊の小集団的所有から公社の大集団的所有制に達するまでには、一つの過程が必要であり、この過程は数年をかけて、やっと完成するのだということがわかっていない。彼らは、人民公社がいったん成立すると、各生産隊の生産手段、人力、生産物をすべてを公社の指導機関が直接に支配できると誤認し、社会主義を共産主義と誤認し、労働に応じた分配を必要に応じた分配と誤認し、集団的所有制を全人民的所有制と誤認している」(「第二回鄭州会議での講話」『毛沢東思想万歳』上巻)。表現はいかにも他人批判的であるが、要するにこれが毛沢東流の自己批判なのであろう。

「人民公社の管理体制についての若干の規定(草案)」が起草され、以降、人民公社の整頓運動が動き出した。その内容は、(一)生産隊を基本採算単位として確立し、生産小隊に部分的な所有制と管理権を認めること、(二)人民公社の成立以来、無償で徴用した集団、個人の財産はそのまま、もしくは正常な価格に換算して返還すべきこと、(三)農業、林業、牧畜業、副業、漁業などに振り向けられるべき人民公社の労働力は八〇%を下回るべきではなく、逆に工業生産、運輸、基本建設などに充当される労働力は二〇%を上回るべきではないこと、(四)労働に応じた分配の原則を堅持して人民公社員の労働意欲を引き出し、供給制は制限さるべきこと、(五)

自留地を回収し、これを一人当たり土地面積の五％とすること、といった原則を提起した。

中共中央はそれまで半年以上にわたってつづけられてきた調整を総括し、「左」寄りの誤りを確認すべく、一九五九年七月二日から八日まで江西省廬山で政治局拡大会議と第八期八中総を開催した。しかし、この会議は当初の目的からはまったくはずれた方向へと動いていくことになった。大躍進と人民公社運動の惨たる帰結のゆえに一時収まっていたかにみえた毛沢東の「急燥冒進」に再び火がついてしまったのである。

直接的なきっかけは、当時の国防部長彭徳懐が、大躍進についての意見書を毛沢東に提出したことにあった。彭徳懐の報告書は、農村の現状ならびにそれに対処すべき党中央の方針についての実に整然たる趣旨のものであった。ちなみにこの意見書は、後に一九六七年一〇月、当時進行中の文化大革命のさなか、紅衛兵新聞によって初めて公にされた。彭徳懐の意見書のうちこれまでの文脈との関連において重要な部分を抜き書きすれば、少々長文にわたるがこうである。

「物事をむやみに誇大化する風潮がかなり普遍的にはびこっており、去年の北載河会議のときには食糧生産額を過大に見積り過ぎたため、一種の架空の現象がでっちあげられ、皆は、これで食糧問題は解決したから、人出をさいて工業に手をつけることができると考えました。だが、鉄鋼生産の発展に対する認識がはなはだしく一面的で、製鋼、圧延および砕石設備、石炭、鉄鉱石、コークス炉、坑木の仕入先、輸送能力、労働力の増加、購買力の増大、市場への商品出荷能力等などを真剣に研究することがありませんでした。要するに、必要とされる均衡のとれた計画がなかったというわけであり、これらもまた同様に実事求是をないがしろにしたことから生じた欠陥です。これが多分、一連の問題を生み出す原因となり、物事をむやみに誇大化する風潮が各地区、各部門に広まったのです。またいくつかの信じ難い奇跡が新聞、雑誌に発表されたことによって、党の威信は確かにひどく損なわれました。当時各方面から寄せられた報告や材料からみると、今にも共産主義がきそうな勢いであり、そのため少なからぬ同志が逆上してしまったものでした。そのあげく秋の収穫がおざなりになり、コストも何も考えず、実際には金がないのにあるかのような暮しをしてきました。さらに重大なのは相当長期にわたって実情がつかめなかったということで、武昌会議および今年一月の省市党書記局会議の時にいたっても、依然として情勢の真相を完全にはつかむことができませんでした。物事をむやみに誇大化するこのような風潮が発生するには、それなりの社会的要因があるはずであり、よく研究してみる必要があります」（「廬山会議における彭徳懐の意見書」『中国大躍進政策の展開』下巻）。

彭徳懐はつづける。

「われわれは、研究をおざなりにしてきました。われわれは当面の具体的状況を研究し、工作を積極的かつ穏当着実な基礎のうえで調整することに注意を払わず、一部の指標を次第に引き上げ、数字を次々に上積みし、本来なら数年あるいは数十年かかってやっと達成できる要求を、一年あるいは数カ月で達成できる指標にしてしまいました。そのために実際から遊離し、大衆の支持をえられませんでした。例えば、等価交換の法則がはやまって否定され、早期に食事の無料提供がはやまって提起されました。一部の地区では食糧が豊作であったとして、統一販売政策が撤廃され、食べたい放題に食べることが提唱されました。またある種の技術がよくみきわめもされず、軽々しく普及されました。ある種の経済法則と科学的法則が安易に否定されました。これらはすべて一種の『左翼』的偏向です。これらの同志たちは、政治優先を提起しさえすれば、すべてに取って代わりうると考え、政治優先は労働意欲を高め、生産物の量と質を保証し、大衆の積極性と創造性を発揮せしめ、それによってわれわれの経済建設を促進するものであることを忘れたのです。政治優先は経済法則に取って代わることはできませんし、ましてや経済工作は具体的措置に取って代わることはできません」（同）。

絶対的権威者毛沢東を前にした怜悧にして率直な意見書だというべきであろう。今日のマクロ統計を使っての検討からも彭徳懐の指摘の正しさは立証されている。しかし毛沢東は、こうした意見表明を、それが率直で真実を衝いたものであればあるほど、自らの権威に対する真正面からの攻撃だと受け取った。そして、一転して信じられない激しさをもって、彭徳懐と彼を支持する指導者を右翼日和見主義者であり、ブルジョア的動揺性のあらわれだとして反撃を加えた。

七月二三日、毛沢東は四〇分をかけて、この彭徳懐の意見書を反駁する講話を試みたのであるが、ここには経済学もなければ政治学もない。そしていかに無謀なものであれユートピアを夢みる理想主義の一片たりともみることもできない。あるのは、絶対的権威者である自らにつきつけられた批判に対する罵倒だけであった。革命家、愛国主義者としての毛沢東は、この時点でもはや存在しなくなっていたのであろう。中国経済についてのまっとうな評価はこれを機会に消えていった。

彭徳懐の整然とした意見書に自分を失ってしまったのかもしれない。この講話を何度読み直してみても、彭徳懐へのまっとうな反論はどこにもない。四〇分にわたる無論理の罵声のみである。このきわめつきの非論理のうえに立って、しかし八月一日には中央は「彭徳懐反党グループに関する中国共産党第八期八中総の決議」を公布して、彭徳懐以下、これに同調したといわれる黄克誠人民解放軍参謀長、張聞天外務部副部長、周小舟湖南省委員会第一書記などを反党グループとして失脚させた。

反党決議により、冒進批判は影をひそめてしまった。反対に反右翼日和見主義をスローガンとする闘争が全国各地で展開され、多くの指導者は「右翼日和見主義者」「党内ブルジョア革命家」のレッテルをはられることを恐れてこの闘争を支持した。

スチュアート・シュラムは、廬山会議における彭徳懐による批判が毛沢東に与えた衝撃は計り知れないほど大きいものであったと述べている。毛沢東がこれほど明瞭で真摯な批判に直面したことはかつてなかったからである。この会議以降「毛沢東は誰であれ、自分に同意しない人間を罰しようとした。それだけではなく、次第に自分の提起した、すべてのいかなる考えをも、正統の基準とみなすようになった」(『毛沢東の思想』)という。

廬山会議の反党グループ決議以降の反右翼日和見主義闘争により、第二次五カ年計画の二年の繰り上げ達成が要求され、冒進が再開された。一九五九年、全国各地で広がりつつあった既述の調整措置は反右翼日和見主義闘争の過程で次第に見送られ、調整活動それ自体が摘発されるという具合に事は進展した。

現実を無視した高速度目標がまた前面に掲げられ、これに向けて大衆を動員する過程が再開された。しかしもはや「笛吹けど踊り踊らず」であった。経済の緊張は極度に達していた。一九六〇年の春以来、食糧の買付けはほとんど不可能となり、北京、天津、上海などの大都市の多くにおいて食糧供給はその需要に追いつくことができなくなった。飢餓は農村から都市に向かった。

九節　失意――調整期の経済

一九六二年一月に第八期九中総が開かれた。この総会のコミニュケの二本柱は「全国は力を集中して農業路線を強化し、農業を基礎とする方針を貫徹し、農業を大いに興し、食糧を大いにつくろう」「基本建設の規模を適宜縮小し、発展のテンポを調整し、既存の勝利を踏まえて、強固、充実、向上をめざそう」というものであった。

一九五八年一一月の第一回鄭州会議以来、廬山会議にいたるまでつづいた大躍進と人民公社運動への批判の再確認が第八期九中総の趣旨であった。

決議にもとづき中共中央は同年の三月に広州で、五月に北京で工作会議を開き「農村人民公社工作条例（草案）」の討議を行った。条例は、（一）生産隊を基本生産単位とする三級所有制を再確認すること、（二）人民公社運動以来、人民公社、生産隊、公社員から徴用した各種財と労働力の返還を必ず行うこと、（三）一九六一年の食糧供出量を前年より一〇六〇万トン減少させて四〇四七万トンにし、同時に農業税の税率を引き下げること、（四）農業生産第一線の強化のために水利建設などの農地基本建設を圧縮すること、（五）農・副産物の買付価格を引き上げ、買付・販売政策を適切なものにすること、（六）工業の農業支援を強化すること、などを基本とするものであった。

前節で記した「人民公社の管理体制についての若干の規定（草案）」とほぼ同様のものである。その時点で実現されていなければならなかった調整政策が、廬山会議以降の冒進によって後れをとってしまったことの証である。

農業と並んで工業の調整も進められた。中共中央が一九六一年八月に廬山で開いた工作会議では重工業化のテンポを緩めるべきことで意見が一致し、九月一五日「当面の工業問題についての指示」が公布された。その趣旨は、（一）工業生産指標と基本建設投資規模を実行可能な水準にまで引き下げること、（二）高度に集中的・統一的な工業管理体系を再構築すること、（三）石炭の数量増加と品質向上、鋼材の種類増加と品質向上に力を入れ、高コスト・多欠陥企業には一次的操業中止・閉鎖等の措置を講じること、（四）軽工業品と農業生産手段の増産に努めること、などであった。調整に大きな力を振ったのが劉少奇と鄧小平であった。

調整における困難な課題がもう一つあった。大躍進運動の過程で都市に集中していた人口を強制的に農村に移住、もって都市の食糧消費を減少させるという試みであった。大躍進期における都市人口は一九五七年の九九四九万人から一九六〇年には一億三〇七三万人となった。この間の年平均増加率は九・五％という激しさであった。対照的に農村人口は、一九五八年の五億九二七三万人から一九六〇年には五億三一三四万人に減少した。人口移住計画は一九六一年五月の中央工作会議の決議によって開始され、一九六〇年から一九六三年までの四年間の合計で一四二七万人の農村移住が強行された。

ここで中国の人口移動に関する法的な枠組みについて簡単に触れておこう。食糧の統一買付・統一販売制度が開始されたのは、一九五八年のことであった。これにより食糧は国家が強制的に農民から買い上げ、これを都市住民や食糧不足農家に配分することになった。そのために住民は農村戸籍をもつものと都市戸籍をもつものとに峻別され、戸籍の移動は禁止された。戸籍制度は一九五八年一月の「中華人民共和国戸籍登録条例」の公布に始まり、一九六四年八月の公安部による「戸籍移転の処理に関する規定」によって完成した。農民の都市移住は厳しい制限を受けるようになった。都市住民は、食糧や日用品の低価格供給、住宅、医療などの福祉関連諸項目の恩典を国家から与えられ、他方、農民は自家消費用のわずかな食糧を残して余剰のすべてを国家に「収奪」され、都市住民が享受する恩恵の一切を与えられない。都市住民と農村住民との「身分制」がこの戸籍制度によって固定化された。

一九六一年初めより開始された調整政策に話をもどそう。この調整政策によって経済は次第に回復に向かった。この時期の調整政策の「総仕上げ」が、一九六二年一月、党の高級幹部を集めて開催された「七〇〇〇人大会」によってなされた。大会の冒頭、劉少奇は人民公社運動と大躍進運動、さらには廬山会議以降再度生じた冒進の欠陥についてその「左」の誤りを指摘した。

要点は、(一)中国経済のバランスが過大な計画指標とこれにもとづく巨額の基本建設投資によって失われてしまったこと、またその指標が系統性をもっていなかったこと、巨額の基本建設投資をまかなうべく農村からその能力を超える国家食糧調達がなされて農村に著しい疲弊をもたらしたこと、(二)集団所有制から全人民的所有への移行を急ぎ過ぎ人民公社において常軌を逸する「共産風」が風靡したこと、(三)人民公社単位を中心に権限下放が追い求められたために全国各地に「まとまりのある工業体系」をつくりあげようという「分散主義」が生まれ、これが中央による効率的な統一管理を妨げたこと、(四)基本建設投資費用の巨額化が都市人口の急増を招来し、都市人口の商品化食糧への需要が農村の食糧供給能力を上回って、農村に極度の緊張をもたらしたこと、などであった。

大躍進と人民公社運動がもたらしたマクロ的帰結についての正確な評価であった。大躍進と人民公社運動の誰の目にも判然たる指導者が毛沢東であってみれば、これは毛沢東路線に対する明らかな挑戦であった。

こうした批判は七〇〇〇人大会参加者の共感を誘った。参加者の多くが多数の餓死者をもたらした無惨な事実をつぶさに知り、この事実に打ちのめされていた各級指導者であったことを顧みるならば、当然であった。批判的空気に毛沢東も圧倒されたにちがいない。毛沢東も「この数年来の活動におけるわれわれの欠陥・誤認のうち、第一の勘定書きは、何よりも中央の責任であり、つまり中央および私がまず第一に責任を負う」と述べて、明確な自己批判を試みたのである(一九六二年一月三〇日「拡大中央工作会議での講話」『毛沢東思想万歳』下巻)。

廬山会議以降の中国経済の現実は、いかな理想主義者毛沢東であってもこれを正視せざるをえず、この会議で論じられた調整政策に異論をさしはさむことはできなかった。劉少奇と鄧小平の実権は強化された。一九六二年の六月には彭徳懐の名誉挽回を求めて、彼を反党グループの頭とした党決議の再審査要求が提出された。さしもの毛沢東の権威にも陰りが生じたかにみえた。

この調整期に経済は着実な回復基調をたどった。食糧生産は一九六〇年に一億四三五〇万トンで底を打って以来、一九六三年には一億七〇〇〇万トンにまで復した。回復は綿花や油料などの経済作物でもみられた。役蓄数や豚肉の回復も堅調であった。粗鋼生産や銑鉄生産も復調した。中国経済は確かな健全さをとりもどし、着実な経済建設の軌道にのっていくかにみえた。

一〇節　再び冒進へ――三線建設と大寨大隊方式

調整政策に対する毛沢東の反撃は一九六二年九月の北載河での第八期一〇中総における「講話」から始まった。七〇〇〇人大会からわずか半年後のことであった。

第八期一〇中総の北載河会議講話において、毛沢東は「社会主義国家には階級は存在しないのか。階級闘争は存在しないのか。今では、社会主義国家に階級が存在することは肯定してよく、階級闘争が存在することは肯定してよい。……ユーゴスラビアは変質し、修正主義になり、労働者・農民の国家から反動的な民族主義者が支配する国家へと変わった。わが国でも、この問題を十分に認識し、十分に研究しなければならぬ。階級が長期にわたって存在し、階級と階級との闘争を認めねばならぬ」（一九六二年九月二四日「第八期一〇中総での講話」『毛沢東思想万歳』下巻）と述べた。劉少奇と鄧小平に対するふつふつとたぎる闘志をその底に読み取ることができよう。

次いで一九六三年九月二〇日、毛沢東の主宰のもとに「当面の農村工作における若干の問題についての中共中央の決定（草案）」が起草された。毛沢東は中国社会に重大な階級闘争が生まれたとし、これは「土地改革以来の最初の最大の闘争である。このように全面的に、このように広範に、このように深く行われることは、この数年来なかったことである」と述べた。

この時期、毛沢東が改めて階級闘争路線へと傾いていったもう一つの背景には国際環境の変化があった。廬山会議の冒進に対する調整が始まった中共中央の北載河での工作会議のさなかに、中ソ対立はピークに達した。中国に派遣されていたソ連の技術専門家が一カ月以内に全員引き揚げられ、中国と契約していた三四八にわたる建設契約と契約議定書が破棄、さらに二五七の科学技術協力項目が取り消された。ソ連のすべての物資と設備の対中供給が停止された。これが毛沢東の急燥冒進への意思を固める要因となった。

もうひとつはベトナム戦争であった。一九六五年二月以降の「北爆」は毛沢東の心胆を寒からしめた。一九六四年一〇月の党中央の工作会議では、国防建設に第一義的重要性を与え「三線建設」を強化し、全土の工業配置を急速に再編しなければならない旨を決定した。毛沢東は、深い内陸部のいくつかの拠点に重工業、とりわけ軍事関連重工業を設置し、各省単位においても小規模の鉄鋼工場、小型兵器工場を建設して、外敵による攻撃に耐えうる分散的な工業体系の確立をめざした。

「三線建設」とは「国防三線建設」のことであり、沿海部を第一線、中間地域を第二線、内陸部を第三線とし、この第三線に経済建設の重心を移すことであった。四川省、雲南省、貴州省などの西南地域、陝西省、甘粛省、青海省、寧夏回教自治区などの西北地域、さらには湖南省西部、河南省西部、山西省などが拠点とされた。重工業の重点プロジェクトが第三線に配置するのであれば、交通・運輸体系もそれに見合って再配置されなければならない。一九六〇年後半期以降の鉄道建設は第三線建設のために行われ、内陸部輸送網の強化が図られた。

農業面では「農業は大寨に学べ」運動が展開された。山西省の一寒村であった大寨が大きな洪水に見舞われ、畑と人家がこの洪水によって壊滅してしまったにもかかわらず、住民がわずかな蓄えと人力を持ち寄って、国や省の助けを借りずに自力で畑を耕作可能な状態にまで復し、さらにその後驚異的な農業生産高を実現したというのである。毛沢東は、耳にしたこの事実を農村の「自力更生」のモデルとし、自然改造による高収量農地の造成運動を「大寨大隊方式」と名づけてその全国的な普及・拡大の運動を企図した。

一九六四年二月四日付の『人民日報』は「革命精神による山区建設のモデル」と題して「大寨の革命精神を学習し、さらに彼らの自力更生精神と奮闘努力する優れたやり方を学習し、自分に厳しく、全体の利益を最も重視する共産主義的風格を学ばねばならない。大寨の農民は、自分の力に依拠して山区を建設した。彼らの創業の初期には多くの困難があったが、政府に援助を求めなかった」と報じた。

改革・開放の後に判明したのは、大寨大隊の超高実績はすべて国家からの援助、すなわち灌漑施設建設のための巨額の資金、人民解放軍兵士の大量投入によって初めて可能になったという事実であった。それはともかくとしても、調整期をできるだけはやく終了させ、三線建設をはじめとする大規模建設路線に復したいという毛沢東の思いが、こうした大衆運動の扇動となってあらわれたのである。そして毛沢東の冷めることのない政治的野心は、調整政策に奏功してその権威を高めつつあった「実権派」劉少奇・鄧小平からの奪権闘争、プロレタリア文化大革命へと直進していった。

一九五六年五月一六日、中共中央が公布したいわゆる「五・一六」通知が文革の出発点であった。後にこの通知は文化大革命の「綱領的文献」とされた。この通知により中央書記処のもとに「中央文化革命小組」が設置され、その組長に陳伯達、顧問に康生、第一副組長に江青、副組長に張春橋という、後に「四人組」と称された人々のうち三人が名を連ねた。札付きの「左」であった。毛沢東の権威を後楯に陳伯達らは、次々と調整期に築かれてきた党・政治機構の「奪権」を試みていった。

一九六六年八月四日、毛沢東は政治局常務委員会拡大会議で激しい口調で演説を行った。北京大学は中央宣伝部によって文革の拠点とされ、この拠点で文革を推進した聶元梓らの「大字報」を高く評価し、逆にこれに制約を加えようとした党指導部を糾弾するという挙に出た。

翌五日、文化大革命に火をつけたものとして知られる、『人民日報』の「指令部を攻撃しよう―私の大字報」が発表された。次のごときものであった。「同志諸君はこの大字報と評論をもう一度読んでもらいたい。しかし、この五〇余日の間に、中央から地方にいたるまでの一部の指導的同志はかえってこの道に背き、反動的なブルジョア階級の立場にたってブルジョア階級独裁を実行し、プロレタリア階級の嵐のような文化大革命運動を抑えつけ、是非を転倒させ、白黒を混同させ、革命派に包囲攻撃を加え、異なった意見を抑圧し、白色テロを行って、ブルジョア階級の志気を砕き、自分では得意となっている。何と悪辣なことであろう！」（『中国社会主義経済略史』付属資料）。

名前はいまだあげられていないものの、劉少奇と鄧小平への罵倒がこの文書の真意であった。「私の大字報」が発表されると同時に、この時点で開かれていた常務委員会拡大会議は劉少奇・鄧小平批判一色となった。この会議で党指導部の序列は林彪が毛沢東に次ぐ第二位、逆に劉少奇は第八位となった。毛沢東の絶対的権威と個人独裁に対する、劉少奇や鄧小平らを中心とした批判勢力はここで一挙に減じられた。毛沢東の権威を背景に「左」路線を追求して、自己の権力基盤を構築する新しい政治グループが出現した。廬山会議後生じた冒進をくいとめるべくなされてきた実権グループの努力は、再度挫折のやむなきにいたった。毛沢東の見果てぬユートピア思想への飽くなき執念の繰り返しである。

一一節　コンミューンへの夢と挫折―文革期の経済

プロレタリア文化大革命時、政治機構の混乱、党機構への打撃、人心の荒廃は著しく、中国は内乱と崩壊の危機に瀕していた。しかし不思議なことに、経済のほうはさして上昇を示すこともなかったかわりに、それでも大躍進後の調整期のような無惨な結果に陥ることもなかった。低迷持続の一〇年であった。辛酸をなめつくした農民、企業、地方のグラスルートは、文革の政治的熱狂から日常の生産には風波が及ばぬよう必死に自らの身を守ったからであろう。

文革期の中国には、次の三つの下方へのスウィングがあった。一つは、調整期において比較的順調に拡大していた経済が一九六七年、一九六八年の文革の最高揚期に管理系統の混乱によって失速したこと、二つは、この失速を経済整頓により乗り越えて一九六九年から軌道を見出した経済が、一九七四年の四人組の激しい奪権闘争の混乱により再度失速、三つめは、「四人組」のもう一度の、そして最後の鄧小平路線への「左から巻き返して反撃する」闘争によって、失速を余儀なくされたことである。

一九六六年に開始された文革も、当初は実権派を追い落とそうという政治闘争に力点がおかれた。実際の経済にはさして大きな影響はなく、むしろそれまでの調整が進められて全体に順調な拡大がみられた。文革が上部構造の闘争から経済部門にまでおりてきて、後者を揺るがすようになったのは一九六七年においてであった。この時期、調整期になされた企業管理における生産責任性、労働規律、品質管理、安全操作などに関わる多くの規則や制度が「修正主義」の批判を受け、党委員会指導下の工場長責任制や技術長責任制がいずれも「専家」による工場支配だとされた。効率性の向上を図ろうとする試みは「利潤第一主義」だとして退けられ、労働に応じた分配方式もまた「物質的刺激」による危険なブルジョア思想のあらわれであると非難された。生産現場の混乱は不可避であった。

石炭や電力、輸送部門、建設部門でも停滞が生じた。鉄鋼生産は大躍進後の調整期一九五六年に底を打って以来、一九六六年まで順調に回復してきた。しかし、生産量は一九六六年をピークに一九六七年、一九六八年と再び一九五八年水準近くにまでもどってしまった。

一九六六年、一九六七年の低迷期において再建努力が再開された。再建に力を振るったのは周恩来であった。一九六八年末、周恩来は政治情勢が比較的安定化してきたこの時期をとらえて、一九六九年の経済計画の策定を指示した。文革を担って終始政治主義的路線を主張し、「戦争に備える」ことを第一義としてきた林彪が、毛沢東との権力闘争に敗れて死亡したという事実もまた経済主義を回復させる要因となった。

この時期において注目される試みがなされた。一九七〇年九月の第九期二中総で確定された「五小工業」である。文革の底に潜んでいた毛沢東の理念はユートピア社会主義であり、それゆえ人民公社の拡充と地方分権化が追い求められた。これを支える実体として提起されたものが地方「五小工業」であり、小型の鉄鋼、機械、化学肥料、石炭、セメント工業に国家財政からの特別資金が支出された。これにより三〇〇近くの県・市で小型製鋼工場やハンドトラクター工場、小型動力工場、部品工場などが建設された。

地方工業化のもう一つの重点は、人民公社の生産大隊が担った「社隊企業」であった。一九七〇年代の後半期になると社隊企業生産額の工業総生産額に占める比率は一〇%近くに及んだ。今日の郷鎮企業の前身となった試みであり、これに対する評価は現在にいたるも低くない。

文革期二度めの経済失速は、一九七四年に発生した。この時期、党中央政治局内での江青、張春橋、姚文元、王洪文の四人組の反党権力闘争が激化した。「批林批孔」をスローガンに儒家孔子を反動的な歴史的人物として糾弾して、間接的に周恩来への反撃の挙に出た。経済管理機構に揺らぎが生じ、一九七四年の諸指標に下降が生じた。

しかし、一九七五年一月八日より一〇日にかけて開催された第一〇期二中総で鄧小平が復権し、党中央委員会主席・政治局常務委員に選出され、四人組の奪権は頓座した。引きつづき開始された一月一三日からの第四期全人代において、周恩来は国民経済の二段階発展構想を公表し、第一段階の一九八〇年までに独立した工業体系と国民経済体系を構築し、それ以降今世紀中の第二段階において農業、工業、国防、科学技術の現代化を達成するという趣旨の政府活動報告を行った。周恩来の病状はこの時点ですでに相当悪化しており、党中央の実務を取り仕切ったのは鄧小平であった。

三つめの文革期中国経済の失速は、一九七六年であった。周恩来と同じく病魔に侵されていた毛沢東は、一九七四年一二月二六日、社会主義の理論的問題についての重要問題を「プロレタリア独裁理論学習についての指示」として公表した。遺言だったのであろう。中国においては資本主義が絶えず再生されつつあり、党員のなかにもブルジョア的「生活作風」がなお存在しており、これを排除すべく一層の努力が必要だと主張した。毛沢東はソ連と同じ「修正主義」に中国が陥ってしまうことへの、憎悪にも似た感情をついに最後の最後まで一貫させていた。

この指示に再び四人組は勇気づけられた。ブルジョア的権利はブルジョアジーを生む経済的条件をつくり出すものだとして、労働に応じた分配などを理由に党中央の経済主義批判を展開した。一方、復権した鄧小平は四人組との対決の姿勢を鮮明にし、「造反派に対する整頓」に強い決意をもって臨んだ。

四人組の攻撃は鄧小平の復権によって一層強められ、鄧小平が党務を主宰して以来の各種政策を「右からの巻き返し」だとした。毛沢東の指示が彼らの「錦の御旗」であった。周恩来の提起した四つの現代化はすなわち「資本主義化」であり、生産力の拡大に力を入れることは「唯生産力論」であり、労働に応じた分配は「ブルジョア的分業を生む基礎」であり、大衆の生活への関心は「物質的刺激」のあらわれであり、石油の輸出は「売国主義」であり、技術や設備の導入は「外国崇拝」であり、企業管理の強化は「取締り、締めつけ、押さえつけ」であり、社会主義経済計算は「利潤による統制」であるといった批判を展開した。一九七六年における経済後退はこうした四人組による攻撃の帰結であった。

一九七六年に周恩来、毛沢東がつづいて世を去り、鄧小平も同年四月七日に失脚し、党務の一切が剝奪された。華国鋒が国務院代理総理となり、党中央の党工作をも主宰して鄧小平に交代した。しかし混乱は多分に政治的上部構造の争いに限定され、経済それ自体は鄧小平の整頓政策を受けて一九七七年、一九七八年とさしたる変動もなく推移した。政争に次ぐ政争によって翻弄されつづけてきた国民は、すでにこの政治抗争に巻き込まれることの愚を悟り、事態を客観的に眺めるようになっていたのであろう。

一九七六年四月四日の清明節を前後して、周恩来の死を追悼する群衆が北京天安門広場に集まり、その数は数十万人に達した。自然発生的なものであったに違いない。しかし党中央はこれを鄧小平派による計画的な反革命的事件だと決定し、鄧を失脚させた。この運動は四人組の跳梁に対する無言の、しかしその分だけ強い力となって党中央に迫った民衆の示威行為であり、鄧小平復権への伏線であった。そして何よりもこの事件は、毛沢東が生涯をかけて追求してきた「理念の中国像」を脆くも崩壊させていく隠然たる力となったのである。

第三章　鄧小平の経済思想と改革・開放

一節　鄧小平思想の核心―思想の解放と生産力論

鄧小平の思想と行動様式は、毛沢東のそれとはきわだって対照的である。

毛沢東思想の淵源は、解放区コンミューン時代のユートピア社会主義にあった。空想的であり、観念的であり、純粋であり、何よりも極左的であった。解放区コンミューンにおいては現実性をもちえたであろうこの思想も、これをもって五億を超える民を擁した大国中国の建設に臨んだのであれば、結果が惨たるものとなったのも当然であった。しかも毛沢東は絶対的権威者として社会主義の解釈権を独占し、「左」傾をおしとどめる勢力のすべてを「右翼日和見主義者」「修正主義者」として葬り去った。毛沢東の純粋なまでのユートピア社会主義は、他面では苛烈な暴力主義となって中国社会を壟断《ろうだん》していったのである。

思想がユートピア的であればあるほど、行動は中国社会の現実から遊離せざるをえない。毛沢東思想の現実化は中国社会を苦窮におとしめ、苦窮の現実を見据えて「冒進」を諭す実務派官僚との軋轢はほとんど不可避であった。現実的基盤を欠いたユートピア思想は、これを現実に引き戻そうとするもう一つの社会的勢力「実権派」を恒常的に生みつづけたのである。しかし毛沢東には「実権派」は自らに刃向かう「階級敵」としてしか映じなかったのであり、それゆえ毛沢東にとって階級闘争はほとんど恒常的であった。毛沢東のこの階級敵との闘争が、整風運動であり、反右派闘争であり、廬山会議であり、プロレタリア文化大革命であった。毛沢東の政治的エネルギーのほとんどすべてが毛流の階級闘争のために費やされてきたのである。

第一に、鄧小平は現実主義者である。鄧小平の現実主義は、これを追求すればするほど当の社会主義それ自体がすっかり「脱色」してしまい、果たしてこれがほんとうに「社会主義」なのかといぶからざるをえないほどのものであった。鄧小平のイメージしている社会主義とはどんなものか。キーワードは「生産力主義」であり、次のような発言を鄧小平はいたるところで繰り返してきた。

「社会主義の優位性は生産力が資本主義に比べてより高く、より速く発展することにあります。もしも建国後、われわれに欠陥があったとすれば、生産力の発展に対し、ある種の軽視をしてきたことでしょう。社会主義は貧困を根絶します。貧困は社会主義ではなく、まして や共産主義ではありません。社会主義の優位性は、生産力を次第に発展させ、人民の物質・文化面の生活を次第に改善することにあります。中国の今のたち後れた状態のもとでいかに生産力を発展させ、いかに人民の生活を改善するのか、この問題がいまわれわれの前に提起されているのです」(「中国の特色をもった社会主義を建設する」『現代中国の基本問題について』外文出版社、一九八七年)。

生産力の発展に資するものがすなわち社会主義であると捉えるがゆえに、鄧小平の社会主義はより多義的であり、より経験主義的であり、矛盾をたっぷりと含んだものであった。それゆえ自らの社会主義に異を唱えるものを階級敵として捉える視点は鄧小平にはない。一九七九年三月三〇日の有名な講話「四つの基本原則を堅持しよう」のなかで「われわれは階級闘争の拡大には反対で、党内にブルジョアジーが存在するとは考えておらず、社会主義制度のもとで搾取階級と搾取の条件が確実に消滅された後も、ブルジョアジーあるいはその他の搾取階級がまたもや生まれてくるなどとは考えていない」と明確に述べている(『鄧小平文選―一九七五～八二年』東方書店、一九八三年)。

鄧小平にとっての共産党とは、「現代化」のための前衛党であって、階級闘争のための前衛党ではない。共産党こそが権力の中枢に据えられるべきであり、大衆運動に依拠した革命運動は絶対にこれを許してはならないという主張と態度が鄧小平のものである。同じ一九七九年三月三〇日の講話において鄧小平は「中国共産党を離れて、果たして誰が社会主義の経済、政治、軍事、文化を推進していくのか。果たして誰が中国の四つの現代化を推進するのか。今日の中国では、党の指導を離れて大衆の自然発生性を賛美するようなことは絶対にしてはならない」と簡潔に語った。文化大革命という狂気の大衆運動を通じて共産党の権威を大きく失墜させられ、自らも追放の辛酸をなめつくした鄧小平にしてみれば、いつわらざる心情であるに違いない。

第二に、毛沢東は社会主義実現の主体を「一窮二白」の貧農に求め、貧農を中核とする大衆運動のエネルギーにつねに大きな期待を寄せていた。後れた生産力を引き継ぎ、被抑圧の歴史を背負ってきた貧農はそもそも本来的に革命的存在であり、道徳的存在であった。貧農を取り巻く革命的大衆の「主観的能動性」こそが、毛沢東のユートピアを実体化する最重要の主体であった。

鄧小平の描く社会主義の中核に据えられていたのは生産力の発展であった。そして鄧小平は、生産力の発展は大衆の「主観的能動性」を発揚することによってこれを手にしうるとは考えない。それどころか、大衆は「物質的刺激」に応じて初めて発展に向かって動く存在だと捉えていたところに鄧小平思想の真髄がある。毛沢東が革命主体を理念的あるいは道徳的観点から把握していたのと対照的に、鄧小平の革命主体論はあきれるばかりに即物的である。

第三に、毛沢東の思想と行動の基本は急進主義であった。急進が厳しい現実によって打ち砕かれれば、これに呼応して開始される実務派官僚による「反冒進」によって経済が安定を取り戻す。しかし経済が安定を取り戻せば、再び急進路線に回帰していくというパターンが飽くことなく繰り返された。急進主義は現実を客観的にみることをしない毛沢東のなかに、頑として構造化した独特の行動様式であった。毛沢東の急進主義は、米ソというスーパーパワーに恒常的に脅威を受けながら建国を進めざるをえなかった国際政治環境の所産でもあった。

鄧小平は対照的に漸進主義的である。鄧小平の漸進主義を何よりも端的に特徴づけているのは実験主義であった。大躍進運動、人民公社化運動、そしてプロレタリア文化大革命期の毛沢東のように、巨大なスローガンを掲げてこれに向けて大衆を大規模に動員し、目標を一挙に実現しようという方式は鄧小平のものではない。農業生産責任制の採用にせよ、国営企業への経営自主権付与にせよ、広東・福建両省への「特殊政策・弾力措置」の援用にせよ、経済特別区・開放区の設置にせよ、はたまた近年の証券市場の開設認可、不動産市場の認知にせよ、そうした改革・開放時代の中国を活性化させた試図はすべて実験主義の成果である。

ある単位、地方で初歩的な試みを開始させ、これが別のある単位、地方でも有効であることが確認され、その有効性が誰の目にも明らかになった時点で、そうした試みを制度的、法制的に「追認」し、これを全国的に普及・拡大していこうという、再びいえば実験主義が鄧小平のものであった。鄧小平のプラグマティズムとは実験の繰り返しであり、これが奏功するまでは制度的な追認は容易に行わないという方式である。確かな漸進主義である。

ユートピア社会主義ではなく生産力重視の社会主義、主観的能動主義ではなく物質的刺激という即物主義、急進主義ではなく実験主義的プラグマティズム、これこそが鄧小平の経済思想を語るエッセンスであり、毛沢東の経済思想の対極がここにある。そして鄧小平の経済思想は、毛沢東のそれがそうであったように、初期よりも晩年にいたればいたるほどその骨格がより鮮明になっていくのである。

二節　農政転換—即物主義の勝利

鄧小平主導の本格的な経済体制改革は、一九七九年一二月の第一一期三中総の決議をもって開始された。この決議において改革の照準は農村改革にあてられた。毛沢東時代の末期には、農民はその厳しい「国家的搾取」によってほとんど「生存維持的水準」をさまよい、生産力向上への意欲を奪われて農村の疲弊は極に達していた。

工業生産額の伸びに比べて農業生産額の伸びが圧倒的に低く、一九五二年を一〇〇とした指数において、一九七八年のその値は前者が一九五九に対して後者は一九九に過ぎなかった。建国後の一人当たり食糧生産量の最大値は一九五八年の三〇六キログラムであったが、一九七七年においては三〇〇キログラム、一九七八年にいたって三一九キログラムとなり、ようやく一九五八年水準を少し上回っただけであった。この間、実に三〇年にわたる低迷であった。

食糧ばかりではない。経済作物、たとえば綿花においても一九七八年までの停滞が著しいものであった。一九七八年以前における綿花、油料、糖料の最大値は、それぞれ一九六六年、一九五六年、一九五八年に達せられたが、その値を上回ったのは綿花が一九八二年、油料が一九八一年、糖料が一九八七年であった。生産性（一人当たり生産量）が低迷をつづいたのであるから、農民収入と農民消費水準がみるべき伸びをみせなかったのは致し方ない。

経済建設の要は鉄鋼業を中心とする重工業国営企業であり、国の総力をあげてここに資源を投入する必要があった。国営重工業建設のための資源は、いかに貧しいとはいえ農業以外にこれを求めることはできなかった。生存維持的水準を上回るすべての農業余剰を、一つには食糧の低価格強制買付けにより、もう一つには農工間鋏状価格差（シェーレ）を通じて、完膚なきまでに搾り取ってきたこと、これこそが建国後の農業低迷の原因にほかならない。そしてこの低迷により、工業発展それ自体が強い制約を受けざるをえなかったのである。

農政転換によって農業の再興を図ることから鄧小平時代の改革が始まった。それ以外に方途はありえなかった。第一一期三中総は農業改革の重要性を次のような表現で説き明かした。

「総会は、当面、全党が農業をできるだけ速く発展させることに精力を集中しなければならないと考える。なぜなら、国民経済の基礎である農業はここ若干年来ひどく破壊され、目下総体的にいってなお非常に弱体だからである。農業生産を大いに回復し、その発展をはやめ、農業、林業、畜産業、副業、漁業を同時に発展させる方針と『食糧を要とし、全面的に発展させ、地元の実情に合わせ、適宜に集中する』方針を断固として全面的に実行し、農業の現代化を逐次実現してのみ国民経済全体の急速な発展を保証することができるのであり、全国人民の生活水準をたえず向上させることができる。この目的のためには、何よりもまずわが国の幾億農民の社会主義的積極性を引き出さなければならず、経済的には彼らの物質的利益を十分配慮し、政治的には彼らの民主的権利を確実にしなければならない」（『中国社会主義経済略史一九四九～八四年』編集主幹柳随時年・呉群敢、北京周報社、一九八六年)。

そしてこの理念にもとづき当面の農業発展のための政策的措置として、「農業発展をはやめる若干の問題についての中共中央の決定(草案)」と「農村人民公社工作条例(試案)」が提起された。そこに盛られた新政策のエッセンスは、次の六つであった。(一)人民公社、生産大隊、生産隊の所有権と自主権は国家の法律により確実に保護されなければならない。(二)生産隊の労働力、資金、生産物、物資を無償で転用あるいは占有することを許さない。(三)人民公社の各級経済組織は労働に応じた分配という社会主義的原則を真に実施し、労働の量と質にもとづいて報酬を計算し、均等主義を克服しなければならない。(四)公社員の自留地、家庭副業、市交易は社会主義経済を補完するために必要なものであり、何人もこれに干渉してはならない。(五)人民公社は断固として生産隊を基礎とする三級所有制を実施し、これを安定させなければならない。(六)人民公社の各級組織は民主的管理、幹部の選挙、帳簿公開を実施しなければならない。

第一一期三中総の決定によりまず施行された重要政策が、農副産品の国家買付価格の引上げであった。すなわち(一)今後長期間にわたり全国の食糧買付指標を一九七一年から一九七五年までの買付水準に据え置き、それを超える過度な買付けを許さない、(二)農工生産物の価格差の縮小を図るべく食糧の統一価格を一九七九年夏季の刈入れ出荷時以降二〇%引き上げ、超過供給分についてはさらにその五〇%高とする、(三)綿花、油料、糖料などの経済作物、さらには畜産品、水産物、林産物などの買付価格もそれぞれ状況に応じ次第に相応の引上げを行う、(四)農業機械、化学肥料、農薬、農業用ビニールなど農業向け工業製品の出荷価格と販売価格は一九七九年と一九八〇年に比して一〇%ないし一五%引き下げ、コスト引下げのメリットを農民に与える、というものであった。

一九五〇年を一〇〇とした農村の農副産品販売総合物価指数は、一九七八年の二一七・四から翌一九七九年には二六五・五へと大幅な伸びをみせた。他方、農村の工業製品購入総合物価指数の伸びは比較的穏やかであり、前者を後者で除した農家交易条件は一九七九年以降急速に改善し、その分農家の収入状況が改善された。農民消費水準は一九七九年以降確かな上昇をみせ、一九八八年までは農民消費の伸びが非農民消費の伸びを上回った。建国以来初めてのことであった。

次いでなされた重要政策は農業生産責任制の導入であり、これにより人民公社が解体された。生産責任制は「組」への請負という形をもって始められ、次いで請負の主体は「組」から「戸」へと進んだ。「各戸請負制」の生成である。「各戸生産請負制」（包産到戸）と「各戸経営請負制」（包乾到戸）の二つがある。前者は農家が生産隊から生産量を請け負い、後者は農業経営それ自体を請け負うという制度である。両者を「双包制」という。前者であれば、農民は請負生産量を満たした後の生産量を自らのものとする。後者であれば、農民は所定の農産物上納、農業税、公共積立金、公益金などの支払いを行い、これらの請負義務を果たした後の農産物のすべてを掌中に収める、という方式である。

個別農家が農業生産、次いで農業経営そのものに責任をもち、責任を果たした後の生産量確保をめざして増産を志向するよう組み立てられた新しい試みであった。家族農業の復元である。「双包制」を採用する農家は一九八〇年代の初期より急増し、一九八四年にいたるやほとんどすべての農家がこれを採用するにいたった。人民公社下の集団農業がいかに農民によって忌避され、対照的に双包制が農民の要求にいかにみごとに適応したものであったかを示唆する。

双包制の導入とは、すなわち土地の協同化と集団農業を旨としてきた人民公社の解体と同義である。一九八四年末までに全国で九八・三％の人民公社が解体され、最後に残ったチベット自治区の人民公社も一九八九年中に解体された。人民公社はここで完全にその幕を閉じたのである。同時に、共産党一党支配の農村における最末端機構でもあった人民公社からその政治機能が分離され、いわゆる「政社分離」もなされた。このことは、一九八二年一二月の第五期全人代第五回会議において批准された新憲法にも明記された。

双包制は整合的なプログラムをもって施行されたものではない。各地域で試験を積み重ね、実験の成果を次第に他地域に普及させるという、鄧小平流のプラグマティズムの帰結であった。むしろ手探りの実験の積み重ねであった。

農業生産責任制の発祥の地は安徽省鳳陽県であった。当時人口二五万人の、貧しい中国にあってもきわだって貧しい農村であった。解放前、鳳陽県から流出する絶糧農民は年間一〇万人を超えたという。人民公社成立後はさらに貧困の度を増し、大量の外流農民が後を絶たなかった。一九五六年から一九七八年にいたる二三年間、鳳陽県は一貫して政府の返銷食糧、貸付金、生活救済措置に依存（三依存）して、ようやく生き伸びることができた（山内一男『現代中国の経済改革』学陽書房、一九八八年）。

鳳陽県を一九七八年に厳しい旱魃が襲った。人民公社下の「粗い」集団農業によって困難を乗り切ることは不可能であった。個別農家の積極性を引き出す何らかの新しい方法を採用せずして、鳳陽県の生存は許されなかった。一部の生産隊は「禁」を破って既述した作業組生産請負制の採用に踏み切り、増産を達成した。第一一期三中総の後、一九七九年に鳳陽県党委員会が開いた会議はこの作業組生産請負制を追認し、これへの積極的な移行方針を固めた。双包制への移行を開始した生産隊さえ出現した。

これらはすべて、農民の、そして農民の意向を体してことにあたった地方の下層幹部の意思の結実であった。

地方のこの試みを当時の安徽省党第一書記であった万里が一九七九年に公認したことが、双包制の全国的普及・拡大の第一歩となった（山内一男『現代中国の経済改革』）。同時期に四川省党第一書記であった趙紫陽が同省での同様の試みを積極的に推進した指導者であった。

この新しい試図が最終的に中央によって「追認」され、積極的評価の対象にされたのは一九八二年一二月の中共中央による「当面の農村経済政策についての若干の問題」の採択によってであった。実験を成果にもとづいて公認し、これを全国的に拡大していこうというやり方は鄧小平時代の政策に一貫したものであり、農業生産責任制の採用はその原型となった。

一九八三年一〇月一二日、鄧小平はその談話において請負制の大胆な試行にはっぱをかけ、次いで「農村でも都市でも、一部の人が先に豊かになるのを認めねばならない。勤労によって富を築くのは、正当なことである。一部の人、一部の地区が先に豊かになるのはよい方法であり、皆が支持する新しい方法である。古い方法よりは新しい方法がよい」と述べた（「組織戦線と思想戦線における党の差し迫った任務」『現代中国の基本問題について』）。後に「先富論」として人口に膾炙される大胆な発想を、農業の請負制の実施と結びつけて鄧小平は判断していたのである。

毛沢東は、農地の協同化と農民の集団化をほとんど自己目的のごとく追求した。これに対し鄧小平の判断基準は、集団農業か個人農業かは生産力の発展にどちらがよりよく資するかであった。鄧小平が実験主義的アプローチを通じて最終的に制度化したのが個人農業であり、その成果は毛沢東時代のそれに比べて格段に大きいものであった。

両者の農業政策の対照についてもう少し話をつづけよう。毛沢東時代の農業を特徴づけたものは集団化農業とならんで食糧生産第一主義であった。食糧こそは国営重工業に働く都市住民を養う最重要の「賃金財」である。食糧の安価な供給があって初めて国営重工業労働者の賃金を低位に据えおき、その順調な発展を期することができると考えられた。

対照的に、高度の生産力を求める鄧小平が求めたものは、収益性の高い商品化された農業の創出であった。かくして採用されたのが農業生産責任制であったが、同時に収益性の高い農業分野であれば、農民がどのような生産分野に携わろうがこれを制約しないという方向が選択された。農業の「全面的発展」つまりは多角化の許容であった。食糧生産第一主義の時代にあっては播種農業の比重が圧倒的に高く、林・牧・副・漁業は低迷してきた。一九七九年以降この傾向には明らかに変化が生まれた。播種農業の比率は逆転を含むことなくほとんど一方的に減少し、他の農業部門がめざましい伸長をみせた。また播種農業のみを取り出してみても、一九七八年以前においては食糧の伸びが綿花、油料の伸びを上回っていたが、一九七九年以降その傾向が逆転した。

農業経営のシステムが集団農業から個人農業に変わり、農産物の国家買上価格の引上げにより農家交易条件が農民を有利化した。さらに食糧に比して収益性の高い経済作物生産への多角化がなされたために、生産拡大と生産性上昇への農民の士気が高まったのである。

一九七八年、第一一期三中総以降の経済体制改革が生んだ最重要の主体が郷鎮企業である。三中総農政における農業生産性の上昇は、一方において、農家に貨幣余剰をつくり出し、他方において、農村の余剰労働力を顕在化させた。余剰労働力の顕在化は、農民の非農業分野への労働移動の制限が緩和されたという事実によって促された。農村労働力の移動制限は一九八四年の「農民が集鎮に入り、戸籍を移すことの関する国務院の規定」により緩和された。貨幣余剰と労働力余剰がそのはけ口を郷鎮企業に求め、その爆発的拡大を促したのである。

郷鎮企業は、軽工業品の恒常的な不足と高価格に悩まされてきた農村に、人民公社の制度的拘束を離れて自由にモノを生産し販売する主体として形成された新しい経営主体である。その生産性と収益は農業のそれよりは格段に高い。それゆえ農民は郷鎮企業に向けて余剰資金と余剰労働力を大量に投下しつづけた。実際のところ、郷鎮企業は農業部門から多大の労働力を引き出した。一九七八年時点で郷鎮企業は二八二七万人を雇用していたに過ぎなかったが、一九九七年の同値は一億三〇五〇万人であり、この間に一億人以上の雇用を創り出したのである。これは全人民所有制企業が一九五二年から一九九七年までの間に吸収した労働力数の八割以上である。

郷鎮企業生産額の全国農工総生産額に占める比率は短期間に急上昇し、一九九二年にはその生産額は農業生産額をも上回った。郷鎮企業の中核は工業部門であり、一九九七年現在、郷鎮企業付加価値総額に占めるその比率は五八％であった。郷鎮企業は総輸出においても今日約三〇％を超えるにいたった。一九七八年の新農政にともなう中国農業の変容は、以上のごときものであった。

鄧小平は毛沢東時代の農業の惨たる状況を改善すべく、生産隊の自主権尊重、農産物の国家買付制度の廃止、農副産物買上価格の引上げといった試みに成功した。第一一期三中総会議決議ならびにこれにもとづく「農業発展をはやめる若干の問題についての中共中央の決定（草案）」「農村人民公社工作条例」は、そうした措置を全面的に認めた法制的基礎であった。

しかし、これが鄧小平の農政転換のすべてであった。これらの措置を基礎にして、作業組生産請負制ならびに経営請負制から、さらには各戸の生産請負制ならびに経営請負制が出現していったのは、政策のゆえというよりはむしろ自主権を手にした生産隊、農民自らの発意のゆえである。生産隊農民の創造的活動の軌跡を中央はただ追認したに過ぎない。

人民公社制度下の集団主義的農業経営を崩壊させ、個人農をよみがえらせたのは、党中央の意識変革というよりはむしろ農民自身であったというのがことがらの本質である。党ではなく、家族的小農経営を求める農民の積極的な行動が農政転換をもたらした主因であった。農業生産責任制普及のきっかけをつくったのが安徽省鳳陽県であり、ここでヤミ政策として行われていた責任制が一九七八年に同省党第一書記の万里により公的に認知され、周辺に拡大していったという事実については先に述べた。

責任制の出発がこの時であったとすると、責任制の最終的形態ともいうべき各戸経営請負制を全農家の九五％が採用したのが一九八三年であり、その間わずか四年であった。あの広大な中国に、しかも人民公社制度にがっちり組み込まれてきた農村に、きわめて短期間に家族的小農経営が蘇生したのである。驚くべき速度であり、このような速度は行政的措置のみによって実現さるべくもない。いかに農民が責任制を歓迎し、これを積極的に受け入れていったのかを推測させる。

農村経済の自由化が生産力の発揚につながる自然の道筋を観察し、これを臆することなく「追認」するというその自由な発想は、「思想の解放」をうたう指導者鄧小平に確かにふさわしい行動だということができよう。

三節　経済体制改革綱領――「放権譲利」

農業・農村改革は一九七九年の第一一期三中総の決定により大きく進展した。しかし工業企業改革を含む経済体制改革の全体像がはっきりとした形で提示されたのは一九八四年のことであった。一九八四年一〇月二〇日の第一二期三中総で採択された「経済体制改革に関する中共中央の決定」であり、この決定によりマクロ管理体制改革への本格的な試行が開始された。

第一二期三中総決定は全部で一〇章からなる。建国以来中国の公的文書のなかで最も整合的な文献である。この文書が経済改革の「綱領的文書」として位置づけられているのもむべなるかなである。鄧小平の経済思想の核心に迫る文書でもある。解説を付しながら紹介をしてみよう。

第二章は改革の目的についてである。ここでの主張のポイントは、建国直後と第一次経済計画期（一九五三～五七年）においては現実を踏まえた方針が堅持され、人民の創意を発揚する政策が採用されたものの、その過程で生まれた「左」の誤りによって後の発展が阻止されたというものである。すなわち「一九五七年以後、党の指導思想面における『左』寄りの誤りの影響を受けて、企業の活性化と社会主義商品経済の発展のためのさまざまな正しい措置が『資本主義』とみなされたこと……によって、経済体制の面での過度の集中、過度の統一という問題は、長年解決できなかったばかりか、ますます先鋭化することになった。その間、何度も権限の下放が行われたが、いずれも中央と地方、縦割管理と横割管理を調整するにとどまり、企業に自主権を与えるという急所を触れなかったので、もとの枠から抜けでることができなかった」と主張された。

貧困から脱却するには、生産力の発展を拘束している経済体制をその根本において改める必要がある。そのためには「先進資本主義国を含む今日の世界各国から、現代の社会化された生産の法則を反映するすべての先進的な経営管理方法を吸収し、これを参考にしなければならない」と述べた。

第三章は、企業改革が経済体制の中核に据えられるべきことの主張である。毛沢東時代においては、全人民所有制企業とはすなわち国家が直接経営する企業であると誤認されていた。しかし「マルクス主義の理論と社会主義の実践が教えるところによると、所有権と経営権とは適切に分離することができる」と述べた。その根拠は

「社会の需要は非常に複雑で、つねに変化しており、企業の諸条件は千差万別で、企業間の経済的連携は複雑に絡み合っているから、いかなる国家機構もこうした状況を残らず把握し、速やかに適応することは不可能である。もし全人民所有制の各種企業を国家機構が直接、経営・管理するなら、不可避的にゆゆしい主観主義と官僚主義が生まれ、企業の生気と活力は抑えつけられることになろう」という主張である。経済というものの実体と動態がよく見据えられている。

第四章は、価値法則の重要性ならびに商品経済の発展を求める方針の指示である。ここでは社会主義と資本主義との区別は、商品経済が存在するかどうか、価値法則が役割を演じるかどうかにあるのではなく、「所有制が異なる点」にあることが明示されている。この一点以外に資本主義と社会主義の区別はないとさえいう。計画経済と商品経済とを対立的にみなした従来の考え方を否定したのである。厳格な集権的統制をもって経済を運用してきた毛沢東時代を顧みるならば、いかにも大胆な考え方の登場である。

第五章では、合理的価格体系をつくり、マクロ・コントロールを行うことの必要性がうたわれる。本決議の核心的部分だといってよかろう。中国の価格体系は長期にわたって価値法則を無視し、多くの商品の価格はその価値と需給関係を反映していなかった。そうであれば、企業の経営実績の正しい評価は不可能であり、生産性向上を期待することもできず、労働に応じた分配もまた歪んだものとなってしまう。何よりも、企業自主権が真に効果を発揮するのには合理的な価格体系が前提されなくてはならないと述べ、企業に自主権を付与しただけでは改革は成功しない、という認識を打ち出している。第一二期三中総が第一一期三中総以来のミクロ企業改革を一歩抜け出していることの証左である。

さらにマクロ・コントロールの重要性について次のように主張する。「マクロの調整を重視しなければならず、また経済の動態をいちはやく把握して、価格、租税、融資などの経済槓杆《こうかん》を総合的に運用することに長じなければならない。これは、社会の総供給量と総需要量、蓄積と消費といった重要な比率関係の調整に役立たせ、資金、物資、人力の流れの調節、産業構造と生産力配置の調節、市場における需給の調節、対外的な経済交流の調節などに役立たせるためである。われわれはこれまで行政的手段による経済の運営に慣れ、経済槓杆による調節を長い間おろそかにしてきた。経済槓杆の運用を習得して、経済活動指導の重点をこの面におくこと、これを各級経済部門、わけても総合経済部門の重要な任務としなければならない。」

一方で市場メカニズムをできるだけ自由に機能させ、市場のコントロールは財政・金融による価格、租税、融資などの手段によりこれを行おうというのである。

第六章は、行政機構と企業との分離、いわゆる「政企分離」の表明である。集権的体制下にあって行政機構と企業の職責は未分化の状態におかれ、企業は行政機構の付属物的な存在に過ぎなかった。そのために企業の積極性を引き出すことができなかった。企業間の競争が排除され、それゆえ国民的統一市場がきわめて不十分にしか形成されなかったと主張する。そして「政府と企業の関係については、今後、各級の政府部門は原則的には企業を直接経営・管理しないこととする。国から企業の直接経営・管理をまかされている少数の政府経済部門も、行政の簡素化、権限の下放という精神にもとづき、所属企業との関係を正しく処理して、企業と末端部門の自主的経営を強め、高度の集中がもたらす弊害を避けねばならないという原則を打ち出した。「放権譲利」である。

第七章は、生産責任制の推進と労働に応じた分配原則の強調である。ここでとくに注目されるのは、鄧小平の「先富論」がはっきりと盛り込まれたことである。「かねてから社会主義とは均等であるとの誤解があり、もしも社会の一部成員の労働収入がかなり多くて、大きな格差が生まれると、それは分極化で社会主義にそむく、とみなされてきた。このような均等主義の思想は労働に応じた分配の原則を貫徹するうえでの大きな障害であり、均等主義の氾濫が社会的生産力を破壊するのは必至である」という。

第八章は、多様な経済主体の容認と対外開放の推進である。全人民所有制が経済の中枢に位置すべきであるとはいえ、同様に集団経営企業と個人経営企業の発展にも十分の配慮をしなければならない。「都市と郷・鎮の集団経済および個人経済の発展のため障害を取り除き、条件をつくり出し、法律上の保護を与えることに意を注がなければならない。とくに役務を主とした経営や分散した経営に適する経済分野においては、個人経済を大いに発展させるべきである」という。

第一二期三中総決議は、企業に裁量権を付与してその活性化を図るという初歩的な試みから一歩踏み出して、企業自主権を存分に展開させるためには価格の自由化を通じて市場メカニズムの作用を採用すべきこと、価格メカニズムを混乱なく順調に展開させるために財政・金融制度を強化すべきこと、といった現在にいたる中国の改革のありようの基本を決定したのである。解説の随所で示唆したごとく、これは鄧小平思想の整合的な展開でもある。

四節　対外開放と香港返還への道―鄧小平思想の弾力性

第一二期三中総決議は対外開放の必要性について「貿易体制を改革し、対外的な経済技術面の交流と協力の規模を積極的に拡大して、経済特別区の立派な運営と沿海港湾都市の一層の開放に努めなければならない。外資を利用し、外商を招き寄せ、わが国で合資経営企業、合作経営企業、単独外資企業を設立させることも、わが国の社会主義経済にとって必要かつ有益な補完である」と述べた。毛沢東時代には考えられもしなかった柔軟な発想である。

とはいえ、広大な全土を一挙に対外開放するとなれば、中国がそのインパクトに耐えることはできない。発展に有利なインパクトを選択的に享受すべく一部の地域を開放し、開放実験が成功すればその方法をさらに他の地域にも採用していこうという件の鄧小平方式が採用された。一九七九年七月より実施された広東省ならびに福建省に対する「特殊政策・弾力措置」の採用がその嚆矢《こうし》であった。広東省は香港に隣接、福建省は海峡を挟んで台湾に対面しており、それぞれ両者の血縁的、言語的な関係は濃い。建国以前の中国資本主義のエッセンスはこの香港、台湾に流出し、両者はそこでアジアにおける最高の隆盛を誇るまでになった。中国の指導者は、その資本主義のエッセンスの「内流」を目論み、「特殊政策・弾力措置」を中央は広東省と福建省に与えた。「特殊政策・弾力措置」とは、要するに他地域とは異質の経済的自由を両省に与えることによって、ここに香港、台湾という「海の中国」の資本主義の大量流入を促し、その力によって両省の潜在力を掘り起こそうという実験であった。そして同時にこれは香港、台湾の中国返還を最も順調になさしめる方途を探る実験でもあった。

「特殊政策・弾力措置」においては『条』と『塊』の二つを結合させ、後者を主とする」という原則が用いられた。「条」とは国家を頂点とし地方を底辺とする縦の行政系統であり、「塊」とは一級行政地域内部で横に広がる面での行政系統である。「特殊政策・弾力措置」により広東省、福建省の計画管理権限は一段と強化された。生産、物資、財政、貿易、外貨等々の計画のほとんどを両省が制定するようになった。財政と外貨について定額請負制が実施されたことの意味は大きい。

両省の固定資産総額は急増し、しかもそのほとんどが自省内で調達された。財政請負制により財政努力が活発に引き出された。財政資金使用面における自主裁量権も拡大された。両省は中央から与えられた財政請負制をさらに下方の市や県など地方各級政府との間でも行い、権限の下放は末端まで深化していった。「特殊政策・弾力措置」と名づけられる「放権譲利」は、農民や企業などのミクロ単位に与えられた放権譲利と相呼応し、華南沿海部の大いなる市場経済化をもたらしたのである。

この開放政策を受けて、香港、台湾のモノ、ヒト、カネ、テクノロジーは、当初は慎重に、しかし一九八〇年代の後半にいたるや広東省珠江デルタと福建省閩南地方に集中的な進出を開始した。広東省、福建省は、香港と台湾の経済的活力の導入により、改革・開放期の中国において最高の成長率をみせた。

もっとも、一九七九年時点で広東省には五一四〇万人の、福建省には二四八八万人の人口がいた。香港、台湾の、さらにはここを通じて入ってくる西側の「汚染」を含んだ資本主義の空気にこれだけの大量の、社会主義的慣行に馴致《じゅんち》してきた人々をさらすのは危険である。まずは小さな窓から少しずつ近代化の風を内部に送っていこうと考えた。経済特別区の創成である。一九八〇年八月二六日に開かれた第五期全人代で「広東省特別区条例」が公布され、広東省内の深圳、珠海、汕頭の三市にこれが設置された。

しかし、この試図に対してはその是非をめぐって党内で激しい議論が闘わされた。特別区は植民地「租界」の現代版であり、資本主義の攻勢による社会主義の「腐食」を懸念する声は少なくなかった。決着をつけたのは鄧小平である。鄧小平は一九八四年二月に広東省、福建省、上海などを視察し、北京で同月二四日「経済特別区の問題と対外開放都市増加の問題について」と題する講話を行い、これにより特別区に関わる党内の議論を収めた。

一九八四年には一四の沿海都市ならびに海南島が経済特別区に準ずる自主権をもった経済開発区として指定された。後年には特別区、開発区をも含んで、河川のデルタ地域や半島の全体を開放地区として指定するといったこともなされた。長江デルタ、珠江デルタ、閩南《みんなん》三角地区、山東半島、遼東半島などがそれである。米ソという二つのスーパーパワーに挟撃され「国際的封鎖」体系のもとにおかれてきた毛沢東時代には、想像さえできなかった試図であった。対外開放政策は、海外の進んだ技術、管理方法、知識などを積極的に導入し、もって国内経済の改革と活性化を図ろうとする意図に発するものであったことはもちろんであるが、そういう選択を可能ならしめた国際環境に対する中国指導部の認識の変化が強調されねばならないのであろう。

鄧小平の時代に中国の国際環境認識を理論化し、最も活発に発言したのは、当時の代表的な国際問題専門家であった宮郷であった。彼は一九八四年七月の時点で次のように述べた。「今の世界情勢全体からみると、資本主義と社会主義は長期にわたって——五〇年かあるいはそれ以上——共存しつづけるといわねばならない。なぜなら、資本主義体制はなお自己調整の可能性と、一定の生命力をもっているからである。……われわれのかつての鎖国政策にはもちろん内的要因と外的要因があった。しかし現在の実際状況に照らしてみると、われわれがかつていったような『一つの社会主義市場と一つの資本主義市場、つまり二つの市場の並存』という理論が鎖国政策の一つの根源であった。……世界的にみれば、やはり一つの統一市場であって、この統一市場においては当然資本主義が優勢であり、帝国主義が優勢である。今日ではやはりわれわれもこの統一市場の一部分であるといわねばならない」（『世界経済導報』一九八四年七月九日、小林弘二編『中国の世界認識と開発戦略』アジア経済研究所、一九八九年所収）。おそらく鄧小平の国際認識を代弁したものに違いない。

五節　権威主義開発体制を求めて——「四つの基本原則」

第一一期三中総決議は、生産力重視の鄧小平思想の全容を伝える経済体制改革の綱領的文献である。しかしこれは鄧小平の経済思想であって、その政治思想については別に語られねばならない。

プロレタリア文化大革命の政治的狂気をくぐりぬけてきた鄧小平は、改革・開放路線が林彪や四人組のごとき政治的極左によって混乱におとしめられることを何よりも恐れた。改革・開放をできるだけ秩序正しく運営したいというのが鄧小平の切なる願いであった。その願いが初めて公然とされたのが、一九七九年三月一〇日の講話「四つの基本原則を堅持しよう」であり、これが前年一二月二二日の第一一期三中総決議の直後に公表されたことには十分の理由があった。

「思想の解放」を大胆に行い、旧来の硬直的な社会主義イメージを一新した新農政への転換、工業企業改革、多種経済成分の容認、こうした試みが社会的・政治的な混乱へとつながっては、改革・開放の基盤自体が崩壊しかねないと鄧小平は考えた。ことがそうなってはならないと鄧小平は強い警告を社会に発したのである。経済社会の多元化が超えてはならない政治的「域値」の表明である。その意味で、第一一期三中総会決議と四つの基本原則とは鄧小平にあっては確かに一対であって、両者は不可分のものとして把握されなければならない。

四つの基本原則とは、社会主義の道、人民民主独裁、共産党の指導、マルクス＝レーニン主義・毛沢東思想、この四つの堅持のことである。われわれに「もしも強力な集中的指導と厳しい組織性、規律性がないなら、もしも党風の断固たる整頓を行わず、実事求是、大衆路線、刻苦奮闘といった党の優れた伝統を一層回復するのでないなら、もともと避けることができた大小さまざまな騒動が起こって、われわれの現代化建設は第一歩で重大な障害に直面することになろう」(『鄧小平文選―一九七五〜八二年』)というのが、四つの基本原則提示の理由であった。

四つの原則のうち最大のポイントは第三の、つまりは共産党一党支配体制の堅持であった。これについて鄧小平は「共産党の指導を離れて、果たして誰が社会主義の経済、政治、軍事、文化を推進していくのか。果たして誰が中国の四つの現代化を推進するのか。今日の中国では、党の指導を離れて大衆の自然発生性を賛美するようなことは絶対にしてはならない」と指摘する。中国の現代化を推進する中枢がすなわち党だというのである。大衆運動による文革期の混乱のありようを鄧小平は深く知悉《ちしつ》していたのであり、党支配体制を揺がせては絶対にならないという考えである。

四つの基本原則のうち残りの三つは、むしろ付加的なものであろう。四つの基本原則のうち第一は、社会主義の道の堅持であった。ここでは、資本主義に対する社会主義の道義的優位性をうたっており、「資本主義では、どんなことがあっても、百万長者の超高額利潤から脱却できず、搾取と略奪から脱却できず、経済危機から脱却できず、また共通の理想と道徳を形づくることもできず、さまざまな悪徳きわまる犯罪、堕落、絶望から逃れることはできない」という。しかし他方では、「資本主義はすでに数百年の歴史をもっており、各国の人民が資本主義的制度のもとで発展させてきた科学と技術、積み上げてきたさまざまな有益な知識と経験はみなわれわれが受け継ぎ、学び取るべきものである」(同)とも主張している。「経済危機から脱却できず」「共通の理想と道徳を形づくること」もできない資本主義が、中国が模倣・導入すべき優れた科学技術を蓄積してきたというのはいかにも危うい論理ではある。

第二は、人民民主独裁の堅持である。鄧小平は党内にブルジョアジーが存在するとは考えていない。搾取階級と被搾取階級の両極は確実に消滅しており、今後ブルジョアジーが再生するなどということもありえないと述べている。「だが、社会主義社会にも、今なお反革命分子や特務分子がおり、社会主義の秩序を乱すさまざまな刑事犯罪分子その他の悪質分子がおり、汚職、窃盗、投機活動を行う新しい搾取分子がいる……彼らとの闘争はこれまでの歴史にみられたような階級対階級の闘争とは異なるが、それは依然として特殊な形態の階級闘争であり、言い換えれば歴史上の階級闘争が社会主義の条件下に特殊な形態をとって残ったものであり、これらすべての反社会主義分子に対しては、依然として独裁を実行すべきである」（同）。

階級として成立しえないような犯罪分子や悪徳分子の取締りの必要性に訴えて、これを特殊な形態の階級闘争だとし、それがゆえにプロレタリアート独裁を堅持すべき理由とするというのも奇妙な論理である。鄧小平のいっているのは治安上のレベルの問題である。

第四は、マルクス・レーニン主義、毛沢東思想の堅持である。しかしこれは実効上の原則というよりは、道義上の、あるいは現代中国のアイデンティティを守るための原則、さらにいえば、それがなければ現代の中国共産党の正統性の論拠が失われてしまうことへの、鄧小平流の懸念の表明だとみなすのが正しいであろう。

四つの基本原則は共産党一党支配体制の堅持を中核におき、それにより改革・開放をできるだけ混乱なく秩序正しく進めていこうという、つまりは「権威主義的開発体制」の堅持を表明したものにほかならない。経済的多元化を強い政治的一元化のもとで進めようという鄧小平の「二点論」である。この「二点論」は天安門事件以降の中国の政治経済行動のなかにより鮮明に表出されることになる。

六節　国営企業改革――「両権分離」へ

中国の国営企業は長らく政府部門の支配下におかれ、後者の付属物のごとき存在であった。鉄鋼工場、電子工場、機械工場、紡績工場などは、国務院の冶金工業部、電子工業部、機械工業部、紡績工業部、さらには各省のそれぞれに対応する主管部局に所有権を握られ、経営もまたそれら主管部門の意のままであった。国営企業が達成すべき品目と数量が主管部門から一方的に指令され、企業はその目標を忠実にまっとうすることが求められた。指令された生産計画に要する原材料やエネルギー、機械・設備、労働者の賃金にいたるまで、それらすべてが主管部門の指令により無償で配分された。国営企業の生産物は主管部門がこれを全量引き取って販売するという手順がとられた。労働者も主管部門から割り当てられ、人事管理権も国営企業にはなかった。利潤の企業内留保は許されなかった。企業の長である工場長は主管部門意思の執行者に過ぎなかった。集権的計画経済システムの一典型であり、事実、この体制は一九二〇年を前後する揺籃期ソ連の「戦時共産主義的供給モデル」にもとづいて形成されたシステムであった。中国の国営企業改革とはかかるシステムの打破のことである。

第一二期三中総における決定は経済体制改革の方途を示した綱領的文献であった。決議を具体化する法制整備への努力が前後して展開された。国営企業を自律的経営単位とすべくこれに自主権を与えるという方針が、第一一期三中総決議に先立って出された「工業企業自主権拡大に関する暫定規定」により提起された。

全体は一〇項目からなるが、最重要の五項目についてあげれば以下のとおりである。（一）生産経営計画：企業は国家計画と国家商品供給契約の達成を前提として国家の建設と市場に必要な製品を独自に増産することができる。（二）製品販売：国家計画の超過達成分は企業の自主裁量により市場販売できる。（三）製品販売価格：企業は上下二〇％の範囲内で自主的に価格を決める権限をもち、または供給側と需要側の双方が規定の範囲内で協議して決めることができる。（四）企業の物資購入：国家が供給する物資については企業がその供給者を選択する自由をもつ。（五）資金運用：企業は留保された資金により主管部門が定めた比率で生産発展基金、予備基金、従業員福利基金、報奨基金などを設けて独自にこれを使用することができる。

企業自主権の拡大をうたう第一一期三中総の決議に忠実に沿う規定であった。しかし、いかに自主権拡大をうたっても、国営企業が国家の所有から放たれない以上、自主権そのものの限界を突き破ることが難しい。そうであれば「暫定規定」は空文化されざるをえない。改革の中心的課題は「両権分離」と称されるところの所有と経営の分離であり、改革の主眼は以降次第にその方向に移行していった。

この課題に立ち向かうべく一九八七年以来、実際に試行されてきたものが「経営請負責任制」であった。この制度は、国有企業の経営者が国務院や地方政府の主管部門との間で、所得税や上納利潤の所定額を一定期間にわたり請け負い、その請負額を果たした残りの部分を自らが留保し、国有企業はこの留保利潤を技術革新、設備更新、さらには従業員のための福利・ボーナス基金のために自主裁量的に利用できるというものであった。増産インセンティブにプラスの効果をもった制度変更であった。

しかしこうした試みも、国有企業の活力を引き出すという点からすると限界があった。請負制はあくまで請負制であって、所有権は主管部門に掌握され、そのために主管部門は国有企業の経営に直接介入する余地をつねに残している。国有企業に経営請負制を許容したとはいえ、実際の請負人たる企業幹部の選任に強い力を振っているのは主管部門である。請負利潤額の多寡も主管部門と国有企業との個別の交渉に委ねられ、その交渉力は集権的統制の長い歴史を引きずってきたこの国においては、主管部門がどうしても優位たらざるをえない。請負達成に関する評価もまた主管部門の恣意に任される。請負の具体的内容を規範化し、これを厳格に守るという慣習が中国ではまだ確立していない。所有権を経営権から截然と分離し、前者が後者の「権域」に直接入ってこれないようなシステムが求められているのであるが、既得権益を固守する主管部門の意思と力は容易に弱まらない。

経営請負制を超えて、国有企業の経営メカニズム自体を改革しなければならないという問題意識が浮上してきた。一九九二年七月、国務院によって出されたものが「国有工業企業経営メカニズム転換条例」であった。条例の目的は「企業を市場の要請に即応させ、企業を法にもとづいて自主経営、損益自己負担、自己発展、自己規制する商品生産・経営単位」へと転換させることにある。逆にいえば、「自律化」ができず経営効率の向上を図ることができない国有企業は「転業、合併、分離、解散、破産などの方式によって製品構成および組織構成の調整を図り、資源の合理的配置と企業の優勝劣敗を実現する」ということであった。

第一章総則に次ぐ第二章は「企業経営権」であり、これは第六条から第二二条までの一七条からなる。念のために指摘しておけば次のとおりである。第六条：企業経営権とは企業が国から委ねられた財産について有する占有、使用および法にもとづく処分の権利をいう。第七条：企業は国が定めた資産経営形態にしたがい、法にもとづいて経営権を行使する。第八条：企業は生産、経営の意思決定権を有する。第九条：企業は製品、役務の価格決定権を有する。第一〇条：企業は製品販売権を有する。第一一条：企業は物資購入権を有する。第一二条：企業は輸出入権限を有する。第一三条：企業は投資意思決定権を有する。第一四条：企業は留保資金処分権を有する。第一五条：企業は資産処分権を有する。第一六条：企業は提携、吸収合併権を有する。第一七条：企業は労働雇用権を有する。第一八条：企業は人事管理権を有する。第一九条：企業は賃金・賞与分配権を有する。第二〇条：企業は内部機構設置権を有する。第二一条：企業は割当拒否権を有する。第二二条：企業の経営権は法律で保護され、いかなる官庁、単位および個人も関与、侵害してはならない。

この条文を一瞥するだけでも、中国指導部が国有企業をいずこに向かって転換させようとしているのか、意図は明瞭である。つまり国家は企業財産の経営管理権限を国有企業に与え、企業財産の占有・私有・処分の権限をも認める。国有企業財産は文字どおり国有であるが、その経営権は国家から国有企業に委譲され、それゆえに以降、これら企業群は国営企業ではなく国有企業と称されることになった。経営請負制のもとで請負契約によって定められていた国家と企業との関係が、さらに所有権と経営権の分離という形へと前進したことになる。

一九九三年一一月の第一四期三中総の「五〇条決議」は、国有企業の経営メカニズムの転換により、この企業群を「現代企業制度」に組み込もうというものであった。国有企業の財産所有権は国家に属するものの、企業はその経営管理はもちろんのこと、国家・法人・個人の投資によって形づくられた法人財産権をもつ存在となった。所有と経営の分離からさらに進んで所有者が国家を含む出資者へと転換された。国有企業の株式会社化への道が開かれたのである。

中国の国有企業は「全民所有制企業」と呼ばれ、その資産のすべては人民のものだという建前が採られてきた。しかし全人民のものだということは「誰のものでもない」という資産所有の「空白」を生み、したがってこれを効率的に運営して経営を自律化していこうという欲求が企業内部からはでてきにくい。株式制導入のインパクトは大きいであろう。

国有企業の株式会社化が順調に進んでいくとなれば、国有企業資産の所有者が国家から多様な株主へとかわることになる。配当収入に強い関心をもつ株主は国有企業の効率化と収益性に高い関心を寄せるはずである。企業もまたその関心と要請に応えて、自らの行動を「企業家的」に律していかなければならなくなろう。株主のそうした関心と要請は、株主総会や取締役会を通じて、これまでとは異質の企業効率向上への圧力となっていくにちがいない。そうであれば国有企業の株式会社化は、「国有工業企業経営メカニズム転換条例」がうたうところの、国有企業に「自主経営、損益自己負担、自己発展、自己規制」を促す最適の方途であると評価することができよう。

株式会社化は国有企業改革の「切り札」である。そしてこれは中国社会主義「脱色」の最後の「踏み絵」でもあろう。株式制度をいかに規範化し、国民大衆に株式保有への道を安定的に開いていくか。国有企業改革の成否のポイントである。株式制の最終的な是認は、後の江沢民の時代に入った一九九七年九月の第一五回共産党大会の決定によってなされることになる。

七節　価格改革――市場経済化への制度基盤

企業に自主裁量権を付与したとしても、さらには所有と経営が分離されたとしても、企業が立ち居振る舞うのは市場であって、市場が企業の自由な行動を許容できるような形で整備されなければ経済体制改革は完成しない。一言でいえば、計画的統制システムの全体を可能な限り自由化していかなければならない。ミクロ企業の自主裁量権を増加させた分だけ、マクロ的市場環境整備への欲求が強まらざるをえない。

一九八四年一〇月四日、国務院により「計画体制についての若干の暫定規定」が通達され、一九八五年初より施行された。暫定規定は「指令制計画」の及ぶ範囲を縮小し、対照的に「指導性計画」と「市場調節」の範囲を拡大した。指令制計画は社会主義経済の中核をなす。国家が一元的に生産計画を設定し、この計画にもとづいて生産の種類、量、生産費、その他の各経済単位が達成すべき義務を負う強制的な指令制指標を下達《かたつ》するというものであった。

「暫定規定」は、この指令制計画にかえて「指導性計画」と「市場調整」を主として用いるとした。「指導性計画」とは、企業を行政命令的に運営するのではなく、価格、租税、補助金、銀行金利などの「経済的槓杆」を通じて企業を間接的に誘導しようというものである。たとえば国家がその供給量をふやしたいと考える生産物については、その価格を引き上げ、減税、補助金の付与、低金利貸付などがなされる。供給量を減少させようという場合にはその逆の政策によって、企業行動の間接的な誘導を図る。「市場調節」とは供給を完全に市場の動向に任せるものをいう。

「暫定規定」によれば、国家が統一的に調達・分配する指令制計画下の工業生産物は、石炭、石油、鋼材、非鉄金属、木材、セメント、発電量、基本化学原料、化学肥料、重要電気設備、化繊、新聞紙、紙巻タバコ、軍需工業品などの重要製品に限られることになった。

改革は確かに画期的であり、一九八五年は工業成長率のとりわけ高い年となった。この年の鉱工業総生産の実質成長率は前年の一六・三%から二一・四%へ、国営部門の固定資産投資額とそのうちの基本建設投資総額は、それぞれ前年の二四・九%、二五・一%から、実に四一・八%、四四・六%へと急増した。

しかし、中国の当時の状況からしてこの高成長は「経済過熱」と同義であった。小売物価上昇率は一九八四年までの安定期を経て一九八五年には八・八%という高率に達した。輸出が漸増する一方で、輸入は一九八四年の二七四億一〇〇〇万ドルから一九八五年には四二二億五〇〇〇万ドルへと五四・一％の増大を示し、また一九八五年の貿易収支のマイナスは一四九億ドルという建国以来の最大値を記録した。過熱は明らかであった。過熱はエネルギー・運輸部門の供給不足の結果であった。一九八四年四月一〇日、第六期全人代第三回会議における国家計画委員会主任宋平の「一九八五年度国民経済・社会発展計画案についての報告」は「前進のなかにも重視すべき問題」点が顕在化してきたことに警告を発した。

宋平は報告の第一にエネルギー・運輸部門のボトルネックをあげ、「エネルギー、交通、とくに電力供給と鉄道輸送が依然として逼迫しており、原材料の供給不足による矛盾がますます顕在化している。一部の地域では頻繁に送電を中止し、正常な生産と効率の向上に重大な影響を及ぼしている。主要幹線鉄道の輸送逼迫状況はかなり深刻であり、大量の貨物が輸送待ちの状態で滞り、多くの客車が超満員で運行されている。鋼材、木材などの輸入が急増しているが、なお生産建設の需要に応じられないでいる。これらの問題が発生する重要な原因の一つは、一部の単位がエネルギー、交通の負担限度や市場における実際の需要を顧みず、盲目的に過大な成長率を追求していることにある」と述べた。

事態がこのようになった原因は価格体系の歪みにあった。指令制計画を漸次縮小し、指導性計画と市場調節の機能を強化していこうというのが一九八四年の「計画体制の改善についての若干の暫定規定」以来の基本方針であった。しかし、基礎原材料、エネルギー、発電などの重要物資はなお「指令制計画」に含まれ、その価格は低い固定水準を推移してきた。重要物資の価格を自由化し、その高騰を許すならば、その「前方」にあるすべての企業のコスト高をもたらすというのが、重要物資の価格を低位に固定化してきたことの理由であった。

しかし、同じ理由により、基礎原材料部門、エネルギー、運輸を担う企業の採算性は低く、それゆえ生産インセンティブは弱いままにおかれた。生産自主権を得た企業は稼得した資金を、価格が統制を離れ、したがって収益性も高い軽工業部門、消費財部門に投下していったのは自然の流れであった。企業内利潤留保を許容し、利潤の再投資を許容した既述の制度改革の効果が加わって、これが統制下の基礎原材料、エネルギー・運輸部門を忌避したのは当然であった。軽工業・消費財部門とエネルギー・運輸部門において、前者が肥大化して発展し、後者は低迷をつづけるという産業構造の著しいアンバランスを顕在化させてしまった。

かくして価格改革という、社会主義経済の市場経済化への過程に横たわる困難な課題に中国もまた直面することになった。第一二期三中総に始まる経済体制改革は、企業自主権の拡大によりミクロ単位のエネルギーの発揚を図り、次いでこのミクロ単位の自由な立ち居振る舞いを促すべくマクロ的環境の整備に大きな貢献をしてきた。しかしこの改革は、経済体制の「ハードコア」がいずこにあるかをあぶりだしてしまったのである。

八節　段階理論と発展戦略――市場経済をやり直せ

第一一期三中総決議を受けて、毛沢東時代に築かれてきた集権的計画経済の制度的・組織的枠組は次々と解かれ、思想上の解放も鄧小平が改革・開放を開始した時点では想像できなかったような速度で進んだ。そして生産力は発展し人民生活は向上していったのであるが、そうなればなるほど、それでは中国が国是としている社会主義とはいったい何ものなのかが次第に不鮮明なものになっていかざるをえなかった。「アイデンティティ・クライシス」に中国が陥っていく危険性が胚胎《はいたい》したのである。

ここで提起されたものが「社会主義初級段階論」であり、これが三中総決議とならぶ、改革・開放期中国のもう一つの「綱領的文献」となった。社会主義初級段階論の内容は、一九八七年一〇月二五日第一三回共産党大会初日になされた、党総書記趙紫陽の報告によって明らかとなった。全体を貫くものは鄧小平の生産力論である。趙紫陽はいう。

「わが国はかつて半植民地・半封建の大国であった。前世紀の中葉以来一〇〇余年、さまざまな政治勢力が再三の抗争を繰り返した結果、また旧民主主義革命のたび重なる失敗と新民主主義革命の最終的な勝利の結果、中国では資本主義は通用せず、共産党の指導のもとに帝国主義、封建制、官僚資本主義の反動支配を覆して、社会主義の道を歩む以外に活路はないことが立証された」。

この論理は従来からの中国共産党の現代史に関する評価であって、とくに目新しいものではない。しかし社会主義初級段階論において特筆すべきは、それがゆえ「われわれの社会主義は半植民地・半封建社会から抜け出たものであるからこそ、その生産力の水準は発達した資本主義諸国よりもはるかに低い。そのため、他の多くの国が資本主義のもとで達成した工業化と生産の商品化、社会化、近代化をわれわれが達成するには、どうしても非常に長い初級段階を経なければならない」と、その論理を展開させているところにある。

もう少し敷衍しよう。中国における社会主義の初級段階とはどのような歴史的段階であろうかと問うて、趙紫陽は次のように答える。

「わが国が生産力の立ち後れ、商品経済の未発達という条件のもとで社会主義を建設する時、どうしても通らなければならない特定の段階を指す。わが国は、一九五〇年代に生産手段私有制の社会主義的改造を基本的に達成した時から、将来、社会主義現代化を基本的に達成するまで、少なくとも一〇〇年もの歳月を要するが、この期間はすべて社会主義の初級段階に属する。この段階は、社会主義の経済的土台がまだ築かれていない過渡期とも異なるし、社会主義現代化がすでに達成された段階とも異なる。われわれが現段階で直面している主要な矛盾は、人民の日増しに増大する物質的・文化的需要と立ち後れた社会的生産との間の矛盾である。階級闘争は一定の範囲でなお長期にわたり存在するが、もはや主要な矛盾ではない。現段階の主要な矛盾を解決するには、商品経済を大いに発展させ、労働生産性を高め、工業、農業、国防、科学技術の現代化を逐次実現しなければならず、そのためには、生産関係と上部構造のなかの、生産力の発展に照応しない部分を改革しなければならない」。

そして現在の中国がこのような歴史的段階にあるのであれば、なされるべきは生産力の発展であり、「生産力の発展に有利であるかどうか、これがすべての問題を考慮する出発点、すべての活動を点検する根本基準でなければならない」という。

第一二期三中総の経済体制改革のキーワードは、先に記したごとく「公有性を踏まえた計画的商品経済」であった。第一三回共産党大会において趙紫陽は、この計画的商品経済とは「計画と市場が内在的に統一された体制」であると表現を「前進」させた。そして中国経済の新しい運行メカニズムは「国家が市場を調節し、市場が企業を誘導するというものでなければならない」と主張した。中国の現在が社会主義初級段階にあると位置づけ、ここでは市場経済の発展を通じての生産力の増強が最重要の任務であることを、三中総決議より一層整合的な論理をもって展開したのである。

趙紫陽による社会主義初級段階論は、発展の方位を理論的に定めた「綱領的文献」にふさわしい。しかしこれは「綱領」ではあっても、経済運営の「戦略」ではない。実はこのころの趙紫陽は、固有な新戦略をもって事に当たろうとしていた。「沿海地域経済発展戦略」として名高い政策体系がそれである。これは鄧小平の「先富論」を発展戦略化したものでもある。

この時点において中国経済がいかなるボトルネックを抱えていたのかを概観しておく必要がある。「沿海地域経済発展戦略」とは、このボトルネックを解消するための戦略にほかならないからである。

一九七八年第一一期三中総をもって開始された新農政のもとで、毛沢東時代の強蓄積メカニズムは崩れた。三中総農政の採用により国家農産物買上価格が引き上げられて「鋏状価格差」は縮小し、農業部門はもはや国家的搾取の対象ではなくなった。逆に農業部門はむしろ被保護部門と化してしまった。実際、農産物価格の引上げがこの時点の中国の財政赤字の主因であった。農業部門はかつてのごとき重工業部門拡充のための蓄積源としての役割を終えたのである。

すなわち、国家農産物買上価格の引上げは、農産物を原材料として購入する国営工商業部門の利潤を減らし、工商業部門が国庫に上納する利潤と工商税を枯渇させた。強蓄積を可能にしたもう一つの要因は労働者の低賃金であったが、食糧価格の引上げにともない賃金上昇は不可避であった。賃金上昇は国営工商業部門の利潤を圧迫し、これが再び国庫への上納利潤を減少させる要因となった。かくして中国の蓄積率は、一九七八年以降大きく減少せざるをえなかった。第六次五カ年計画期（一九八一～八五年）における蓄積率は一九七一年以来最低の水準にとどまり、とくに物的生産部門における固定資本増加率（「生産性蓄積率」）は、大躍進後の調整期を別にすると建国以降最低の水準にまで落ち込んだ。

ここに解決を要すべき重大な課題があった。課題を解く鍵は郷鎮企業であった。郷鎮企業の拡大とこれによる余剰労働力の吸収に成功しうるか否かは、有機的な農工二部門関係をつくり出し、中国の経済発展過程のなかに新しい循環と蓄積のメカニズムを創出しうるか否かを占う最重要の要因であった。郷鎮企業拡大のための資本量は巨大なものとなっていかざるをえない。その一方、一九七九年以降の経済の活性化は、基礎素材産業、エネルギー・運輸などのインフラ部門のボトルネックを深刻なものとした。このボトルネックの解消にも巨額の資本が必要である。

郷鎮企業の拡大と基礎素材・インフラ部門のボトルネック解消という、いずれも膨大な蓄積基金を要する二つの課題を、しかも旧来の強蓄積パターンが崩壊したという現状のなかで、同時に解決しなければならないという局面に到達した。中国は体制改革の「正念場」を迎えたのである。

このような背景のもとで提起されたのが、趙紫陽の「沿海地域経済発展戦略」である。この戦略の発想のもとになったのは、王建が『経済日報』(一九八八年一月五日)に寄せた「正しい長期発展戦略を選択せよ―国際大循環経済発展戦略構想について」である。この時点の中国経済が直面する最大の課題に立ち向かう新しい方向を示唆した中国における初の「開発戦略」であった。

王建論文は、一つには農村人口の工業部門への移動と、二つには国家基本建設投資の拡充という、いずれも促進されねばならないこの二つの要請の間で、国内資源の「争奪」が深刻化していることを「主要矛盾」として認識した。王建の表現によれば、「中国工業の発展段階からみて、今後の目標は産業構造を高度化し、資本集約型基礎工業とインフラ部門を強化し、資本・技術集約型加工工業を建設することにあるが、それには大量の資金が必要である。また農村経済体制改革以降、農業余剰労働力に対する長期の束縛が解除され、大量の人口が非農業部門に移動しつつあるが、彼らを装備するためにも大量の資金が必要である。しかし毎年の蓄積可能な資金は限られているため、工業構造の高度化と農村労働力の移動という二つの課題が資金を争奪するという矛盾があらわれている」(同)という。正鵠を射た指摘である。

そしてこの矛盾の解消を図るべく王建が最終的に導いた選択は、「農村労働力の移動を国際大循環のなかに組み入れることである。つまり労働集約的製品の輸出を通じて、一方で農村余剰労働力の出路の問題を解決し、同時に他方で国際市場で外貨を獲得することである。外貨はあらゆる資源の供給を代表している。外貨さえあれば重工業発展に必要な資金と技術を獲得できるし、国際市場の転換のメカニズムを通じて農業と重工業の間の循環関係を疎通させ、矛盾解決のための条件を整えることができる」（同）という。

労働集約的製品の「輸出志向型工業化」を展開し、一つには、それがもたらす強い雇用吸収力を通じて農村労働力の余剰問題を解消し、次の段階として二つには、輸出によって入手した外貨資源を重工業とインフラ部門に振り向けてその成長を促すという解決方法である。

この論文をベースにして趙紫陽は「沿海地域経済発展戦略」を提唱し、王建の戦略基点に位置する労働集約的製品輸出の担い手として、沿海地域の郷鎮企業に照準を合わせた。趙紫陽の郷鎮企業に対する評価はまことに高いものであった。

加えて趙紫陽は、郷鎮企業を中核とする沿海地域の労働集約的加工業は、内陸経済との開発資源の争奪を避けるべく、国際市場から原材料を購入し、付加価値を高めた後、再びこれを国際市場に輸出するという「進料加工」（輸入原材料加工）を大々的に展開すべきだと主張した。すなわち沿海部加工工業は原材料入手と製品販売の両端を外におく「両頭在外」を基本とし「大いに入れて大いに出すべきだ」というのである。同時に沿海地域郷鎮企業の競争力強化のために外国資本の積極的導入を許可すべきであり、独資企業、合弁企業、合作企業の「三資企業」をその品質向上、技術更新、企業管理改善、製品販路開拓に寄与させようとも主張している。

実際、この時点での日本、ＮＩＥＳ、ＡＳＥＡＮ諸国を含む東アジア地域の経済的活況には著しいものがあった。趙紫陽がその新戦略を、東アジアに渦巻く激しい構造変動と貿易・投資の活況期に提起したのは的確な判断だというべきであろう。広東省、福建省を中核とする華南経済の発展は、まさにこの「沿海地域経済発展戦略」の成功を象徴するものであった。

九節　改革への熱気、そして反転―「整備・整頓」

社会主義初級段階論が提起された一九八七年から沿海地域経済発展戦略が議論を呼んだ一九八八年にかけては、改革・開放の最高揚期であった。改革・開放の熱気が全土をおおった。社会主義経済運営の弊を説き、資本主義を再評価する議論が生まれた。

新華社香港分社社長の許家屯がその代表的論客であった。許家屯の主張は「資本主義の再評価」と題して『瞭望』（一九八八年三〇号）に掲載され、後に『北京週報』（一九八八年四六号）に再録されて内外に大きなインパクトを与えた。そこではこう主張された。

「中国は今なお社会主義初級段階にあり、社会主義生産力を発展させるうえで解決しなければならない歴史的課題は、工業化を実現し、商品経済を発展させ、社会主義商品経済の新秩序とそれに相応する政治体制を確立することである。この面で資本主義は長期にわたって実践を重ね、豊富な経験を積んできた。したがってわれわれは現代資本主義を系統的に深く突っ込んで理解、研究し、現代資本主義が収めた成果と有益な経験をわれわれの具体的な条件と結びつけて、分析、批判しながら、吸収、利用、参考にすべきである。」

中央党学校政治経済学助教授の魯従明も、『光明日報』（一九八八年一一月二一日付）に「現代資本主義への再認識」を寄稿し、「社会主義経済と資本主義経済は絶対的に対立するものではなく、それらは同じように社会化商品経済に属し、経済運営の形成とメカニズムのうえで互いに通じ合うものである」と論じた。

こうした発言が公的な場で堂々となされる雰囲気が当時の中国をおおったことを顧みれば、「思想の解放」もここまできたかの観を抱かずにはおかなかった。

経済体制改革論議も「総論」から「各論」的政策に移行した。四月の第七期全人代第一回会議で憲法改正が採択され、第一一条に「国家は、私営経済が法律の定める範囲において存在し、発展することを認める」が追加された。私営経済が、憲法という最高レベルにおいて承認を受けたのである。

第一〇条第四項は「いかなる組織または個人であれ、土地を侵奪し、売買し、またはその土地の使用権は、法律の定めるところにより譲渡することができる」とうたった。企業改革についても同じ全人代において「全人民所有制工業企業法」が採択された。工場長責任制が容認され、党による企業経営への介入が制限された。企業破産制度も導入された。「中外合作経営企業法」が採択され、中外企業の共同設立が促進された。こうして社会主義初級段階における商品経済化のための法制的基盤が整えられていった。

一九八八年は価格改革にも大いなる努力が注がれた年であった。価格を改革しなければ改革深化は不可能だという認識はいよいよ強く、そうした認識が一九八八年五月の党中央政治局第九回会議の空気を制した。同年八月に開かれた中央政治局全体会議で「価格・賃金改革に関する原案」が採択され、「国家が市場を調節し、国が市場を誘導する」という第一三回共産党大会決定のスローガンを価格面でも制度化する試みがなされた。

一九八八年の高成長はそうした経済体制改革への積極的な取り組みにより実現された。しかし産業構造のアンバランスがいよいよ強まるなかで発生したこの高成長は、改革・開放の開始後以来最大の「緊張」をもたらすことになった。

小売物価上昇率は一九八八年に入るや第1四半期一一・〇％、第2四半期一四・六％、第3四半期二二・六％と急速に上昇し、八月には最高値二三・六％、自由市場価格三六・八％に達した。年間平均物価上昇率は一八・五％となった。この勢いは一九八九年になってもつづき、同年の上昇率は一七・八％であった。建国以来最高の物価上昇率が二年にわたってつづいた。インフレの一層の高進をおそれて住民と企業は各地で買いだめに走り、預金引出しが急増して銀行取付け騒ぎまで発生した。

このかつてないインフレと経済秩序の混乱は改革・開放の一〇年の過程で発生した最大の危機であった。熱気は一挙に反転し、一九八八年九月に開かれた第一三期三中総は「経済環境の整備・経済秩序の整頓」をうたい、厳しい引締め政策の採用を余儀なくされた。

第一三期三中総における趙紫陽報告は、改革・開放路線を否定しかねないほどの苦渋に満ちたものとなった。同報告において趙紫陽は「インフレを断固抑制するという問題の重要性と緊急性を十分認識し、ただちに決断し、最大の決意をもって、来年、再来年の改革と建設の重点をはっきりと経済環境の整備、経済秩序の整頓におかなければならない。さもなければ価格改革が難しくなるだけでなく、他の改革も深められず、建設全体の発展が重大な影響を受け、果ては一〇年の改革の成果が損なわれてしまう」と述べた。

経済環境の整備とは「主に社会的総需要の圧縮、インフレの抑制」のことであり、そのために次の四つの政策が打ち出された。(一) 一九八九年の固定資産投資規模を一九八八年の実績より二〇％引き下げる、(二) 消費基金の増加を抑制し、とくに社会消費（党・政府機関、国営企業などの消費）を断固として圧縮する、(三) 通貨発行を抑制する一方、物価スライド金利、公有住宅の売却、株式・債券の発行などを通じて遊休資金を吸収する、(四) 工業成長率の抑制による過熱克服、であった。

経済秩序の整頓とは「新旧体制転換中に生じたさまざまな混乱現象を整頓」することであるとし、(一)流通分野の混乱を収束して勝手な値上げを断固抑える、(二)公有制企業による物資の不正転売などの「官倒」を厳しく処罰する、(三)重要製品の流通秩序を確立する、(四)マクロ経済の監視体制を強化する、などであった。国民の間には改革が物価の上昇につながるという懸念が生まれ、趙紫陽をはじめとする改革派の威信は傷つけられた。第一三期三中総の趙紫陽報告以降、経済政策の担い手は趙紫陽から李鵬、姚依林の保守的指導層へと次第にシフトしていった。

一九七九年以来の改革・開放への高揚は一九八八年に入って頂点を迎え、しかしこれがもたらした未曾有のインフレによって改革・開放への熱気は冷水を浴びせられてしまったのである。

一〇節　経済引締めと天安門事件——「大きな道理」「小さな道理」

一九八八年九月の第一三期三中総決議以降の経済引締政策は強力であり、厳格な価格管理、財政管理、金融引締めがなされた。カラーテレビ、化学肥料、農業用ビニールなどについては専売制さえ復活した。厳重な行政的管理により、さしものインフレも年初一月の二七・〇%、二月の二七・九%をピークとして三月以降は一方的に減少をつづけ、同年一二月には六・四%となった。一九九〇年のインフレ率は二・一%、一九九一年のそれは二・九%であった。

引締めによって一九八九年の経済成長率は反転下落した。「オーバーキル」の発生である。一九八八年の成長率が一一・三%であったのに対し、一九八九年のそれは四・三%、一九九〇年は四・〇%という、改革・開放の開始以来最も厳しい低迷を余儀なくされた。鉱工業生産の増加率も一九八九年、一九九〇年と八・九%、七・八%であり、一九八八年の二〇・八%に比べて下落は大きかった。固定資産投資額にいたっては一九八九年はマイナス八・〇%、一九九〇年もなお七・五%であり、一九八八年の二三・五%との落差は劇的であった。小売総額の伸び率は一九八八年の二七・八%から、一九八九年には八・九%、一九九〇年には二・五%へと急落した。

就業問題も深刻化した。一九八九年の固定資産投資の増加率はマイナス八・〇%であり、投資圧縮のもとで全国で二万に近い建設プロジェクトが中止された。農村から都市に移動し、建設プロジェクトに携わっていた労働者の失業が発生し、職を求めて沿海諸都市をさまよう「盲流」が数百万人に及んだのもこの時期のことであった。しかしあの建国以来のインフレを、行政的な強権手段によるにせよ、ともかくも完全に抑圧しえたその能力には高い評価が与えられる。次節で論じるように一九九一年以降の改革・開放の全面加速のための条件が、これにより整備されていったからである。

天安門事件の背景となったのは、一九八九年におけるオーバーキルの窮状であった。高成長下において住民の所得水準が上昇していく過程では、成長成果の分配が仮に不平等であっても、ともかくも「底上げ」がなされているがゆえに不満が厄介な政治問題として表出することは少ない。しかしオーバーキル状態に陥り、所得の全体的水準の上昇が停止されるや、改革・開放の利益にあずかることの少なかった階層を中心に社会的不満が顕在化し、これが党・政府に対する批判的行動と化していった。知識人や学生という、改革による経済的誘因に応じて所得を上昇させる機会が少なく、加えてもともとが批判的精神をもつ階層が、党・政府批判の先鋒となっていったのは無理からぬことであった。

この知識人・学生の批判的行動が、党中央における権力闘争に組み込まれてしまったのが、天安門事件の悲劇であった。既述した一九八八年の価格改革の失敗とこれに由来する経済秩序紊乱の責任問題をめぐり、趙紫陽は党総書記の地位を危うくした。趙紫陽と改革派側近が起死回生の手段として選んだのが、胡耀邦失脚以来盛り上がり、とくにこの時点で湧き起こっていた市民・学生の民主化運動を自らに引きつけ、これを力の源泉として保守派に対決しようという図式であった。

中ソサミットのために訪中していたゴルバチョフに対し、趙紫陽が「重要決定のすべては鄧小平の承認に委ねられている」という国家機密を漏らした。価格改革失敗の責任を鄧小平に振り向けて、民主化運動の矛先を保守派に転じさせようとしたのであろう。このシナリオの失敗が天安門の悲劇につながっていった（天安門事件のこうした解釈については、岡部達味「天安門事件と今後の中国」『国際問題』一九九〇年一月号を参照）。

天安門事件については、鄧小平思想との関連においてさらに語られねばならないことがいくつかある。この事件は党・政府指導部の混乱によって生じたミスマネジメントではない。そうではなくて、一九七八年第一一期三中総で実権を手にした鄧小平がつくり出した政治的レジームの、一貫した意思のドラスティックなあらわれであったと理解さるべきである。鄧小平の一貫した意思とは、経済の改革・開放は大いに推奨するが、その一方で共産党一党支配の政治システムはこれを断固として守るというものである。

天安門事件を経て、六月二三、二四日に北京で開催された第一三期四中総で採択されたコミュニケの最重要のポイントは「四つの基本原則は立国の基本であり、わずかなりとも動揺することなく、一貫して維持されなければならない。改革と開放は強国の道であり、断固として変わることなく従来と同様に貫徹執行されなければならない。決してかつての道に戻ってはならない」というところにあった。

改革・開放は中国近代化において避けることのできない路線である一方、この路線の追求が「四つの基本原則」を絶対に揺るがせにしてはならないことを鄧小平は繰り返してきた。鄧小平が改革・開放をいう時には、同時に「四つの基本原則」堅持を主張することを決して忘れない。そして鄧小平にあっては、先にも記したように改革・開放と四つの基本原則は一つの明瞭なロジックでつねに結びつけられてきたのである。ちなみに、鄧小平が一九八五年六月六日付の『人民日報』に寄せた論文「ブルジョア自由化をやることは、つまり資本主義の道を歩むことである」を引用してみる。

「四つの現代化を進め、開放政策を実行しようとするならば、ブルジョア自由化をやってはならない。自由化の思想的傾向がはびこれば、われわれの事業はめちゃくちゃになる。要するに、目標は一つ、つまり安定した政治環境が必要である。安定した政治環境がなければ、すべてがお話にならない。国を治めるということは、大きな道理であり、さまざまな小さな道理を規制している。」

鄧小平は中国を改革・開放路線にのせて走らせてきたプラグマテイストであるが、同時に彼が四つの基本原則を「大きな道理」と捉え、改革・開放はそれによって規制される「小さな道理」とみなしてきたことを確認したい。一九七八年三中総以降、改革・開放をつづける一方で、共産党一党支配体制はこれを断固として持続するという意思を一貫させてきた。

問題は、武力弾圧をも辞さない政治的強権を発動しながら、改革・開放は従来どおりこれを進めるというプログラムが果たして成立しうるだろうかという点である。天安門事件後のウォッチャーの懸念はここにあった。しかし事実はこの懸念とはまったく逆に進んだ。すなわち経済は一九八九〜九一年の調整期を経て一九九二年以降、改革・開放の一〇年余における最高の高揚期を迎えるのである。

一一節　「南巡講話」―改革・開放の全面加速

一九八九年の厳しい経済引締め努力を通じてインフレはほぼ収束した。一九九〇年のインフレ率は二・一%へと抑え込まれた。趙紫陽失脚後にその地位を強めた李鵬は、一九九〇年三月の第七期全人代第三回会議の政府活動報告において、事実上のインフレ収束を宣言した。

一九九〇年の成長率は四・〇%と一九八九年の四・三%を下回って改革・開放期の最低水準にまで落ち込んだものの、年初を底として鉱工業生産、固定資本投資額のいずれもが着実な上昇に転じた。鉱工業生産の対前年増加率を四半期別にみると、第1期から第4期まで〇%、四・一%、五・〇%、一四・二%と加速した。引締政策緩和の成果であるとともに、ミクロ単位の活力が強力な復元力をもっていることを証した。

回復を牽引したのは、集権的計画経済の枠外にある郷鎮企業を中心とした集団所有制企業、私営・個人企業、外資系企業であった。同年の国営企業の生産増加率は二・一%にとどまったが、対照的に集団所有制企業は一二・五%、私営・個人企業は二一・〇%、外資系企業は五六・〇%という著しい伸びであった。物価上昇率を二・一%に抑え込む一方で、かくして進められた順調な回復過程に党・政府指導部は次第に自信を強めていった。懸案の価格改革についても李鵬は同報告で、安定を手にした現時点でこれを再開すべきだと訴えた。

一九九一年の比較的好調な実績のうえに立って一九九二年を迎えた。一九九二年は改革・開放の全面加速の時期となり、あの一九八八年の高揚期を上回る、そして一九七九年の経済体制改革の開始以来、最高の成長をみせた年となった。経済成長率は一二・八%、鉱工業生産増加率は二六・七%、固定資産投資増加率は三七・六%と、すべての指標において改革・開放期の最高値であった。インフレ率は五・四%にとどまった。

この高揚を導いたものは、鄧小平がこの年の春節に、深圳、珠海など華南沿海部や上海を訪問して、現在が改革・開放に全面的な努力を傾注する好機にあり、この好機を逃してはならないと「檄」をとばした「南巡講話」であった。この講話は、その直後一九九二年三月の党政治局全体会議と全人代の「空気」を圧倒的な迫力をもって制した。天安門事件以来、保守派優位のもとに推移してきた政局はこれによって逆転した。同年一〇月中旬に開かれた第一四回共産党大会は「南巡講話」に代表される鄧小平路線の総仕上げの場となった。

「南巡講話」は鄧小平思想のエッセンスである。思想の核心が、それほど長くはないこの講話のなかに凝集されたかの感がある。毛沢東のユートピア社会主義が晩年のプロレタリア文化大革命期の思想と行動のなかに凝集されたのと同じく、鄧小平の思想もまたその晩年の思想と行動のなかに精髄をみせたのである。

鄧小平思想の中枢にあるのは生産力主義であった。生産力の発展に資するものがすなわち社会主義であると捉える視点が鄧小平のものであった。「南巡講話」ではこういう。「大切なのは、『資』か『社』かという問題だ。これについての判断基準は、ある路線改革が社会主義社会の生産力の発展に有利かどうか、社会主義国家の総合国力の増強に有利かどうか、人民の生活レベルの向上に有利かどうかだ」(『月刊Asahi』一九九二年五月号)という。「姓社姓資を問わず」としてその後広く人口に膾炙《かいしや》された文言がこれである。鄧小平のかつての「白猫黒猫論」(白猫でも黒猫でも鼠をとるのがいい猫だ)として有名なフレーズを彷彿させた。

ここで用いられている「社会主義」はまことに不鮮明だといわざるをえない。この引用につづくのは、次の文章である。「特区は『社』であって『資』ではない。深圳では、全人民所有制が主体であり、外国企業の投資は四分の一でしかない。しかもだ、外資の部分からだって税収や労働力の面でわれわれは利益を得ているではないか。『三資企業』を大いにふやすべきだ。われわれの頭が冷静でありさえすりゃ、恐れることなんかない。われわれには国営の大中企業がある。郷鎮企業がある。もっと重要なことは、政権をわれわれが握っていることだ。が、こう思う輩《やから》もいる。『三資企業』がふえれば、それだけ資本主義の要素がふえて、つまり資本主義を助長する、とな。そんな連中には、最低の常識さえない。国家は税収がふえるし、労働者は給料がもらえるし、技術や管理の仕方だって学べる。それに情報も市場も得られるじゃないか。『三資企業』は社会主義に役立っているんだよ」（同）。

特区が「社」であって「資」ではない、というのは強弁である。深圳の工業企業の主体が全人民所有制であるとしても、その経営メカニズムは資本主義企業に限りなく近い。郷鎮企業は建前としては集団所有制に含まれているものの、その経営方式は計画経済とはまるで無縁であり、資本主義的企業との差は「紙一重」である。三資企業が社会主義に役に立っているとしている論拠も、ここでは税収・賃金・給与の増加、技術移転などである。鄧小平の社会主義像が不鮮明である以上、三資企業の貢献とは生産力の発展に役立っているという以上の意味はない。鄧小平の社会主義像はすっかり「脱色」してしまっている。

鄧小平思想のもう一つのエッセンスは実験的プラグマティズムであった。右述した文章には以下がつづく。

「計画が多いか、市場が多いかは、社会主義と資本主義との本質的な違いじゃない。計画経済すなわち社会主義じゃないし、資本主義にだって計画はある。市場経済すなわち資本主義じゃないし、社会主義にだって市場はある。社会主義の本質は、最終的にみんなが豊かになることじゃないのか。証券、株式市場、こういうものが、いったい、いいのか悪いのか、危険があるのかどうか、資本主義特有のものなのかどうか、社会主義でも使えるのかどうか、断固、試してみるべきだ。いいと思ったら、一、二年やってみて、それで大丈夫なら自由にやらせる。間違ったと思えば、直せばいい。やめればいいんだ。やめるんだって、すぐにやめてもいいし、ゆっくりやめてもいい。少し残しておいたっていい。何を恐れているんだ。社会主義が資本主義より優勢になるには、人類社会が創造したすべての文明的な成果を大胆に吸収し、参考にし、資本主義の先進国を含め、現代社会の先進的な生産の経営方式を吸収し、参考にしなくてはならん」(同)。

実験的に試行せよ、成功すればこれを社会主義的なものとして採用し、しからざれば放擲して新たな方途をとれ、というのである。「証券、株式市場、こういったものが、いったい、いいものか悪いものか」の基準もここでは「生産力の発展」に資するか否かである。中国が自らのイデオロギーを社会主義とする理由の第一は、労働に応じた分配であり、第二は、所有制における公有制主体である。株式配当が労働に応じた分配とどう結びつくのか、その理論的根拠を示すことなど不可能にちがいない。社会主義が資本主義を乗り越えるには、資本主義の文明的成果のすべてを吸収しなければならないというのは、生産力の発展論からすれば当然の発言であろうが、それによって形成される社会主義がいったいいかなるイメージをもって描かれるものなのか、鄧小平は肝心のこのところを不問に付している。

鄧小平思想の残るもう一つの核心は物質的刺激策であり、これによって富める資格をもった者、地域、単位がまず豊かになるべきだという「先富論」であった。再び右述した文章につづいて鄧小平はこう指摘する。「一部の条件の整っている地域をまず発展させ、残りの地域は後から発展させる。先に発展した地域が遅れた地域を引っ張って、最後にはみんなが豊かになる。先に豊かになった地域が多くの税金を払い、貧困な地域の発展を助けるんだ。もちろん、これをやるのがはや過ぎちゃいかん。発達している地域の活力をそいではいかん。私はその時期は今世紀末、わが国が『小康水準』のレベルに達したとき、議論し、解決すればいいと考えている。そのころになれば、発展している地域は引きつづき発展するし、かつ多額の税金や技術移転などによって、後れた地域はほとんど豊かな資源をもっているから、その潜在力は大きい。つまり、われわれは必ず沿海地域と内陸地域との貧富の差を徐々に、しかも順調に解決できる」（同）。

そしてかかる徹底した鄧小平のプラグマティズムに対する左右両翼からの反論を牽制して、次のようにいう。

「いま、『右』がわれわれに影響を与え、『左』もわれわれに影響を与えている。しかし、根強いのはやっぱり『左』だ。おおげさなレッテルをはって脅しをかけてくる理論家や政治家は『右』じゃなくて『左』だよ。『左』はいかにも革命色を帯びていて、『左』がかっていればいるほど革命的だと思い込んでおる。党の歴史をみても、『左』というのはこわいもんだ！　まともなものがあっという間に壊されたんだからね。『右』も社会主義をだめにするが、『左』も社会主義をだめにする。中国は『右』を警戒しなくちゃならんが、大事なのは『左』を阻止することだ。『右』もある。動乱、あれは『右』だ！　『左』もある。改革・開放を資本主義の導入だ、発展だといい、平和的手段による社会主義の転覆の危険は、主に経済からくると思い込んでいる。これが『左』だ。われわれは冷静に考えなきゃいかん。そうすれば、大きな間違いは犯すはずはないし、問題が起きたところで容易に正すことができる」（同）。

中国を「左」と「右」からの攻撃から守り、生産力の発展を長期にわたって持続していくためには、共産党一党支配体制を断固として守ることが必要だという、鄧小平の最重要の主題だけはこうして論理整合的なのである。

一二節　改革深化―内陸部に発展を波及させよ

「南巡講話」は、中国の改革派知識人を大いに勇気づけ、その言論はほとばしるがごとくであった。鄧小平の「お墨つき」を得て改革を求める言論が「増幅」したのである。『改革』誌は一九九二年三月一四、一五日の両日、四〇人余の中国の代表的経済学者を招いて討論を行わせ、その概要が『北京週報』(一九九二年五月一九日)に掲載された。「南巡講話」がもたらした「熱気流」を知るのにこの討論は格好である。

社会科学院研究員で『改革』誌の編集長でもある論客蔣一葦は、「容資」から「用資」に進むべきことを訴えた。社会主義初級段階においては資本主義の一定程度の存在を許し、これを適度に発展させる「容資」つまり資本主義の容認が不可欠であるが、社会主義市場経済においては資本主義の利用すなわち「用資」が必要であると述べ、次のような論理を主張する。「社会主義と資本主義の商品経済のメカニズム、運営方式には多くの共通性があり、どれが社会主義でどれが資本主義かは区別できない。そこで、資本主義がその発展期に蓄積してきた、生産力の発展に役立つ方式、方法はすべて利用できる」。「姓社姓資を問わず」の明らかな引き写しである。

成長の加速についての言論もひきもきらなかった。国務院発展研究中心研究員の呉敬璉は、中国の経済成長率は一〇%を下回るものであってはならず、そうでなければ先進国との経済力はさらに広がってしまい、しかも一〇%以上の成長率のもとでなお品質と効率の向上を図らねばならないという。そして、「一〇年がかりで新体制の枠組みを確立しようといっても、これでは遅過ぎる。発展に力を集中するのなら、まずは改革に力を集中しなければならない」と喝破した。

改革の方向は、市場メカニズムの徹底化であり、その徹底化のキーワードはこの討論会では「優勝劣敗」であった。社会科学院経済研究所名誉所長の董輔礽は、優勝劣敗について次のように発言する。「競争の結果は他でもなく優勝劣敗だ。これは倒産した企業にとっては苦痛だ。従業員は失業し、設備が遊ぶからであり、局部についていえば、これは資源の浪費、マイナスの効果である。しかし、このような局部的な浪費、マイナスの効果がなければ、全局的な資源配置の最適化も行われず、プラスの効果も発揮できない。改革にマイナスの効果があることを理由に市場を否定する人がいる。市場をつまみ食いするわけにはいかない。試行中の株式制にしても、プラスとマイナスの効果がある。株式の上場を認めた以上、乱暴な取引をする人が出たり、成金が出たりするだろう。さもなければ市場が発育することは難しい」。

こうなると、事は市場は社会主義と共存できるといったなまやさしいものではなく、社会主義は市場経済と同義の位置にまで「格上げ」されてしまうことになる。ここにおける社会主義像は鄧小平のそれをさえ超えて「前進」している。

言論界のみではない。むしろこうした言論界の論調は党・政府指導部の改革・開放の熱気の反映である。鄧小平の「南巡講話」の精神はすぐその後で開かれた政治局全体会議と第七期全人代における李鵬の政府活動報告を経て、同年一〇月の第一四回共産党大会で総仕上げされた。同大会を通じて「南巡講話」は鄧小平思想として位置づけられ、毛沢東思想とほとんど同格の地位を与えられた。

名目的にいえば全国五五〇〇万人の中国共産党員の一人として以上に何の政治的地位をももっていないはずの鄧小平が、この時点できわめて高い権威を身につけたことを振り返るだけでも、中国がなお「人治」の国であることをうかがい知ることができよう。実際、鄧小平はこの党大会に出席してはおらず、したがってその審議に加わることもなく、ただ最終日に顔をみせたにすぎない。それにもかかわらず、これほどまでに鄧小平思想が色濃く反映した会議も他に例をみなかったのではないか。

江沢民による党活動報告は「南巡講話」の反趨であった。「鄧小平同志は今年初めの重要談話でこう指摘した。計画経済すなわち社会主義ではなく、資本主義にも計画がある。市場経済すなわち資本主義ではなく、社会主義にも市場がある。計画と市場はともに経済の手段だ。計画の要素が多いか、市場の要素が多いかは社会主義と資本主義の本質的な違いではない、と。この透徹した論断は計画経済と市場経済を社会の基本制度の範疇に属するものとみなす思想の束縛を根本から取り除いて、計画と市場の関係についてのわれわれの認識に新たな大きな飛躍をもたらした」。

しかし鄧小平の社会主義像が不鮮明である以上、江沢民のいう社会主義市場経済の内実が不分明であるのも致し方ない。江沢民報告は、「われわれが確立しようとする社会主義市場経済は次のようなものである」といって、その定義らしきものを披瀝している。「社会主義の国家マクロ調整・統制下で、市場に資源配置の基礎的役割を演じさせて、経済活動を価値法則の要求に従わせ、需給関係の変化に即応させる。価格というテコと競争メカニズムの機能を通じて、資源を比較的効率のよい部分に配置するとともに、企業に圧力と原動力を与え、優勝劣敗を実現する。各種の経済信号に対して比較的敏感に反応するという市場の特徴を生かして、生産と需要を適時に調和させるようにする。同時に市場自身に弱点やマイナス面もあることに鑑みて、経済に対する国家のマクロコントロールを強化、改善しなければならない」。

しかしこれでは市場経済そのものであって、とりたてて「社会主義」市場経済などと表現する理由などない。この論理蒙昧それ自体が現在の中国を象徴しているというべきかもしれない。要するに、自らの進むべき方向は市場経済そのものだといいたいところであるが、さりとて、かつてに比べて後退したとはいえなお隠然たる力をもっている保守長老派への配慮を忘れるわけにもいかない。「社会主義」市場経済は彼らに対するある種のリップサービスなのであろう。もう少し踏み込んでいえば、市場化を通じて経済の多元化を求めれば求めるほど、政治的には強い一元化、すなわち共産党一党支配体制を固めていかなければならないのが中国の現実であってみれば、社会主義という用語法を完全に取り外すというところにまでは、いかな鄧小平といえども踏み切れなかったというのが実情なのであろう。

鄧小平にしてみれば、用語法の整合性などはどうでもいい、実態をみつめよといいたいのであろう。その実態であるが、一九七九年に始まる改革・開放の一五年の間に社会主義は、市場経済化の争いがたい侵食作用によって、その内実はすでに空洞化の域にまで達してしまった。社会主義はこれを旧に復させることなど、もはや不可能な地点にまで中国は立ち至ったのである。

Ⅳ　海の中国

第Ⅲ章　何が台湾を形成したのか

清末期に華南から東南アジアに移り住み、逆境の彼の地で刻苦精励してその商業主義的伝統を錬磨した人びとの才覚が、東アジアの発展を支える企業家的能力として開花した。また、上海を事業展開の舞台として往時の中国の金融・貿易・物流の命脈を握っていた浙江財閥が、共産党軍による資産没収の危機を逃れて香港に蝟集し、これが香港を東アジア最大の繁栄拠点とする要因となった。

清末期に東南アジアに外流して磨かれた在外華人の商業主義的な才能は、香港に流出した中国資本主義のエッセンスと結びついて、大陸の外縁部に広く深い華人資本ネットワークを形成し、これが東南アジアと中国の今日の発展に大きく寄与した。

在外華人世界を論じる場合、もう一つ言及しなければならない東アジアの重要な地域がある。台湾である。台湾住民の企業家的才能形成の歴史的経緯は、東南アジア華人、香港華人のいずれとも異なる。とはいえ、漢族が外流して異郷の厳しい環境の中で蓄財に励み、その過程で商業主義の伝統を錬磨したという因果は同様である。

台湾はいかなる歴史的経緯をもってアジア世界に登場してきたのか。

大陸中国の南東部に位置するこの島はいかにも小さい。中国の国土面積は九五九万七〇〇〇平方キロメートル、人口は一二億五九〇〇万人であるのに対して、台湾はそれぞれ三万六〇〇〇平方キロメートル、二二〇〇万人に過ぎない。台湾は国土面積においても人口規模においても、中国に比べればほとんど「誤差」の範囲に入ってしまいかねないほどの「小国」である。

しかし、経済的に台湾をみるならば、決して小国などではない。NIES（韓国、台湾、香港、シンガポール）、ASEAN諸国（タイ、マレーシア、インドネシア、フィリピンなど）の中で、台湾は韓国に次ぐGDP（国内総生産）規模を擁している。一九九九年における中国のGDPが九九一二億ドルである一方、台湾のそれは二八八六億ドルに達し、また同年の貿易規模は中国三六〇六億ドルに対して台湾は二三六九億ドルである。一九九九年の一人当たり所得水準において中国はなお七八七ドルである一方、台湾は実に一万三〇九七ドルにいたっている。

大陸中国の周辺に位置するこの小さな島が、いったいいかなる経緯でこのような経済的力量を身につけたのか、その歴史的経緯をたどることが本章の目的である。

1　台湾の登場

大陸が台湾をみずからの版図とし、ここを実効的に支配した歴史はほとんどない。台湾は大陸にとって長らく中華文明の教化の及ばない「化外《けがい》の地」であり、そこに住まう人々は「化外の民」とみなされ、大陸がその領有に関心を示すことはなかった。

台湾を「発見」してここをイラ・フォルモサ（Ilha Formosa、美麗島）と命名したのはポルトガルである。その後オランダ、スペインが台湾を支配したが、支配は局地的かつ一時的なものに終わった。強大な軍勢をもつ明国ならびに清国が、局地的、一時的ではあれオランダ、スペインによる台湾支配を許したこと自体、大陸が台湾にさしたる関心をもっていなかったという事実を証している。

大航海時代の最盛期、一七世紀の初頭にポルトガル、スペイン、オランダ、イギリスは衝き動かされるように激しい東方への勢力拡張を図っていた。ポルトガル、スペインに後れをとったオランダは、ようやく一六〇二年、バタビア（ジャカルタ）にオランダ連合東インド会社を設立してここを東方貿易の拠点とした。バタビアはオランダ艦隊の東アジアにおける拠点でもあった。

オランダは中国との中継貿易拠点としての台湾に強い関心をもち、バタビアに駐留するオランダ艦隊を明国に属していた膨湖島に差し向け、ここに上陸した。オランダの澎湖島上陸は明国の軍勢によって一度は退けられた。しかし一六二二年のオランダによる再度の攻撃に明国は耐えられず、停戦協定の締結を余儀なくされた。協定の条件は、オランダが膨湖島から撤退するかわりに、その重要性が膨湖島よりはるかに高い台湾本島の割譲を受けるという、オランダに圧倒的に有利なものであった。

オランダへの割譲はまことに愚かな選択であったようにみえるが、要するに明国にとって「化外の地」台湾は領有と開発に値するほどの価値をもたない僻遠の地であったということなのである。

オランダが占領したのは、今日の台南市を中心とした南部地域であった。占領後オランダはただちにゼーランジャ城とプロビンシャ城を台南地域の要塞として築き、ここを軍事支配と中継貿易の拠点とした。台湾は、東南アジア、中国、日本、オランダを結ぶ中継貿易地域として繁栄した。オランダは東南アジアの香辛料、錫《すず》、琥珀《こはく》、アヘン、日本の銀、中国の絹、陶器、漢方薬材、金などを輸入し、これに台湾産の砂糖、鹿皮を加えて輸出に向けた（伊藤潔『台湾―四百年の歴史と展望』中公新書、一九九三年）。

当時の台湾は、昼なお暗い欝蒼《うっそう》たる熱帯雨林が全島をおおう原始の世界であった。開墾された土地はなきに等しかった。マレー・ポリネシア系の原住民が分散居住していただけであった。

オランダは中継貿易地として台湾を領有したが、その肥沃な土地に着目して次第に農業開発にも関心を寄せるようになった。農業労働力として大陸から漢族を招き入れ、台南地域の土地開墾、米と砂糖の生産が彼らによってなされた。

最重要の農産物は砂糖であった。台南地域は世界でも有数の砂糖の生産適地であり、オランダはここで漢族を労働力としてプランテーション農業を展開した。プランテーション経営の資金はオランダ東インド会社が担った。台湾はその後、砂糖の一大生産・輸出拠点になっていくのであるが、その嚆矢《こうし》がこれであった。砂糖の主要な輸出先は日本とペルシャであり、さらにバタビヤを通じて世界各地に再輸出された。

オランダによる台湾占領を羨望するスペインが未開の台湾島北部の占領を目論み、一六二六年に鶏籠（基隆）に上陸した。しかし、すでに台南で大きな経済力を蓄え軍事力も強大化していたオランダは、ただちに北部に拠点をおくスペインに挑んでこれを駆逐し、そうしてオランダの勢力範囲は南部から北部にまで及んでいった。この時点で明国はなお台湾に関心を寄せることはなかった。

2 「反清復明」

1 鄭氏王朝

大陸が台湾に関与するようになったのは、「反清復明」を図る明国の遺臣・鄭成功が台湾を支配するオランダに挑んでここを橋頭堡とした一六六一年以降のことである。

大陸の東北部で勢力を拡大した満洲族（女真族）は、明国の服属から脱して新帝国の形成をめざし山海関から北京に攻め込んでここを陥落、明国を崩壊させた。一六四四年のことであった。新しく成立したのが満洲族の王朝・清国である。明国の遺臣たちは次々と皇族を王に擁立して清国への抵抗を企てるものの、勢いを増す清軍にはかなわなかった。頼るべき政権基盤と軍事力を失った明国は、福建省出身で南方の海域に広大な商圏と軍事力をもつ梟雄《きゅうゆう》・鄭芝龍を南安伯に封じて延命を図った。鄭成功は鄭芝龍の長子である。

広く東アジアを支配海域として移動する商人であり海賊でもあった鄭芝龍は、日本にわたり長崎平戸に滞在し、妻に日本人田川マツを娶《めと》り、長子・鄭森をもうけた。鄭森が後の鄭成功である。鄭芝龍は身重の妻を平戸に残して福建省にわたり、ここを拠点に大きな資産と軍事力を掌中に収めた。しかし鄭芝龍も、福州、泉州と激しく南下をつづける清軍に抗することはできず、一六四六年、清国に帰順、その仕官の道を選択した。

鄭芝龍の帰順の前年、鄭成功は明国の隆武帝に拝謁した。隆武帝は明国への思い深く清国に対する敵愾心の強烈な鄭成功の忠義に深く感銘し、明王朝の姓（国姓）の朱と名前の成功を授けた。国姓爺《こくせんや》・鄭成功の名称の由来である。

鄭芝龍の帰順、仕官の約束は明国によって破られ、同氏は北京で幽閉されてしまった。泉州の鄭家は清軍によって破壊され、妻田川マツは凌辱を受けて縊首《いしゅ》自害する悲劇となった。鄭成功は「反清復明」の武人として生きる意を固め、列嶼（小金門）で挙兵、全軍を率いて南京に出撃した。しかし、清軍の強力な反撃を受けて金門、アモイに退却、ここで死守の陣を敷かざるをえなかった。

新たな「反清復明」の橋頭堡を求めていた鄭成功は、腹心・何斌の説く「沃野千里、覇王の地」台湾に魅せられて、最後に残る三万余の軍勢を引き連れてオランダ支配下台湾に渡り、ゼーランジャ城、次いでプロビンシャ城を攻め落とした。東方でヨーロッパ人が喫した初めての軍事的敗北であった。かくして一六六一年、オランダの三八年にわたる台湾支配は終焉し、鄭氏王朝が台湾における初の漢族王朝となった。

2 「遷界」と「海禁」

しかし、鄭氏王朝が成立した一六六一年のその年、長らく幽閉されていた父・鄭芝龍が北京で斬首《ざんしゅ》刑に処せられ、翌一六六二年の四月に明王朝最後の皇帝・永暦帝が雲南で処刑されるという悲報が鄭成功に届いた。「反清復明」はかなわぬ夢と消え、鄭成功も同年の五月に死去した。享年《きょうねん》三九であった。

鄭成功の死によって清国は勢いづき、アモイに構えていた鄭成功の長子・鄭経を台湾に駆逐した。台湾の鄭氏王朝を引き継いだのはこの鄭経であった。清国は鄭氏王朝を台湾に完全に封じ込めることに成功したのである。

さらに清国は台湾の封鎖を徹底するために「遷界」ならびに「海禁」の挙にでた。遷界とは、広東、福建、江蘇、浙江、山東の五つの省の居民を海岸線より三〇里以内に住まうことを禁じるという政策である。海禁とは、これら沿海諸省の海港への入港や出港を禁じる政策である。鄭氏王朝の財源である中継貿易はこれにより完全に封じられ、経済はたちゆかなくなった。一六七四年、鄭経は明朝の三人の降臣による清朝への反乱（「三藩の乱」）の機に乗じてアモイを攻撃するものの敗北、膨大な軍事予算を使い果たして財政は壊滅状態に陥った。大陸侵攻の直後に鄭経が死去、鄭氏王朝には後継問題で深刻な内部抗争が生じ、解体への道をころげ落ちていった。鄭経の後継は一二歳の鄭克塽であったが、この時点の鄭氏王朝には台湾統治への能力と情熱はすっかり失せていた。

鄭成功は勇猛な武人であったが、同時にその厳格さは苛烈をきわめたという。鄭成功配下の有能な武将として名声の高かった施琅も、ある失敗を犯して鄭成功の逆鱗にふれて家族を惨殺され、鄭成功と袂をわかって清国に投降した。清国は台湾を知悉するこの施琅に兵員二万の軍勢の指揮をまかせ、台湾を攻略した。台湾は無条件降伏し、鄭芝龍、鄭成功、鄭経、鄭克塽と二二年にわたってつづいた台湾の鄭政権はここに息の根を止められたのである。

3　清国期の台湾

1　福建省台湾府

鄭氏王朝が崩壊した年の翌一六八三年、台湾は福建省管轄下の台湾府となり、大陸の行政地域に初めて組み込まれることになった。しかし、清国は台湾を領有したものの、台湾の経済開発に意欲をみせることはなかった。台湾は騒擾を繰り返す「化外の民」の住む野蛮な僻遠の地であり、風土病のはびこる「化外の地」だとみなされ、清国官僚は波高い台湾海峡をこえてここに出向くことを潔としなかった。

実際、康熙帝ならびに主要な君臣たちは、開発の手のほとんど及んでいないこの島の経営は財政的負担をふやすばかりで、得るものきわめて少ない。軍事的な要衝である澎湖島の領有のみで十分であり、台湾在住の漢族は大陸に移動させ台湾はこれを放棄すべし、という考えに傾いていた。

しかし、鄭成功配下の武将として活躍し、後に清国に仕官した、台湾を知悉する施琅は、台湾の肥沃な土地、戦略的重要性は他に代え難いと康熙帝に諄々と説き、施琅の意見が帝に聞き入れられて台湾は一六九三年に福建省台湾府として清国の領土となった。

清国は台湾を領有したものの、その開発への意欲はまことに薄いものであった。それにもかかわらず、台湾はこの時期を境にして開発への道を大きく踏みだすことになる。鄭氏王朝の時代を経て、福建省台湾府に組み入れられた頃から、台湾が人口に比して耕作可能な土地を豊富に擁する未開の地であることが大陸住民に次第に広く知られるようになり、大量の漢族が台湾に移住し、その開発を移住民が担うことになったからである。福建省台湾府がスタートした時点において、台湾の総人口はせいぜい十数万人程度であり、一方、水稲耕作と砂糖黍栽培のために開墾すべく残された肥沃な土地が豊かに存在していた。

華南沿海部の農民、古来土地が希少で人口圧力の強かった福建省や広東省などの華南諸省の貧農にとって台湾はきわめて魅力的なものだとみなされ、彼らのここへの大量移住を誘った。漢族の台湾への大量移住の開始である。

2　華南沿海部の貧困

実際、往時の華南沿海部の貧困は極に達していた。貧困の最大の原因は可耕地の絶対的な不足であった。広東

図1　福建省の地形

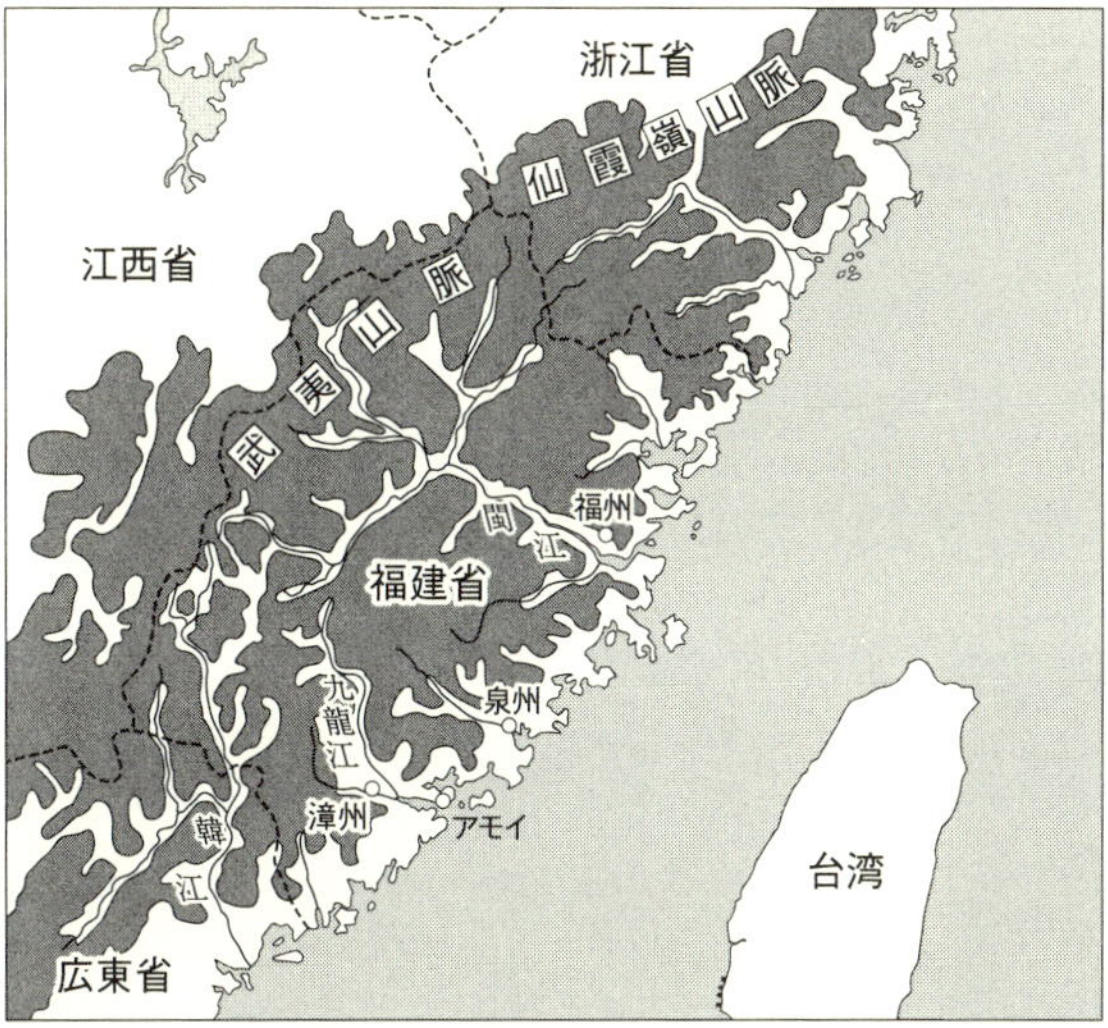

省は「七山一水二分田」（総面積の七割が山地、一割が河川、二割が分散的な水田）であり、福建省は「八山一水一分田」であった。広東省と福建省は、省界をそれぞれ五嶺山脈、仙霞嶺山脈が走り、この山脈から省内に向けて幾重もの小高い山々が連なって、平地はわずかしか存在しない。

台湾への最大規模の移住民の供給元は閩南《びんなん》（福建省）であった。福建省の簡略化された地形が図１に示されている。福建省の土地のほとんどはこの図のアミ部分で示される山と丘陵地ばかりだといっていい。閩江も九龍江も渓流型の河川であり、川は急峻な山間をぬって流れる。そのために田畑はほとんどが段々畑である。気温が高く雨量も多いために森林は豊富であるが、水田はわずかしか存在しない。主要な水田地帯は閩江、九龍江などの河口部に形成された福州平原、莆仙平原、泉州平原、漳州平原の四つであるが、数百平方キロメートルの狭隘な平野であり、しかも高い山脈に連なる丘陵地によって相互に分断されている。

閩江、九龍江、韓江、珠江などの河川が南シナ海に注ぎ込む河口部に形成されたそれほど広くはない沖積地帯に人口が集中し、農民は零細な営農を余儀なくされた。福建省、広東省は人口過密の中国でも有数の人口過密地域なのである。

福建省、広東省の農家一戸当たりの耕地面積は、明国期ならびに清国期の中国において最も狭小であった。一戸当たり耕地面積が小さかったばかりではない。農業経営の零細化は下層農民に土地売却を余儀なくさせ、農民は小作農、さらには土地無し層へと転落していかざるをえなかった。この時期の中国において激しい農民層の下方分解を経験した典型的な地域が、広東、福建の両省であった。

時期は下るが、一九三四年時点の華南地域農村についてなされた中国人研究者の一研究によれば、広東省の農民総数に占める自作農の比率は八%、福建省の同比率は九%で、両省の農民の九〇%以上が小作農や農業労働者であったという。(Yuan Li Wu and Chun-hsi Wu, *Economic Development in Southeast Asia: The Chinese Dimension*, Stanford: Hoover Institution Press, 1980.)

3 漢族の移住

閩南つまりアモイを中心とする泉州および漳州などの福建省南部、さらには広東省東部の沿海地域から大量の漢族が台湾に、図2に示されるようなルートで移住した。

広東省東部からの移民は、長い歴史的時間をかけて原郷の黄河流域から南下して華南一帯に分散居住する客家が主流であった。今日、台湾に住まう住民の多くが閩南語と客家語を用いているのはかかる経緯があってのことである。一九二六年時点で総人口のうち閩南系が八〇・〇%、客家系が一五・六%、原住民系が四・四%であった。

図2　漢族の台湾移住

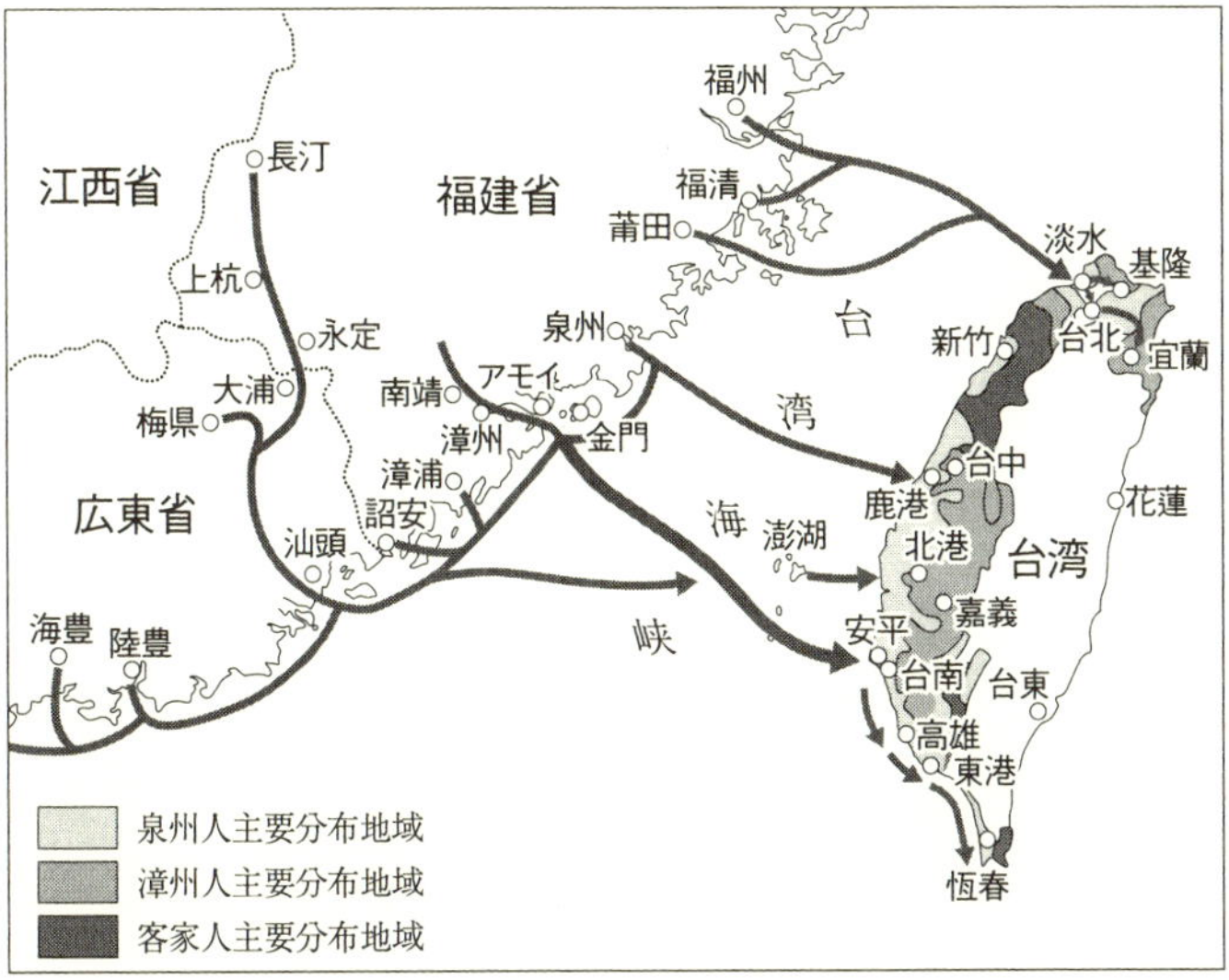

（資料）王崧興「大中華か，台湾―小国寡民か」笠原政治・植野弘子編『台湾』河出書房新社，1995年。

漢族の台湾移住は清国政府によって促進されたものではない。そのまったく逆である。清国政府は、移住した漢族が定住して台湾が再び謀反の拠点となることを恐れたのである。台湾を拠点とした鄭氏一族の「反清復明」の反乱を経験した清国は、漢族の台湾移住に対してはこれを極力制限する政策をとり、福建省台湾府の成立と同時に次の三カ条を公布した。

（一）台湾に渡航を希望する者はまず原籍地にその旨を届け出、アモイ・台湾を管轄する兵備道（総督）の調査を経て、台湾の海防同知（地方官の職名）の審査にもとづき認可を受けること。無許可渡航は厳しく処置する。（二）台湾渡航に当たっては家族を帯同してはならない。すでに居住している者も家族を呼び寄せてはならない。（三）広東省はかねて海賊の巣窟になりやすく、その積年の気風がなお改まっていないので、省民の台湾渡航を禁じる（殷允芃編、丸山勝訳『台湾の歴史―日台交渉の三百年』藤原書店、一九九六年）。台湾移住者に対しては出身地域の公官の同意を義務づけ、移住は許可しても妻子の同行を禁じて定住には強い制約を課し、清国への忠誠心の薄い客家系住民は渡航自体が禁止されたのである。

しかし、狭小な可耕地に過大な人口の圧力を加えられ零細化と貧困化に悩まされていた福建省南部や広東省東部の農民の、人口希薄で肥沃な亜熱帯台湾への移住衝動はやみがたく強いものであった。渡航制限・禁止にもかかわらず移住者の数は増加の一途をたどった。明末清初の華南部では、水害、旱魃、蝗害《こうがい》、さらには軍閥の横暴、戦乱などが農民を襲い、彼らを激しい窮乏化へと導いた。あたかも周期をもって来襲するかのごときそれら天災や人災のたびごとに、華南部住民の台湾への外流が繰り返された。

華南住民の台湾移住は、清国の法律の禁を破ってなされた密航がほとんどであった。台湾海峡の荒海により、粗末な漁船で海を渡る農民の多くは台湾にいきつく前に海に沈んでいった。台湾史の名著、殷允芃編の『台湾の歴史—日台交渉の三百年』はこういう。

「台湾海峡には常に不測の波風があり、運が悪ければたちまち海の藻屑になってしまう。だから、密航であろうとなかろうと、船に乗る前には誰もがまず媽祖の廟に行って祈った。伝説に出てくる長髪白衣の媽祖は、暗夜の海にかすかに灯をともし、海上を行く船の行く手を明るく照らしてくれる女神であり、移民が『黒水溝』を越えて行った三百年間を通じて幸運を祈る主たる対象であった。運よく台湾にたどり着き事業に成功した人は、台湾によく媽祖廟を建てて恩返しをした。こうして媽祖は台湾で最もよく知られる民間の信仰を集めることになる。」

4 「分類械闘」

華南部農民の台湾移住への熱望を前に、清国の渡航制限政策は次第になし崩しとなっていった。広東省南部の客家の移住禁止も一七六〇年に解かれ、移住者の数は増加した。台湾が清国の領土に正式に組み込まれた一六八四年に一〇数万人と推定された人口は、一七三六年には六〇万人、一八一一年には二〇〇万人弱となり、日本による統治が開始されて間もない一九〇五年時点には三〇〇万に達した。

一九〇五年時点の人口のほとんどは漢族であり、非漢族の原住民は一一万人を少しこえる程度であった。福建省からの移民がマジョリティであった。福建人のうちでも泉州と漳州の出身者がきわだって多かった。一九二六年の総人口のうち出身地を泉州とするもの四四・八％、漳州とするもの一五・六％であった。両者は大略同一の言語で相互コミュニケーションを図ることができ、合わせて福佬人《フクロー》といわれる（王崧興「大中華か、台湾―小国寡民か」）。

大陸からの移住民を受け入れた台湾は、肥沃な土地を豊富に擁していたとはいえ入植は難業であった。亜熱帯の台湾はマラリヤ蚊が飛び交い、毒蛇が棲息する「化外の地」であった。漢族は台湾原住民を既住の地から追い払おうとするものの、当然ながらそれへの抵抗は強力であった。先行した泉州や漳州の閩南系移住者は台湾島西部の平野を占有し、後発の客家系の移住者はいきおい肥沃度の劣る土地や山地に向かわざるをえなかった。その不満が武闘を含む両者の確執を生み、「五年一大乱三年一小乱」が往時の台湾の現実であったという。

実際、清国期を通じて台湾は一貫して「難治の地」であった。台湾に入植した原籍地の異なる人々相互が武器をもって闘争する「分類械闘」が恒常的であった。原住民と漢族との対立、漢族の中でも閩南系住民と客家系住民との対立、台湾移住者の大半を占めた閩南系のうち泉州系住民と漳州系住民との対立が、清国期の台湾にはつねに存在した。未開の台湾に単身移り住んできたものが、同一の言葉で語り合える原籍を同じうする人々の強固な同郷集団をつくり、これが時に武力を用いて他を斥けようとする強い排他性をもったのである。

清国官僚は台湾に赴くことを潔しとしなかった。満洲族の清国は漢族に信をおかず、台湾に派遣された漢族官僚は妻子を大陸に人質として据え置かれ、行動の自由を束縛されていた。単身赴任でかつ低い給与の官僚の間に賄賂や汚職が広がり、それがゆえに清国の台湾での統治能力は大きく削がれた。公権力を信用しない住民は、みずからの力によってみずからを守ることを余儀なくされ、これがまた一段と激しい「分類械闘」を誘った。

入植した華南住民は、こうした苦難を経験しながら亜熱帯の樹木が限りもなくつづくジャングルを切り開き、手つかずのままにおかれていた荒蕪地《こうぶち》を開墾するという労苦に挑んでいった。華南住民の資産はなきに等しく、開墾はまったく裸一貫のベンチャーであった。

台湾の主力農産物は、オランダ植民地時代以来一貫して自給作物としての米と商品作物としての砂糖黍《きび》であった。清国期の移住民の労働もこの二大作物のための開墾・生産にあてられた。

住民の事業はまずは土地開墾から開始された。すでに原住民が活動していた土地は「番地」と呼ばれ、彼らに地租（「番租」）を納めてここに入植した。移住民がやってきた頃の台湾には無地主の土地が広がっていた。入植のためには清国政府に開墾許可書を提出し、認可を得て開墾した後に地代を定期的に上納することになっていた。

開拓事業は順調に進んだわけではない。武力を用いて原住民の土地を奪取したり、無地主の土地を無許可で占有したりするものが後を断たず、抗争は日常的であった。台湾の水稲耕作は高温多湿の気象条件に恵まれ、二期作から三期作が可能であったが、この好条件を手にするためには水利事業、つまり灌漑のための溜池や用水路の整備が必要であった。移住民の労働によりこれらの事業が次々と展開され、当時の台湾の単位面積当たり収量（単収）は東アジアの中で最高水準にいたった。

移住民の開墾努力はまたたく間に米の生産余剰をつくりだし、清国期の台湾は華南部とくに福建省の食料不足を補って余りあるほどであった。商業主義の伝統の色濃い華南住民の台湾における開拓のこの刻苦精励こそが、その能力を錬磨した最重要の要因である。

商業主義は農業において発揮されたばかりではない。米や砂糖の流通部門においても磨かれていった。一八世紀の前半期の台湾において、両作物の移出入を業務とする独自の商業的組織である「郊」がすでに広範に形成されていた。「郊」とは、同一の貿易相手をもつ商人同士、さらには同一の商品を交易する商人同士のギルド的な同業者組織である。台南には「北郊」と「南郊」があった。前者は天津、煙台、上海などを商圏とし、後者はアモイ、漳州、泉州などを商圏とする商人同士の組織である。「糖郊」ならびに「布郊」はそれぞれ砂糖、布を商う商人の同業者集団のことである。そして「北郊」「南郊」などが相互に次第に結びつきを強めてより大きな商圏をつくりだし、彼らのあるものが後に台湾の商業資本家として財をなしていった。

4 清朝の衰弱

1 牡丹社事件と台湾出兵

一九世紀末葉に華南から外流した人々を受け入れた東南アジアは、欧米列強の支配する植民地であった。華南住民は列強の経営するプランテーションや鉱山での労働力需要に応じてここに吸収されていったのであり、つまり往時の東南アジア華僑はすでに形成されていた植民地経営システムの中に組み込まれたということができる。

しかし、一七世紀に清国の版図となった台湾に流入した華南農民を待っていたのは、統治のための行政や経営のシステムのない「化外の地」であった。清国政府が台湾の開発に関心をもっていなかったことは既述した。

清国政府が台湾の経営に積極的な姿勢を示すようになったのは、台湾島南部の牡丹《ぼたん》社に漂着した琉球宮古島の漁民が台湾住民によって殺害されるという事件に端を発した、一八七三年の日本の台湾出兵以降のことであった。出兵後の一八八四年にはフランスが澎湖島を占領するという事件がおこった。清国政府は外敵に台湾を脅かされてようやく積極的な経営にのりだしたのである。

鄭氏王朝が崩壊してここが福建省台湾府となって以来、阿片戦争にいたるまでの台湾は、外敵の脅威を受けることはなかった。この間、台湾は米と砂糖を中心に耕作地域を南部から北部、西部から東部へと外延的に拡大していくという時代を経過し、次第に豊かな農業地域へと変貌していった。「郊」が台湾の米、砂糖、さらには樟脳《しょうのう》を大陸に移出し、大陸から日用製品などの工業財を移入して、台湾住民の生活が成立していた。

しかし、阿片戦争に清国があえなく敗北し、その衰弱ぶりが誰の眼にも明らかになるとともに、列強の清国進出は次第に加速度をましていった。イギリスは阿片戦争後の南京条約により香港島の割譲を受け、上海、広州、アモイ、福州、寧波などを開港させ、次いで台湾に着目した。一八五六年のアロー号事件後の天津条約にもとづき、清国は台湾の淡水、鶏籠（基隆）、つづいて安平、打狗（高雄）の開港を与儀なくされた。

しかし、台湾への軍事的進出を開始したのはイギリスではなく日本であった。きっかけとなったのが牡丹社事件であった。明治維新後、経済力と軍事力を蓄え、海外への勢力拡張衝動を次第に強めつつあった日本は、まずは日清両属の琉球を日本に直属させ、次いで台湾への進出を企図したのである。台湾出兵は近代日本初の海外進出であった。

台湾に漂着した琉球宮古島の漁民が牡丹社に踏み込み、うち五四人が原住民パイワン族に殺害されたという事件は、台湾進出をねらう日本にとっての格好の口実となった。この事件を機に日本政府は福建省福州に領事を駐在させ、後に初代と第四代の台湾総督となる樺山資紀ならびに児玉源太郎に台湾の実情を探らせた。

台湾進出の準備を着々と整える一方で、日本政府は副島種臣を北京に送り、牡丹社事件について清国政府との交渉に当たらせた。この事件に対する清国政府の反応はまことにおざなりのものであった。牡丹社事件は「化外の民」、中華文明の教化の外にある「生番」の引き起こした事件であり、清国政府が直接これに責任を負う必要はないという反応であった。

この反応を好機とみて日本は、一八七四年、西郷従道の指揮の下、軍艦ならびに輸送船八隻に兵員三六〇〇名を乗せて台湾出兵の挙にでた。兵が牡丹社を包囲、攻略してパイワン族を降伏させ、番地を占領した。

みずからの戦力の不足を自覚する清国政府、台湾出兵への列強の支持を取りつけることのできない日本政府、両者の思惑が交差して、日本の台湾出兵は日清間の戦争にまでいたることはなく、「北京専約」が締結された。これにより清国は日本の番地討伐の正当性を認めさせられ、かつ日本に賠償金五〇万両を支払うことになった。そして日本は、日清両属の地位におかれていた琉球の日本直属を間接的ながら清国に承認させることに成功した。番地占領は半年つづいて後に撤兵となった。

2　洋務派官僚による台湾開発

日本の台湾出兵を許容せざるをえなかった清国は、ここにいたり危機感をつのらせ、台湾の確保のためには台湾の開発が必要であるというまっとうな認識にようやくにして達した。

一八七四年の日本の台湾出兵の年に、海防強化を任務として用務派官僚の沈葆楨に勅命を与え、台湾に派遣した。沈葆楨は、安平、旗後、東港などに砲台を建設して海防強化に努めるとともに、行政区整理、山地開発を試み、さらにそれまで施行されてきた漢族の台湾移住制限を廃止、さらに漢族の原住民地区への侵入禁止や原住民との通婚禁止などのすべてを廃止した。沈葆楨は道路建設などインフラ整備にも力を注ぎ、この時期に始まる台湾島開発の基礎を築いた。

沈葆楨の事業は、後任の洋務派運動の推進者丁日昌によって継承され、鉄道建設や通信用送配電設備の拡充などがなされた。沈葆楨ならびに丁日昌の台湾経営は、大陸中国が台湾の開発に関わった最初の事業となった。

清国はフランスによる澎湖島の占領によって列強の帝国主義的野心を知らしめられ、台湾開発は一段と本格化した。阿片戦争後の清国の衰退ぶりをみて、フランスは清国の属領であったベトナムの領有を目論み、一八八四年に清国と開戦した。北京をねらうフランスは主戦場を福建省に定め、ここから福州と基隆への攻撃を繰り返した。

清軍の指揮をとったのは李鴻章であった。李鴻章は洋務運動の初期の指導的政治家・曾国藩の配下であった。李鴻章はやはり洋務派の将軍として名声の高かった劉銘傳を台湾に派遣し、戦争への備えに当たらせた。劉銘傳はフランス軍の台湾来襲を激しい砲撃によって撃退した。

清仏間の攻防は機に乗じた日本の朝鮮への進出を誘う危険性があり、日仏による挟撃をおそれた清国は、清仏戦争の終結を画策し、一八八五年、李鴻章とフランス公使との間で天津条約が締結された。清国は海防の要衝である台湾の防備の重要性に鑑み、属領ベトナムの宗主権を放棄してこれをフランスの保護国とするという条件と引き換えに、フランスの台湾海峡封鎖を解かせ、澎湖島からの撤兵をのませた。

3　劉銘傳の改革

清国は一八八五年一〇月、台湾を福建省から独立させ新たに台湾省とした。清仏戦争での功績を認められた劉銘傳が初代巡撫（知事）に任命された。劉銘傳の功績は確かに「台湾近代化の父」というにふさわしいものであった。劉銘傳は、まずは近代化の基礎を築くための財政確保に取り組んだ。この時代にいたるまで台湾に派遣された官僚の腐敗は著しく、統治行政は混乱し、土地の所有状況の把握もきわめて不十分であった。台湾の土地制度は複雑をきわめ、地税は地域によって大きく異なり、地税負担は著しく不公平であった。地税を免れた「隠田」も広範に存在していた。

劉銘傳は地租整備総局を創成し、耕地の測量とこれにもとづく平等な地税制度を確立した。この結果、政府が掌握する耕地面積が拡大し、地税収入額が著増した。劉銘傳による「清賦事業」である。

インフラ建設に対する注力にも著しいものがあった。劉銘傳は台湾開発における鉄道の重要性に強い関心をもち、清国政府の支持をとりつけて基隆から台北、さらに台北から新竹までの鉄道を敷設した。海運の充実も図られた。汽船を輸入して、これを台湾、大陸、東南アジアの各港間を密に往復させ、交易を活発化させた。都市における電灯の設置、電報線の敷設、郵便事業の開始などもなされた。これらはいずれも清国における最初の試みであった。洋式学校を台北に設置し、外国語、数学、測量法などを教科に取り入れた。機械製造や鉄道建設などを台湾独自の力でなし遂げようというのが、劉銘傳の野心であった。台湾の都市は、往時の清国において最も近代化された地域であった。

劉銘傳の野心は、しかし北京の嫉妬を誘発し、清国政府の圧力によって一八九一年に台湾巡撫の職を解かれてしまった。後を襲った伝統的な保守派宮僚・邵友濂によって台湾開発のプロジェクトの多くが中断され、劉銘傳の夢は頓座した。劉銘傳の事業を継承したのは、皮肉なことに日清戦争に勝利して台湾の開発に当たった日本であった。

5　日本統治時代

1　台湾割譲

清国の属領朝鮮でおこった農民反乱「東学党の乱」に際して李氏朝鮮が清国に援軍を要請したのを機に、日本は兵力を結集して清国軍に攻撃をかけ、ここに日清戦争(「甲午戦争」)が開始された。遼東半島の大連、旅順を陥落させ、山東半島の威海衛を占領した。清国が日本の台湾出兵を受けて以来、懸命に育成してきた北洋艦隊の基地・威海衛の壊滅によって戦局は決まり、日本軍が天津、北京へと向かう過程で清国は日本との和議の意思を固めた。

清国全権代表・李鴻章、日本全権代表・伊藤博文が下関の春帆楼で交渉をつづけるさなか、日本軍はひそかに軍艦一一隻からなる南方派遣艦隊を台湾におもむかせ、澎湖島を占領した。事実を知らされた李鴻章はここで屈辱的な下関条約(「馬関条約」)の締結を余儀なくされた。条件は、朝鮮の独立、遼東半島・台湾・澎湖島の割譲、銀二億両の賠償金支払いなどであった。日本は後に露独仏の三国干渉によって遼東半島を放棄せざるをえなかったものの、澎湖島を含む台湾は第二次世界大戦の敗北にいたるまで五〇年余にわたって日本の支配下におかれることになる。

日本の進駐に台湾住民は激憤し、清国政府に台湾奪回の援軍を求めるものの、北洋艦隊を全滅させられた清国にはそのための軍事力はなかった。清国に完全に見捨てられ絶望感が台湾に広がった。みずからはみずから守るより他なしとして、最後の台湾巡撫・唐景崧を総統とする台湾民主国を成立させた。

日本の台湾領有に対する外国の干渉を排除し、台湾住民の独立志向をいちはやく叩いておくためにも、日本は台湾占領に急遽大軍を投入することを決意した。一八九五年五月、陸軍大将・樺山資紀を台湾総督とし、北白川能久親王指揮下の近衛師団ともども澳底に上陸、基隆を占領し、台北に無血入城した。次いで淡水を占領、台湾北部は完全に日本軍の手に落ちた。台湾民主国総統の唐景崧はアモイに逃亡した。

日本軍の北部から南部への進駐に台湾住民は根強い抵抗をみせ、これに抗して日本は乃木希典指揮下の第二師団を投入した。伊藤潔氏の指摘によれば、台湾占領にかかわった日本軍の総数は、陸軍二個師団約五万人、軍属と車夫二万六〇〇〇人、軍馬九五〇〇頭であり、これは当時の陸軍の三分の一以上、連合艦隊の大半を動員する規模であったという（伊藤潔『台湾―四百年の歴史と展望』）。

2　武断政治

台湾民主国は崩壊したものの、非組織的な対日勢力、「土匪」と呼ばれたゲリラの反攻はなおもつづいた。樺山資紀、桂太郎、乃木希典の三代にわたる総督の三年間の最大の課題は、住民の抵抗を抑え込んで台湾の治安をいかに守るかであった。「武断政治の時代」であり、実際、この三代の総督はいずれも明治期日本の勇猛な将軍であった。

総督は皇帝のごとき存在であり、「土皇帝」と呼ばれていた。司法、行政、立法の三権を司り、軍事大権を総攬する絶対的権力者であった。それにもかかわらず、台湾統治は容易ではなかった。統治に困難をきわめる台湾をもてあまし、台湾売却論が日本国内で語られたほどであった。

日本軍の進駐に抗する「土匪」を力で鎮圧する武断の時期を経て、本格的な植民地経営が始まったのは、第四代総督として陸軍中将・児玉源太郎が一八九八年三月に着任して以降のことであった。この総督を補佐する民政部門の最高長官が後藤新平であった。台湾経営の基礎を築いた明治期日本の代表的な有能官僚がこの後藤であった。後藤は一九〇六年に満鉄総裁として転出するまでの一〇年近く、効率的な植民地経営を求めてその辣腕《らつわん》をふるった。

後藤の台湾経営の哲学は、しばしば「生物学的植民地論」として知られる。個々の生物の生育にはそれぞれ固有の生態的条件が必要であるから、一国の生物をそのまま他国に移植しようとしてもうまくいくはずがない。他国への移植のためには、その地の生態に見合うよう改良を加えられなければならない。本国日本の慣行、組織、制度を台湾のそれに適応するよう工夫しながら植民地経営がなされるべきだ、概略そういう主旨である。武断型の植民地支配とは明らかに一線を画する経営思想であった。

「社会の慣習とか制度とかいふものは、皆相当の理由があって、永い間の必要から生れてきてゐるものだ。その理由を弁へずに無闇に未開国に文明国の制度を実施しようとするのは、文明の逆政（虐政）といふものだ。そういうことをしてはいかん。だから我輩は、台湾を統治するときに、先ずこの島の旧慣制度をよく科学的に調査して、その民情に応ずるように政治をしたのだ。これを理解せんで、日本内地の法政をいきなり台湾に輸入実施しようとする奴等は、比良目の目をいきなり鯛の目に取り替へようとする奴等で、本当の政治といふことのわからん奴等だ」というのが後藤の弁である。

台湾統治のために後藤は、鄭氏王朝の時代からの来歴をもつ「保甲」を利用した密度の濃い警察制度を確立した。保甲とは一〇戸一甲、一〇甲を一保として甲長と保長をおき、保甲内の相互監視と連座制を徹底した制度であった。戸口調査、出入者管理、伝染病予防、道路・橋梁建設、義務労働動員などがすべてこの保甲を通じてなされた。保甲は日本の台湾支配のための効率的な住民組織として機能したのである。

治安組織の創出とならんで後藤がその初期になした刮目《かつもく》すべき成果は、清国洋務派官僚・劉銘傳によって試みられ未完に終わっていた土地・人口調査事業の完遂であった。後藤はこの事業をもって経営さるべく託された植民地台湾の現状を徹底的に調べ尽くした。土地調査事業は一八九八年九月に着手された。着任後わずか半年のことであった。調査を通じて全土の耕地面積・地形が確定され、地租徴収の基盤が整えられた。

既述した劉銘傳の清賦事業により台湾の土地と土地制度は次第に明らかになったとはいえ、なお不徹底であった。後藤が土地調査事業を開始した時点での台湾の土地は、地主である「墾主」から大規模小作農である「大租戸」に貸しだされ、さらに大租戸から零細小作農である「小租戸」に小作地としてだされていた。実際の耕作者は小租戸である。とはいえ、この三者間の土地の権利関係は現実には明確ではなく、また土地を新たに開墾しても登記による私有権の確定は十分にはなされていなかった。隠田もなお広範に存在しており、これは徴税の対象外であった。清国官僚の行政能力の弱さのゆえである。

後藤は、細大漏らさぬ調査により台湾の土地状況を把握していった。そうして公債発行により得た資金をもって大租戸から土地の権利を購入し、これを耕作者である小租戸に分け与えた。大租戸を廃止して土地所有関係を簡素化したのである。存在していた隠田は完全に洗いだし、これを公有地とした。後に小租戸からの地税収入額が大租戸への支払い額を凌駕して、後藤の土地調査事業は財政収入に少なからず貢献した。

土地調査事業につづいて林野調査事業が始まり、台湾の広大な山林地帯の面積・地形が確認され、その所有関係が確定された。一九〇三年には「戸籍調査令」が発令され、これにもとづき大規模な人口調査が行われた。住民戸籍の台湾の歴史に例をみない近代的にして本格的な調査事業であった。この人口調査によって明らかになった台湾人口は、閩南系二四九万人、客家系四〇万人、原住民九万人、中国人などの外国人一万人、日本人五万七〇〇〇人であった。

3　社会間接資本

後藤の治世下、台湾の植民地経営の基礎は急速に整えられていった。土地・林野・人口などの基礎調査事業と並行して、多様な社会間接資本が整備された。台湾銀行が設立され、台湾銀行券の発行が開始された。これにより台湾の貨幣が統一され、社会間接資本の建設に要する大量の資金が同銀行の事業公債により調達された。

台湾の社会間接資本は往時の他の植民地に類例をみない充実ぶりであったが、それらのほとんどは後藤の時代に着手されたものであった。その事業を列記すれば、基隆から高雄にいたる縦貫鉄道の建設、この鉄道の起点に位置する基隆・高雄両港の拡充、さらに縦貫鉄道に連結する道路の建設・拡充により陸上・海上運輸能力が強化され、飛行場の建設がこれに加わった。電話網の密度は当時の日本のそれに比べて遜色のないものであった。

「米糖経済」台湾の農業発展基盤も日本統治時代に充実した。ハワイからの砂糖黍の導入を通じて幾多の品種改良が試みられ、搾糖機械の技術革新が図られて製糖業の近代化が進んだ。台湾製糖株式会社以下多くの大規模な製糖会社が一九〇〇年以来次々と設立され、在来の零細経営の糖業が一新された。

米についても精力的な品種改良努力が重ねられ、「蓬萊米《ほうらい》」として知られる新品種は品質と単収の両面で当時の東アジアにおける画期的な水稲種であった。水利灌漑施設の拡充、これによる開田が相次ぎ、台湾の耕地面積が急拡大した。米生産の拡大、単収の増加により台湾米の生産高は島内需要を大きくこえ、日本への移出が可能となった。

亜熱帯の台湾を悩ませてきた不衛生と疫病に対する対策も、後藤による統治の功績であった。予防接種が義務化された。鉄筋コンクリート製の上下水道が日本国内よりもはやく台北に敷設された。現在の台湾大学医学院の前身である台北医学校が創設されたのも後藤の時代においてであった。

こうした台湾開発努力は、日本の台湾支配を完全なものにしようという政治的野心をもとに展開されたものであり、慈善事業などではない。日本が台湾を領有するにともない、台湾と大陸中国、東南アジア、ヨーロッパとの交易は日本によって独占され、さらに台湾市場が日本企業によって専有された。

台湾最大の産業となった製糖業においては、三井、三菱、藤山の三大製糖企業が全生産量の七〇%以上、全耕地の五〇%前後を支配した。総督府によって導入された食塩や樟脳などの専売制度は三井、三菱など日本企業の一手販売となった。台湾銀行もまた台湾で事業を展開する日本企業を積極的に支援した。近代化された製糖業のすべては日本企業の手にゆだねられた。

4　教育制度の拡充

それにもかかわらず、日本の支配はその後の台湾の発展に重要な基礎を提供した。その最も重要なものは教育制度の拡充であった。第四代総督・児玉源太郎が台湾を去り、後藤新平もまた南満州鉄道会社（満鉄）総裁へと転じた。

一八九五年の領有以来、一九一九年までの日本の台湾統治は「前期武官総督時代」と呼ばれ、この間の七代にわたる総督のすべてが軍人であった。台湾の抗日勢力を力で抑えながら、土地・林野・人口の調査事業と社会間接資本の建設を急速に進める植民地経営基盤の整備期であった。

統治基盤の形成がひとまずなされたところで、本国日本において原敬内閣が成立して政党政治が開始された。大正デモクラシーの時代でもあった。台湾経営の基盤が整い、日本の政党政治が緒について台湾総督には文官が任命されることになり、統治のスタイルも台湾住民の教化を求める「同化政策」へと転じていった。同化政策の中心が教育であった。

台湾住民は、清国期、一八世紀の末葉に商業主義の伝統をもつ福建省、広東省から台湾のこの地に入植して徒手空拳で水稲耕作、砂糖黍栽培のための開墾に尽力し、そうして勤労の精神と蓄財の才能を鍛えてきた人々であった。しかし、そうした精神と才能は農業社会のそれであって、産業社会に適応する知識と技術に裏づけられたものではなかった。

台湾住民が新しい知識と技術に接近できる初めての機会が、日本統治下の教育によって提供された。それまでの台湾においては住民が教育を求めても、用意されていたのはわずかに私塾のみであり、そこでは旧守的な四書五経を訓詁として修得するにとどまっていた。文官総督時代に整備された近代的な教育制度を通じて、台湾住民は理科や数学に接し、産業社会に適合する精神と才能を身につける機会にようやくにして恵まれたのである。「日本」という媒体を通じてであれ、それまではほとんど不可能であった社会科学や自然科学への接近が、しかも住民社会のグラスルートにいたるまで可能になったという事実は、統治意図の如何をこえてこれは正当に評価されねばならない。

日本の植民地統治下で公学校の数は持続的に増加し、国民学校への就学率は一九二九年には一七％、一九三六年には四三%、一九四〇年には六〇%となった。一九四三年には義務教育制度が導入され、翌一九四四年の同比率は実に八〇%に達した。他の列強支配の植民地では想像もできない高率であった。

日本統治下における教育制度拡充の成果を、統治の終了年一九四四年についてみれば、以下の通りである。国民学校は一〇九九校、盲唖学校などの各種学校一一校、実業・師範学校一二二校、専門学校五校、高等学校一校、帝国大学予科一校、帝国大学一校であった。高等教育については、日本への留学も一般化しており、留学生数は一九二八年に四〇〇〇人台、一九三七年に六〇〇〇人台、一九四三年には八〇〇〇人台であった。

5 台湾近代化

教育制度の拡充のみならず、台湾近代化の実績は他にも豊富にある。現在の台湾における国民中学の標準的な教科書である『認識台湾』は、日本統治時代の「社会の変遷」の項目で、(一)人口の激増、(二)纏足《てんそく》、弁髪追放の普遍化、(三)時間厳守の観念の養成、(四)遵法精神の確立、(五)近代的衛生観念の確立、の五つをあげている。例えば、遵法精神の確立について、同書は次のように解説している。

「総督府は警察と保甲制度を用いて有効に社会支配を達成し、犯罪の防止と秩序の維持を厳密に行い、民衆が射倖心で法律を犯さないようにした。同時に、学校や社会教育を通じて近代法治観念と知識を注入し、秩序と法律を尊重することを学ばせ、それに加えて司法は公正と正義を維持することで、社会大衆の信頼を獲得した。この影響で、民衆は分に安んじ、規律を守るなどの習慣を養い、遵法精神を確立した。」

日本の台湾支配がいかなる動機づけをもってこうした業績を残したのか、この問に、マーク・ピーティーは日本植民地史研究の傑出した著作『植民地—帝国五〇年の興亡』(浅野豊美訳、読売新聞社、一九九六年)において次のように答えている。

「日本の植民地帝国は、外観では西洋諸国の熱帯植民地をモデルにしていた。しかし、日本の植民地政策の枠組みは帝国形成の前半期に作られたもので、直接ヨーロッパの先例を模倣したというよりも、徳川時代の封建的秩序を打ち破り維新以来の三十年で成功した日本自身の近代化の努力をモデルとしていた。もちろん、明治の諸改革は大部分西洋の経験に学んでいたとはいえ、形成途上の日本の植民地主義は、富国強兵―つまりは近代化による改革のすべてを強力で繁栄する日本の建設という目標に結びつけた明治初期の政策理念の総称―を抜きにしては理解できないといっても過言ではない。」

6　日本統治の終焉

第六代の総督は陸軍中将・明石元二郎であったが、これを継いだ第七代総督は原敬内閣のもと文官の田健次郎であった。田健次郎の赴任は一九一九年であり、以来、第一五代総督の中川健蔵が退任する一九三六年まで文官総督の時代がつづいた。「前期武官総督時代」につづく「文官総督時代」である。

一九三〇年には中部の霧社で山地原住民による日本人襲撃事件がおこった。一三〇名をこえる日本人が殺害され、鎮圧により二七六名の原住民が殺害されるという悲劇の「霧社事件」が発生した。日本が受けた衝撃は大きかったものの、台湾統治自体はこの事件にもかかわらずおおむね順調に推移した。

文官総督の時代にも、後藤新平によって着手された鉄道、道路、港湾、灌漑などの社会間接資本の整備がつづけられ、製糖業の近代化と水稲耕作の拡充がなされた。そうして台湾は遅くとも一九一〇年以前に財政自立に成功し、以降、日本の財政に対する台湾の寄与は次第に大きなものとなっていった。台湾統治は日本にとって十分に「採算」の取れるものとなったのである。

海軍大将・小林躋造が台湾総督として赴任してきた一九三六年をもって文官総督時代は終わり、「後期武官総督時代」へと入っていった。一九三一年の満州事変、一九三三年の国際連盟脱退、一九三七年の盧溝橋事件に端を発した日中戦争が拡大していく過程で、日本は戦時体制を強化した。その過程で台湾もまた日本の戦時体制を補完する形で再編されていった。台湾住民の「皇民化」、台湾経済の「工業化」ならびに「南進基地化」がこの時期の台湾統治の重要な政策目標となった。

「聖戦完戦」を求めて同化政策が急進化し、皇民化政策へと転じた。新聞漢字欄の廃止、日本語常用運動の強化、偶像・寺廟の撤去、神社参拝の強要、改姓名の推奨等々の日本化、日本人化が図られた。

台湾は日本軍の南方戦略の「兵站《へいたん》基地」となり、機械、金属、化学の重化学産業の建設が急速に進められた。重化学工業を推進する母体会社として一九三六年には国策会社の台湾拓殖株式会社が設立され、巨大な資本金をもつこの会社が投資主体となって傘下に三〇をこえる有力な子会社を擁した。重化学工業企業のエネルギーをまかなうべく日月潭に巨大規模の水力発電所が建設された。

植民地における近代的な重化学産業の大規模な展開は、日本統治下の朝鮮半島北部を別にすれば、他の列強支配下の東アジアの植民地においては他に例をみない。一九四〇年、日本が太平洋戦争に参戦する直前において、台湾の工業総生産額は農業のそれをすでに大きく上まわったのである。

日本統治初期の台湾は砂糖黍栽培を中心としたモノカルチュア経済であった。文官総督時代の台湾もこれに水稲耕作を加えた多分にモノカルチュア的な経済であった。この構図が一九三〇年代の後半期の急速な「南進基地化」政策によって劇的に変化していった。

日本が敗色を濃くしていくとともに、台湾もまた日本と同様の統制経済体制下に入った。台湾住民にも徴兵制が適用され、志願兵を含めて八万人をこえる人々が戦線に赴き、戦病死者の数は三万人を上まわった。

ポツダム宣言の受諾、日本の敗北と同時に台湾を接収したのは中華民国であり、国民党政権であった。敗戦により台湾在住の日本人は本土へ引き揚げ、日本、中国、東南アジアにいた台湾住民が台湾に帰還した。こうして国民党による台湾支配の時代が開始されたのである。

6　国民党政権下の台湾

1　省籍矛盾

日本の台湾放棄を受けて、中華民国政府はただちに台湾接収に乗りだした。台湾省行政長官公署を設立し、その初代長官に国民党の軍人・陳儀を任命した。行政長官は司法、行政、立法の三権に加え軍事大権をも一元的に擁する強大な権限を付与された。行政長官の指揮下で日本統治時代の資産「敵産」の接収が行われた。この接収により、国民党は日本統治の半世紀にわたる膨大な蓄積資産を一夜にして掌中にし、これらすべてが省営、党営の公企業となった。

敵産の公企業化は進んだものの、これによって日本統治下の台湾経済が国民党統治下のそれへと順調に受け継がれていったわけではない。台湾が日本との連携を絶たれ新たに大陸と結びついたことにより、とどまることのない大陸のインフレが台湾になだれ込み、経済は機能麻痺に陥った。

国民党の行政は「人治」であり、効率はきわだって低く、汚職が蔓延し、軍律の乱れもはなはだしかった。日本統治時代の、厳格ではあれ効率的で清廉な行政に馴れていた本省人の反発は日増しに強まっていった。国民党支配に対する本省人の怨嗟《えんさ》は国民党の残忍な暴力によって叩きつぶされた。二万八〇〇〇人が殺害された悲劇の「二・二八事件」により、本省人台湾住民の心は外省人から遠く離れてしまった。

事件の発端は、一九四七年二月二八日、台北市の商店街の街頭で煙草《たばこ》の密売をしていた一女性が摘発され、当局の手荒い摘発を目撃した人々がこれに抗議して始まったいざこざであり、些細で偶発的なものであった。しかし、外省人支配に対する本省人のつのる憤懣《ふんまん》は、この事件を全土を巻き込む反国民党運動へと拡大させてしまった。国民党はこの事件を本省人の反乱と捉え、大陸の国民党鎮圧軍の派遣を仰ぎ、そうしておぞましくも悲劇的な本省人掃討へと展開していった。今日の台湾になお色濃く残る「省籍矛盾」の淵源がこの事件であった。

2 強権政治

この時点で国民党軍は大陸で共産党軍との内戦のさなかにあった。しかし、国民党はこの国共内戦に無惨な敗北を喫し、一九四九年一二月に中華民国政府の本拠地を台湾に移転せざるをえなかった。これにさきだって国民党は行政長官・陳儀を辞任させるとともに、台湾省行政長官公署を廃止し新たに台湾省政府を設置した。台湾省政府首席には陳誠が、国民党台湾省委員会主任委員には蔣介石の長子・蔣経国が任命され、国民党軍も台湾に移動した。

共産党と対峙する国民党支配を支えたのはアメリカであった。とはいえ、経済管理と住民統治の能力を欠き、軍律が弱く、腐敗を重ねる国民党へのアメリカの不信は根強いものであった。実際、台湾に敗走した国民党軍を追う共産党軍の「台湾侵攻」を目前に、トルーマン大統領は「台湾海峡不介入宣言」を公にしたのである。この絶体絶命の危機を救ったのが、一九五〇年六月に勃発した朝鮮戦争であった。東アジア共産化の脅威に直面したアメリカは「台湾海峡不介入宣言」をひるがえして「台湾海峡中立化政策」に転じ、第七艦隊を台湾海峡に派遣して、国民党政権の台湾支配の起点を守った。

大陸からの脅威に心胆を寒からしめ、二・二八事件によって民衆的基盤を喪失した国民党政権は、この台湾の地で生存を図るためには、アメリカの支持を受けつつみずからを再生して発展への手がかりをつかむより他なかった。強権的政治支配により反対勢力を封じ込め、そうして得た政治的安定の下で経済発展を求めるという選択にでたのである。

政治的安定の法的基礎が「動員戡乱《かんらん》時期臨時条款《じょうかん》」であった。「戡乱」とは乱を平定するの意である。中国共産党組織を反乱組織と捉え、これを平定するための総動員体制期を時限的に立法したものがこの臨時条款である。「臨時」条款であるが、反乱の平定が実現しないがために、この条款は一九九一年五月の李登輝による「動員戡乱時期」終了の宣言にいたるまで実に四三年の長きにわたって有効性を保った。しかも条款の適用範囲は大陸のみならず台湾にまで及んだ。それゆえ、共産党政権を平定する実力をもたない国民党にとって、この条款は国民党の台湾支配を長期的につづけるための法的基礎となった。この法律に基礎づけられて国民党の台湾支配を固めたものが、同時に発令された戒厳令であった。さらに「党禁」(新党結成禁止)、「報禁」(新聞条例)が戒厳令を補強した。

3　経済開発へ

台湾の経済開発は緊急の課題であった。二・二八事件によって離反していた本省人の支持を取りつけねばならない。何よりも国民党政権の台湾への敗走は、軍属を中心に二〇〇万人になろうという人々を当時人口五六〇万人の台湾に一挙に運びこみ、扶養すべき人口を四〇%近くも膨張させたのである。

国民党政権が最初に着手したのは土地改革であった。小作料率を三七・五%以下に引き下げる「三七五減租」に始まり、公有地での耕作農民に土地を払い下げる「公地放領」を経て、一九五三年には地主保有の公地面積の上限を設定、これを上回る公地のすべてを政府が買い上げて耕作農民に払い下げるという、孫文の主唱に淵源をもつ「耕者有其田」の画期的な改革が実施された。

地主からの土地買上げは、旧日本人所有の接収企業の株式を原資としてなされ、そうして台湾セメント、台湾紙業、台湾工会社、台湾農村会社の四大企業の株式が旧地主の資産となった。台湾本省人地主はこのような経緯を通じて工業企業家に転化していった。旧地主層は保有耕地を限定され、そのために地主制度拡充への道を閉ざされ、資本蓄積の場を工業開発に求めることになったのである。その新方途を可能にしたのが、本省人地主の勤労と才能であったことが特記される。また新たに創設された自作農は、工業化のための広範な市場を農村に形成した。

当時の台湾工業化の主力部門は公営企業であった。日本統治下の主要な工業企業、例えば日本石油、帝国石油などは中国石油公司へ、日本アルミニウムなどは台湾鋁業公司に、台湾電化、台湾肥料などは台湾肥料公司へ、大日本製糖、台湾製糖などは台湾製糖公司へ、鐘淵曹達、旭電化工業などは台湾碱業公司へ、台湾電力は台湾電力公司へ、台湾鉄鋼所、東光興業高雄工場などは台湾機械公司へと統合されて、それぞれ大規模な公営企業となった。

これらのほとんどは重化学工業部門であり、金融部門、運輸・通信部門などの「敵産」に加え、一九六〇年代

図3　台湾工業部門の民営企業と公営企業のシェア変化（付加価値基準）

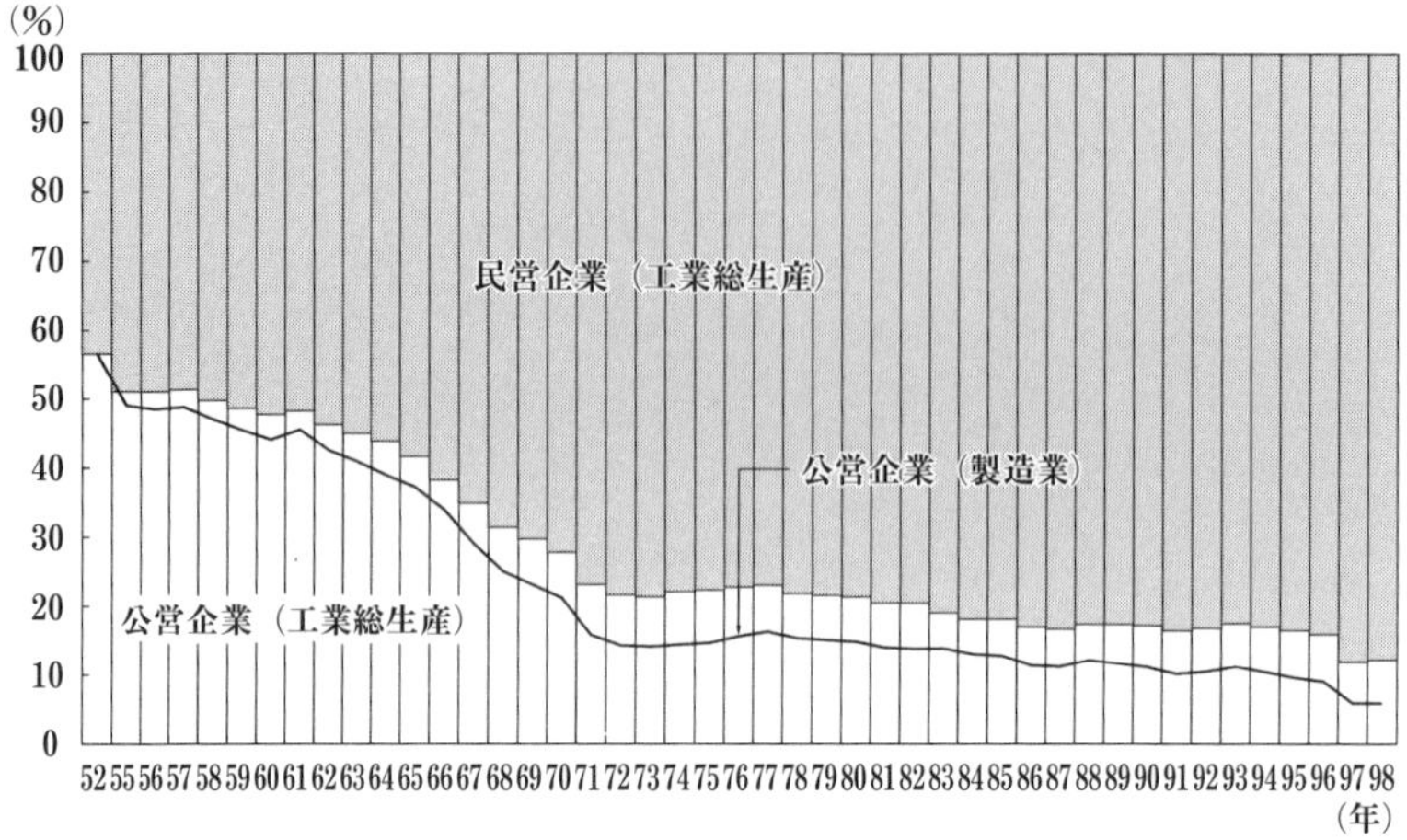

（注）　1952〜80年：1981年基準，1981〜82年：1986年基準，1983〜93年：1991年基準。
（資料）　*Taiwan Statistical Data Book*, various years.

以降新しく建設された中国鋼鉄、中国造船、中国石油化学工業の三つの公営企業を含めて、台湾全土の産業の「アップストリーム」（川上部門）が公営企業によって独占された。公営企業は国民党政権の「聖域」であり、これらの内需部門への本省人の参入機会は著しく限られた。金融機関自体が日本統治下の銀行を接収した公営企業であり、台湾本省人はフォーマルな銀行融資を手にすることもできなかった。

それにもかかわらず、いな、それゆえであろう、本省人は旺盛な企業家精神と勤勉な労働力とをもって中小軽工業部門に進出し、内需を独占された国内市場ではなく輸出市場に活路を見出していった。台湾の中小企業が輸出志向工業化を開始した一九六〇年代初期から、第一次石油危機に襲われた一九七〇年代中期まで、先進国は高成長過程にあり、その過程で成長産業が次々と生まれると同時に衰退化していく産業も多く、つまり激しい構造変動がつづいた。衰退産業は高賃金化によって優位性を失った繊維産業などの労働集約財産業であった。台湾の中小企業は、その機敏にして迅速な行動によりこの労働集約財産業において先進国市場の懐に深く入り込んでいったのである。

産業構造の高度化した現在でもなお台湾の工業部門、とりわけ輸出工業部門の中枢を占めるのは、中小企業である。すなわち台湾の工業化を担った主力部門は、民間企業に他ならない。公営企業をはるかに凌駕する成長率を持続し、その結果として生じた、台湾の工業総生産額に占める前者の比率増大、後者の減少が図3の中にはっきりと観察される。

4 エイシアン・ニューディール

東アジアにおいて冷戦構造が定着し、台湾の「大陸反攻」「光復大陸」も実効性をもたない建て前に過ぎなくなった。これにともない国民党も敵産を原資とした土地改革、公営企業化にとどまらず、それをこえてみずからも台湾のこの地に居を構えて発展を本格化せざるをえなくなった。一九六六年に始まった大陸における文化大革命の狂気と凄絶は、国民党の大陸回帰の夢を打ち砕くものでもあった。

一九七〇年に開始された「十項目建設」は、国民党政権が積極的な台湾開発に転じたことを示す象徴的な事業であった。国際空港、縦断高速道路、原子力発電所の建設、鉄道・港湾の大規模改造、製鉄・石油化学・造船の三大重化学工業の拡充などを含む野心的な「エイシアン・ニューディール」であり、これによって台湾の社会的間接資本はその基盤を一段と充実させた。

台湾の今日にいたる経済発展の過程は、日本統治時代を経て国民党という外来政権の支配下におかれたという経緯のしからしむるところとして、いささか錯綜したものであった。しかし、その底を一貫して支えてきたのは、清末期にこの地に移住して勤労の精神と蓄財の才能を錬磨し、日本統治下の教育と近代化過程でその精神と才能を産業社会に適合させた本省人の努力であった。

国民党支配の間隙をぬって輸出中小工業部門に活路を求め、機敏な企業行動によって資産を形成し、そうして中産層化していった本省人の立ち居振る舞いには刮目《かつもく》すべきものがある。そして彼らは、一九八〇年代後半期以降の台湾において政治的民主化を実現する主勢力ともなった。

本省人の中産層化が台湾の民主化を促した内実であってみれば、台湾の民主化とは「台湾の台湾化」に他ならない。一七世紀後半期に華南沿海部からここに移住し、以来、大陸中国とは異質の歴史を紡いできた台湾住民がその国家運営にみずからの意思を正しく反映させることができるようになり、それがゆえに台湾住民の台湾意識、台湾人意識はいやがうえにも高揚したのである。台湾が伝統中国の正統的後継であるという虚構、台湾が中国の一部であるという虚構が音たてて崩れつつあった。

国民党一党支配体制は蔣経国の時代の後半に揺らぎ始め、一九八八年一月の蔣経国の死去にともなう本省人・李登輝の総統就任の頃から、政治的民主化の波が台湾を覆うようになった。国民党の守旧派を牽制し、軍を掌握していく李登輝の水際だった政治的辣腕も加わって台湾の民主化は加速した。報禁が解除され、党禁が廃止されて「台独」(台湾独立)を党綱領に盛り込んだ民進党(民主進歩党)が躍進し、既述したように「動員戡乱時期臨時条款」の無効化が宣せられた。

一九九〇年には二・二八事件の真相が公表され、犠牲者への公的謝罪もなされた。二〇〇〇年春には、ついに本省人の政党である民進党の陳水扁が李登輝の後を襲って総統に選出された。台湾の民主化、台湾の台湾化はなお強力に持続していくにちがいない。

清国時代の台湾で刻苦精励し、日本統治時代に合理主義にめざめた本省人が、外来政権国民党支配下のこの地で輸出工業化に新たな活路をみつけ、その蓄財によって広範な企業家群と中産層を形成し、その彼らの活力が台湾の経済的繁栄と政治的民主を創りだしたのである。

第Ⅳ章　「海の中国」から「陸の中国」へ

資本主義的発展をその基底において支える主体は、企業家である。東アジアの企業家は、階層というべき確かな厚みをもって存在し、他の開発途上地域に比べて格段に高い能力をもって事業経営にいそしんでいる。東アジアにおける企業家の豊富な存在は、ここに中国人が濃い密度で居住しているという事実と深い関係がある。東アジアにおける企業家の大宗は「華僑・華人」なのである。

ちなみに、華僑の「僑」とは「僑居」の僑であり、借り住まいの意である。そのほとんどは清末期に東南アジアに移り住んだ華南住民の末裔として、現在なお中国籍を捨てることなく外地に住まう人々が華僑であり、現地籍を得た在外の中国人が華人である。圧倒的多数が後者である。本書では二つを一括して「在外華人」と表現している。

東南アジア諸国の上場企業の株式時価総額に占める在外華人系企業の比率をみると、タイ八〇%、インドネシア七五%、マレーシア六〇%、フィリピン五〇%だといわれている（朱炎『華人ネットワークの秘密―アジアの新龍』東洋経済新報社、一九九五年)。『フォーブス』は、日本円に換算して一〇〇〇億円以上の巨額の資産をもつアジアの富豪四七名(日本を除く)のうち在外華人は三七名と圧倒的なプレゼンスをもつことを伝えている(『フォーブス』[日本語版]一九九四年一〇月号)。高い能力と強い活力をもつ企業が華人系企業に集中していることは確かな事実である。

東アジアにおいて優れた資質をもつ企業家が華人系であることは、何よりも日本の企業家自身がよく知っている。日本企業の東南アジアへの海外直接投資は一九八〇年代の後半期に入って加速的な拡大をみせた。企業進出の大半は、進出先国において合弁や技術提携のためのパートナーを必要とするが、日本企業の大半は現地住民系企業ではなく華人系企業をパートナーとして選択している。現地住民系企業との合弁もあるが、受入れ国政府の原住民優先政策に沿うべく致し方なくそうしている場合が多い。見据えれば合弁のパートナーとしての現地住民系企業はある種の「ダミー」であって、実際の協働の相手は華人系企業であるといった例が少なくない。

東アジアにおいて華人企業家が階層としての蓄積をみせ、彼らが能力において高く、活力において強い、その理由はいずこにあるのだろうか。理由は多分に歴史的である。

第一に、一七世紀の後半期以来、福建、広東の両省から「化外の地」台湾に移住した大量の漢族が、徒手空拳のヴェンチャーで未開の荒野を開墾し、蓄財に励み、その過程で商業主義の伝統を磨き、日本の五〇年余の統治時代に近代的な科学技術を修得して卓越した企業家精神を身につけた。

第二に、清末期に大量の華南住民が帝国主義列強による植民地支配下の東南アジアに外流し、そこでの厳しい労働に従事し、みずからに敵対的な現地住民に囲まれ、そうした逆境の中で錬磨された商業主義的才覚が東南アジアに蓄積された。

第三に、中華人民共和国の成立にいたるまで中国の資本主義的発展を担ってきた四大家族官僚資本を中心とする浙江財閥が、共産党一党支配の上海を逃れて香港に蝟集し、同時に難民として香港に越境してきた大量の広東人の勤労とあいまって、企業家的能力を大きく開花させた。

在外華人の企業家的能力はいかに磨かれ、これがアジアに蓄積されてきたのか、このことを改めて考えてみよう。台湾華人の能力形成については前章で簡潔にまとめた。ここでは東南アジアと香港を中心に第Ⅰ章、第Ⅱ章の記述とも関連させせながら再度考察しよう。

東南アジアにおける在外華人は、華南を原郷としてここに移り住み、まずは欧米列強の植民地経営のための低賃金労働者群として、次いで流通・金融部門において大きな地歩を占め植民地経済における不可欠の構成主体となっていった。在外華人が植民地経済の中に構造化されていく過程は苛酷なものであったが、その苛酷な過程が彼らの商業主義を錬磨した。そして在外華人が東南アジアの企業家として育成されていったのである。

1　南洋華人の企業家的能力はいかに形成されたか

1　華人苦力

在外華人は東南アジアの地においていかにして苛酷な運命に耐え、その才覚を陶冶していったのであろうか。

清末期における華南住民の海外流出は、国禁を犯した死を賭しての行動であり、海外逃亡であった。清国は明国のそれを継いで厳しい鎖国主義を踏襲した。大清律令には「およそ官員、兵民で勝手に海へ出て貿易をしたり、海島へ移住して居住、耕作する者は、ともに通賊した行為として取扱い、斬首刑に処する」とあり、これが清国政府の海外移住に対する態度のエッセンスであった。海外移住者は清国政府からすれば棄民であった。人口百数十万の満族が三億人の漢族を支配したのが清朝であり、漢族の統治困難な海外への移住を極度に恐れたことが、清国政府の厳格な鎖国主義の背後要因であった（可児弘明・游仲勲編『華僑華人―ボーダレスの世紀へ』東方書店、一九九五年）。

棄民として東南アジアに渡っていった彼らを待ち受けた環境は酷薄であった。一八三〇年ごろから奴隷制度廃止の動きが欧米諸国で高まったものの、奴隷労働の廃止はこれに代わる大量の低賃金労働力に対する需要拡大をもたらし、華南の労働力が注目された。とはいえ、清国政府は鎖国政策を固守しており、民衆の海外渡航は御法度であった。この時期、東南アジアにおける欧米列強による植民地支配は「全開」状態にあり、低賃金労働力需要はいやがうえにも高まっていた。同時に、高い人口圧力とこれに由来する農民層の下方分解は華南地域において恒常化し、貧困住民の「押出力」は強いものであった。

かくして中国人労働力に対する密貿易が広範に発生した。「苦力《クーリー》貿易」である。須山卓教授の研究によれば、華南からの本格的な苦力輸送が始まったのは一八五二年のことであり、この年に英領ギアナに向けて、翌年には同じく英領海峡植民地ペナンのジョージタウンに向けて、アモイから大量の苦力が送り出されたという（須山卓・日比野丈夫・蔵居良造『華僑』ＮＨＫブックス、一九六七年）。

欧米列強の清国に対する移住自由化の要求は強く、また華南住民の非合法な海外移住に対しては清国政府にも打つべき有効な手段はなかった。一八八〇年、ついに清国は長い鎖国政策の転換を余儀なくされた。同年にイギリスとの間に結ばれた香港条約、一八六八年にアメリカとの間に締結されたバーリンゲーム条約は、清国が長い鎖国政策を初めて放擲したものであったが、この二つの条約はとめどなく発生する華南住民の海外流出の現状を追認したものであった。

苦力には二種類があった。一つが支払い移民、もう一つが契約移民（契約華工）である。前者は、渡航に際して旅費を事前にみずから支払う比較的自由な身の移住者であるが、問題は後者の契約華工である。彼らは密かになされる苦力募集に応じて手にした契約料を妻子に残し、多くは旅費を前借りして「バラクーン」（黒人奴隷収容所の意）と呼ばれる出航前収容所に赴き、次いで徒手空拳で単身南洋に渡っていった。

契約華工の募集（ときに拉致）やその受け入れ、需要先への華工の供給の任にあたったのが、中国語で旅館を意味する「客桟」であった。これは「旧客」と呼ばれる、かつて華南から渡り住んだ中国人によって経営されていた。苦力貿易は「猪仔《ちょし》売買」と通称され、豚の仔同然の取扱いであった。

2　郷幇と業幇

在外華人は祖国の保護から放たれ、しばしば逃亡者的存在であり棄民でさえあった。華南出身の裸一貫の苦力はいかにして異郷の南洋に居を定め、そこを就業の場にしていったのであろうか。語られるべきは、在外華人に固有な互助共同の人間関係組織であり、これをもって彼らは苛酷な環境に堪え忍び、逆境の中でみずからの商才を磨いていったのである。

この組織が「幇《パン》」である。政治的不安定と経済的貧困を恒常化させてきた長い中国史において、住民はみずからを守る組織をみずから形成していかざるを得なかった。それが血縁を中心とした大家族制度であり、血縁と地縁が重なり合う村落共同体であり、故郷を離れて異郷で働く人々の同郷組織であった。故郷から遠く隔てられた南洋に移り住んだ華人にとって、未知の社会で生を紡いでいくためには自衛自助のコミュニティーは不可欠であった。

祖先信仰心の厚い華人の幇は、まずは祖先の墳墓の地を同じうする同郷集団によって構成され、幇は第一義的には「郷幇」であった。通常五大幇といわれる福建幇、潮州幇、広東幇、海南幇、客家幇はまずは郷幇である。「海水いたるところ華僑あり」と人口に膾炙《かいしゃ》されるごとく、在外華人は世界大のスケールで分散しているものの、しかしその出身地は華南の驚くほど狭隘な地域に限定されている。在外華人の代表的な出身地は、広東、福建の両省を流れる四つの河の河口部にあり、そこでは特有の方言が用いられている。閩《びん》江、九龍江、韓江が南シナ海に注ぐ河口部に福州、アモイ、汕頭があり、珠江の河口部の主要都市が広州である。そこでは、それぞれ福州語、閩南語、潮州語、広東語（粤《えつ》語）が用いられている。在外華人の圧倒的多数はここの出身である。

福建幇、潮州幇、広東幇とは、閩南語、潮州語、広東語という方言を話す人々の集団のことである。海南幇は海南語の方言集団である。客家はかつて中原にいた漢族だといわれる。四世紀から一九世紀までの長期にわたって南遷を繰り返し、他の漢族集団と融合することなく独自の文化と客家語を維持して広東、福建の両省に広範囲に住まうことになった人々の方言グループが客家である。

在外華人の生活と職業にとって直接的な関わりをもつ互助組織は、幇であるよりも前に県単位の同郷会である。例えば潮州方言集団の場合であれば、汕頭《スワトウ》地域に梅県、澄海、饒平、潮陽などを含めて七つの県の出身者が同郷会をつくり、この同郷会のそれぞれが強固な結合組織をつくり、構成員の事業支援や福祉の提供につとめてきた。幇は同郷会のアソシエーションである。

方言集団によって構成される郷幇は、その幇に属する人々が得意とするいくつかの特定の職業に従事しているという意味で、「業幇」でもある。華南地域を後にした華人の多くは東南アジアにおいて同郷の人々が形づくっている幇をめざしてここに流出していくわけであるから、郷幇が業幇と重なり合うのは自然であろう。業幇は公会とも呼ばれる。「糖業公会」「旅業公会」「火襲公会」「火鋸公会」などと呼ばれるのは、それぞれ製糖、旅館、精米、製材の業幇のことである。

福建幇はフィリピンの金融、貿易、精米、ジャワの製糖、シンガポールのゴム工業において、また潮州幇はタイの米、輸送、金融において他を圧する力をもつ。広東幇は職人的な仕事に秀でマレーシアやベトナムに多く居住し、客家幇はマレーシアやインドネシアでの錫鉱《すず》山、ゴムや茶のプランテーションの労働者に多い。海南幇は他の幇に比べて人数が少なく、未開の島の出身者であるために工場や農園の未熟練の肉体労働者が多い。

出身県を同じうする同郷会を自衛自助の組織の中核とし、この同郷会が同一の方言集団として幇を形成し、そこに同郷会館や共同墓地、学校、病院などを擁して、異郷にあっても郷里にいるのとほとんど変わらぬ、つまりは「疑似中国」の中で生活を維持することが可能であった。幇は移住してきた華南住民が現地社会に適合していくに際しての「触媒」として機能した。幇なくして中国人が異郷でその商才を発揮・錬磨していくことはできなかったにちがいない。幇は中国人の企業家的才能を育む「羊水」にもたとえられよう。

3 裸一貫

国家の保護から完全に放たれた海外で、しかもしばしば敵対的な現地住民に取り囲まれて、同郷の人間が同業に従事して生活を送るのである。幇が結合度の強い自衛自助の内部組織として形成されたことは、容易に想像される。

国家権力と法制度の裏づけをもたない幇内部の経済組織を支えるほとんど唯一の力が、密度の濃い人間関係に発するところの「信用」であった。信用は華僑商法のエッセンスともいうべきものである。幇の成員が幇の内部でひとたび信用を失うならば、そこでの商売は不可能となる。ことはビジネスにとどまらない。信用喪失は成員の幇内部における社会的地位の剥奪につながる。信用は幇の組織的結合を強化する凝固剤であり、同時に信用をないがしろにするものに対して幇は強い社会的・道義的制裁をもってのぞんだ。

スターリング・シーグレーブは迫真のノンフィクション『華僑王国—環太平洋時代の主役たち』(山田耕介訳、サイマル出版会、一九九六年)において、次のように記している。

「歴代王朝の専制支配とか永久追放の下で生きるには、家族と族長たちは信用の厳格きわまるルールを取り入れざるをえなかった。単に潮州語とか福州語をしゃべるからというだけで集団の仲間入りや同族経営企業の一員になれるわけではない。……第一の条件は、同郷人であること。同村でなくともよいが同県でなくてはならず、同じ一族のものか、近いものであることが必要だ。次に、自分が信用できる人間であること、つまり自らの信用性を証明しなければならない。生まれながらに信用を背負うものはいない。家族の一員でも同じこと。家業に就きたい若者は長い徒弟奉公を経験させられ、その間に能力と信用度をじっくり観察された。信用しても絶対大丈夫なところを繰り返し証明したものだけが、のれん分けを許された。」

幇内部で信用を得たものは、幇のさまざまな組織を通じて無担保、口約束の金融の便宜を受け、商売上必要なマーケティング・チャネル、ノウハウなどを与えられる。そしてこの便宜の享受は、次の段階で同じ幇に属して信用のある他の成員に対する便宜供与の義務となってあらわれる。ジェームズ・スコットのいう、コミュニティー成員間の「互酬的関係」である(James C. Scott, *The Moral Economy of the Peasant: Rebellion and Subsistence in Southeast Asia*, New Haven and London: Yale University Press, 1976(高橋彰訳『モーラル・エコノミー—東南アジアの農民叛乱と生存維持』勁草書房、一九九九年)）。
「白手起家」とは裸一貫から出発して一人前の財をなすという意味の、華南地域でいいならわされてきた表現である。この「起家」を可能にする社会的条件が信用である。商売を通じて社会的上昇を図ろうという強い意欲をもち、幇内部で高い信用を得たものは、「先苦後甘」「節倹貯蓄」「克勤耐労」といった、在外華人の営むレストランなどでわれわれがよく眼にする、赤地の紙に鮮やかな金色で書かれた現世的な人生訓に則って商売に励んだ。「白手起家」は、南洋に移り住んだ華南の人々の企業家精神を育む過程そのものであった。

4 買弁

在外華人は具体的にどのような経済活動に従事して「白手起家」に邁進したのであろうか。在外華人の中心的な経済活動を一語でいえば、「買弁」であった。在外華人の買弁的機能とは、西欧列強と現地住民社会との中間にあって前者の必要とする食糧・工業原材料などの一次産品を後者から購入・集荷し、それと引き換えに繊維製品などを後者に販売するという仲介者的機能のことであった。在外華人はまた巡回商人的なこうした機能を超えて、現地住民社会の中に住みつき、料理店、雑貨店、理髪店などのサービス部門において圧倒的なシェアをもった。この過程で東南アジアの農村社会は著しい速度で貨幣経済化されていった。在外華人の買弁者的機能を典型的に示す事例がタイのそれであった。

豊かな水稲適地と希少な人口の中で自己充足的な米作経済を営んできたタイに急速な経済拡大を始動させたものは、一九世紀後半期の米に対する海外需要の急増であった。一八五五年のボーリング条約によってタイは伝統的な米輸出の禁を解くことになり、米を輸出用換金作物とする一方、消費財の輸入自由化を通じて、タイを国際経済に組み込む急速な過程を開始させた。タイの米作社会を国際経済に巻き込んでいくに際して、決定的な役割を演じたのが在外華人であった。タイ人の関心は米作のみであり、流通や精米など米作以外のすべての分野が在外華人に委ねられた。流通分野における仲介者的機能において、現地住民は在外華人の才覚にとうてい太刀打ちできなかった。

タイ歴史研究の碩学ジェームズ・イングラムは、「米作適地の拡大のみがタイ人の企業家的活動分野であった。他の企業家的機能の大半は外国人に委ねられた。古来、米作だけがタイ人の誇り高い職業であり、彼らは他の何にもましてこれを好んだ。……こうした選好パターンこそが、タイの経済発展類型の最も重要な要素の一つであった」と指摘している（James C. Ingram, *Economic Change in Thailand 1850–1970*, California: Stanford University Press, 1971）。

ウィリアム・スキナーは、タイ華僑研究の嚆矢となった研究『東南アジアの華僑社会』において次のように記している。

「タイ人は農耕のみに専念し、経済発展にともなう他の職種にまで手がまわらなかったし、またタイ人自身そのような意欲はもっていなかった。労働需要の主なものは南タイの錫鉱業、精米、製材、バンコク港のはしけ、造船、運河・鉄道建設、豚肉・野菜の生産、職人・小売業などの中間サービス、貿易商、買弁などで、それらの職業、労働の最適の提供者として中国人移民が登場してきた。彼らはまた海運業、卸売業にも新たな分野を開いた」（スキナー『東南アジアの華僑社会―タイにおける進出・適応の歴史』山本一訳、東方書店、一九八一年）。

タイ米は、最末端の米作農民、籾仲買人、籾輸送業者、精米所の四つの段階を経て輸出されるという流通経路をもつ。米作以外のすべてを担ったのが在外華人であった。中間業者の最末端を構成するのが籾仲買人であるが、彼らはタイのあるゆる村々に浸透して圃場の収穫物を買うのみならず、農民に繊維製品のような消費財、日用品の小売りをする商業的機能をも兼ねた。さらにまた彼らは若干の金融的機能をも有し、農民に金品を貸与し、籾価格の相対的に低い収穫期に籾を元利の代わりとして受け取るという金融活動を行った。仲買人が農民から買い付けた籾を精米所にまで運搬するのが籾輸送業者である。彼らはまた籾仲買人を兼ねることが多く、籾輸送業者はカーゴー・ボートをもった仲買人でもあった。

米流通過程の最後に位置するのが精米業者であり、これは古くからタイ最大の工業部門でもあった。彼らの関心は、交渉力の弱い仲買人から籾を安価に買い入れてこれを精米として高く販売することによって得られる流通マージンであった。精米業者もほとんどが在外華人の経営であった。以上の流通分野の他に米商と呼ばれる、籾生産地で直接精米されバンコクに輸送された米を保管し販売する業者が存在した。この米商とバンコクの精米業者とが輸出にたずさわったのであるが、両者のいずれもほとんどが在外華人であった。

華南住民が異郷の南洋に移り住み、相互扶助的な幇組織に属して刻苦精励する過程で信用を蓄積し、その信用によって得られた原資をもとに、植民地経営によって活況を呈する東南アジア社会において買弁者的機能を発揮した。古くから擁していき華南住民の商業主義の伝統が、異郷の逆境の中で華人独自の自衛自助の組織によって支えられながら錬磨され、これが東南アジアの企業者的能力として蓄えられていったのである。

2　香港とは何ものか

1　中国資本主義の流出

清末期に東南アジアに流出した華南住民が、逆境の彼の地で刻苦精励することにより商業主義の伝統を錬磨し、そうして蓄積された彼らの商才が東アジアの発展を促す要因となった。外流民の多くは男子単身の出稼ぎ労働者であり、東南アジアの地で財をなして後に、いずれ本国に錦を飾るはずの人々であった。しかし、祖国が私有財産の一切を否定する社会主義中国となったがために彼らは帰るべき場を失い、東南アジアで磨かれた華南住民の企業家的才能は、中国の発展を促す要因としてではなく、東南アジアの発展をもたらす原動力となったのである。中国人の企業家精神のより大きな集積地が香港である。実際、華南部広東省の南端に位置する狭小なこの地・香港は、東アジアで最もきらびやかに繁栄を謳歌する地点となっている。香港はいかにして企業家的才能の集積地となったのか。

清末期ならびに国共内戦期の混沌を経て成立したのが中華人民共和国である。共産党一党支配の中華人民共和国は、企業家的能力を育むのではなく、逆に企業家を圧搾し、彼らを外に押し出した。

国共内戦に勝利して権力を掌握した共産党は、封建地主から土地を暴力的に没収し、これを貧農に再配分した。ほどなくして土地の協同化を求める農業集団化運動が全土を覆い、最終的には農地と農民は人民公社制度という中国流の共産主義組織の中に組み込まれていった。中国全土の工業、商業、運輸業の中枢を掌握していた官僚資本系列企業の没収も強力に進められた。地主や官僚資本の資産ばかりではない。無数の私営工商業者の行動にも強い制約を加え、彼らを統制的計画経済の中に引き込んだ。私営工商業の「社会主義的改造」と称されたものがそれである。

官僚資本の没収や私営工商業者に対する統制強化は、当然のことながら彼らの強力な社会的抵抗を生み出し、それがゆえに「社会主義的改造」は「三反」「五反」運動という大衆路線の中で行われることになった。三反運動とは、幹部の汚職、浪費、官僚主義という「三毒」に対する反対運動であったが、間もなくこれは「ブルジョア階級」の「五毒」すなわち贈賄、脱税、国家資産の窃取・詐取・仕事の手抜き、原材料のごまかし、国家経済情報の窃取などに対する「五反」運動へと発展していった。この運動は中華人民共和国史を特徴づける残忍な大衆運動の原形となった。党が「五毒分子」を摘発し、これを労働者が糾弾、人民法廷で処罰した。「五反」運動において九大都市四五万人の工商業者のうち七六%が何らかの違法行為を摘発され、一〇〇〇万人から二〇〇〇万人に及ぶ工商業者が処刑、自殺、強制労働のいずれかに追い込まれたという(尾上悦三『中国経済入門』東洋経済新報社、一九八〇年)。

人民公社化運動、官僚資本の没収、私営工商業の「社会主義的改造」の過程で、中国の企業家的能力は完全に締め上げられ、前途を断たれた実業家は活路を求めて海外に逃避した。その劇的なあらわれが上海資本の香港逃避であった。共産中国にケシツブのように小さく隣接する香港が、大陸の政治的混乱と経済的低迷を後目《しりめ》に急速な発展をみせたのは、ここが英領植民地として大陸中国とは異質の法体系に守られ、新たに流入した中国資本主義の精髄が「自由放任」のこの地でその能力を存分に発揮できたからである。香港は中国共産化の「受益者」でもあった。

2　積極的不介入主義

阿片戦争の勝利によってイギリスは香港島の割譲を受け、その後、九龍、新界をも掌中に収めた。ここで重要性をもつのはイギリスが植民地香港に敷いた政治経済システムである。香港統治のための行政権、立法権、香港駐留軍総司令権のすべてをイギリス国王の委任を受けた総督に集中するという一元的支配のシステムを構築した。

立法については総督に対する諮問機関が、行政については同じく諮問機関として行政評議会がおかれたのみであり、政党を含む政治集団の一切はその存立を許されなかった。司法権を除くあらゆる統治権が総督に委ねられ、香港住民は香港の動向に影響を与える政治的権利の一切をもつことはなかった。香港はまぎれもなく植民地であった。しかし、経済的には典型的な自由放任政策がとられた。

およそ政治というものに信をおかない華人の伝統的体質に加えて、国共内戦、共産党支配の動乱と混迷の中国を逃れてこの地に移った香港住民には、政治的な自治や民主主義といった「贅沢品」よりも、社会的安寧を確かに保障してくれるイギリス支配のシステムはきわめて適合的であった。政治は政庁に任せ、みずからは初期資本主義的な「レッセフェール」の下でのびやかな経済活動に専心したのである。

経済的諸行動に対して干渉と規制を用いないことに積極的な価値を見出す政庁の「積極的不介入主義」(positive non-interventionalism) は、まさにそうした香港住民の志向性に見合うものであり、彼らの活力を引き出すことに大きく寄与した。自治と民主主義を欠落させながらも、イギリス支配下香港に対する住民の「信心」は揺らぐことはなく、彼らは現世的な欲望をこの地で貪欲にも追求したのである。

3 上海資本

一八五〇年代には、洪秀全の指揮する農村大衆の反清組織太平天国の乱が華南一帯を巻き込み、その難を逃れた大量の人々が香港に移った。一九一一年以降は、辛亥革命、国共内戦、日中戦争の華北から華中・華南への拡大といった一連の政治変動から身を守ろうとする人々が香港に流入した。南京条約締結時点でわずか一万二〇〇〇人の村落民を数えるに過ぎなかった香港の人口は、中華人民共和国成立の翌一九五一年には二二六万五〇〇〇人に達した。

大陸から香港への人口流出は中華人民共和国の成立後もやむことはなかった。共産中国の国政の失敗がその主因であった。「竹のカーテン」にさえぎられて実情の知られることのなかった当時の中国の内部で何が起こっているのかを西側に知らしめたのが、一九六二年四月に始まる「難民潮」であった。中嶋嶺雄氏はこの間の事情を次のように記している。

「中国が一九五〇年代後半の『大躍進』政策・人民公社運動に挫折し、中国農村が疲弊したあと、ようやく実権派路線による経済調整政策が緒についたこの時期、広東省境の深圳から新界の羅湖にかけての国境地帯には同年四月末から難民が越境し始め、五月になると急激に増えて、ついに一日一万人近くにも達した（正式な確認数でも一日五六〇〇人）。この二カ月で約一一〜一二万人の越境者があり（二六万人という説さえある）、香港政庁は捕らえられた難民約六万人を列車で強制送還した」（中嶋嶺雄『香港―移りゆく都市国家』時事通信社、一九九七年）。

もう一つの、そして最後の難民の大量発生がプロレタリア文化大革命期に生じ、以降、大陸中国からの激しい人口流入はやんだ。流入してきた人口の大半は隣接する広東の省民であった。商業主義の長い伝統をもち、蓄財の才に秀でた広東人が血縁、地縁の幇組織をベースに「信用」を武器として一九世紀後半の南洋で懐の深い人間関係組織をつくり、その中で「白手起家」、すなわち無一物から出発して財をなしていった過程についてはすでに指摘した。商才にたけた広東人が住民階層の地盤を形成し、実利を徹底的に追求しようというその志向性が自由放任の香港の地でも花開いた。

しかし、香港を東アジア最大の繁栄拠点とするにいたったのには、往時の東アジア最大の商業都市上海において蓄積された資本主義的諸要素が、中華人民共和国成立の時点を前後して大挙して香港に流入してきたことが決定的な重要性をもつ。

中華人民共和国成立以前の上海は、長江流域に沿う諸都市をヒンターランドとして擁する一大都市であった。上海は東・南シナ海に沿う諸省を結ぶ沿海航路の拠点でもあり、南京条約後の中国侵略を狙う帝国主義列強にとっての最重要都市であった。上海は一八四二年の南京条約によって開港を余儀なくされて以来、中国最大の貿易・金融センター、綿業を中心とした製造業の中心地へと発展した。

上海経済の心臓部を掌握したのが浙江財閥であり、浙江財閥は最終的には蔣介石、宋子文、陳果夫、陳立夫のいわゆる「四大家族」官僚資本として形成されていった。四大家族官僚資本やその系列企業は、列強資本と協働して上海を東アジア最大の商工業都市へと変貌させた。

浙江財閥は商業、金融を中心とし、製造業は綿業などの軽工業であった。この製造業は投入財を輸入にあおぎ、市場も国内よりは海外を志向するという植民地工業的な性格を色濃くとどめていた。しかし、それがゆえに、つまりは広範な国民経済の基盤をもたない企業的体質があったがゆえに、上海資本は香港に容易に移転し、そこで再びかつての力量を再現することができたのである。

中華人民共和国の成立は中国資本主義のエッセンスを香港に流出させる重要な契機となったのであり、植民地香港はこの上海資本主義の精髄を受け入れることにより繁栄拠点へと転じていった。『華僑王国』の著者スターリング・シーグレーブは、この間の事情を同書の中で次のように物語っている。

「共産軍が迫り、国民党が略奪する状況の中で、上海の銀行家や実業家たちに決断のときがやってきた。紡績業界の大物たちに見習って香港に逃亡すべきか、資本家は中国本土の不透明な未来と向かい合っていた。台湾に逃げた連中は国民党に散々食い荒らされていた。これは政治の問題ではなかった。身ぐるみ剝がされるのに共産党と国民党の別などありはしない。中国を一つの国家として語るのは意味をなさない。方言閥だけが国籍であり、金銭だけがパスポートだった。賢明な選択先は香港だった。イギリス植民地当局は放任主義だったし、税金は安く、脱税は容易だった。一九四五年から一九五一年までの間におよそ一五〇万人の難民が本土から香港になだれ込んだ。その大半は一九四八年末から翌年初めの数カ月の間に集中した。ナチとかアカから逃れた者が、貧乏人や身よりのない連中ばかりと思うのは、ばかばかしい感情論である。」

4 火龍の町

自由放任主義を信奉する政庁は、産業に対する保護育成政策の一切を用いないかわりに、産業活動に対する特別の規制もこれを行わないという徹底した自由経済原則を一貫して守ってきた。政庁はすべての商工業活動に対し干渉しないが、税金、金融面での支援も行わない。政府の任務と考えられている最低必要限度のサービスの提供においてもチープガバメントとしての節度を守る。法人税を最低の水準にとどめる。輸出入には制約を設けない。外国為替は規制しない。内外の商工業者は完全に平等に取り扱い、外資誘致にあたっても優遇や規制を行わない。繰り返していえば、こうした経済的自由の保障された香港こそが、ここに集まった広東人と上海の企業家たちの、政治に関心を寄せることなく現世的な経済利益の追求に人生を賭けるという志向性に適合し、彼らの能力を存分に花開かせる舞台となったのである。

香港の経済発展は、中華人民共和国の成立期に移入してきた難民と上海の実業家の手によってはやくも一九四七年に開始された。上海の実業家の多くが繊維業者であり、かつ第二次世界大戦直後の荒廃期にあった当時のアジアにおいて決定的に不足していたものが繊維製品などの消費物資であったがゆえに、工業化は繊維を主導産業として出発した。工業化の始発にさきだって広東省から流入した難民からなる豊富な低賃金労働力は、この労働集約的産業にとって好都合の条件となり、香港の繊維産業の国際競争力は一挙に高められた。

一九四八年に八〇〇〇錘に過ぎなかった紡錘数は一九五二年には二一万錘へと急増した。就業者数も、紡績部門で一九四八年の一万三〇〇〇人から一九五三年には三万一〇〇〇人に、繊維部門で五〇〇〇人から九〇〇〇人への増加であった。上海資本はその事業をさらにプラスチック加工へと広げ、小型の成型機を導入し、煙草入れや櫛などの日用雑貨の生産に乗り出した。一九四七年から一九五五年までの投資資金の三分の二が大陸からの逃避資本によってまかなわれたとも推計されている。繊維ならびにプラスチック製日用雑貨を中心に香港の地場産業は急拡大し、一九五九年には香港史上初めて地場輸出が再輸出を上回った。伝統的な中継貿易港香港に生まれた画期であった（小島麗逸編『香港の工業化―アジアの結節点』アジア経済研究所、一九八九年）。

もっとも、香港の工業化もそれほど順調に進んだわけではない。むしろその逆であろう。大陸中国と西側世界の中継点に位置する都市の宿命として、東西冷戦の波と中国の激しい政治変動の波の二つに洗われながら、辛くも崩落の危機から逃れてきたのが香港であった。香港の企業家は崩落の危機をその俊敏な行動によって乗り切り、そうした経験の蓄積によって強靱で鋭利な企業家的能力を錬磨していったのである。

香港を揺るがす大きな危機は、工業化が順調なスタートを切った直後にはやくもやってきた。一九五一年五月に国連が共産中国への戦略的物資禁輸措置をとった。香港経済はこれにより大きな打撃を受けた。中国の一次産品を香港と東南アジアに輸出し、原材料や製品を中国に輸出するという中継貿易機能が香港の生命線であった。

一九五〇年に勃発した朝鮮戦争は、中国の香港経由輸出入の拡大をもたらして香港の中継貿易は活況を呈した。

一九五一年の国連による対中非難決議は、香港から最大の市場中国を奪って厳しい苦境におとしめた。しかし大方の予想に反して香港はこの苦境を一時的なものに終わらせ、むしろ香港は対中禁輸措置の発動を機会に一段と強靭な体質へと転じていった。禁輸をものともせぬ密輸活動を活発に展開した。密輸は密輸であるがゆえに収益は大きく、その収益を価格が低下した土地、建物に投下して巨万の資産家となった人々が生まれた。何よりも対中禁輸措置は、中継貿易を脱して低賃金労働力に依拠した加工貿易に香港の新しい活路を開かせる契機となった。

もう一つの危機の大波は、大陸におけるプロレタリア文化大革命とともにやってきた。劉少奇、鄧小平らの「実権派」に対する執拗な攻撃が開始されたのが一九六六年のことであり、その後一〇年にわたって中国を狂気と凄絶の淵に投げ込んだのが文革であった。

香港とマカオの左派勢力が大陸の大衆運動に呼応し、これに介入する軍・警察との間に紛争がおき、紛争は反英・反政庁闘争へと発展した。香港における反英・反政庁闘争は北京、上海、広州の反英・反政庁闘争を誘発、両者の相乗効果によりデモ、ストライキ、テロが頻発して、一九六七年の香港は革命前夜を思わせる物情騒然であった。香港暴動による死者は四四人、負傷者六九〇人、逮捕者四五〇人であったという（中野謙二『二〇〇一年の香港』研文選書、一九八五年）。株価と土地の値下がりは激しく、中産階層や企業家はこれで香港も終わりかという強い危機感に襲われ、第三国に向けて出立《しゅったつ》する人口はいつにない数に上った。

その一方で、危機にあってこそ生まれる商機に機敏に反応して活路を開く、したたかな一群の人々が存在した。香港暴動により急落した不動産や株を買い占めた人々が、今日香港を代表する有力な資産家となった。危機を貪欲にも飲み込んでしぶとく生きつづける「火龍の町」が香港なのである。香港に流入してきた上海人の中国への「回流」の夢を最終的に打ち砕いたのも文革であった。彼らは以前にもまして香港に強く根を張り、香港で財をなしていくより他に生きる道はないと臍《ほぞ》を固めたのであり、この新しい故郷の工業化に彼らは一層の努力を傾注していった。

5 中国に向かう香港

最後にして最大の危機が一九九七年の香港の中国返還であった。この危機の端的な反映が香港中産階層の大量の移民流出であった。一九九七年の返還を目前に控えた、中間管理層を中心とする香港住民の海外流出は確かに深刻であった。

しかし香港住民の多くは、中国共産党への不信とみずからの将来に対する危惧に悩まされながらも、返還を新たな商機と見立てここに自分を賭けていこうという、忍耐と進取の精神を発揮した。香港住民に豊かなビジネスチャンスの恵与を保障しているのは他ならぬ香港であり、しかもこのチャンスは香港の対中経済交流を通じていよいよ大きい。いつ変わるとも知れぬ中国の香港政策にいい知れぬ危機意識を抱いて海外移住を選択した人々にとっても、ビジネスチャンスは彼の地にではなく、香港のこの地にあるのだという認識は強いものであった。カナダなどで市民権を確保した後に香港に舞い戻ってここで「フリーハンド」で商機をうかがう人々も少なくない。巨大な資産をもつ香港の財閥系企業が、中国返還を控えてみずからの資産をどこにおくかに思いあぐねてきたのは当然である。植民地香港における経済活動を支えてきたのは英法であり、何らかの商法上の紛争が発生しても、その最終的な裁きはロンドンで決着し得るという「法の支配」に対する信頼が香港企業の底のところにある。

中英合意ならびに香港基本法により香港の現状維持がうたわれてもなお、無産の人々ならいざ知らず、企業家には上海にあった資産のすべてが共産党によって有無をいわさず没収されてしまったという過去のいまわしい記憶が払拭できない。そうまではならないまでも、長期契約、合弁活動、海外投資などにはこれまでのような自由は得られないかも知れないという不安が彼らをさいなむ。香港の中国返還が確実なものとなった一九八〇年代の後半以降、香港の大企業がアメリカ、カナダ、オーストラリア、シンガポールなどへ資産を分散させてきたのはそのためであった。

しかし香港企業の香港「脱出」が本格化したかといえば、そうはなっていない。財閥系企業は、香港経済に占める決定的に大きいその比重のゆえに、資産の海外分散を急速に進めれば、株式・不動産価格の低落を招き、みずからの資産価値をみずからの手によって減じさせてしまう。それゆえ、香港の財閥系企業はその資産の大半をなお香港においている。香港財閥の双璧、リー・カシン（李嘉誠）グループならびにＹ・Ｋ・パオ（包玉剛）グループの海外資産は今日でも一〇％以下である。彼らはやはり香港に位置して対中経済交流に活路を求めるという方向を選択していくにちがいない。

実際、香港経済は広東省を中核とする華南経済と密度の濃い「統合」のプロセスを歩み、華南地域から独立した香港経済を想定することはもはや不可能である。しかも、この統合過程で香港は経済的高揚を実現してきたのである。香港が華南経済を巻き込む「統合」のベクトルと、海外移住を通じて香港資本主義のエッセンスが外に流出していく「離脱」のベクトルと、この二つの合成ベクトルが香港の将来を指し示す。しかし「統合」ベクトルが強まることを通じて香港経済の繁栄が維持されるならば、それによって「離脱」ベクトルが弱まるという、両者のリンケージにも注意を払わなくてはならない。

香港返還について論じる場合、しばしば人は北京が香港をいかようにも御しえるといった前提でものを語り過ぎるのではないか。中国は巨大であり、香港はケシツブのように小さいという感覚は誤りである。むしろ中国に圧倒的に大きな影響力をもつ存在が香港であると見定めることによって、事態の本質がよりよくみえるはずである。

改革・開放期中国の高成長は、社会主義経済体制の中に新たに「資本主義的要素」の導入を図ることによって実現されたものである。毛沢東時代の政治的圧制により資本主義的要素の根を絶やしてしまった中国が、市場経済を通じて高成長を実現するには、中国の外に押し出され、そこで錬磨され蓄積された資本主義的成分を大規模に導入するより他に選択肢はない。

この選択を過たず試みたところに、合理主義者・鄧小平の真骨頂がある。この選択のエッセンスが在外華人の出身地域華南に付与された「特殊政策・弾力措置」であり、その政策措置に反応して大量に華南に蝟集《いしゅう》した香港を中心とする在外華人の「資本主義の精神」こそが中国の高成長の真因なのである。

3 「陸の中国」を塗り変える「海の中国」

1 華南の開放

集権的統制経済下の惨たる非効率性、狂気のプロレタリア文化大革命下の政治的・社会的混迷を抜けだし、中国が改革・開放に新しい活路を見出そうとしていた鄧小平時代の出発点において、市場経済を担う主体は中国には存在していなかった。市場経済を担う能力が蓄積されていたのは、「陸の中国」ではなく「海の中国」においてであった。台湾や東南アジアにおいて磨かれ、香港に逃れてここで発揚された「海の中国」に依拠することなくして「陸の中国」の市場経済化は不可能であった。中国経済の「改革」は、「開放」を通じて在外華人の能力を導入してこれを試みるより他に方途はなかったのである。

計画的統制と文革によって疲弊し切っていた経済と社会を西側諸国に「全面開放」するならば、後者の圧力に中国が抗することはできない。さりとて門戸を閉じつづけて産業技術・経営ノウハウの海外からの導入を拒否するならば、市場経済化は不可能である。かくして選択されたのが「部分開放」であり、その場として設定されたのが華南であった。華南が部分開放の場として選択されたのは、ここが在外華人の代表的な出身地域であったからである。中華人民共和国の成立期に香港に逃れた上海の実業家や広東人の能力、ならびに清末期に東南アジアに移り住んだ華南住民、さらには台湾住民が蓄積した企業家的能力の大陸回帰を期待しての試図が華南地域の開放であった。

2　対外経済接触

現在の中国はきわめて高い対外経済依存度のもとにあるが、経験則によればこれは大国の姿ではない。国内総生産額に対する外資導入額あるいは貿易額の比率は、一国の対外依存度を示す指標と考えていいであろう。サイモン・クズネッツはこれを「対外経済接触度」と呼んだ。対外経済接触度は一国の経済規模が大きくなればなるほど小さくなるという傾向がクズネッツの命題の一つである。事実、これには命題というにふさわしい経験的な妥当性がある。

しかし、著しい例外が中国である。一九九六年における中国の海外直接投資導入額の国内総生産額に対する比率は一四・三%に達する。これは大国にあるまじき高率である。実際、日本、韓国、タイ、フィリピン、インドネシアの同年の同比率は、それぞれ二・二%、一・三%、三・一%、八・九%、七・八%であり、中国よりは相当に低い。

中国に対する投資者は誰かといえば、これは歴然とＮＩＥＳである。中国の統計で海外直接投資とされているものは、海外企業の一〇〇％出資になる「独資経営」、海外企業と中国企業による合弁つまり「合弁経営」、その他「合作経営」などによる海外直接投資である。中国は今日アメリカとならぶ世界最大の海外直接投資導入国となっている。一九九二年から一九九八年までの中国の海外直接投資導入額の投資国別の内訳をみると、図1にみられるように香港が五二・二％と圧倒的な比率を占め、これに台湾の八・五％がつづく。香港、マカオ、台湾の合計が六二・〇％である。日米は合計しても一五・四％に過ぎない。

中国の海外直接投資累計額を一級行政単位別にみたものが、図2である。広東省が全体の二六・四％となっており、これに福建省、海南省を合わせると三八・八％となる。要するに、対中海外直接投資は香港を中心とした「海の中国人」によって担われ、その多くが広東省を中核とした華南地域に向けられているのである。

この海外直接投資が中国経済に果たした役割がどの程度のものであるかをみる一次的な資料が、図3である。これは中国の全社会固定資産投資額に対する海外直接投資額の比率である。華南三省の値は著しく高い。全国の同比率が一八・八％であるのに対して、広東省四二・六％、福建省四一・一％、海南省四八・四％である。投資者の中核は香港企業や香港を経由する在外華人企業である。中国が海外直接投資の受け手であって出し手ではないことはいうまでもない。中国とりわけ成長地域華南は外資によって大きく影響を受ける存在であり、みずからが周辺に影響を及ぼす存在ではない。

中国は、貿易依存度すなわち輸出・輸入額の国内総生産に対する比率でみても一九九八年において三五・四％という高水準にある。経済規模の一段と大きい日本の貿易依存度が一八・一％、同じく大国のインドの同比率一

図 1　投資国別にみた中国の海外直接投資受入額（1992–98 年）

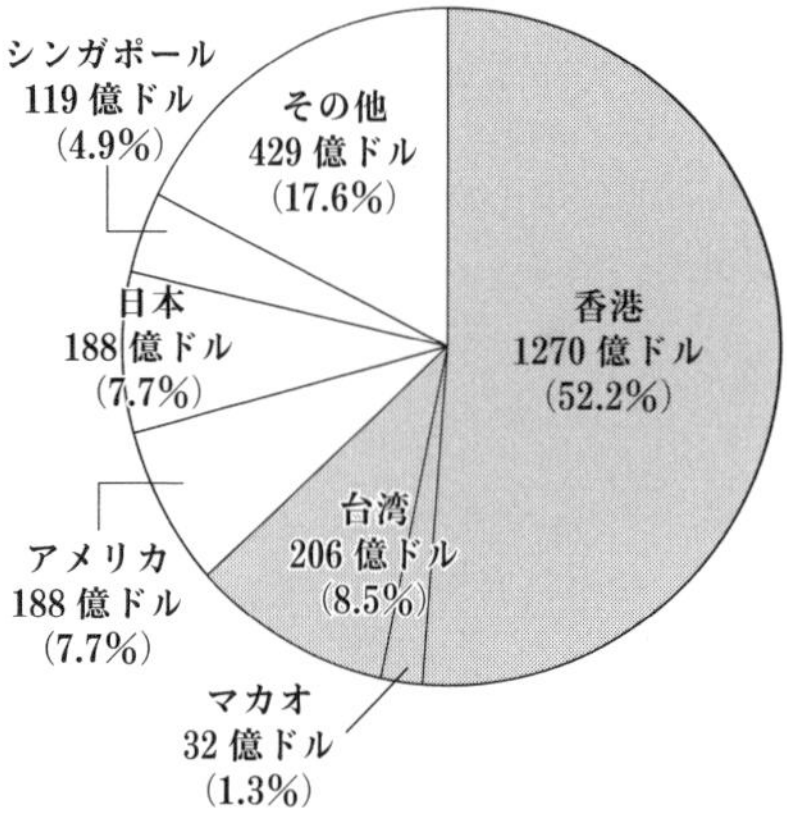

図 2　中国の海外直接投資導入額に占める華南 3 省の比率（1992–98 年）

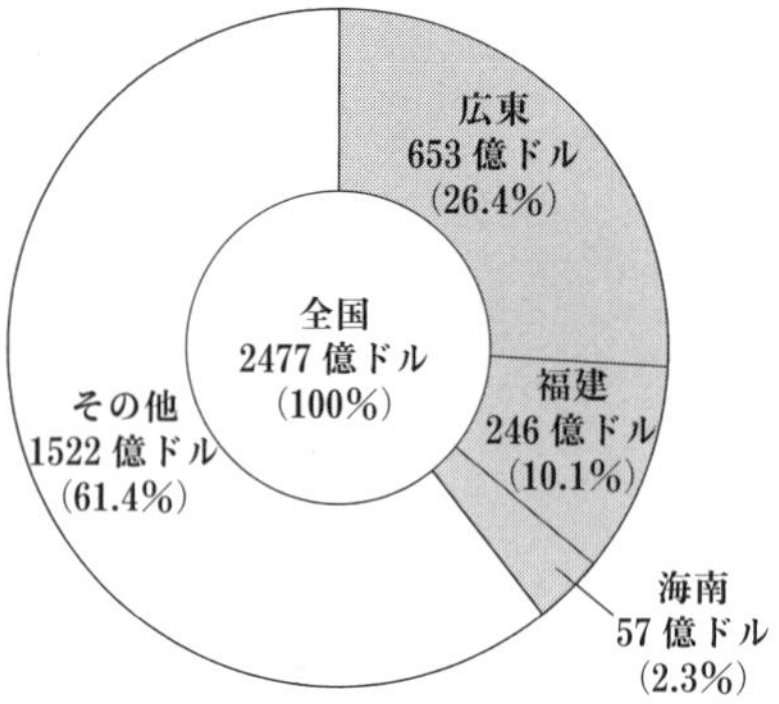

（注）　実行額ベース。
（資料）　国家統計局『中国統計年鑑』各年版。

図 3　全社会固定資産投資額に占める海外直接投資額の比率（1992–98 年）

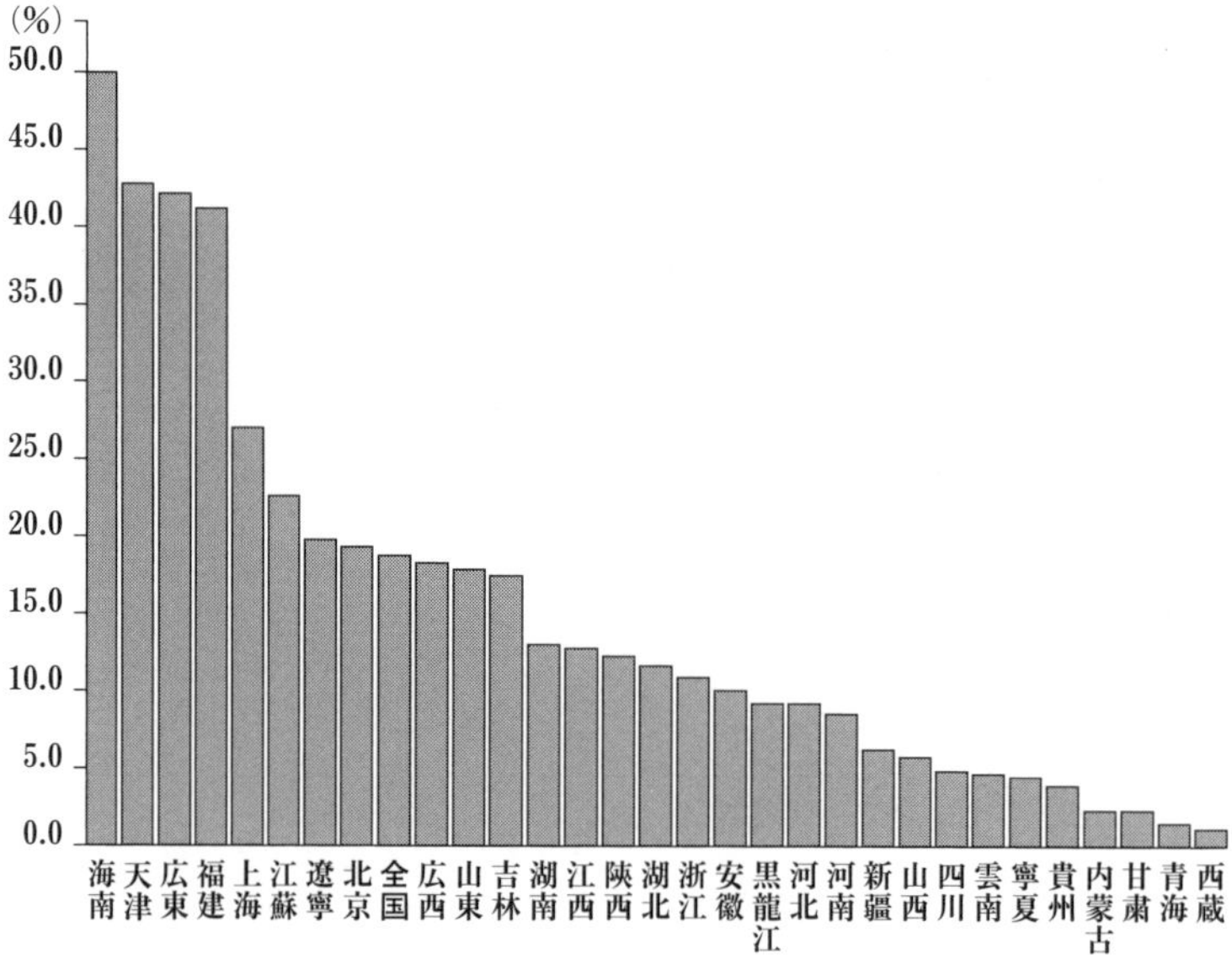

（注）　実行額。
（資料）　国家統計局『中国統計年鑑』各年版。

表1　世界貿易マトリックス（1998年）

（単位：100万ドル）

輸出先→ ↓輸入先	日本	NIES	韓国	台湾	香港	シンガポール	ASEAN	中国	アメリカ	EU	その他	世界
日本		78,235	15,400	25,601	22,454	14,780	30,248	20,182	119,717	71,720	67,853	387,955
NIES	38,811	64,126	6,018	14,253	31,926	11,929	49,714	92,544	119,886	80,470	80,958	526,509
韓国	12,238	18,466		5,140	9,261	4,065	9,668	11,944	22,987	18,213	38,740	132,256
台湾	10,225	19,009	1,670		13,445	3,894	7,862	16,694	34,343	18,481	4,060	110,674
香港	9,122	10,126	1,782	4,374		3,970	5,046	59,841	40,700	26,372	22,486	173,693
シンガポール	7,226	16,525	2,566	4,739	9,220		27,138	4,065	21,856	17,404	15,672	109,886
ASEAN	29,025	48,205	5,645	8,363	9,358	24,839	12,832	6,413	46,788	36,386	32,147	211,796
中国	29,718	52,815	6,266	3,866	38,782	3,901	5,435		38,001	28,136	29,639	183,744
アメリカ	57,888	63,292	16,538	18,157	12,924	15,673	23,214	14,258		149,813	371,941	680,406
EU	35,029	55,266	9,549	13,349	20,268	12,100	19,651	19,379	176,905	1,337,400	575,270	2,218,900
その他	90,772	122,297	33,866	21,157	48,890	18,384	20,911	−12,391	443,347	464,475	135,879	1,265,290
世界	281,243	484,236	93,282	104,746	184,602	101,606	162,005	140,385	944,644	2,168,400	1,293,687	5,474,600

（資料）　UN, *Yearbook of International Trade Statistics*, 1999.

表 2　輸入依存度（1998 年）

（単位：%）

↓輸入先	日本	NIES					ASEAN	中国	アメリカ	EU	その他	世界
			韓国	台湾	香港	シンガポール						
日本		16.2	16.5	24.4	12.2	14.5	18.7	14.4	12.7	3.3	5.2	7.1
NIES	13.8	13.2	6.5	13.6	17.3	11.7	30.7	65.9	12.7	3.7	6.3	9.6
韓国	4.4	3.8		4.9	5.0	4.0	6.0	8.5	2.4	0.8	3.0	2.4
台湾	3.6	3.9	1.8		7.3	3.8	4.9	11.9	3.6	0.9	0.3	2.0
香港	3.2	2.1	1.9	4.2		3.9	3.1	42.6	4.3	1.2	1.7	3.2
シンガポール	2.6	3.4	2.8	4.5	5.0		16.8	2.9	2.3	0.8	1.2	2.0
ASEAN	10.3	10.0	6.1	8.0	5.1	24.4	7.9	4.6	5.0	1.7	2.5	3.9
中国	10.6	10.9	6.7	3.7	21.0	3.8	3.4		4.0	1.3	2.3	3.4
アメリカ	20.6	13.1	17.7	17.3	7.0	15.4	14.3	10.2		6.9	28.8	12.4
EU	12.5	11.4	10.2	12.7	11.0	11.9	12.1	13.8	18.7	61.7	44.5	40.5
その他	32.3	25.3	36.3	20.2	26.5	18.1	12.9	−8.8	46.9	21.4	10.5	23.1
世界	100.0	100.0	100.0	100.0	100.0	100.0	100.0	100.0	100.0	100.0	100.0	100.0

（資料）　UN, *Yearbook of International Trade Statistics*, 1999.

七・六％に比べても中国の比率は相当に高い。

中国の貿易依存度は高いが、貿易のプレゼンスは在外華人国を中心とするＮＩＥＳに比べてかなり小さい。表1は一九九八年の世界貿易マトリックスである。表1を加工してできた表2の最右欄からわかるように、世界の総輸出額に占めるＮＩＥＳの比率は九・六％である一方、中国の同比率は三・四％と三分の一程度である。ＡＳＥＡＮ四国（タイ、マレーシア、インドネシア、フィリピン）の合計が三・九％であるから、中国はそれよりも低い。東アジアにおける貿易発展の主勢力は中国の周辺諸国であって、中国ではない。

表3の輸出依存度の統計を眺めてみよう。ＮＩＥＳの対中輸出依存度は一七・六％であるが、中国の対ＮＩＥＳ輸出依存度は二八・七％である。他方、表2からわかるようにＮＩＥＳの対中輸入依存度は一〇・九％であり、中国の対ＮＩＥＳ輸入依存度は実に六五・九％に達する。

中国はＮＩＥＳからの輸入に圧倒的に依存しており、後者からの資本財や中間財の輸入なくして前者はみずからの工業発展を持続することはできないのである。ちなみに中国の対ＮＩＥＳ輸入依存度の時系列変化をみると、一九八〇年八・〇％、一九八五年一九・三％、一九九〇年四三・四％、一九九五年六四・〇％、一九九八年六五・九％と急速な上昇をみせた。

高いのは、中国のＮＩＥＳに対する依存度であって、後者の前者に対する依存度ではない。中国は、投資資金と貿易市場のいずれにおいてもＮＩＥＳへの依存度を高めることによって高成長を実現してきたのである。中国とＮＩＥＳとの間にこのような「関係構造」をつくりだしたものが、鄧小平戦略に他ならない。

表 3　輸出依存度（1998 年）

（単位：%）

輸出先→ ↓輸入先	日本	NIES	韓国	台湾	香港	シンガポール	ASEAN	中国	アメリカ	EU	その他	世界
日本		20.2	4.0	6.6	5.8	3.8	7.8	5.2	30.9	18.5	17.5	100.0
NIES	7.4	12.2	1.1	2.7	6.1	2.3	9.4	17.6	22.8	15.3	15.4	100.0
韓国	9.3	14.0		3.9	7.0	3.1	7.3	9.0	17.4	13.8	29.3	100.0
台湾	9.2	17.2	1.5		12.1	3.5	7.1	15.1	31.0	16.7	3.7	100.0
香港	5.3	5.8	1.0	2.5		2.3	2.9	34.5	23.4	15.2	12.9	100.0
シンガポール	6.6	15.0	2.3	4.3	8.4		24.7	3.7	19.9	15.8	14.3	100.0
ASEAN	13.7	22.8	2.7	3.9	4.4	11.7	6.1	3.0	22.1	17.2	15.2	100.0
中国	16.2	28.7	3.4	2.1	21.1	2.1	3.0		20.7	15.3	16.1	100.0
アメリカ	8.5	9.3	2.4	2.7	1.9	2.3	3.4	2.1		22.0	54.7	100.0
EU	1.6	2.5	0.4	0.6	0.9	0.5	0.9	0.9	8.0	60.3	25.9	100.0
その他	7.2	9.7	2.7	1.7	3.9	1.5	1.7	−1.0	35.0	36.7	10.7	100.0
世界	5.1	8.8	1.7	1.9	3.4	1.9	3.0	2.6	17.3	39.6	23.6	100.0

（資料） UN, *Yearbook of International Trade Statistics*, 1999.

3 「放権譲利」「特殊政策・弾力措置」

集権的統制の紐を解き、各種経済主体に最大限の実利を与えて市場経済化を推進しようというのが、鄧小平戦略であった。その内実は、国家の権限を下方に委譲し、利益を下部に受け渡していく過程であった。中国の経済体制改革のエッセンスは、かくして「放権譲利」という用語法の中に象徴される。一九七九年に開始された農村改革は、人民公社を解体し、各農家への「放権譲利」を通じてその増産意欲を誘い出すための方式であった。一九八四年以来の国有企業改革は、国有企業の経営自主権の拡大をめざした「放権譲利」であった。

しかし「放権譲利」が中国経済を大きく流動化させた最大の要因は、これが地方分権化をその中枢的要素としたことに求められよう。国家権限の地方への大幅な下放である。改革・開放期中国の高成長は、「放権譲利」の下で自主裁量権を確保したいくつかの活力ある地方が、その強化された財政力、対外貿易権、外資導入力をもって中国全体の改革・開放を「先導」して実現されたものである。

地方への「放権譲利」において特記されるのは、改革・開放政策の開始以来、中央から「特殊政策・弾力措置」を与えられた広東省の実績である。広東省は、経済計画の立案・施行における自主裁量権を中央から認められ、また広東省が中央に上納する財政資金と外貨については、その額を一定期間据え置くという、定額請負制度を他の地域にさきがけて導入することを許された。金融政策ならびに賃金・物価政策における両省への権限委譲も大胆であった。この結果、改革・開放期の中国にあって市場経済が最も急速に展開したのは広東省であった。広東省においては、「〝条〟と〝塊〟の二つを結合させ、後者を主とする」という原則が適用された。「条」とは、国家を頂点とし地方を底辺とする「線」の行政系列であり、「塊」とは、各省内部において横に広がる「面」での行政系統のことである。要するにこの原則により広東省の管理権限が一段と強化されたのである。

こうして広東省の固定資産総額は急増した。財政請負制による広東の財政努力が活発に引き出され、財政資金使用面における自主裁量権が拡大されたからである。実際、改革・開放期において広東省の財政収入の年増加率は全国で最も速く、これをベースにして固定資産投資額ならびに基本建設投資額の増加率は全国で最高であった。広東省は、中央から手にした財政請負制をさらに下方の市や県など地方各級単位との間でも行い、権限下放は末端にまで深化していった。「特殊政策・弾力措置」と名づけられる「放権譲利」は、農民や企業などのミクロ単位に与えられた「放権譲利」と相呼応し、広東省の大いなる市場経済化と資源流動化をもたらした。

この市場化と流動化は、中国のミクロ単位の背後にあってこれを久しく拘束してきた共産党権力のありようをも変質させずにはおかなかった。新中国建国後、あの広大な中国の、中央に始まり地方最末端の組織単位に及ぶ全階梯に支配の網の目をはりめぐらせ、これを強固にも統御してきたのは共産党組織であった。共産党は村・企業などの最末端単位にいたるまで無数の党委員会を擁し、これが中央の意思を全土にくまなくゆきわたらせるための系列的組織、さきに述べた「条」として機能した。

しかし権限下放により省政府が力を強め、「条」に比べて「塊」の力が強化された。財政請負制が許容され、そのために省財政収入の多寡が自省内の企業の業績のいかんに左右されるようになった。そうであれば、省政府が省内企業を積極的に保護するようになったのは当然であった。一九九八年秋以降、中国は建国以来最高のインフレに見舞われたのであるが、これを抑制すべく「整備・整頓」と称される厳しい経済引締め政策がとられた。しかしこの政策にもかかわらず、広東省の活力は衰えることはなかった。権限下放の結果である。「上に政策あれば、下に対策あり」といわれるしたたかな対応を広東省はみせたのであるが、これが「放権譲利」の帰結であった。放権譲利は「党政不分」の強固な「条」、すなわち縦の行政系統をその末端において浸潤させたのである。

4　鄧小平戦略

改革・開放政策の開始と同時に、中央が広東省にこのように豊富な経済的自由を与えたのは、ここが在外華人の代表的な出身地域だからであり、広東省の市場経済化が在外華人資本導入の前提条件であったからである。在外華人導入のための劇的な政策措置が経済特別区の創出であった。在外華人の企業家的能力導入の具体的な「器」が経済特別区であり、ここに参入する彼らの経済活動にはかつての中国であれば信じられないほどの豊かな自由が与えられた。

一九八〇年六月の第五期全人代（全国人民代表大会）で「広東省特別区条例」が公布され、広東省内の深圳、珠海、汕頭の三市に経済特別区を設置した。香港、ならびに香港の背後に広がる在外華人資本の「内流」を求めての試図である。また同年一〇月には台湾の対岸にある福建省アモイにもう一つの経済特別区を設置した。いうまでもなく台湾経済力の「内流」が目的であった。

画期的な試みであった。しかし画期的である分、党内でその是非をめぐって議論が激しく闘わされた。特別区は植民地租界の現代版であるとみなすものも多く、資本主義の攻勢による社会主義の「腐食」を懸念する声は大きかった。この「理解不足」を苦々しく思っていたのは、もちろん鄧小平である。鄧は一九八四年二月に華南地域を視察し、北京で同月二四日「経済特別区の問題と対外開放都市増加の問題について」と題する講話を行い、これにより特別区に関わる党内の議論に決着をつけた。

「われわれが特別区を設置し、開放政策を実施するについては明確にしておかなければならぬ指導思想がある。〝収〟（引き締める）ではなく、〝放〟（緩める）である。……〝時は金、効率は命〟というのが深圳のスローガンである。深圳のビル建設では、数日で一フロアができ、いく日もかからぬうちにビルが一つ建つ。深圳の建設労働者は内陸部の人々だ。効率が高いのは、請負制にして賞罰をはっきりさせたからである。特別区は技術の窓口、管理の窓口、知識の窓口であり、また対外貿易の窓口でもある」といい、「全国的にそうする条件はないが、一部の地方を豊かにすることはできる。均等主義はよくないのだ」とその講話を結んだ。「先富論」をもって特別区論争にケリをつけたのである。

経済特別区だけではない。一九八五年には深圳や珠海の背後地である珠江デルタ地帯、アモイの背後地である閩南デルタ地帯を開放地区に指定した。一九八八年にはそれまで広東省の行政区内にあった海南島を省に格上げし、同時に全島を経済特別区とした。中央はこれら経済特別区・開放地区に対して、財政、外貨留保などの諸面で幅広い自主裁量権を与えるとともに、外資系企業に対する税制上の恩典付与権限を認めるなど、内陸諸地域とは異なった自由な管理体系の採用を許容した。もって華南を中国の対外開放政策の「窓口」とすることを意図したのである。

華南を開放してここに香港や東南アジアに蓄積されていた「海の中国」の資本主義を導入し、華南を改革・開放の先導地域としていこうという鄧小平の戦略は確かに有効であった。この戦略なくして中国の経済的高揚はあり得なかった。実際、改革・開放の開始期において広東省の国内総生産額は当時三〇の一級行政単位のうち第七番目であったが、一九八九年には第一位となり、一九九八年時点でなお中国最大の経済規模をもつ省として君臨している。

中国の市場経済化を牽引する最強の省が広東省である。そしてこの広東省の潜在力を掘りおこした最も重要な要因が、香港企業ならびに香港を中継点とする在外華人企業の対中進出であった（エズラ・ヴォーゲル『中国の実

験―改革下の広東』中嶋嶺雄監訳、日本経済新聞社、一九九一年)。

表4　広東省に対する海外直接投資

(単位：億ドル)

	1990	1991	1992	1993	1994	1995	1996	1997	1998	1990-98
香港・マカオ	10.1	14.4	31.6	67.7	80.6	82.2	87.3	86.7	83.6	544.2
日本	1.3	0.7	0.1	1.0	1.3	4.2	5.4	4.5	3.9	22.4
アメリカ	1.3	0.9	0.7	0.8	1.4	3.3	2.6	3.4	2.8	17.2
台湾	0.7	1.1	1.2	2.6	4.3	3.6	4.7	4.5	3.5	26.2
その他	1.0	0.8	1.7	2.6	6.2	8.4	16.0	17.8	26.2	80.7
合計	14.6	18.2	35.5	74.9	93.9	101.8	116.2	117.1	120.2	692.4

(資料)　広東省統計局『広東統計年鑑』各年版。

5　華南オペレーション・センター

こうして広東省は香港とすでにわかちがたく統合された。表4は一九九〇年から一九九八年までの広東省に対する海外直接投資の投資国・地域別統計である。圧倒的部分が香港(マカオを含む)からのものである。実際、同累計額のうち七八・六％が香港からの投資であった。

広東省の中でも最大の工業生産地域が、珠江が南シナ海に注ぐ沖積土地域に形成された珠江デルタである。丸屋豊二郎氏の研究によれば、珠江デルタ地域は一九九八年に広東省が受け入れた海外直接投資額の七六％、件数の七四％を占めたという(丸屋豊二郎編『アジア国際分業再編と外国直接投資の役割』アジア経済研究所、二〇〇〇年)。

深圳がその中核であるが、広州市、仏山市、東莞市、珠海市といった有数の工業都市が珠江デルタには散在しており、これらが香港を中心とする外資系企業の代表的な集積地となっている。丸屋氏の同研究は、一九九八年における広東省の工業生産額ならびに輸出額に占める外資系企業の比率が、それぞれ五六・七％。五一・八％と著しく高いという事実を伝えている。香港経済と広東省経済の統合度はきわだって高いのである(Yun-Wing Sung, Pak-Wai Liu,

Yue-Chim Richard Wong, Pui-King Lau, *The Fifth Dragon: The Emergence of the Pearl River Delta*, Addison Wesley Publishing Company. 1996)。

香港と広東省の統合過程を香港側の貿易統計から眺めてみよう。一九八〇年代の後半から現在にいたる香港の貿易相手国・地域別のシェア変化を、地場輸出（国内付加価値の比率が二五％以上の製品の輸出）、再輸出（同比率が二五％未満の製品の輸出）、輸入の三つの項目について眺めると、香港が中国（広東省）との間でいかに急速な統合過程を歩んできたかが理解される。

表5は一九八五年以降、今日にいたる香港の貿易構造を示したものである。この表に示されるその特徴は以下の三つである。（一）地場輸出で最大のシェアをもつアメリカの比重が低下する一方、中国のシェアが顕著な速度で拡大してきた。（二）輸入でもかつて最大であった日本のシェアが低下、かわって中国のシェアが急増した。（三）再輸入の項目を原産地国別にみると、これも日本のシェアが下がるのと対照的に中国のシェア拡大速度が顕著であり、またこれを仕向地国別にみるとアメリカのシェアが増加している。

これらの特徴をつなぐ要の位置にあるのが、広東省を舞台に大規模な展開をみせている香港企業の委託加工生産である。（一）中国向け地場輸出の拡大は、香港企業による委託加工生産用の部品、中間製品、機械、設備などの中国への移出を反映している。（二）これら諸財を用いて、広東省の安価な土地と労働力により委託加工された労働集約的製品の香港企業による引き取りが、中国からの輸入の拡大となってあらわれている。そして（三）この中国を原産地として輸入した労働集約的製品を、香港は主にアメリカに向けて輸出しているのである。

華南地域の開放は、香港企業による広東省での委託加工生産の急速にして大規模な展開をもたらした。そしてこの委託加工生産は香港と広東省の間に潜在する補完関係を一挙に顕在化させたのである。委託加工とは、「三

表5　香港の貿易収支

（単位：100万香港ドル）

	1985	1986	1987	1988	1989	1990	1991	1992
地場輸出	129,882	153,983	195,254	217,664	224,104	225,875	231,045	234,123
中国（%）	11.7	11.7	14.2	17.5	19.3	21.0	23.5	26.5
アメリカ（%）	44.4	41.7	37.3	33.5	32.2	29.4	27.2	27.6
ドイツ（%）	6.2	7.1	7.6	7.4	5.8	8.0	8.4	6.8
再輸出1	105,270	122,546	182,780	275,405	346,405	413,999	534,841	690,829
中国（%）	43.7	33.4	32.9	34.5	29.9	26.8	28.7	30.7
アメリカ（%）	14.0	18.2	17.8	18.0	20.8	21.2	20.7	21.5
日本（%）	5.2	5.4	5.3	6.3	6.4	5.9	5.5	5.4
再輸出2	105,270	122,546	182,780	275,405	346,405	413,999	534,841	690,829
中国（%）	32.9	42.1	46.1	47.8	54.3	58.1	59	58.4
日本（%）	21.4	15.2	13.5	13.7	11.3	10.2	10.7	12.3
台湾（%）	9.1	7.1	6.9	7.7	7.8	7.3	7.8	7.9
総輸出	235,152	276,529	378,034	493,069	570,509	639,874	765,886	924,952
総輸入	231,420	275,955	377,948	498,798	562,781	642,530	778,982	955,295
中国（%）	25.5	29.6	31.0	31.2	34.9	36.8	37.3	37.1
日本（%）	23.1	20.4	19.0	18.6	16.6	16.1	16.4	17.4
台湾（%）	9.0	8.7	8.8	8.9	9.2	9.0	9.6	9.1
留保輸入	126,150	153,409	195,168	223,393	216,376	228,531	244,141	264,466
収支	3,732	574	86	−5,729	7,728	−2,656	−13,096	−30,343

	1993	1994	1995	1996	1997	1998	1999
地場輸出	223,027	222,092	231,657	212,160	211,410	188,454	170,600
中国（%）	28.4	27.5	27.4	29.0	30.2	29.8	29.5
アメリカ（%）	27.0	27.7	26.4	25.4	26.1	29.1	30.1
ドイツ（%）	6.3	5.8	5.3	5.4	4.9	5.2	5.0
再輸出1	823,224	947,921	1,112,470	1,185,758	1,244,539	1,159,195	1,178,400
中国（%）	33.4	34.1	34.5	35.2	35.7	35.1	33.9
アメリカ（%）	21.9	22.2	20.8	20.4	21.0	22.4	22.9
日本（%）	5.4	5.8	6.3	6.8	6.2	5.5	5.7
再輸出2	823,224	947,921	1,112,470	1,185,758	1,244,539	1,159,195	1,178,400
中国（%）	57.6	57.6	57.2	57.6	58.1	59.6	NA
日本（%）	13.4	12.9	11.7	10.9	10.8	10.7	NA
台湾（%）	7.9	7.6	7.5	6.9	6.7	6.2	NA
総輸出	1,046,251	1,170,013	1,344,127	1,397,918	1,455,949	1,347,649	1,349,000
総輸入	1,072,597	1,250,709	1,491,121	1,535,582	1,615,090	1,429,092	1,392,700
中国（%）	37.5	37.6	36.2	37.1	37.7	40.6	43.6
日本（%）	16.6	15.6	14.8	13.6	13.7	12.6	11.7
台湾（%）	8.8	8.6	8.7	8.0	7.7	7.3	7.2
留保輸入	249,373	302,788	378,651	349,824	370,551	269,897	214,300
収支	−26,346	−80,696	−146,994	−137,664	−159,141	−81,443	−43,700

（注）再輸出1：仕向地，再輸出2：原産地。

（資料）Hong Kong, Census and Statistics Department, *Hong Kong Annual Digest of Statistics*, various years.

来一補」すなわち「来料加工」「来様加工」「来件装配」「補償貿易」の総称である。「来料加工」とは、香港企業から提供された原料を使ってなされる加工、「来様加工」とは香港企業から提供されたデザインもしくはサンプルをもとにその仕様通りに行われる加工、「来件装配」とは香港企業から送られた部品や半製品の組立加工のことである。

「補償貿易」とは、こうした委託加工工程を担うことにより中国側が獲得した資金をもって、香港企業から貸与された機械・設備の使用料あるいは賃貸料を支払うことをいう。要するに、原材料、部品、中間製品、機械、設備さらにはデザイン、サンプルなどのすべてを香港側がもちこみ、広東省の安価な土地と労働力を用いて組立加工された製品のすべてを香港企業が引き取り、加工賃と土地リース代のみを広東省に支払うという形式が委託加工方式である。

委託加工工場の生産管理、財務管理、人事管理は、これもそのすべてが香港企業によってなされるのが通例である。香港と広東は同一の言語・文化圏に属し、また地理的にも近接しているために、その管理も迅速かつ順調になされる。香港企業による広東省での委託加工は、より有利な生産立地を求める国内投資のごときものであって、香港企業はこれを海外生産といった感覚で受け取ってはいない。

香港から広東へと向かう生産拠点の移転は、委託加工方式を採用することによってまことにスムーズになされてきた。香港企業による広東を舞台とした委託加工の展開を通じて、香港は港湾都市経済としての「限界的」ステイタスを脱することになった。香港は、広東をヒンターランドとする、新しいある種の「国民経済」の「首都」、オペレーション・センターへと変貌した。香港企業による「三来一補」すなわち委託加工事業の大規模な展開により広東省経済は香港経済に組み込まれ、後者が前者の発展を牽引するという構図が成立したのである。

広東省は中国において傑出した輸出省である。ちなみに一九九八年の中国の総輸出額は一八三七億ドルであったが、このうち広東省の輸出額は七五六億ドル、実に三一・四%を一省で占める。そしてこの広東省の輸出額のうち五割以上が委託加工関連輸出だといわれており、そのほとんどを香港企業が担った。

香港企業は広東省において少なく見積もっても四八〇万人の雇用を創出しているという。広東の第二次産業就業者数は一九九八年において一〇〇四万人であり、つまりは香港企業は広東の工業労働者の二人に一人近くを雇っていることになる。また香港企業は広東省側に賃金と土地リース代を支払うが、これは香港ドルでなされるのが通例である。かくして香港ドルは広東省内をひろく流通するにいたった。「グレーター・ホンコン」の形成である。

6　台湾企業の対中進出

香港に次いで対中投資において次第に大きなプレゼンスを占めつつあるのが台湾である。台湾の対中投資が開始されたのは、大陸への親族訪問（「探親」）が解禁された一九八七年のことである。この時期の対中投資は非合法であった。非合法ではあったものの、同一の文化・言語圏に属する対岸の福建省や広東省に向けての投資は急速に伸び、これを追認する形で一九九〇年一〇月には台湾経済部によって「大陸投資管理弁法」が公布された。

この法律においては、台湾の安全保障や経済発展に支障を与えるような産業は投資対象分野から除外され、台湾が競争力をもたない労働集約的産業や中国原料を豊富に用いる産業などに限定して経済部の審査を受け、かつ第三国を経由した対中投資のみが合法とされた。

また一九九七年五月には、（一）ダム、鉄道、飛行場などのインフラプロジェクトへの投資の禁止、（二）企業

図4　台湾の海外直接投資累計額（1991-98年）

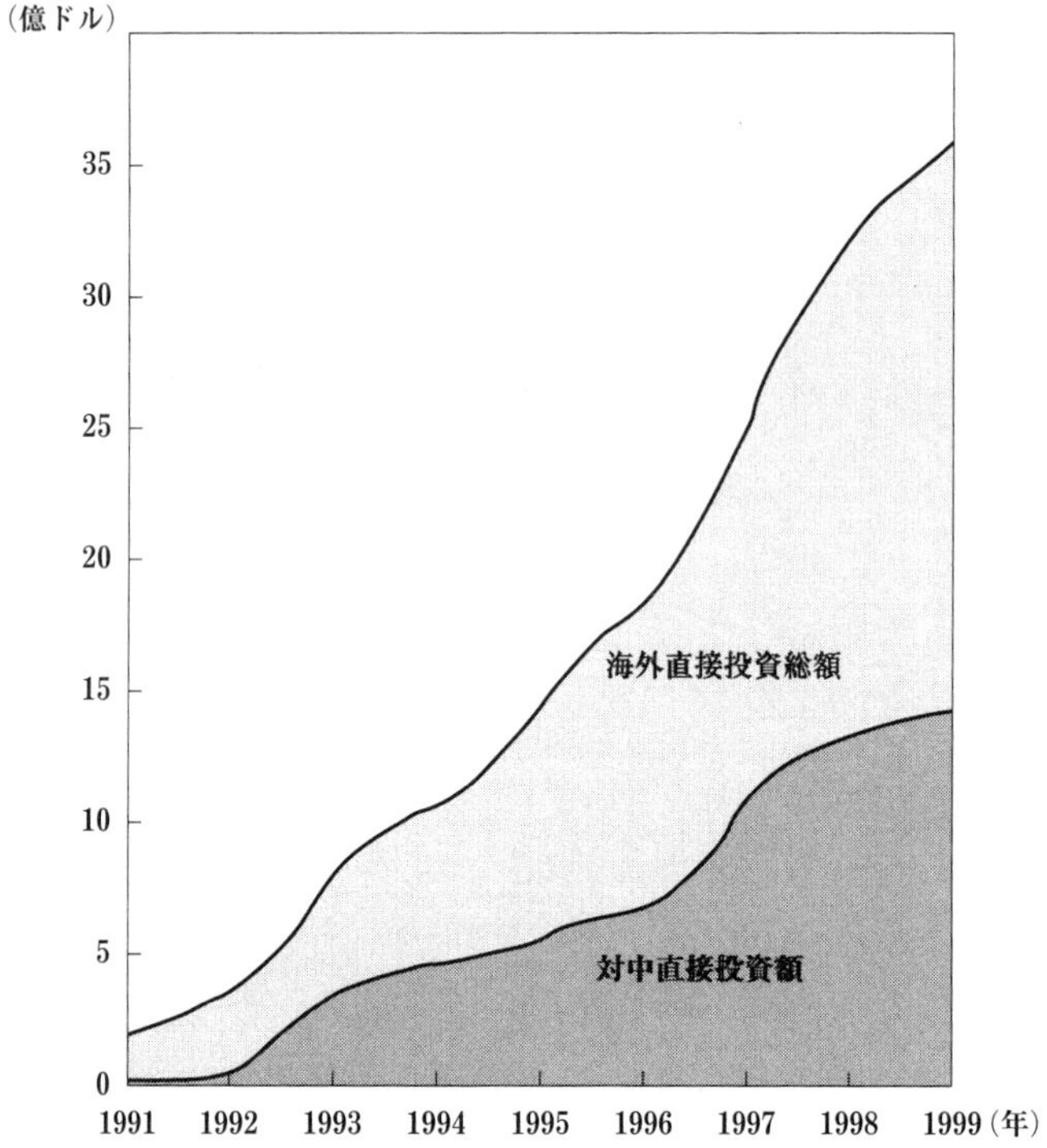

（注）　申請認可額。
（資料）　経済部『中華民国歴年核准対大陸間接投資統計年報』各年版。

規模による投資上限額の設定、（三）企業規模による投資累計額の上限設定、（四）一つのプロジェクトの投資上限額を五〇〇〇万ドルとする、という四つの内容からなる「大陸投資基準」が経済部によって設定された。無許可の投資はむろんのこと、この基準を満たさない対中投資には罰金刑を課すという対応であった。

しかし、その後も中台間の政治・軍事的対立を反映して厳しい付帯条件が付されながらも、台湾企業の対中投資は両者間に潜在する強い補完的関係のゆえに大きな増加をみせた。台湾側からみた対中直接投資額の累計額をみたものが、図4である。中国側からみた統計数値よりかなり高い。

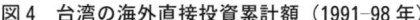

台湾はすでに海外直接投資の導入（対内投資）額よりも投資（対外）額の方が大きい純投資国となっている。投資対象地域も東南アジアのみならず、日欧米へと多元化の方向にある。しかし、最大の投資対象国は歴然と中国であり、一九九一年から一九九九年までの台湾の対中投資額は海外直接投資総額の四分の一（二五・六％）に及ぶ。

対中投資の主要対象地域は一九九〇年代初は圧倒的に広東省であり、これに次ぐのが福建省であった。以降、江蘇省への直接投資が急伸した。一九九一～一九九九年の台湾の対中投資累計額でみると、広東省が三四・四％、江蘇省三一・九％、福建省一〇・七％となっている。

台湾の対中投資の産業分野において今日決定的な重要性をもつのは、エレクトロニクス産業である。対中投資総額において同産業の占める比率は一九九一年には一八・九％であったが、一九九九年現在、実に四五・八％に及んでいる。台湾の対中投資は広東省のエレクトロニクス産業にいよいよ強く傾斜しているということができる。

実際、台湾企業の広東省への投資件数は八〇〇〇件弱、企業数では約一万社に及ぶといわれる。都市別にみると東莞市二六〇〇社、広州市七〇〇社、恵州市五〇〇社である。二五〇〇社をこえるエレクトロニクス企業が進出している東莞市などにおいては、台湾企業の巨大な産業集積がすでに形成されている。これら地域においては集積が集積を呼ぶ相乗効果が今後とも展開していくにちがいない。

台湾は欧米日の巨大企業のＯＥＭ生産大国であり、ＯＥＭ生産の中核がエレクトロニクス産業である。台湾の対中進出企業の背後には欧米日の資本が付随しているのであり、台湾企業と欧米日企業とは不可分の関係にある。台湾企業の対中進出は、中国の成長地域華南の経済力の強化に大きく寄与するのみならず、華南、ひいては中国の全体をグローバルエコノミーの中に引き込む重要な媒体であると解釈することができよう。

7　華人経済圏？

在外華人の対中進出は、在外華人経済と中国経済との連携の密度を濃くし、ここに「華人経済圏」ともいうべき巨大な有機的単位を形成しつつある、としばしばいわれる。しかし見据えてみれば、華人経済圏として言及されているものの実体は、華南が在外華人の経済力によって塗り変えられて形成されたものであって、その逆ではない。つまりは、在外華人系企業の生産・流通ネットワークの中に華南が組み込まれていく過程が、華人経済圏の内実である。華南の生産・流通のネットワークが周辺諸国を巻き込んでいるのではない。そうではなくて、華南が活況の「海の中国」経済のネットワークに、さらにはそれを通じてアジア太平洋経済のネットワークに組み込まれていく過程が華人経済圏の内実であることを繰り返したい。中国から東アジアに向かうベクトルではなく、「海の中国」から「陸の中国」に向かうベクトルがあくまで基本なのである。

このようにいうと、中国の巨大な市場の魅力に引き寄せられて在外華人の対中依存度が次第に高まり、華人経済圏の主導権を握るのはいずれ中国になろう、といった反論が出てきそうである。この点については次の二つのことを留保しておく必要がある。

第一に、香港は国共内戦の難を逃れてきた人々や、中華人民共和国成立の前後に資産を奪われてここに避難した越境者によって構成される地域であり、共産党一党支配の中国に対する不信においてこの地上で最も強い人々の住まう地域である。容易に手にしうるビジネスチャンスがあって初めて大量の対中進出を試みているのであって、それが薄いものとなれば在外華人企業の多くは中国から撤退していくにちがいない。仮に中国が香港に覇権主義的行動をもってのぞめば、その逃げ足は速まろう。香港の有力企業は日欧米の多国籍企業との合弁・資本提携を緊密に試みており、一旦緩急あらばの備えにおいて怠りない。

第二に、そうした事情を反映して香港の企業家はみずからのもてる資産の一部を対中投資に当てているのみであって、資産の大半は香港の中においている。現在の東南アジア在外華人系企業は、立地国経済にビルトインされた地場企業なのである。度を超えた対中進出は立地国のナショナリズムとの齟齬《そご》をきたさずにはおかない。厳しい現地住民との軋轢《あつれき》を経験しながら今日を築いてきた彼らが、そのような愚をあえて冒してまで対中進出を本格化させることはやはりあり得ないことだと考えるのが現実的である。

第三に、台湾の対中企業進出が勢いを増しつつあるが、当然ながらこれには他よりも強い政治的制約がある。中台対立がきわどいレベルにいたれば、進出が一挙に冷え込むこと必定である。

華人経済圏が仮に形成されるにしても、それはかなり遠い将来のことであろう。しかし、ことがそうなってもなお華人経済圏の主導権を握るのは大陸中国というより、強い経済力を擁する在外華人系企業にちがいない。華人経済圏とは、再びいえば「陸の中国」が「海の中国」の経済的ネットワークの中に引きずり出されて、そのルールオブゲームの構成員となっていくという構図なのであろう。

8　東アジア域内循環メカニズムと中国

中国は東アジア経済発展の受益者であり、みずからが東アジア経済を動かす主体ではない。このことを東アジアの経済動態との関連で論じてみよう。

ＮＩＥＳ（韓国、台湾、香港、シンガポール）、ＡＳＥＡＮ諸国（タイ、マレーシア、インドネシア、フィリピン）を含む東アジアは、その高い成長率にもかかわらず、「脆弱」で「従属的」な地域だとみなされてきた。東アジアの最重要のマーケットは長らくアメリカであり、一九八五年秋の円高期以降は日本の市場がこれに加わった。東アジアの成長を需要面から牽引した「アブソーバー（需要吸収者）」は、アメリカと日本という域外国であった。東アジアの旺盛な投資資金需要を満たしてきたのは日本企業の海外直接投資ならびにアメリカの多国籍企業の投資であり、東アジアの成長を供給面から引っ張り上げた「インベスター（投資者）」もまたこの二つの域外大国であった。

成長の源泉が域内ではなく域外にあるのであれば、東アジアが脆弱で従属的な地域だとみなされたのも無理からぬ。「従属的発展論」は、しばらく前までの東アジア経済分析における有力な理論的仮説であった。しかし現在の東アジアのことを対外的な脆弱性や従属性といった用語法で語るのは明らかにアナクロニズムである。むしろ「強靭性」と「自立性」をもって語られるべきが今日の東アジアだとわれわれは解釈する。

東アジアが全域的な規模での経済的高揚期を迎えたのは一九八〇年代の中頃からである。この高揚に果たした日本の役割は確かに大きいものであった。一九八五年九月のプラザ合意に始まる数年間、わが国の東アジアからの製造業品の輸入は激増し、日本はこの地域の成長を需要面から支える強力な「アブソーバー」機能を発揮した。加えて、円高によって海外生産の有利性が強まり、日本企業の東アジアへの生産拠点シフトは空前の規模に達した。この海外直接投資により東アジアの供給力は一挙に強まった。一九八〇年代後半期の日本は、東アジアの成長を需給両面から牽引する強大な効果をもった。この時期に東アジアが全域的な規模で経済的高揚期に入ったのは、要するにこの「日本効果」のゆえであった。

しかし、一九九〇年代に入って久しくつづいた厳しい経済低迷の間に、日本は東アジア成長の牽引機能を大きく減衰させてしまった。この間、日本のＮＩＥＳ、ＡＳＥＡＮ諸国からの製造業品の輸入減速は明瞭であり、同地域への海外直接投資も減速した。

このように一九九〇年代に入って「日本効果」が弱まってきたのであれば、東アジアの成長率は少なからず低下してしかるべきであるが、現実はさにあらず、東アジアは依然として高成長をつづけている。すなわち、一九九〇年代における東アジアの高成長を説明するキーワードは「日本効果」でもなければ「アメリカ効果」でもない。新たなキーワードをわれわれは東アジアにおける「域内循環メカニズム」と名づける。東アジアは、輸出財の需要先と投資資金の供給先を域内に求める新しい運動を開始したのである。モノとカネを域内で自己循環させることにより、「日本効果」や「アメリカ効果」が弱くなってもなお高成長を持続する条件を東アジアはついに手にしたのである。

東アジアの自己循環メカニズムを語る場合、何よりも重要なアクターはＮＩＥＳである。率直にいって一九九〇年代の東アジアの高成長は、「ＮＩＥＳ効果」の所産である。ＮＩＥＳが中国に対する傑出した投資者であると同時に資本財の供給者であり、中国にとって最大の輸出市場もまたＮＩＥＳであることはすでに指摘した。のみならずＮＩＥＳはＡＳＥＡＮ諸国に対する最大の投資国グループであり、ＡＳＥＡＮ諸国にとっての最大の貿易相手国となっている。

東アジアにおけるモノとカネの域内循環メカニズムの中に中国が参入したために、このメカニズムの懐が一段と深くなり、東アジア長期成長の市場的ならびに資金的な潜在力が豊かになったことは確かである。しかしこのメカニズムの牽引車はＫＩＥＳであって中国ではない。

中国の東アジアにおけるプレゼンスについてのイメージは、しばしば実態以上のものだといわねばならない。そうしたイメージは世界銀行、国際通貨基金、イギリス国際戦略研究所などが提起した中国経済大国論によって強化された。最も強い影響力を与えたのは、世界銀行が一九九三年に公にした報告書である。報告書によると中国の市場規模は、一九九一年の為替レートで測れば六〇〇〇億ドルであり、アメリカの五兆五〇〇〇億ドル、日本の三兆四〇〇〇億ドルに遠く及ばない。しかし、これを国内価格で再評価した購買力平価で計測すると、中国二兆五〇〇〇億ドル、アメリカ五兆七〇〇〇億ドル、日本二兆一〇〇〇億ドルとなり、中国と日米との差は大きく縮まるという。しかも、二〇〇二年には購買力平価で評価された中国の市場規模は九兆八〇〇〇億ドルとなってアメリカの九兆七〇〇〇億ドルと肩を並べ、日本の四兆九〇〇〇億ドルの二倍になるというのである。

いかにも誇大な評価である。率直にいって、世界経済における一国の経済的プレゼンスの規模を示すのに購買力平価を用いるのは軽率のそしりをまぬがれない。為替レートではなく購買力平価レートで評価することが正当性をもつのは、当該国住民の生活水準を測る場合に限られよう。一国の国内生活水準の実質値と国際経済場裡における経済的プレゼンスとはおのずと異なる。巨大な人口と国土を擁し、かつ市場経済の未発達な低所得の中国においては、多分に自給的な無数の小規模市場が広大な国土に分散的に存在しているというのが現実である。その集計値がいかに大きいものであったとしても、これが国際経済における中国の真のプレゼンスを示すものだというわけにはいかない。国際経済における市場的パワーとはやはり為替レートで評価された市場規模に他ならないことを確認して改めて中国を眺めてみれば、なおこの国は経済大国とはいい難い。

9　中国経済発展の方位

中国は人口と国土の規模からみればまぎれもない巨大国家である。しかし、この中国が統一的な国民経済となるのにはまだかなりの時間を要しよう。ウィリアム・スキナーによる清末期中国農村の研究によれば、一〇から二〇の自然村の住民によって構成される定期市圏が往時の中国の最も代表的な市場圏であり、それゆえ彼はこれに「標準的市場圏」という名称を与えた。中国における財・サービスの交換範囲は二〇世紀初頭においてなおこの程度のものであった。要するにスキナーの解釈によれば、中国の市場とは自己完結的にして分散的な小規模「標準的市場圏」のセル（細胞）の集合であった。

「標準的市場圏」を横断するもう一つ上位の市場圏は容易に形成されず、実際、全国統一的な度量衡制度はこの時代の中国には存在していなかった。国民的統一市場が形成されるためには、農村社会の基層的な市場単位であるところ「標準的市場圏」の生産力が拡充して、その市場圏をつき破る拡大衝動が生まれ、さらにその衝動を現実化する商業・交通のインフラストラクチュアの整備が不可欠であった。

しかし、清末期以来の中国は辛亥革命とその挫折、軍閥割拠、国共内戦と打ちつづく混乱期にあり、最終的に中国がゆきついたのは共産党一党支配の計画的統制経済であった。標準的市場圏は人民公社という非市場的組織におきかえられ、中国農村の生産力は時間の経過とともに衰微の道をたどった。

中国が国民的統一市場形成への動きを開始したのは、ようやくにして一九七九年の改革・開放政策採用以来のことである。この時点から今日にいたる中国の生産力の拡充と市場経済化の動きには確かにみるべきものがあり、それをわれわれは存分に評価してきた（渡辺利夫『社会主義市場経済の中国』〈本巻Ⅱ所収〉）。しかし、中国は市場経済化を開始していまだ二〇年ほどの歴史しかもっていないという事実を忘れてはならない。中国における各省間の、市場経済の長い歴史をもつ西側の国々からみれば驚くべき大きな経済力・所得格差の存在は、財と生産要素が中国国内を自由に移動するという条件をこの国が欠いていること、つまりは中国が国民的統一市場へのいまだ初期的な段階にとどまっていることを証している。

このようにみてくれば、中国の経済発展の在処《ありか》にわれわれは一つのイメージを抱くことができよう。日本やヨーロッパの経済史に強く影響されてきたわれわれは、貿易や投資などの「対外経済接触」は一国の国内市場が成熟して後に、その生産力が海外にあふれ出て開始されるという歴史的先後関係を想定しがちである。しかし、中国のような市場経済の未発達な巨大な開発途上国においては、日本やヨーロッパ諸国の歴史的先後関係とは逆に、国内の市場経済化は対外的インパクトによって開始されるとみなされるべきであろう。

古来、国民的統一市場を擁したことのない中国が、内部市場の成熟を通じての経済発展を求めることは難しい。発展の潜在力において強い沿海の諸省がそれぞれNIESやASEAN諸国など東アジアとの経済的交流を図ることによって「局地経済圏」を成熟させ、次の段階でここから内陸部に扇状に広がる市場的ダイナミズムを創り出すことが重要である。

アジアにおける冷戦溶解を契機に、アジア社会主義国とそれを取り巻く東アジア諸国との間に潜在していた補完的関係が顕在化し、これが東アジアにおけるきわめてアクティブな市場単位になっている。この市場単位のことをわれわれは「局地経済圏」と名づける（渡辺利夫編著『局地経済圏の時代―ぬりかわるアジア経済地図』サイマル出版会、一九九二年）。

「華南経済圏」が最も代表的な局地経済圏であることはいうまでもないが、福建省と台湾を結ぶ「海峡経済圏」、山東省と韓国から構成される「環黄海経済圏」、さらに韓国と吉林省などの「図們江経済圏」、その外縁を囲む「環日本海経済圏」なども注目される。この局地経済圏が東アジアのダイナミズムを中国に伝播させる重要な「媒体」であろう。これらいくつかの局地経済圏のダイナミズムを内陸部において相互に結び合わせることによって国民的統一市場の形成をねらうというのが、想定し得る中国の最も速い経済近代化のシナリオだと私は考える。

著者略歴
昭和14（1939）年、山梨県甲府市生まれ。慶應義塾大学経済学部卒業。同大学院経済学研究科修了。経済学博士。筑波大学教授、東京工業大学教授を経て拓殖大学に奉職。拓殖大学元総長、元学長。専門は開発経済学・現代アジア経済論。（公財）オイスカ会長。日本李登輝友の会会長。平成23（2011）年、第27回正論大賞受賞。
著書に『成長のアジア　停滞のアジア』（講談社学術文庫、吉野作造賞）、『開発経済学』（日本評論社、大平正芳記念賞）、『西太平洋の時代』（文藝春秋、アジア・太平洋賞大賞）、『神経症の時代　わが内なる森田正馬』（文春学藝ライブラリー、開高健賞正賞）、『アジアを救った近代日本史講義―戦前のグローバリズムと拓殖大学』（PHP新書）、『放哉と山頭火』（ちくま文庫）、『新脱亜論』（文春新書）、『士魂―福澤諭吉の真実』（海竜社）、『死生観の時代』（海竜社）、『台湾を築いた明治の日本人』（単行本：産経新聞出版／文庫本：潮書房光人新社）、『後藤新平の台湾』（中公選書）など。

渡辺利夫精選著作集第4巻
中国経済研究

2025年2月20日　第1版第1刷発行

著者　渡《わた》辺《なべ》利《とし》夫《お》
発行者　井村寿人

発行所　株式会社　勁《けい》草《そう》書房
112-0005　東京都文京区水道2-1-1　振替　00150-2-175253
（編集）電話03-3815-5277／FAX 03-3814-6968
（営業）電話03-3814-6861／FAX 03-3814-6854
理想社・牧製本

ISBN978-4-326-54616-9　Printed in Japan

渡辺利夫精選著作集
全7巻

第1巻　私のなかのアジア　ISBN978-4-326-54613-8

Ⅰ　成長のアジア　停滞のアジア

Ⅱ　私のなかのアジア

第2巻　開発経済学研究　ISBN978-4-326-54614-5

Ⅰ　開発経済学入門［第3版］

Ⅱ　開発経済学研究—輸出と国民経済形成

第3巻　韓国経済研究　ISBN978-4-326-54615-2

Ⅰ　現代韓国経済分析—開発経済学と現代アジア

Ⅱ　韓国経済入門

第4巻　中国経済研究　ISBN978-4-326-54616-9

Ⅰ　中国経済は成功するか

Ⅱ　社会主義市場経済の中国

Ⅲ　毛沢東、鄧小平そして江沢民

Ⅳ　海の中国

第5巻　アジアのダイナミズム　ISBN978-4-326-54617-6

Ⅰ　西太平洋の時代—アジア新産業国家の政治経済学

Ⅱ　アジア新潮流—西太平洋のダイナミズムと社会主義

Ⅲ　アジア経済の構図を読む—華人ネットワークの時代

第6巻　福澤諭吉と後藤新平　ISBN978-4-326-54618-3

Ⅰ　決定版・脱亜論—今こそ明治維新のリアリズムに学べ

Ⅱ　後藤新平の台湾—人類もまた生物の一つなり

第7巻　さまよえる魂　ISBN978-4-326-54619-0

Ⅰ　神経症の時代—わが内なる森田正馬

Ⅱ　放哉と山頭火—死を生きる